国家文化产业资金支持媒体融合重大项目

省级高职高专优秀教材
省级优秀畅销书

高等职业教育教学改革特色教材·财经通识课

财政与金融

（第七版）

蒙丽珍 主 编

卢珍菊 古炳玮 丁 汀 副主编

Caizheng

yu Jinrong

东北财经大学出版社　　大连
Dongbei University of Finance & Economics Press

图书在版编目（CIP）数据

财政与金融 / 蒙丽珍主编 . —7 版 . —大连：东北财经大学出版社，
2022.3（2022.7重印）
（高等职业教育教学改革特色教材·财经通识课）
ISBN 978-7-5654-4467-8

Ⅰ . 财… Ⅱ . 蒙… Ⅲ . 财政金融–高等职业教育–教材 Ⅳ . F8

中国版本图书馆CIP数据核字（2022）第028361号

东北财经大学出版社出版
（大连市黑石礁尖山街217号 邮政编码 116025）
网 址：http：//www.dufep.cn
读者信箱：dufep@dufe.edu.cn
大连日升彩色印刷有限公司印刷 东北财经大学出版社发行
幅面尺寸：185mm×260mm 字数：483千字 印张：22
2022年3月第7版 2022年7月第2次印刷
责任编辑：张晓鹏 石建华 徐 群 责任校对：包利华
封面设计：冀贵收 版式设计：原 皓

定价：45.00元

教学支持 售后服务 联系电话：(0411) 84710309
版权所有 侵权必究 举报电话：(0411) 84710523
如有印装质量问题，请联系营销部：(0411) 84710711

富媒体智能型教材出版说明

"财经高等职业教育富媒体智能型教材开发系统工程"入选国家新闻出版广电总局新闻出版改革发展项目库，并获得文化产业专项资金支持，是"国家文化产业资金支持媒体融合重大项目"。项目以"融通""融合""共建""共享"为特色，是东北财经大学出版社积极落实国家推动传统媒体与新媒体融合发展的重要举措之一。

"财济书院"智能教学互动平台是该工程项目建设成果之一。该平台通过系统、合理的架构设计，将教学资源与教学应用集成于一体，具有教学内容多元呈现、课堂教学实时交互、测试考评个性设置、用户学情高效分析等核心功能，是高校开展信息化教学的有力支撑和应用保障。

富媒体智能型教材是该工程项目建设成果之二。该类教材是我社供给侧结构性改革探索性策划的创新型产品，是一种新形态立体化教材。富媒体智能型教材秉持严谨的教学设计思想和先进的教材设计理念，为财经职业教育教与学、课程与教材的融通奠定了基础，较好地避免了传统教学模式和单一纸质教材容易出现的"两张皮"现象，有助于教学质量的提高和教学效果的提升。

从教材资源的呈现形式来说，富媒体智能型教材实现了传统纸质教材与数字技术的融合，通过二维码建立链接，将VR、微课、视频、动画、音频、图文和试题库等富媒体资源丰富地呈现给用户；从教材内容的选取整合来说，其实现了职业教育与产业发展的融合，不仅注重专业教学内容与职业能力培养的有效对接，而且很好地解决了部分专业课程学与训、训与评的难题；从教材的教学使用过程来说，其实现了线下自主与线上互动的融合，学生可以在有网络支持的任何地方自主完成预习、巩固、复习等，教师可以在教学中灵活使用随堂点名、作业布置及批改、自测及组卷考试、成绩统计分析等平台辅助教学工具。

富媒体智能型教材设计新颖，一书一码，使用便捷。使用富媒体智能型教材的师生首先下载"财济书院"App或者进入"财济书院"（www.idufep.com）平台完成注册，然后登录"财济书院"，输入教材封四学习卡中的激活码，建立或找到班级和课程对应教材，就可以开启个性化教与学之旅。

"重塑教学空间，回归教学本源！""财济书院"平台不仅仅是出版社提供教学资源和服务的平台，更是出版社为作者和广大院校创设的一个教学空间，作者和院校师生既是这个空间的使用者和消费者，也是这个空间的创造者和建设者，在这里，出版社、作者、院校共建资源，共享回报，共创未来。

最后，感谢各位作者为支持项目建设所付出的辛劳和智慧，也欢迎广大院校在教学中积极使用富媒体智能型教材和"财济书院"平台，东北财经大学出版社愿意也必将陪伴广大职业教育工作者走向更加光明而美好的职教发展新阶段。

东北财经大学出版社

第七版前言

　　本书以习近平新时代中国特色社会主义思想为指导，全面贯彻落实党的十九大和十九届历次全会精神，坚持践行社会主义核心价值观，把培养担当民族复兴大任的时代新人作为重要职责。本书编者致力于使教材通俗易懂，贴近现实。我们认为，学习专业知识的目的不在于背记理论，而在于学以致用，用理论分析现实问题，找到解决问题的思路与办法，从而解决问题。尤其是财经类专业的学生，应该通过学习本课程，学会以财政学、金融学的视野观察现实社会，运用财政学、金融学的思维方法分析社会问题。

　　本书将案例教学法贯穿始终，对培养学生观察、判断、分析问题的能力有很大的帮助，进而也能够培养和提高学生解决问题的能力。本书着眼于学生能力的培养，从现实生活中选择案例，附在每章内容之后，并提出问题，引导学生思考；任课教师可以据此组织课堂讨论，也可以组织小型辩论，鼓励学生畅所欲言，各抒己见，锻炼和培养学生的口头表达能力、批判性思维和逻辑思辨能力。

　　本次修订中我们增加了近几年来财政与金融领域出现的新政策、新现象、最新改革实践，增添了时效性强的数据，更新了部分案例及一些图表，增加了金融体制改革、社会保障制度改革、税收体制改革、预算绩效管理、理财产品、利率市场化等方面的内容，特别增加了红色财政、红色金融的学习史料，让学生在真实的史料学习中深切感受中国财政金融的伟大发展历史，从而做到学史明理、学史增信、学史崇德、学史力行。

　　本书由广西财经学院蒙丽珍教授担任主编，卢珍菊教授、古炳玮教授、丁汀担任副主编；广西财经学院李顺明、朱翠林、唐秋凤、马慧琼等老师，南宁学院卢雯君老师，广西外国语学院陆颖老师和广西路桥工程集团有限公司高级会计师李晋参加了编写工作。本次修订由广西财经学院卢珍菊教授、古炳玮教授负责，由广西财经学院蒙丽珍教授审阅。

　　在本次修订过程中，我们吸收了学术界的最新研究成果，总结了教学实践中的成功经验，得到了东北财经大学出版社的大力支持，在此一并表示感谢！

编　者

2022年1月

绪　论

　　"财政与金融"是高等职业财经商贸大类专业的专业基础课程，主要阐述财政、金融领域的基本知识、基本原理。财政部分主要阐述财政的概念、职能、财政支出、财政收入、政府预算、财政体制和财政政策等知识；金融部分主要阐述金融要素、货币供求、金融市场、商业银行业务、中央银行与货币政策等知识。其目的是帮助财政税务类、金融类、财务会计类、统计类、经济贸易类、工商管理类、电子商务类、物流类等专业的学生掌握财政与金融的基本原理，熟悉财政、金融的基本内容与专业知识，能够理论结合实际，将所学知识应用到专业课学习中，提高综合技能。通过学习本课程，学生能够掌握财政、金融的基本概念，熟悉其运作原理，了解财政、金融的相关政策，增强学生对财政、金融政策的理解和分析能力，并具备一定的经济预测能力，提升学生对现实中财政、金融热点问题的分析判断能力和独立思考能力。

一、学习内容

（一）财政学部分

　　财政是政府的分配活动，是政府提供公共服务的财力保障。财政学研究的内容包括：财政基本理论、财政支出范围及内容、财政收入及来源、政府预算管理制度、财政体制、财政政策等。其分为以下四大部分：

　　第一部分是财政基本理论，包括第一章。这一部分介绍财政、公共财政理念、市场失灵、公共产品理论、优值品理论、财政职能。

　　第二部分是财政支出基本知识，包括第二和第三章。这一部分介绍财政支出内容、分类、原则、结构与效益及消费性支出、投资性支出、社会保障支出、财政补贴支出。

　　第三部分是财政收入基本知识，包括第四和第五章。这一部分介绍财政收入的形式、影响财政收入规模的因素、财政收入结构、公债、税收的分类与经济影响、税制要素、我国的主要税种。

　　第四部分是财政管理基本知识，包括第六、第七和第八章。这一部分介绍政府预算的产生及作用，政府预算组成体系、审批程序，政府预算管理改革，财政体制的含义、内容及类型，政府间转移支付的理论依据，财政政策的含义、目标、工具、分类以及国际财政关系的产生、内容，国际财政援助和国际财政协调。

（二）金融学部分

金融是国家重要的核心竞争力，金融制度是经济社会发展中重要的基础性制度，金融是经济的血脉。金融学研究的内容包括货币理论、银行基础知识、金融业务、金融市场、金融监管等。其分为以下四大部分：

第一部分是货币理论，包括第九和第十章。这一部分介绍货币、信用及其价格等金融要素，阐明货币的性质、货币制度、货币流通规律与信用概念、信用形式与信用工具、银行信贷资金运动。

第二部分是金融体系与金融市场基础知识，包括第十一、第十二和第十三章。这一部分以金融机构和金融市场为载体，阐释金融运作的基本原理，介绍银行的发展史、我国和其他国家的金融体系、商业银行业务、金融市场概述以及货币市场与资本市场的概念、特点与分类，外汇市场与黄金市场的概念、特点与分类。

第三部分是国际金融与中央银行基础知识，包括第十四和第十五章。这一部分介绍外汇与汇率的基本概念、国际结算、国际收支、中央银行的性质和职能、中央银行的货币政策及其对经济的宏观调控、中央银行业务。

第四部分是金融发展与金融稳定基础知识，包括第十六和第十七章。这一部分介绍通货膨胀的含义及类型、通货紧缩的含义及类型、通货膨胀和通货紧缩的治理对策、保险概述、保险合同以及我国开办的主要险种。

二、财政与金融的关系

财政与金融都是现代经济体系的重要部门，财政是国家治理的基础和重要支柱，金融是现代经济的核心，两者有着密切的联系，具体体现在以下方面：

财政资金的收付需要通过金融系统，中央银行一般经理国家金库，即扮演"出纳"的角色。财政资金也是流通中货币的一部分，财政收入、财政支出不管是现金还是转账，都要通过金融体系进行清算。缴税或者缴费时，单位或个人从自己的商业银行账户缴入财政部门设在商业银行的账户，然后缴入国库；财政资金从国库支付行政事业单位职工工资，或者向供货商支付款项，都需要通过银行的清算系统。

财政部门发行政府债券，需要通过金融体系的债券市场进行。在现代经济体系中，政府发行债券离不开债券市场，流通交易、偿还也离不开债券市场。银行可以认购政府债券，也可以在二级市场买卖政府债券。

在纸币流通时代，如果财政收支出现赤字，可以通过中央银行增发货币来弥补。但这样做可能会引起通货膨胀，至于对物价上涨的影响程度，与政府对物价的控制程度、增发货币的数量有关。

此外，金融系统中的国有企业，包括国有银行、国有保险企业、国有证券公司、国有担保公司、国有投资公司等由财政拨付资本金，财政可以分享其利润分红等投资收益。财政部门代表政府监管这些企业的财务活动、会计工作、会计信息质量。财政资金存在银行，同样得到存款利息，国有银行由财政出资，财政部门作为股东履行"国有出资人"的责任。

　　财政与金融可以看作是政府的两个钱袋子，区别在于：财政完全是政府所有，金融机构中除中央银行属于政府部门外，其他金融机构一般属于企业，只是不同国家国有金融企业的比重不一样。

　　财政政策与货币政策都是宏观调控的重要手段，政策目标、政策手段、政策效应存在差别。一般来说，货币政策侧重于短期总需求调节，目标是保持价格稳定和经济总量平衡，为市场竞争提供适宜的金融环境；财政政策侧重于经济结构调整，发挥对资源配置、资金投向、收入分配的引导和调节作用，着眼于中长期经济发展战略。

　　财政政策与货币政策是政府调控经济、向经济大动脉输送资金的途径，必须相互协调配合。财政政策可分为扩张性、紧缩性和中性三类，货币政策可分为扩张型、紧缩型和稳健型三类，所以，财政政策和货币政策有多种松紧搭配的组合方式，如双紧政策、双松政策、从紧财政政策与宽松货币政策、宽松财政政策与从紧货币政策等。具体采取哪种政策组合，需要根据当时的政治经济形势、国家调控目标来确定。

目 录

第一章

财政的概念与职能

■ 内容提要

　　财政是政府提供公共产品的财力保障，是政府进行宏观调控的重要工具。本章介绍了为什么需要财政、公共财政理念、公共产品理论、优值品理论、财政的职能，帮助同学们理解财政的基本理论知识，为以后各章的学习打下基础。

第一节　财政与公共财政

　　今天的生活中处处都有财政的影子，公共财政思想已经深入人心。为什么有些事情必须由政府出面解决？为什么有些事情需要财政出钱，而企业和家庭却无能为力或无动于衷呢？

一、财政与百姓生活

　　随着"00后"不断进入大学，我国高等教育日益走向大众化。从1978年改革开放启航，神州大地发生了翻天覆地的变化。对没有经历过计划经济年代、没有体会过物资匮乏的年轻学生来说，如何理解改革开放以来的沧桑巨变呢？联系身边的现实例子是最好的办法。

　　我国从1999年开始实施高校扩招，读大学不再让人挤破头，高等教育毛入学率由扩招前1998年的9.8%快速上升到2020年的54.4%。随之而来的是大学毕业后就业竞争压力越来越大。据报道，2022届高校毕业生规模预计达1 076万人，同比增加167万人。就业难成了全社会关注的热点问题，每年就业季都有相关信息冲上热搜。近些年来，国家先后出台"大学生志愿服务西部计划"（自2003年起）、"三支一扶"（支教、支农、支医和扶贫）计划（自2006年起）、"农村义务教育阶段学校教师特设岗位计划"（自2006年起）、"选聘高校毕业生到村任职"（自2008年起）、国家和地方重大科研项目吸纳高校毕业生作为研究助理或辅助人员（自2009年起）、"农业技术推广服务特设岗位计划"（自2013年起）、参军入伍、鼓励自主创业、基层就业等优惠政策，这样做的原因是什么呢？

2021年10月27日召开的国务院常务会议决定，对当年第四季度制造业中小微企业实现的企业所得税和国内增值税、国内消费税及随其附征的城市建设维护税，以及个体工商户、个人独资和合伙企业缴纳的个人所得税（不含其代扣代缴的个人所得税）实行阶段性税收缓缴。其中，对年销售收入2 000万元以下的制造业小微企业（含个体工商户），其实现的税款全部缓税；对年销售收入2 000万元至4亿元的制造业中型企业，实现的税款按50%缓税，特殊困难企业可依法特别申请全部缓税。缓税自2021年11月1日起实施，至2022年1月申报期结束，预计可为制造业中小微企业缓税2 000亿元左右。为什么要这样做呢？

2021年9月1日召开的国务院常务会议决定进一步完善国家助学贷款政策，自当年秋季学期起提高贷款额度，将本专科生每生每年最高贷款额度由8 000元提高至12 000元，研究生由12 000元提高至16 000元，财政对学生在校期间的贷款利息实行全额补贴。也就是说，能贷款的数额更多了，学生在校期间所应支付的利息由财政埋单。为什么出台这样的政策呢？

"对按政策生育第二个及以上孩子的攀枝花户籍家庭，每月每孩发放500元育儿补贴金，直至孩子3岁。" 2021年7月28日，四川省攀枝花市出台的育儿补贴金政策被称为全国第一个响应中央三孩政策的财政鼓励措施。此前的7月20日，《中共中央 国务院关于优化生育政策促进人口长期均衡发展的决定》正式对外发布，取消了为了控制过快的人口增长而征收的社会抚养费，清理和废止相关处罚规定，将入户、入学、入职等与个人生育情况全面脱钩。为什么人口增长需要通过财政措施来干预？

2020年，新冠肺炎疫情来势汹汹，人民的生命安全和身体健康面临严重威胁。我国坚持人民至上、生命至上，以坚定果敢的勇气和坚韧不拔的决心，迅速打响疫情防控的人民战争、总体战、阻击战，取得了全国抗疫斗争重大战略成果。在倡导勤洗手、戴口罩等卫生习惯的同时，我国对接种新冠疫苗实行免费政策，接种费用将由医保基金和财政共同负担，居民个人不负担费用。这又是什么原因呢？

自2019年起，杭州、长沙、马鞍山、威海、南宁等地开展社区老年食堂或长者饭堂试点，财政对试点运营机构给予补贴。老年人可以在社区享受到便宜、温馨的配餐服务，让晚年生活幸福又安心，真正地享有晚年"好滋味"。为什么政府要干预老年人的餐饮服务呢？为什么要建设老年食堂？为什么由财政给予补贴呢？

上述现象的背后，是政府的职责范围问题，即政府与市场的界限问题。其根本问题是：为什么需要财政？财政能干什么？

二、为什么需要财政

不同学派对财政的概念有着不同的阐述。"国家分配论"的学者认为，财政是以国家为主体的分配，体现一种分配关系。按照"国家分配论"的观点，财政的产生需要两个条件：经济条件——剩余产品的出现；政治条件——国家的产生。财政分配的主体是国家，分配对象是剩余产品，分配的目的是满足国家需要。在市场经济条件下，（西方学者认为）财政是国家为满足社会公共需要而进行的政府理财活动。此外，还有其他不同的观点。

财政存在的必要性是什么？大家普遍认同公共产品理论的观点——弥补市场失灵。什么是市场失灵呢？举个简单的例子，由于在农村办医院难以盈利，所以没有人或者很少有人到农村投资兴办医院，使农村医疗卫生产品供给不足。为了让农村居民享受到与城市居民一样便利的医疗卫生服务，政府有责任提供公共产品，且由政府出资兴建医院等公共服务机构。

市场经济产生之后，曾经因为极大地促进了资本主义的发展而散发出耀眼的光芒，但它并不是十全十美的，近百年来，它的弊端逐步暴露出来。市场失灵表现在以下几方面：公共产品无人供给或供给不足、收入分配不公、经济大幅波动、垄断、外部效应、失业、信息不对称。20世纪30年代，各国政府开始主动出手大规模干预经济，通过产业政策、财政政策、货币政策引导资金流向，调节供给与需求，促进收入公平分配。财政的职能就是发挥资源配置功能，引导各种资源转向公共产品供给领域；发挥收入分配功能，缩小居民间的收入分配差距；发挥经济稳定功能，熨平经济波动（如图1-1所示）。

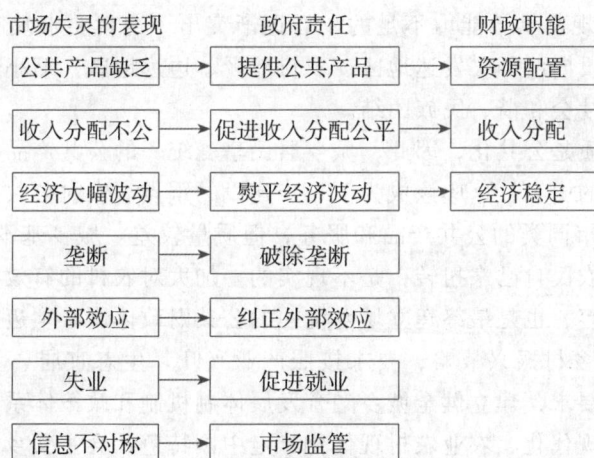

市场失灵的表现	政府责任	财政职能
公共产品缺乏 →	提供公共产品 →	资源配置
收入分配不公 →	促进收入分配公平 →	收入分配
经济大幅波动 →	熨平经济波动 →	经济稳定
垄断 →	破除垄断	
外部效应 →	纠正外部效应	
失业 →	促进就业	
信息不对称 →	市场监管	

图1-1 市场失灵与财政职能

三、公共财政

（一）公共财政思想

公共财政是为满足社会公共需要而进行的政府收支活动模式或财政运行机制模式。在社会主义市场经济条件下，政府的财政活动是为市场提供公共产品和服务，财政收入、支出、管理都是为了社会公共利益。一方面，促进经济发展，做大社会财富蛋糕；另一方面，切好财政蛋糕，不断增加民生支出，提高民生事业保障力度，让广大城乡居民过上更加美好舒心的生活。公共财政仅存在于市场经济环境中，其活动范围限于市场失灵的领域。

（二）公共财政思想的提出

1978年以来，改革开放极大地解放了生产力，特别是1992年社会主义市场经济改革目标的确立，人们逐渐转变了对财政的认识，公共财政的改革和建设提上了议事日程。

近年来的一系列财政支出和收入改革，都是直指公共财政建设目标的。在财政支出上，逐步退出一般竞争性领域，将更多的财政资金投向公共设施、教育、医疗、养老、科研等市场失灵的领域。在财政收入上，税收已经成为我国最主要的财政收入，税制也尽量做到对不同经济主体一视同仁。财政收支管理得到了加强，部门预算、政府采购制度、国库集中收付制度、税收征管制度等都按照公共财政的要求建立起来，或得到进一步完善。财政转移支付制度的建立，促进了区域间基本公共服务的均等化，保证了最低水平公共服务的提供。更有意义的是，我国对农村实行了"少取、多予、放活"的政策，取消了农业税，加大了对"三农"的投入。让公共财政的阳光照耀到全国，让城乡居民享受同样的公共服务，这是我国公共财政建设中值得大书特书的一笔。

中国特色社会主义已经进入新时代，社会主要矛盾已转化为人民日益增长的美好生活需要和不平衡不充分的发展之间的矛盾。而与此同时，城乡居民日益增长的对公共产品和服务的需求与现实供给能力不足的矛盾逐渐突出。这就要求政府调整财政支出结构，把更多的资金投向西部欠发达地区、农村地区、边远地区，缩小地区发展差距、城乡发展差距，促进社会和谐、民族团结。

公共财政的实质是公共化，因此，城乡居民享受统一的公共产品和服务，是公共财政建设中最为核心的内容，这应该成为下一步建设的重点。农村公共产品和服务供给不足，或虽拥有与城市同类的公共产品和服务，但质量较差。城乡基本公共服务均等化，仅仅依靠农村，让农民自己来扭转，是不现实的。加大对农村的有效投入，是农村公共财政建设的重要内容，也是最终建立城乡统一的公共财政体制必须迈出的重要一步。党的十九大提出实施乡村振兴战略，要求按照产业兴旺、生态宜居、乡风文明、治理有效、生活富裕的总要求，建立健全城乡融合发展体制机制和政策体系，加快推进乡村治理体系和治理能力现代化、农业农村现代化，走中国特色社会主义乡村振兴道路，让农业成为有奔头的产业，让农民成为有吸引力的职业，让农村成为安居乐业的美丽家园。随后召开的中央农村工作会议进一步提出把公共基础设施建设的重点放在农村，推动农村基础设施建设提档升级，优先发展农村教育事业，促进农村劳动力转移就业和农民增收，加强农村社会保障体系建设，推进健康乡村建设，持续改善农村人居环境，逐步建立健全全民覆盖、普惠共享、城乡一体的基本公共服务体系。适应这一战略部署，财政就应当向农村、农业、农民倾斜，让几亿农村居民也享受到良好的公共服务。

（三）公共财政框架

1992年，中国共产党第十四次全国代表大会将建立社会主义市场经济体制确立为经济体制改革的目标。与此相适应，1998年，全国财政工作会议提出建立公共财政体制的目标，公共财政的提出与市场经济有着必然联系，也是水到渠成的。1998年，在全国财政工作会议上，时任财政部部长项怀诚在讲话中第一次提出了建设公共财政的要求，他宣布，我国将在几年内初步建立公共财政的基本框架。在1999年3月召开的九届全国人大二次会议上，项怀诚部长在《关于1998年中央和地方预算执行情况及1999年中央和地方预算草案的报告》中再一次提出了构建公共财政的基本框架问题。党的十五届五中全会进一步明确将建立公共财政初步框架作为"十五"时期财政改革的重要目标。

1.我国为什么提出建立公共财政框架

随着经济改革的深入，我国从计划经济体制逐步转到了构建社会主义市场经济体制上来，这就决定了我国的财政必须相应地从原有的计划型模式转到市场型模式即公共财政上来。这样，建立公共财政，就不仅仅是财政模式的变革问题，它反过来直接引起我国政府行为的变革，是我国市场化改革进一步深入的关键性步骤，将大大地加快我国市场经济体制建立健全的进程。

首先，这是我国社会主义市场经济发展的客观需要。在市场经济条件下，政府的作用重在弥补市场失灵和市场不能高效率发挥作用的领域，而不是取代市场。我国要发展社会主义市场经济，就必须构建与之相适应的财政模式——公共财政。现代市场经济的一个共性就是不论什么社会制度下的市场经济，都是在国家宏观调控下发挥市场机制在资源配置中的决定性作用的经济。在市场经济条件下，市场机制始终是国民经济最基本的调节机制，它在资源配置中始终发挥决定性作用。所谓物以稀为贵，就是这个道理。政府的宏观调控不是取代市场，而是必须建立在市场和市场机制作用的基础之上。我国经济体制的转变和市场经济的逐步建立，客观上要求我国的财政必须从计划经济时期的生产建设型财政向社会主义公共财政转变。就目前而言，应着手构建公共财政的基本框架。

其次，这是我国财政职能转变的需要。传统的财政理论把财政职能归纳为分配职能、调节职能和监督职能。对财政职能的这种概括是与我国传统的计划经济实践相吻合的。随着我国财政从生产建设型财政向公共财政转变，我国的财政职能必须加以调整。如何转变财政职能，我国财政学界的学者们进行了积极的探讨，尽管目前在此问题上还存在一些分歧，但越来越多的学者认为在市场经济条件下，财政应具有三大职能，即收入分配职能、资源配置职能和经济稳定职能。适应财政职能的转变，财政应理性地退出竞争性领域，不再参与私人商品的生产和提供，而转向主要为公众提供纯公共产品和服务，参与提供准公共产品。

最后，这是构建和谐社会的需要。构建和谐社会要求财政管理科学化、民主化、法制化。公共财政的特点就是科学理财、民主理财、依法理财：①在公共财政框架下，财政只是为公众提供公共产品和公共服务，财政支出的规模将得到有效控制，财政收支矛盾得到缓和，有利于科学管理。②公共财政客观上要求一切与政府权力相关的公共收入都必须纳入政府预算，在政府统一的预算中体现出来，并接受社会公众和立法机关的监督。③公共财政要求必须依法理财。市场经济是法治经济，市场经济下的财政——公共财政必然是法治财政。只有实行公共财政，坚持依法治财和依法理财，才能为构建和谐社会打下良好的经济基础。

2.如何建立公共财政基本框架

在计划经济条件下，全社会如同一个大工厂，社会再生产过程中的各个环节都由政府通过统一的计划来组织运行。由此形成的财政职能范围大而宽，几乎延伸到社会各类财务职能之中，包括生产、投资、消费，覆盖了包括政府、企业、家庭在内的几乎所有部门。这也正是我们习惯于将计划经济体制下的财政称为"生产建设型财政"的原因所在。

在资本主义自由竞争时代，人们相信市场是万能的，可以靠市场法则——价值规律来调节，市场这只"看不见的手"能够实现资源的最优配置。财政学的开山鼻祖亚当·斯密在《国富论》中写道："女王陛下，请您不要干预国家经济，回家去吧！国家做什么呢？就做一个守夜人，当夜晚来临的时候就去敲钟，入夜了看看有没有偷盗行为，这就是国家的任务。"但20世纪30年代的经济大危机打破了市场万能的神话。英国经济学家凯恩斯提出了新的观点：在市场失灵的情况下，政府应实行干预，从幕后走到前台，通过实行财政、货币政策，调控宏观经济，熨平经济周期，以实现充分就业、经济增长、物价稳定和国际收支平衡。

公共财政的理念告诉我们，在市场经济条件下，社会资源主要通过市场而不是政府来进行配置。只有在市场失灵的领域，政府部门的介入才是必要的。财政只能在社会资源的配置中起补充和配角作用，所要解决的只能是通过市场不能解决或者通过市场解决不能令人满意的事情。公共财政的主要范围包括：①提供公共产品。公共产品的特征决定了市场在提供公共产品方面是失效的，进而也就决定了政府将提供公共产品纳入职能范围的必要性。公共产品最典型的是国防、社会秩序、公共卫生、环境保护等。②纠正外部效应。外部效应的典型表现是某些经济主体的行为影响了其他经济主体，却没有为其承担应有的成本费用或没有获得应有的报酬。比如，一些企业排放的废气、废水给社会造成了不良后果，企业不承担治污成本，在这种情况下，政府有责任采取包括财政在内的非市场方式来纠正外部效应。③维持有效竞争。竞争和价格机制是市场经济的灵魂。但在市场经济中，不完全竞争却是随处可见的。某些行业因具有经营规模越大、经济效益越好的特点，从而产生了垄断力量。这就决定了政府要承担起维持市场有效竞争的责任，将与此有关的任务纳入自己的职能范围内。④调节收入分配。在市场机制的作用下，由于人们占有财产情况的不同以及劳动能力的差别，由市场决定的收入分配状况往往是极不公平的。这不仅有违社会公平法则，而且会导致诸如贫困、富裕阶层中财富的浪费、社会冲突、低收入阶层得不到发展与改善自己处境的机会等不良的社会后果。因此，政府有义务用财政等调节手段解决收入分配不公问题。⑤稳定经济。自由放任的市场经济不可能自动、平衡地向前发展。价格信号在某些重要的市场上并不具有伸缩自如、灵活反应的调节能力，而不同经济主体在实现其经济利益上所具有的竞争性和排他性，也使市场的自发力不能经常保证总供求在充分利用社会资源的水平上相一致，通货膨胀、失业、贸易失衡、增长波动等都会周期性地重复出现。政府有必要运用财政等手段干预经济的运行。

第二节　公共产品理论和优值品理论

一、什么是公共产品

在漫长的人类发展过程中，人们发现有些事情市场做不了或者做不好，这些事情有着一些共同的特点。后来，经济学家把这类事情归类为公共产品（Public Goods）。公共产品是具有消费或使用上的非竞争性（或称为非竞用性）和受益上的非排他性的产品。

灯塔这个经典案例经常被提及：在黑夜茫茫的大海上，有一座灯塔，它为过往的船只提供光明，引导它们绕过暗礁，安全地航行。很多船只都因此受益，但它们却没有付费。而灯塔的主人也无法准确地判别哪艘船"偷看"了灯塔发出的光线，并去收取相应的费用。

在市场上，我们购买了他人的商品或是接受了他人的服务，是要付钱的，而在灯塔案例中，市场经济条件下普遍适用的交换关系为什么不存在了呢？原因在于，灯塔具有"公共性"，或者说它是一种"公共产品"。公共产品的种类很多，除灯塔之外，像国防、法律、社会治安、消防、道路、教育、基础科学研究、气象服务等也都属于公共产品的范畴。与公共产品相对应，我们平时所购买的一些商品，如食品、衣服等则被称为"私人产品"。

二、公共产品的基本特征

全社会的资源可分为两种：一种是私人产品；另一种是公共产品。私人产品有两个特征：一是竞用性（竞争性）；二是排他性。竞用性是指一个人消费的东西，他人就不能消费；而排他性是指把没付钱的人排除在外。公共产品则刚好相反，具有下面两个基本特征：一是非竞用性；二是非排他性。非竞用性是指一个人消费公共产品不影响他人消费，边际成本为零；非排他性是指无法把没付钱的人排除在外。比如，公共道路两旁的路灯就是公共产品，从路灯下走过的人都享受到好处，但都没有付费，也没有相互影响。此外，国防、行政管理、公共卫生、城市广场、绿地等都是公共产品。在我们的日常生活中，安全是首先要考虑的重要问题，当我们在安全的环境中学习、工作和娱乐时，就消费了"维护社会治安"这样一种公共产品，因为我们并没有为此向公安部门支付费用，它是由政府提供的公共产品。有些事情只能由政府来做，任何其他组织和个人都难以做好。如环境保护，要为一个国家或地区的居民提供清洁的水源、新鲜的空气、整洁的环境，就需要投入大量的人力、物力、财力，但难以向受益者收取费用。

公共产品还具有不可分割性。一种私人产品，如一块面包，我们可以用多种不同的方法，将它分给10个人享用；而道路只有作为一个整体才能发挥作用，如果将它锯成若干段分给居民，让他们各自搬回家，那就失去了它原有的作用。

此外，公共产品还具有外部性特征。外部性也叫外部效应，是指在经济活动中，某一生产者或消费者的活动给其他生产者或消费者带来的非市场性影响。这种影响可能是有益的，也可能是有害的。有益的影响称为正外部性；有害的影响称为负外部性。正外部性的例子很多，如墙内开花墙外香；一所大学运动场很多，于是周围的居民都来散步或锻炼。负外部性的例子如一户人家炸臭豆腐臭气熏人、化工厂对环境的污染等。

按照"人是经济人"的经济学假设，人们通常首先考虑自身的利益，正像亚当·斯密所说的："我们的晚餐并非来自屠宰商、酿酒师和面包师的恩惠，而是来自他们对自身利益的关切。"这样就出现了不愿意为公共产品付费、总想让他人提供后自己免费享用的行为，现代经济学称为"搭便车"现象，就像乘公共汽车却不想买车票一样。结果是什么呢？每个人都指望他人做好事，自费提供公共产品，自己坐享其成，结果谁也不生产，最终导致公共产品的供给量为零。所以，楼道里的照明灯、公共厕所里的灯泡坏了总是没人去换。由于每个人都有占便宜的动机，容易产生"搭便车"行为，所以经济学家认为，公共产品不可能像私人产品那样通过自由市场来实现最优配置。因此，我们平时使用的公共产品，大多是由政府或集体来提供的。古代有"凿壁偷光"的故事，从经济学上讲，实际上就是"搭便车"行为，自己不掏钱，却得到光亮。

综上所述，公共产品具有非竞用性、非排他性、不可分割性、外部性几个特征，这是确定一个产品是公共产品的重要依据。既然市场存在缺陷，公共产品供给不足，那么，就需要由政府来提供，由财政出钱，让社会公众共同消费。相应的，提供公共产品的经费也要由公众向政府纳税形成财政收入，只不过每个人纳税的多少与享受的公共产品数量不挂钩，没有直接联系。

公共产品的内容和范围是不断变化的，在以前不属于公共产品的，现在却可能成为公共产品，如博物馆，以前人们参观博物馆是要付费的，但从2008年起，我国决定免费开放博物馆。2008年1月23日，中宣部、财政部、文化部、国家文物局四部门联合发出了《关于全国博物馆、纪念馆免费开放的通知》，宣布从2008年起，全国由各级文化文物部门归口管理的公共博物馆、纪念馆和爱国主义教育示范基地，一律敞开大门，免费接纳群众参观学习，这些公共设施由财政拨款维护。

公共产品按照特征，可以分为纯公共产品、俱乐部产品、公共资源。完全具备非竞用性、非排他性这两个特征的就是纯公共产品，如社会治安、国防、外交等；不具有竞用性，但具有排他性的称为俱乐部产品，最典型的是高速公路，在上面行驶的汽车互不影响，多一辆车使用高速公路并不增加运行成本，但它可以通过封闭起来、设立收费站收取通行费实现排他；不具有排他性，但具有竞用性的称为公共资源，如公共草地、湖泊。

公共产品按照受益范围，可以分为全国性公共产品、地方性公共产品。全国性公共产品是指全国居民都受益的公共产品，如国防、外交、全国性的法律，应由中央政府提供，由中央财政出钱；地方性公共产品是指某一个地方居民受益的公共产品，如路灯只能是很小范围内的居民受益，一个公办小学只能是周围一个片区内的居民受益，一般由最基层的地方政府提供，由地方财政出钱。部分地方性公共产品的外部性比较明显，如珠江流域上游的贵州、广西等省区治理水污染，不仅本地受益，而且下游的广东省也受益。这种分类便于明确各项公共产品的支出责任，避免扯皮，符合谁受益、谁出钱的基本原则。

三、优值品理论

公共产品的基本特征中，非竞用性、非排他性比较抽象，判断起来并不容易。比如，教育究竟有没有上述两个特征就存在争论，社会保障、公共卫生也是如此。为此，有的学者从其他角度进行研究与分析，最早提出"优值品"概念的是马斯格雷夫（R.A. Musgrave），他认为优值品（Merit Goods，也译为有益品）是指"通过制定干预个人偏好的政策而提高生产的物品"。此后也有学者从多方面提出类似观点，有人认为如婚前检查、教育、社会保障等服务，在个人看来效用不高，但对社会来说效用较高，这就是"优值品"，应当由政府强制实施，并予以提供。

优值品理论也是政府干预的重要理论基础，但与公共产品理论不同。优值品是公共经济学理论的重要内容，对它的解释有多种，一种是指那些个人对它的评价低于其实际效用的物品，如婚前检查，很多人认为自己没有什么病，不会影响后代，但其实它对提高人口出生质量、减轻社会负担大有好处；又如高雅艺术，一般人觉得看不看没有什么差别，对个人没有多大影响，但其实它对陶冶人的情操、缓解生活压力、丰富业余生活、缓和社会矛盾、建设和谐社会有着很大作用。

之所以出现个人的评价与其实际效用不一致，原因是消费者的偏好存在缺陷，即忽视自身可能遇到的种种不确定性，没有看到这些物品给他带来的预期效用。与之相对应的是劣值品，即个人对它的评价高于其实际效用的物品，典型的例子是吸烟、赌博等。公共产品的出现是由于存在市场缺陷，而优值品的出现是由于存在偏好缺陷，这说明两个理论是从不同角度来看待问题的。但共同的结论是都需要政府干预，由政府来提供公共产品或优值品，从而提高市场效率，满足社会需要，促进社会公平，维护公共利益。

优值品理论出现的时间不长，有着多种观点，还没有取得完全一致的看法，也不像公共产品理论那样得到了学术界的普遍认同。但它毕竟为我们认识客观世界、探寻社会发展规律打开了又一扇窗口，提供了新的角度，也说明我们对客观规律的认识总是不断深入的。社会科学没有唯一的标准答案，人们对世界的探索永无止境，人类对外部世界的认识是不断发展的。

第三节　财政的职能

财政的职能是指财政在社会经济生活中所具有的职责和功能，也就是财政承担什么责任，具有哪些功能。按照现代西方财政理论，市场化国家的财政职能一般包括资源配置职能、收入分配职能、经济稳定职能。近几年，我国对财政的认识有了新的突破，将财政提到了更高的地位，提出了新的论断——"财政是国家治理的基础和重要支柱"。

一、资源配置职能

资源配置职能就是将一部分社会资源集中起来，形成财政收入，然后通过财政支出分配活动，由政府提供公共产品或服务，引导社会资金的流向，弥补市场的缺陷，最终达到全社会资源配置效率的最优状态。简单来说，就是指财政能够引导人力、物力、财力的走向，让它们发挥最大的作用，实现最高的效率。比如，农村学校缺教师，但很多人不愿意到农村地区工作，蜂拥到城市里来，使得城市"人才挤挤"。前几年，我国出台了对农村学校教师发放补贴、对在乡镇工作的行政事业单位人员增加"乡镇工作补贴"的举措，通过财政补贴引导人才到农村基层工作，吸引人才、留住人才，为建设美丽乡村提供了强有力的智力支持。

财政资源配置职能的主要内容包括：

1.调节资源在公共需要之间的配置

财政的首要职能是为政府满足社会公共需要提供财力保证。由于社会公共需要无限性与可分配资源有限性的矛盾，财政要根据不同时期政府公共服务的重点，调节资源在公共需要之间的配置，力求实现公共资源最优化配置。

在社会主义市场经济条件下，我国财政资源配置的内容主要包括以下几个方面：①保证政府机关正常运转需要的物品和劳务等资源的配置；②对社会各项公共事业的发展所需资源的配置；③为保证市场主体的正当利益，维护市场经济秩序，针对不同地区、部门、企业、居民的贫富悬殊状况进行的资源配置；④为弥补市场缺陷、调节社会总需求、减少经济波动、保证经济稳定增长进行的资源配置；⑤针对基础设施、基础产业、高科技产业、国家重点建设项目进行的资源配置。

2.调节资源在地区之间的配置

在世界各个国家、地区之间，经济发展不平衡是普遍现象，在我国，这种现象尤为突出。解决地区之间经济发展不平衡问题，单靠市场机制往往收效不大，有时还会出现差距越来越大的问题，即资源从落后地区向发达地区流动，使落后地区更落后，发达地区更发达。从整体上看，这样不利于经济的均衡发展和社会的稳定，这就要求通过各种财政手段，如税收、投资、财政补贴和财政转移支付等来进行调节，使财政资源配置职能在这方面发挥作用。

3.调节资源在产业部门之间的配置

21世纪前20年是我国经济结构战略性调整的重要时期，而产业结构是经济结构的重要组成部分。调整产业结构的途径主要包括两个：一是调整投资结构，增加或减少对某种产业的投资就会促进或抑制该产业部门的发展，以此使旧的产业结构得到调整，形成更合理的产业结构；二是调整资产的存量结构，改变现有企业的生产方向，促使一些企业转产。在这两个方面，财政都能够发挥其调节作用。就调整投资结构而言，财政可以通过直接的预算投资，改变现有的产业结构，如增加对能源、交通、原材料等基础产业和国民经济薄弱环节的投资，减少对加工工业的投资；还可以利用税收、财政补贴手段，引导企业增加对国民经济短线产品的投资，抑制对国民经济长线产品的投资，从而改变微观经济主体的投资方向，促进产业结构合理化。就调整资产的存量结构来看，我国在从计划经济向市场经济转轨的过程中，对过去形成的产业结构需要不断地进行调整，而调整的手段也随着经济体制的转变由过去的以行政手段为主，转变为以经济手段为主，今后主要是通过市场竞争、实行企业兼并和重组来进行。在这方面，采取有利于竞争和不同产业区别对待的税收政策，可以发挥一定的调节作用。

4.调节资源在政府部门与非政府部门之间的配置

这种调整的实质是将资源在社会公共需要与个人需要之间进行配置。这种配置最终体现在财政收入占国内生产总值比重的高低上。提高这一比重，意味着在全部社会资源中由政府部门支配使用的部分增加，由企业和个人支配使用的部分减少；相反，降低这一比重，则意味着全部社会资源中归企业和个人支配使用的部分增加，而归政府支配使用的部分减少。社会资源在政府部门与非政府部门之间的配置比例，主要取决于一定时期内政府职责范围的大小和国家的经济体制。随着国家经济体制的改革与政府职能的调整，应当使财政部门支配的财力与其承担的社会经济、政治责任相适应，这一比重过高或过低，都不符合资源优化配置的要求。

二、收入分配职能

收入分配职能是指政府运用税收、财政补贴及转移支付等手段来调节微观经济主体的收入差距，以实现分配公平的目标。在政府对收入分配不加干预的情况下，一般会以个人财产的多少和对生产所做的贡献大小等为标准，将社会财富在社会各成员之间进行初次分配，这种分配可能是极不公平的，而市场对此无能为力，只有依靠政府的力量，才能对这种不公平现象加以调整和改变。

大家在生活中可以看到不少收入分配不公平的现象。比如：很多农民辛苦劳作，但收入并不高，遇上自然灾害可能还会赔本，而有些人通过投机取巧可能获得大笔财富；低收入家庭只能维持温饱生活，而某些亿万富翁可以通过投资房地产、证券市场不断使财富增值；保洁、门卫等劳动者尽管尽心尽力工作，但收入低微，而电力、烟草等垄断行业的员工收入普遍较高。上述种种现象表明，收入与个人付出及贡献并不完全成正比，这样一来，就打击了诚实劳动的劳动者的积极性，不利于鼓励大家爱岗敬业、无私奉献。这需要政府通过财政等手段加以调节，缩小不同行业、地区、群体间劳动者的收入差距，促进社会公平。

财政收入分配职能的主要内容是通过调节企业的收入水平（即利润水平）和居民个人的收入水平，实现收入与财产的公平分配。

调节企业利润水平，主要在于通过调节，使企业的利润水平能够比较客观地反映企业的生产经营管理和员工主观努力状况，使企业在条件大致相同的情况下获得大致相同的利润。例如，征收消费税可以剔除或降低价格的影响；征收资源税、房产税、城镇土地使用税等可以剔除或降低由于资源、房产、土地不同而形成的级差收入的影响；企业所得税对小型微利企业适用20%的较低税率也可以促进公平等。除此之外，统一税制、公平税负也是实现企业公平竞争的一个重要外部条件。

调节居民个人的收入水平要坚持以按劳分配为主体、多种分配方式并存的制度，正确处理效率和公平的关系，构建初次分配、再分配、三次分配协调配套的基础性制度安排，加大税收、社保、转移支付等的调节力度并提高其精准性，提高中等收入群体比重，增加低收入群体的收入，合理调节高收入，取缔非法收入，形成中间大、两头小的橄榄型分配结构，促进社会公平正义，促进人的全面发展，使全体人民朝着共同富裕的目标扎实迈进。这可以通过两个方面来进行调节：一是通过征收个人所得税等调节个人收入的差距和个人财产的分布状况；二是通过转移性支出，如社会保障支出、救济支出、财政补贴等，维持居民最低生活水平和福利水平。

三、经济稳定职能

经济稳定职能是指通过财政分配实现经济稳定的目标，即充分就业、物价稳定、国际收支平衡、合理的经济增长率。经济稳定职能的主要内容包括：经济的稳定增长要求做到社会总供给与总需求平衡，不仅要求总量平衡，而且要求结构平衡。财政在调节社会总供求的总量平衡与结构平衡方面都发挥着重要作用。供求结构平衡，实际上是个资源配置问题，这里着重分析财政在调节社会供求总量平衡方面的作用。

1.通过政府预算的扩张或紧缩，调节社会总供求平衡

国家财政收入是社会产品的一个组成部分，它通常代表供国家支配的一部分商品和劳务，是社会总供给的一部分；国家财政支出所形成的货币购买力，是社会总需求的一个组成部分。因此，通过调节政府预算的收支关系，可以调节社会总供给与总需求。当社会总需求大于社会总供给时，可以通过实行预算收入大于支出的财政结余政策来抑制社会总需求，平衡供需关系；当社会总供给大于社会总需求时，则可以通过实行预算支出大于收入的财政赤字政策来进行调节；当社会总供给与总需求大体平衡时，预算应实行收支平衡的中性政策与之相配合。在市场经济条件下，社会总供给与总需求之间的关系非常复杂，由于各种因素的影响，经济发展会出现周期性波动，有时总需求大于总供给，有时总供给大于总需求，因而要求财政根据客观经济情况的变化"相机抉择"，交叉使用结余政策和赤字政策，以求经济的稳定发展。我们将在第七章财政政策部分继续探讨其具体做法。

2.通过财政的制度建设，发挥财政"内在稳定器"的作用

这主要体现在财政收入和财政支出两个方面。在财政收入方面，累进型所得税税制的内在稳定器作用尤为明显。当经济过热，出现通货膨胀时，社会各界的收入普遍增加，因而适用较高的税率，税收也明显增加，从而可以对经济的升温起抑制作用；相反，当经济萧条时，社会各界的收入普遍下降，因而适用较低的税率，税收明显减少，从而对经济复苏和发展起刺激作用。当然，这种作用的发挥是以所得税作为主体税收为前提的，而在所得税中，个人所得税所占比重也很重要。当前，我国个人所得税在税收中所占比重很低，企业所得税实行的是比例税率，因此，这种作用就比较小。从财政支出来看，内在稳定器的作用主要体现在转移性支出方面，包括失业救济金、救济和福利支出、财政补贴等。当经济高涨时，失业人数减少，转移性支出下降，对经济过热能起到抑制作用；当经济萧条时，失业人数增加，转移性支出上升，从而刺激经济的复苏与升温。

红色故事1-1　　　　　　　　　　列宁小学——公共财政思想的重要体现

1931年11月，在瑞金召开的中华工农兵苏维埃第一次全国代表大会制定和通过了《中华苏维埃共和国宪法大纲》，规定了工农劳动群众及其子弟有免费受教育的权利。此后，先后颁布了关于列宁小学的法律、法规，如《小学校制度暂行条例》（1934年2月16日）、《小学教员优待条例》（1934年2月16日）、《小学管理法大纲》（1934年4月）、《小学课程教则大纲》（1934年4月）、《列宁小学校学生组织大纲》（1934年4月）等。这些法律、法规为规范教育管理、提高教育质量提供了法律依据。这反映出中国共产党领导的中央苏区政府把为人民服务作为根本宗旨，在当时极端困难的情况下高度重视教育事业的发展，倾尽全力帮助苏区群众扫盲和提高其受教育水平。

当时教育部下设初等教育局、高等教育局、社会教育局和艺术局，以及编审局和巡视委员会等。列宁小学筹措办学经费主要有三种渠道：由中央教育部划拨，由地方负担和群众募捐。

苏区教育事业蓬勃发展并取得巨大成就。苏区内各乡村都办起了列宁小学，大村独办，小村联办，对所有儿童实行免费义务教育。据江西省苏维埃政府1932年11月报告，经胜利、会昌、寻邬、万泰、兴国、永丰、公略、赣县、安远、于都、乐安、南广、宜黄、信康14县统计，共办有列宁小学2 277所，有小学教员2 535人，小学生82 342人。1933年年底，兴国县长冈乡有437户、1 784人，共办起列宁小学4所，每村1所，共有小学生186人，学龄儿童入学率为65%。兴国县学龄儿童总数20 969人，入学在校的12 806人中男生8 825人、女生3 981人；失学的8 163人中男生3 251人、女生4 912人，入学与失学的比例为3∶2，大大高于国民党统治区适龄儿童入学率不到10%的比例。

1930年春，中国共产党基层组织在安徽省金寨县汤家汇镇瓦屋基村直接领导创办了鄂豫皖苏区最早的红色小学之一——赤城"六区一乡列宁小学校"；学校开设有6个班，学生180余人，校长由乡苏维埃主席、共产党员周德谦兼任，教师既有专职的，也有兼职的，大多是红军干部。当时的教师和学生既是师生关系，又是革命同志，互相尊重、共同提高。校舍为30间瓦房，课桌椅一部分是没收豪绅地主的，一部分是师生自己上山砍树做的，课本大多是教师自编的。

当时的列宁小学已有比较健全的组织机构，成立有学生公社，下设总务、教育、宣传、卫生、音乐5个股，学校还设有少先队和儿童团。除了进行文化课学习外，还经常组织慰问队到红军医院慰问伤病员，帮助烈军属挑水打柴、站岗放哨、传递情报等。

开国少将李真1918年出生于江西省永新县，曾就读列宁小学三年级，之后加入了红军，参加了长征，逐步成长为共和国的将军。晚年他还回忆起在根据地列宁小学读书时任教的老师、课本、写过的作文。

资料来源　温剑波，温余荣. 中央苏区列宁小学教育的历史考察［J］. 学校党建与思想教育，2012（6）.

案例讨论

案例一　市民进入学校锻炼要不要交钱

近几年，我国多个地方规定有条件的学校应免费开放露天体育设施。一些地方发布的全民健身实施计划中，也提出了学校体育设施在课余时间、节假日开放的要求。但不少学校都以影响校园安全或设施维修为由，要么将体育场地关闭，要么采取收费办法，市民自由进入校园进行体育休闲活动的愿望并不容易实现，体育设施大众共享也就成了"镜中花，水中月"。有的校内田径场对外开放的收费标准是每人10元，羽毛球馆对社会开放的价格是每块场地每小时70元；有的操场虽然对校外人员开放，但需要先办卡，卡里存100元钱，每次进入操场从卡里扣除费用。

除了学校之外，其他行政事业单位也有不少公共体育设施在周末、晚间处于空闲状态，如何盘活这些资源，向社会开放，方便公众锻炼身体，也是值得探讨的问题。

讨论：（1）为什么众多学校不愿意对外开放体育设施呢？（2）校园内部的体育设施是不是公共产品？说说理由。（3）学校能不能限制校外人员享受这些设施？能不能对校外人员收费？

案例二　防走失手环是不是公共产品

随着经济快速增长，我国人口寿命不断提高，人口老龄化加速发展，由此产生的养老、护理、心理等问题日趋突出。针对老年人因失智而走失事件增多的现象，2016年6月，北京市民政局通过政府购买服务的方式，为全市1万名患有记忆障碍、认知障碍或阿尔茨海默症的老年人免费配备防走失手环，提供实时定位、紧急呼叫、运动轨迹、离开安全区域提醒等功能，子女和亲属可以随时追踪老年人的活动轨迹，更好地保障失智老年人的人身安全。

防走失手环的配发改变了以前完全由政府包办的做法，转而采取社会化运作方式，由政府部门公开招投标确定服务商。其中，手环包含的3年流量和服务费（每月通话主叫时长30分钟，接听免费，流量30M）由财政支付，超出部分由使用者承担。3年期满后每年的流量和服务费将由使用者按照市场价格承担。

讨论：（1）北京市的上述做法有什么理论根据？结合本章所学习的财政学知识思考和分析。（2）为什么北京市采取政府购买服务的方式提供手环？与政府完全负担全部费用相比有什么好处？

阅读材料

[1] 国家发展和改革委员会就业和收入分配司，北京师范大学中国收入分配研究院. 中国居民收入分配年度报告（2020）[M]. 北京：社会科学文献出版社，2021.

[2] 陈共. 财政学 [M]. 10版. 北京：中国人民大学出版社，2020.

[3] 贾康. 财政学通论 [M]. 上海：东方出版中心，2019.

[4] 马永仁. 图解经济学：经济常识一看就懂 [M]. 北京：机械工业出版社，2020.

[5]张是之. 经济学入门50讲：普通人也能读懂的经济学[M]. 北京：中信出版社，2020.

■ 综合训练

随堂测1

一、单项选择题

1.与市场经济相适应的财政类型是（　　）。

A.家计财政　　　　B.生产财政　　　　C.吃饭财政　　　　D.公共财政

2.按照国家分配论的观点，（　　）的产生是财政产生的政治条件。

A.国家　　　　B.政府　　　　C.货币　　　　D.剩余产品

3.2008年年末以来，我国实施积极财政政策应对全球金融危机的影响，主要体现的是财政的（　　）职能。

A.经济稳定　　　　B.收入分配　　　　C.资源配置　　　　D.监督与管理

4.消费上具有非竞争性，但可轻易做到排他的是（　　）。

A.私人产品　　　　B.纯公共产品　　　　C.俱乐部产品　　　　D.公共资源

5.以下属于纯公共产品的是（　　）。

A.高等教育　　　　B.农业生产　　　　C.电信服务　　　　D.社会治安

6.（　　）为政府介入或市场干预提供了必要性和合理性的依据。

A.经济波动　　　　B.公共产品　　　　C.市场失灵　　　　D.公平分配

二、多项选择题

1.公共产品的基本特征包括（　　）。

A.非竞用性　　　　B.竞用性　　　　C.非排他性

D.排他性　　　　E.盈利性

2.市场失灵的主要表现有（　　）。

A.收入分配不公　　　　B.经济大幅波动　　　　C.私人产品不足

D.公共产品不足　　　　E.自由竞争

3.财政作用的范围包括（　　）。

A.提供公共产品　　　　B.纠正外部效应　　　　C.维持有效竞争

D.调节收入分配　　　　E.稳定经济

4.在社会主义市场经济体制下，财政的职能包括（　　）。

A.资源配置　　　　B.宏观调控　　　　C.收入分配

D.经济稳定　　　　E.公共服务

5.经济稳定包含着多方面的含义，通常有（　　）。

A.经济增长　　　　B.收入增长　　　　C.充分就业

D.物价稳定　　　　E.国际收支平衡

6.财政收入分配职能的实现手段有（　　）。

A.税收　　　　B.转移性支出　　　　C.购买性支出

D.利率　　　　　　　　E.财政投资

三、判断题

1.在市场经济条件下，社会资源主要通过市场而不是政府来进行配置。　（　　）

2.优值品是指那些个人对它的评价低于其实际效用的物品。　（　　）

3.生产财政是与市场经济相对应的财政模式。　（　　）

4.凡是由政府提供的产品或服务就是公共产品。　（　　）

四、简答题

1.公共产品的基本特征有哪些？

2.简述中国为什么要建立公共财政框架。

3.如何理解财政的资源配置、收入分配和经济稳定职能？

五、案例分析题

温室气体排放，造成温室效应，使全球气温上升。排放主要来自工业化国家和快速发展的发展中国家，我国是碳排放大国。为此，我国正探索建立碳排放权交易市场，市场主体可以对分配的配额进行交易。截至2021年3月，碳交易试点地区碳市场覆盖钢铁、电力、水泥等20多个行业的近3 000家重点排放企业，累计覆盖4.4亿吨碳排放量，累计成交金额约104.7亿元。试点范围内，企业碳排放总量和强度实现"双降"，显示出碳市场以较低成本控制碳排放的良好效果。同时，我国以发电行业为突破口，率先在全国开展碳交易。2021年1月1日，全国碳市场发电行业第一个履约周期正式启动，2 225家发电行业重点排放单位分到碳排放配额。

资料来源　佚名.运用市场机制促进碳减排［EB/OL］.［2021-06-29］. https：//baijiahao.baidu. com/s？id=1703850353782273384&wfr=spider&for=pc.有删减.

请问：你如何看待这一做法？其思路是什么？为什么需要政府介入？

第二章

财政支出概述

内容提要

本章介绍财政支出的基本理论问题，包括财政支出的内容、分类，财政支出的原则，财政支出的结构及绩效评价。

第一节　财政支出的内容及分类

一、财政支出的内容

财政支出反映政府的钱用到哪里了，这可以看出一个国家为社会公众提供了哪些公共服务，以及给大家带来了哪些好处。

政府作为公共组织，其主要职能是提供公共产品。但公共产品的内容和结构不是一成不变的，而是随着社会发展而不断丰富的。财政支出的内容应限定在政府职能的范围内，随着时代的发展，政府职能的内容和分类也在不断深化。1992年，我国把建立社会主义市场经济体制确定为经济体制改革的目标；2002年，党的十六大将政府职能明确为"经济调节、市场监管、社会管理和公共服务"四个方面；2013年，《中共中央关于全面深化改革若干重大问题的决定》提出，"加强中央政府宏观调控职责和能力，加强地方政府公共服务、市场监管、社会管理、环境保护等职责"；2019年党的十九届四中全会审议通过的《中共中央关于坚持和完善中国特色社会主义制度 推进国家治理体系和治理能力现代化若干重大问题的决定》提出，"完善政府经济调节、市场监管、社会管理、公共服务、生态环境保护等职能，实行政府权责清单制度，厘清政府和市场、政府和社会关系"。至此，政府职能拓展到包括生态环境保护在内的五个方面，相应的，政府的公共服务也在充实与完善，财政支出范围也随之发生变化。

顺应时代的要求，当前和今后一定时期，政府财政支出的内容包括以下几方面：

（1）提供公共秩序产品，主要包括行政、司法和国防、外交等内容。行政、司法维护国内政治秩序，国防、外交维护对外关系稳定。这一支出内容体现的是政府的传统政治职能。

（2）提供公共基础设施，主要包括交通、能源、水利等内容。其中，有些是同时具有私人产品与公共产品性质的混合产品，但有一些外部性比较突出的可以归为纯公共产品。这一支出内容体现的是政府的经济职能。

（3）提供社会公共服务，主要包括教育、医疗、文化、科技、气象等社会事业。

（4）提供社会保障，主要包括社会保险、社会救济、社会优抚等内容。

（5）提供生态环境保护，主要包括环境监测、污染防治、应对气候变化等内容。

政府公共职能的发展、演变是由人类生活的社会化推动的。在自然经济条件下，人们的生活方式高度分散，对公共产品的需求很少；而在市场经济条件下，人们以城市为中心集中进行生产、生活，公共基础设施、公共事业和社会保障、生态环境保护作为公共产品，由政府无差别地向全社会提供，具有最大的社会价值，从而很自然地演变为政府的重要职能之一。

二、财政支出的分类

财政支出按照不同的标准，可以分为不同的种类。

（一）按经济性质分类

1.购买性支出

购买性支出是政府在商品和劳务市场上购买商品和劳务的支出，如政府各部门的事业费和投资拨款。这类支出具有一个共同点：政府一手付出了资金，另一手相应地购得了商品和服务，然后运用这些商品和服务，实现政府的职能和满足社会的公共需要。购买性支出主要用于维持政府部门的正常运转以及国防、外交、基础科研、教育、社区设施、农林水等支出，在这类支出中，政府和其他经济主体一样，在市场上从事着等价交换活动，它所体现的是政府市场性再分配活动。

2.转移性支出

转移性支出是政府不获得直接经济利益补偿的单方面支出，如社会保障支出、各种补贴以及捐赠、对外援助支出、债务还本付息支出、税式支出（各项税收优惠）等。这类支出具有一个共同点：政府财政付出了资金，却无任何所得。它并不减少私人部门可支配的资源总量，只是在结构上调整不同社会集团可支配的资源数量，以更好地促进社会公平的实现。在此，不存在交换问题，它所体现的是政府的非市场性再分配活动。

这种分类便于分析财政支出对经济的影响，购买性支出主要是影响商品和劳务的生产和消费，可以调节经济结构，体现财政的资源配置职能；而转移性支出主要是影响收入分配，体现财政的收入分配职能。两者的区别如图2-1所示。

（二）按资金在社会再生产中的作用分类

1.补偿性支出

补偿性支出，即用来补偿企业生产过程中生产资料消耗的支出。由于生产过程中的

图2-1　购买性支出和转移性支出的区别

消耗补偿一般不通过集中性的财政分配进行，所以，在财政支出中，这部分支出所占的比重并不大。

2.积累性支出

积累性支出，即用来直接增加社会物质财富和国家物资储备的支出，包括用于扩大再生产的基建投资、非生产性建设投资、国家物资储备资金、生产性支援农业资金等支出。

3.消费性支出

消费性支出，即用于社会共同消费方面的支出，包括行政、文教卫生、国防战备等方面的支出。

这实际上是按资金的最终用途分类，可以考察财政支出在社会再生产的最终环节各占多少比例，便于分析、研究和正确安排国民经济中积累和消费的比例关系。

（三）按支出功能和支出经济分类

2007年，我国对政府收支分类实施改革，采用了国际通行做法，即同时使用支出功能和支出经济两种方法对财政支出进行分类。

1.支出功能分类

简单地讲，这就是按政府主要职能活动分类。我国政府支出功能分类设置一般公共服务、外交、国防等大类，类下设款、项两级。修订后的《2021年政府收支分类科目》中支出功能分类类级科目包括：一般公共服务、外交、国防、公共安全、教育、科学技术、文化旅游体育与传媒、社会保障和就业、卫生健康、节能环保、城乡社区、农林水、交通运输、资源勘探工业信息、商业服务业、金融、援助其他地区、自然资源海洋气象、住房保障支出、粮油物资储备、灾害救治及应急管理、预备费、债务还本、债务付息、债务发行费用、其他支出和转移性支出27类。

2.支出经济分类

这是按支出的经济性质和具体用途所作的一种分类。在支出功能分类明确反映政府职能活动的基础上，支出经济分类明确反映政府的钱究竟是怎么花出去的。我国政府支出经济分类设置工资福利支出、商品和服务支出等大类，类下设款级科目。修订后的《2021年政府收支分类科目》中支出经济分类部门预算类级科目包括：工资福利支出、商品和服务支出、对个人和家庭的补助、债务利息及费用支出、资本性支出（基本建设）、资本性支出、对企业补助（基本建设）、对企业补助、对社会保障基金补助、其他支出10类。

如表2-1所示，各行所列是梧州市一般公共预算按经济分类的一般公共服务等类级支出科目的数额，各列数据则是反映当地按功能分类的支出数额，两者共同反映了当地一般公共预算的财政资金分配到各个公共服务领域的情况、最终用于哪些方面。

表2-1　　　　　梧州市本级2016年一般公共预算支出经济分类情况总表

项目	总计	工资福利支出	商品和服务支出	对个人和家庭的补助	对企事业单位的补贴	转移性支出	债务利息支出	基本建设支出
一、一般公共服务	38 409	11 113	9 636	5 397	0	0	0	0
二、外交支出	0	0	0	0	0	0	0	0
三、国防支出	1 428	86	607	0	0	0	0	0
四、公共安全支出	48 006	11 504	17 308	3 272	0	0	0	0
五、教育支出	57 139	20 443	5 958	9 408	0	0	0	0
六、科学技术支出	2 040	222	110	223	0	0	0	0
七、文化体育与传媒支出	16 816	3 012	3 281	1 129	0	0	0	0
八、社会保障和就业	36 125	26 082	3 598	1 321	0	0	0	0

（四）国际货币基金组织对公共支出的分类

1.按功能分类

根据国际货币基金组织最新政府公共财政统计标准（GFSM（2014）），政府支出按功能分类主要包括：①一般公共服务；②国防；③公共秩序和安全；④经济事务；⑤环境保护；⑥住房和社区设施；⑦医疗；⑧娱乐、文化和宗教；⑨教育；⑩社会保护。

2.按经济性质分类

根据国际货币基金组织最新政府公共财政统计标准（GFSM（2014）），政府支出按经济性质分类主要包括：①雇员补偿；②商品和服务的使用；③固定资本的消耗；④利息；⑤补贴；⑥赠予；⑦社会福利；⑧其他开支。

第二节　财政支出原则

财政支出原则是财政资金分配过程中应遵循的具有客观规律性的基本准则，一般包括：

一、支出总量适度的原则

坚持支出总量适度的原则，是我国长期以来所实行的"收支平衡，略有节余"的财政工作方针的具体体现。这是因为我国正处在社会主义市场经济发展的初级阶段，经济发展水平相对落后，财政收入规模不大，而经济和社会发展以及社会主义国家的政府职能都要求财政给予更多的支持。在这样的前提下，如果不遵循支出总量适度的原则，就很容易出现财政支出总量的失控，形成巨额的财政赤字，以至于影响经济和社会的稳定发展。具体来说，坚持财政支出总量适度的原则，必须注意以下三个方面的问题：

（一）坚持量入为出的理财思想

量入为出，是指财政在安排支出时，其规模应限制在财政所允许的组织收入规模的限度内，财政支出总量不能超过收入总量。财政收入与财政支出是存在矛盾的，其实质是需要与可能的矛盾，但两者是可以统一的。财政收入代表国家聚集财力的规模，是有其客观限量的。财政支出反映国家职能和经济建设的需要，这种需要随着社会的发展和人民生活的改善而日益增长，其增速往往超过财政收入的增速，甚至超过财政收入的可能限量。处理这一矛盾的正确方法，就是坚持量入为出的原则，把财政支出的总量控制在财政收入的可能限量内。对于资本性支出，在严格控制风险的前提下，可以适当采取发行公债的方式筹集资金，从而更好地满足城乡居民对公共基础设施的需求。

（二）以满足社会公共需要为目标

财政支出的根本目的是满足社会公共需要，其实质是实现国家基本职能，这是财政支出满足的最低需要，是其必须保证的项目。财政在安排这类支出项目时，必须认真界定政府的职能范围，保证国家实现其职能的最低需要。我国是中国共产党领导的社会主义国家，以满足人民群众对美好生活的需要为目标，国家优先发展农业农村，全面推进乡村振兴；优化国土空间布局，推进区域协调发展和新型城镇化；繁荣发展文化事业和文化产业；改善人民生活品质，提高社会建设水平；发展绿色低碳新兴产业，促进经济社会发展全面绿色转型；实现更加充分更高质量就业，促进居民收入增长和经济增长基本同步；促进基本公共服务均等化水平逐步提高，全民受教育程度不断提升，多层次社会保障体系更加健全，卫生健康体系更加完善……这些都要求财政支出不断增长，但必须一步一个脚印，根据财力确定支出标准和增长速度，不能奢望一口吃成一个大胖子。

（三）以实现经济稳定运行为调控目标

财政支出除了要满足社会公共需要这一最低标准需要外，还要满足经济建设的需要，它属于第二层次的需要，目的是促进社会经济的稳定增长，提高人民的生活质量。财政在安排这类支出项目时，必须对财政收入来源进行认真分析，实事求是地估计国力，量力而行。

二、优化支出结构的原则

优化支出结构的原则是指根据国民经济和社会发展的比例结构，相应地安排财政支出，使其实现结构的最佳配合，以促进经济和社会的协调发展。实现财政支出结构的优化，要处理好以下两个方面的关系：

（一）正确处理购买性支出与转移性支出的关系

购买性支出与转移性支出是按经济性质划分财政支出的结果。前者反映了政府财政的资源配置职能，后者则反映了政府财政的收入分配调节职能。因此，在正确处理购买性支出与转移性支出的关系时，应本着"兼顾效率与公平"的原则，既要解决好政府财政实现资源优化配置这一经济运行的效率问题，又要处理好政府实现公平收入分配这一市场经济条件下必然存在的公平问题，解决好经济发展和社会进步的关系。

（二）正确处理投资性支出与公共消费性支出的关系

投资性支出与公共消费性支出的关系实质上是财政支出中的发展性支出和维持性支出的关系，处理好这一关系，对社会经济的稳定发展具有十分重要的意义：一方面，社会经济的发展是社会永恒的主题，扩大再生产是其最基本的特征，这需要通过投资才能实现；另一方面，生产的目的是满足消费，消费反过来促进生产，社会的发展必须有稳定的消费需求，才能实现经济的稳定增长。

在处理两者的关系时，必须坚持"先维持，后发展"的顺序，坚持先保证基本的"吃饭"问题，然后根据量力而行的原则来安排发展性支出。

三、讲究支出效益的原则

通俗地讲，讲究支出效益就是把钱用好。财政资金是有限的，即属于稀缺资源，必须用到最需要的地方，也就是通常所说的"用到刀刃上"。财政资金是全体社会成员交给政府的"辛苦钱"，是政府提供公共服务的物质保障，只有节约、高效地使用，才能给全体社会成员带来好处，否则就是浪费。

那么效益是什么呢？怎样衡量效益？效益包括哪些内容？这些问题没有统一的看法，一般来说，可以用企业的成本收益比较法来衡量效益。以前，效益主要是指经济效益，后来，又包括社会效益、环境效益。特别是行政管理支出、社会公益事业支出难以产生经济效益，而更多地体现为社会效益。治理环境污染、绿化环境等支出则更多地体现为环境效益，可以使我们生活的环境更美好、更舒心，生活质量更高。

为了使政府部门和相关单位用好财政资金，近年来，财政部门开展了财政支出绩效评价工作，不仅要求使用财政资金的各个部门和单位完成政府预算所确定的支出任务，而且要求把财政资金用出效益来。具体做法是通过设计完善的财政支出绩效评价指标体系，对各项财政支出的使用进行评价，建立奖惩激励机制，引导用款单位重视财政支出的效益。

第三节　财政支出结构与绩效

一、财政支出结构

财政支出结构是指各类财政支出占总支出的比重，也称财政支出构成。它直接关系到政府动员社会资源的程度，对市场经济运行的影响可能比财政支出规模更大。一国财政支出结构的现状及变化，表明该国政府正在履行的重点职能以及变化趋势。

改革开放以来，我国财政支出结构呈现出以下趋势：经济建设支出在财政支出中的比重持续下降；社会事业支出的比重不断提高；行政管理费的比重在1980—2006年间增长较快（见表2-2）。这反映了政府职能和执政思路的重大转变，政府从一般竞争性生产领域退出，突出保障社会公共事业的发展，保障民生，体现以人为本的理念。

表2-2 　　　　　　　　　　　国家财政按功能性质分类的支出 　　　　　　　　金额单位：亿元

年份	财政支出合计	经济建设费		社会文教费		国防费	行政管理费		其他支出
		支出	比例	支出	比例		支出	比例	
1978	1 122.09	718.98	64%	146.96	10%	167.84	52.90	4.7%	35.41
1980	1 228.83	715.46	58%	199.01	16%	193.84	75.53	6.2%	44.99
1985	2 004.25	1 127.55	56%	408.43	20%	191.53	171.06	8.5%	105.68
1989	2 823.78	1 291.19	46%	668.44	23%	251.47	386.26	13.7%	226.42
1990	3 083.59	1 368.01	44%	737.61	24%	290.31	414.56	13.4%	273.10
1991	3 386.62	1 428.47	42%	849.65	25%	330.31	414.01	12.2%	364.18
1992	3 742.20	1 612.81	43%	970.12	26%	377.86	463.41	12.4%	318.00
1993	4 642.30	1 834.79	40%	1 178.27	25%	425.80	634.26	13.7%	569.18
1994	5 792.62	2 393.69	41%	1 501.53	26%	550.71	847.68	14.6%	499.01
1995	6 823.72	2 855.78	42%	1 756.72	26%	636.72	996.54	14.6%	577.96
1996	7 937.55	3 233.78	41%	2 080.56	26%	720.06	1 185.28	14.9%	717.87
1997	9 233.56	3 647.33	40%	2 469.38	27%	812.57	1 358.85	14.7%	945.43
1998	10 798.18	4 179.51	39%	2 930.78	27%	934.70	1 600.27	14.8%	1 152.92
1999	13 187.67	5 061.46	38%	3 638.74	28%	1 076.40	2 020.60	15.3%	1 390.47
2000	15 886.50	5 748.36	36%	4 384.51	28%	1 207.54	2 768.22	17.4%	1 777.87
2001	18 902.58	6 472.56	34%	5 213.23	28%	1 442.04	3 512.49	18.6%	2 262.26
2002	22 053.15	6 673.70	30%	5 924.58	27%	1 707.78	4 101.32	18.6%	3 645.77
2003	24 649.95	7 410.87	30%	6 469.37	26%	1 907.87	4 691.26	19.0%	4 170.58
2004	28 486.89	7 933.25	28%	7 490.51	26%	2 200.01	5 521.98	19.0%	5 341.14
2005	33 930.28	9 316.96	27%	8 953.36	26%	2 474.96	6 512.34	19.0%	6 672.66
2006	40 422.73	10 734.63	27%	10 846.20	27%	2 979.38	7 571.05	19.0%	8 291.47

注：2007年实施政府收支分类改革，不再按原有的功能分类。

资料来源　中华人民共和国国家统计局. 中国统计年鉴2007［M］. 北京：中国统计出版社，2007.

近几年来，就财政支出政策来看，支出结构不断优化，对民生领域的财政投入持续增加，开始向"三农"倾斜，向薄弱环节、弱势群体和基层倾斜。2020年，疫情防控、脱贫攻坚、基层"三保"等重点领域支出得到了有力保障，社会保障和就业、住房保障、农林水支出增长较快。

党的十八大之后，我国进入了中国特色社会主义新时代，党中央提出统筹中华民族伟大复兴的战略全局和世界百年未有之大变局，财政工作必须服务党的中心工作，为实现第二个百年奋斗目标提供坚实保障。调整财政支出结构首先是大力缩减一般性支出，把有限的财政资金用在刀刃上，使民生等各项重点支出得到更好保障。其主要应体现在以下方面：①向"三农"倾斜。逐步提高财政资金用于农业支出的比重，充分体现政府解决"三农问题"的国家意志，为解决"三农问题"和实现现代化提供财力保证。②向落后地区倾斜。经过40多年的改革开放，我国经济得到了长足发展，但革命老区、少数民族聚居区、边远山区仍然相对落后，靠自身力量难以赶上全国平均发展水平，需要中央财政通过转移支付对这些地区进行补助和支持。③向困难群体倾斜。当前，城镇和农村都有少部分家庭由于各种原因生活比较困难，需要政府的扶持和帮助，应当通过增加对社会保障的财政投入，促进居民收入分配的相对均等。④向教育事业倾斜。从教育支出占财政总支出的比重来看，我国与发达国家相比，仍处于较低水平，教育事业的发展仍然存在薄弱环节，需要继续加大财政投入，提高教育经费保障水平。⑤向科学技术事业倾斜。目前，我国科技事业的发展与发达国家相比还有一定差距，与经济社会发展的需要不相符合，需要加大经费保障力度。⑥向公共卫生事业倾斜。医疗卫生是基本公共服务的重要内容，医改正向纵深推进，需要在财政投入上继续加大力度。⑦向环保事业倾斜。我国财政用于环保的支出与实际需要相差很大，需要进一步加大投入。⑧向就业倾斜。突出落实就业优先政策，通过减负、稳岗、扩就业并举，大力支持保居民就业，全力确保就业大局稳定。

二、财政支出绩效

从经济学的一般意义上讲，效益就是人们在有目的的实践活动中"所费"与"所得"的对比关系。所费，就是活劳动和物化劳动的消耗和占用；所得，就是有目的的实践活动所取得的有用成果。所谓提高财政支出的经济效益，对生产性支出来说，就是要求尽可能地降低成本，取得盈利，即少投入，多产出；对非生产性支出来说，就是要"少花钱、多办事、办好事"。财政支出是国家为城乡居民提供公共产品的财力保证，必须用好每一分钱，厉行节约，讲求效益。2002年以来，财政部开始在部分财政支出项目上开展财政支出绩效评价试点工作，按照统一的评价标准和原则，对财政支出的运行过程及其效果进行客观、公正的衡量比较和综合评判。

财政支出绩效评价的基本依据包括：①有关法律、行政法规及规章制度；②财政部门、主管部门和单位制定的绩效评价工作规范；③财政部门制定的专项资金管理办法；④主管部门和单位的职能、职责、绩效目标、年度工作计划与中长期发展规划；⑤主管部门和单位预算申报的相关材料及财政部门的预算批复；⑥主管部门和单位的项目预算申报论证材料和项目验收报告；⑦主管部门和单位预算执行的年度决算报告和年度审计报告；⑧其他相关资料。

绩效评价的基本内容有：①绩效目标的设定情况；②绩效目标的完成情况以及财政支出所取得的经济效益、社会效益和生态环境效益等；③为完成绩效目标安排的预算资金使用情况、财务管理状况和资产配置与使用情况；④为完成绩效目标采取的加强管理的制度、措施等；⑤根据实际情况确定的其他评价内容。

绩效评价的方法主要有：①目标比较法，指通过对财政支出产生的实际效果与预定目标的比较，分析完成目标或未完成目标的原因，从而评价绩效的方法。②成本效益法，又称投入产出法，是将一定时期内的支出所产生的效益与付出的成本进行对比分析，从而评价绩效的方法。③因素分析法，指通过列举所有影响成本与收益的因素，进行全面、综合的分析，从而得出评价结果的方法。④历史比较法，指对相同或类似的财政支出在不同时期的支出效果进行比较，分析判断绩效的评价方法。⑤横向比较法，指通过对相同或类似的财政支出在不同地区或不同部门、单位间的支出效果进行比较，分析判断绩效的评价方法。⑥最低成本法，指在绩效目标确定的前提下，成本最小者为优的方法。⑦公众评判法，指通过专家评估、公众问卷及抽样调查等方式进行评判的方法。⑧标杆管理法，指以国内外同行业中较高的绩效水平为标杆进行评判的方法。

开展财政支出绩效评价是财政管理发展到一定阶段，进一步加强公共支出管理、提高财政资金有效性的客观选择。它不仅是财政管理方法的一种创新，而且是财政管理理念的一次革命。绩效评价将财政资金的管理建立在可衡量的绩效基础上，强调的是"结果导向"，或者说强调的是责任和效率，增强了财政资源分配与使用部门之间的联系，有助于提高财政支出的有效性。对政府部门来说，公众对政府机构提供公共服务的质量与成本的关注，有助于促进政府决策程序的规范化和民主化。

开展财政支出绩效评价有利于规范财政资金支出管理，加强对财政部门权力的约束，增强资金使用部门的责任感。它使资金使用部门从花大量时间、精力争项目、争资金转变为切实关注项目的可行性和如何用好资金。

为缩减政府成本，各国都进行了财政支出绩效评价的探索，包括美国、加拿大、澳大利亚、英国、德国等国先后开始了这方面的实践。较早进行实践的新西兰，由于实施了大刀阔斧的改革，成功消灭了严重的财政赤字。美国也进行了有益的探索，积累了较多的成功经验。我国借鉴发达国家的实践经验，在2005年提出了开展财政支出绩效评价工作，并制定了相关规定。财政部于2005年5月25日以财预〔2005〕86号文公布了《中央部门预算支出绩效考评管理办法（试行）》（现已失效），同年9月9日又印发了《中央级教科文部门项目绩效考评管理办法》，其目的是通过对部门绩效目标的综合考评，合理配置资源，优化支出结构，规范预算资金分配，提高预算资金的使用效益和效率。2013年4月21日，财政部印发《预算绩效评价共性指标体系框架》，开展重点项目支出绩效评价、预算部门整体支出绩效评价、县级财政支出管理绩效综合评价试点，努力推进预算绩效管理工作，并取得了积极进展。2018年9月，《中共中央　国务院关于全面实施预算绩效管理的意见》发布。2020年2月，财政部修订出台新的《项目支出绩效评价管理办法》，将绩效评价的范围拓展到一般公共预算以外的政府性基金预算和国有资本经营预算项目支出，还明确政府投资基金、主权财富基金、政府和社会资本合作（PPP）、政府购买服务、政府债务项目等绩效评价可参照办法执行；规定各级财政部门、预算部门应当按照要求将绩效评价结果分别编入政府决算和本部门决算中，报送本级人民代表大会常务委员会，并依法予以公开。

当前，我国财政支出绩效评价改革已取得了较大成效：①从关注预算执行过程到关注预算执行结果，深化了财政支出管理改革；②从收支核算到成本核算，降低了财政运行成本；③更好地调动了各部门的积极性；④以客观公正的绩效评估体系代替了传统的考核方式，强化了财政监督。今后这一工作还要继续推广和加强，以不断提高财政支出使用绩效。

红色故事2-1　　　　　　　苏皖边区政府为南京中共代表团提供经费

1945年9月，以解放淮阴、淮安为标志，苏北、苏中、淮南、淮北四大解放区基本上连成一片，形成了一个广阔的苏皖解放区。1945年11月1日，苏皖边区政府成立，管辖53个旧县治，总面积10.5万平方千米，人口2 300多万。苏皖边区政府成立后，坚决贯彻中共中央"民主、和平、团结"的方针，迅速医治战争创伤，鼓励工商业恢复发展，在中国共产党执政史上写下了辉煌一页。边区发行救灾公债券，月息两分，还本时一次付清，共9 200万元，发放对象集中在地主、富农、资本家、大商人中，40%用于直接救济，60%用于以工代赈。直接救济的对象以老弱及无法行动的群众为主，使苏皖边区度过了40年未遇的大灾荒，扩大了党的政治影响，巩固了边区政权。

当时，两淮盐场有"华中金库"之誉，盐业收入占到军队收入的1/3左右。1946年，中国共产党派驻南京与国民党开展谈判的中共代表团急需经费，苏皖边区政府决定拨付淮盐3万担，以解他们的燃眉之急。但盐的运输变现成为难题，新四军卫生部长沈其震想到了担任中华救济总署名誉主席的宋庆龄，经过努力，利用美军登陆艇将盐运到上海，再由地下党售出变现，将盐款交给中共代表团。

资料来源　根据中央电视台专题片《红色苏皖边》整理。

■ 案例讨论

案例一　财政支出如何协调效率与公平

四川省凉山彝族自治州昭觉县支尔莫乡阿土列尔村地处海拔1 600米的山上，村民进出村寨需攀爬落差达800米的悬崖，被称为"悬崖村"。该村有98户人家，其中76户住在山上。垂直于绝壁的17条藤梯曾是村民与外界联系的唯一的一条路。国家实施脱贫攻坚战之后，2016年11月，"悬崖村"的路由藤梯变成了钢梯。如果修建公路，经测算需要投资4 000万元，而该县一年财政收入才1亿元。2020年，政府实施易地搬迁，村民搬进了位于县城的易地扶贫搬迁安置点居住。

讨论：（1）财政出资修这条路值不值得？如何看待财政支出的效益？说说理由。

（2）还有什么办法解决他们的难题？

案例二　财政支出效益

广西融水苗族自治县汪洞乡产儒村才龙屯位于贝江发源地。全屯65户220多人隔江住在两岸，数百亩的田地、山林需要大家渡江耕作。在洪水季节，居民来往、上学蹚水而过很危险。2016年年底，村民自筹资金，自行设计建了一座跨江桥。材料费、机械费等共花费50多万元，其中35万元由5户居民出资，社会捐款12万元，柳州市美丽乡村办捐款10万元，市鱼峰水泥厂捐出80吨水泥。工程收尾时还差10余万元建筑款项，让村民们犯了愁。财政部门规定，申请一事一议项目拨款需超过20户才行。县交通局只负责管辖县道、乡道、村道及桥梁，不负责屯级道路。

讨论：（1）你觉得应当由财政部门出资建桥吗？有什么办法能帮助他们？

（2）用千千万万个纳税人的钱帮助几户村民是否符合公平原则？受益面大小是确定政府支出范围的依据吗？

■ 阅读材料

[1] 王东京. 王东京经济学讲义 [M]. 北京：中信出版社，2021.

[2] 闫坤. 中国共产党百年财政史：思想与实践 [M]. 北京：中国社会科学出版社，2021.

[3] 童健. 中国公共财政支出结构优化的经济效应研究 [M]. 北京：经济科学出版社，2021.

[4] 李金珊，等. 财政绩效蓝皮书：中国财政绩效研究报告——浙江篇（2019）[M]. 北京：社会科学文献出版社，2020.

■ 综合训练

一、单项选择题

随堂测2

1.世界各国的财政支出都以（　　）为主。

A.财政补贴　　　B.无偿拨款　　　C.有偿贷款　　　D.转移支付

2.政府转移性支出是实现财政（　　）职能的重要方式。

A.调节收入分配　　　B.配置资源　　　C.稳定经济　　　D.监督管理

3.以下不属于我国财政支出功能分类的是（　　）。

A.一般公共服务　　　B.公共安全　　　C.工资福利支出　　　D.教育

4.在（　　）中，不存在交换的问题，它所体现的是政府的非市场性再分配活动。

A.转移性支出　　　B.购买性支出　　　C.投资性支出　　　D.消费性支出

二、多项选择题

1.教育支出属于（　　）。

A.积累性支出　　　　　　B.消费性支出　　　　　　C.生产性支出

D.非生产性支出　　　　　E.购买性支出

2.下列属于转移性支出的有（　　）。

A.行政支出　　　　　　B.科技支出　　　　　　C.补贴支出

D.债务利息支出　　　　E.社会保障支出

3.绩效评价的方法包括（　　）。

A.目标比较法　　　　　B.成本效益法　　　　　C.因素分析法

D.层次分析法　　　　　E.公众评判法

4.按经济性质分类，财政支出可分为（　　）。

A.购买性支出　　　　　B.转移性支出　　　　　C.经济建设支出

D.行政管理支出　　　　E.社会保障性支出

5.按在社会再生产中的作用分类，财政支出可分为（　　）。

A.补偿性支出　　　　　B.积累性支出　　　　　C.消费性支出

D.转移性支出　　　　　E.购买性支出

6.下列属于购买性支出的有（　　）。

A.国防支出　　　　　　B.外交支出　　　　　　C.补贴支出

D.对外援助支出　　　　E.教育支出

三、判断题

1.转移性支出主要影响收入分配，体现财政的收入分配职能。（　　）

2.2002年以来，财政部开始在部分财政支出项目上开展财政支出绩效评价试点工作。（　　）

3.政府对经济的干预程度越高，财政支出的规模越大。（　　）

4.我国从2000年起开始实施政府收支分类改革。（　　）

5.提高财政支出的效益，是财政支出的核心问题。（　　）

6.处理投资性支出与公共消费性支出的关系，必须坚持"先维持，后发展"的顺序。（　　）

7.绩效评价将财政资金的管理建立在可衡量的绩效基础上，强调的是"结果导向"。（　　）

8.政府购买性支出是财政调节收入分配职能实现的主要方式。（　　）

四、简答题

1.划分购买性支出与转移性支出的依据及经济意义是什么？

2.如何提高财政支出的效益？

3.如何进行财政支出绩效评价？

五、案例分析题

2021年11月25日，为进一步巩固营养改善计划成果，持续改善学生的营养健康状况，山西省财政厅会同教育部门联合出台通知，明确从2021年秋季学期起，农村义务教育学生膳食补助国家基础标准由每生每天4元提高至5元。其中，国家试点县所需资金继续由中央财政全额承担，地方试点县所需资金由地方财政承担。

2021年，山西省全年共下发学生营养膳食补助资金4.38亿元，比上年增加11.8%，受益学生约57万人。

资料来源 佚名. 山西下达4.38亿元支持深化农村义务教育学生营养改善计划〔EB/OL〕.〔2021-11-25〕. https：//baijiahao.baidu.com/s？id=1717407407314678703&wfr=spider&for=pc.有改动.

结合你所在地的实际情况，根据财政学的知识分析为什么出台这一政策，如何评价这一政策的绩效，提出自己的看法。

第三章

财政支出内容

内容提要

本章介绍财政支出的具体内容，包括消费性支出、投资性支出、社会保障支出、财政补贴支出四个部分；重点是教育支出、科技支出、卫生支出、投资支出、支农支出、社会保障支出、财政补贴支出。

第一节 消费性支出

消费性支出包括行政管理支出、教育支出、科技支出、卫生支出、文化支出、体育支出等内容，下面分别介绍前四项支出。

一、行政管理支出

行政管理支出是财政用于国家各级权力机关、行政管理机关和外事机构行使其职能所需的各项费用支出。行政管理支出主要用于社会集中性消费，属于非生产性支出。虽然这项支出不会创造物质财富，但作为财政支出的基本内容之一，它保证了国家机器的正常运转。行政管理支出的内容包括行政支出、公安支出、国家安全支出、司法检察支出和外交支出等。2006年改革财政支出分类后，行政管理支出体现在一般公共服务支出、外交支出、公共安全支出等类级科目中。

行政管理是国家的一项基本职能，行政管理支出当然会作为财政支出的一项主要内容，政府必须注意压缩其支出规模，推动廉政建设的深入进行。作为控制行政管理支出规模过快增长的重要措施，实施机构改革，精兵简政，提倡厉行节约，也就成了政府的重要导向。

改革开放之前，我国行政管理费占财政总支出的比重是比较低的；改革开放以来，其呈现出逐步上升的趋势，而且在各项支出中增长的速度最快，行政管理费的增长速度每年都超过财政支出的增长速度，占财政支出的比重持续上升。尤其是在1998—2004年期间，国家采取积极财政政策，推行政府机构改革办法，调整政府公务员工资收入分配政策，加上部分地区人员编制控制不力，行政管理费增速迅猛。2005年之后，我国提出建设服务型政府；2012年中央出台"八项规定"，正风肃纪，遏制"舌尖上的浪费"，整治"车轮上的腐败"，清理"超标办公用房"；同时，持续推进机构改革，行政管理费的增长得到有效抑制，取得了良好的社会效果。

行政管理费与政府职能、机构设置、行政效率以及行政管理费本身的使用效率等密切相关。随着经济体制改革的不断深化，客观上要求加快政治体制改革与之相适应，确保在市场经济体制下政府职能的合理转变，精简机构，压缩党政人员编制，加强对行政管理费的管理和约束，提高行政经费的使用效率，使行政管理费在财政支出和GDP中所占的比重趋于合理化。

二、教育支出

（一）财政教育支出的内容

按照财政部发布的政府收支分类科目，政府教育事务支出包括教育管理事务、普通教育、职业教育、成人教育、广播电视教育、留学教育、特殊教育、进修及培训、教育费附加安排、其他教育等方面的支出。其中，普通教育支出又分为学前教育、小学教育、初中教育、高中教育、高等教育、化解农村义务教育债务支出、化解普通教育债务支出等内容；职业教育支出又分为初等职业教育、中专教育、技校教育、职业高中教育、高等职业教育、其他职业教育支出等内容；成人教育支出又分为成人初等教育、成人中等教育、成人高等教育、成人广播电视教育、其他成人教育支出等内容；广播电视教育支出又分为广播电视学校、教育电视台、其他广播电视教育支出等内容；留学教育支出又分为出国留学教育、来华留学教育、其他留学教育支出等内容；特殊教育支出又分为特殊学校教育、工读学校教育、其他特殊教育支出等内容；进修及培训教育支出又分为教师进修、干部教育和培训、退役士兵能力提升、其他进修及培训支出等内容；教育费附加安排的支出又分为农村中小学校舍建设、农村中小学教学设施、城市中小学校舍建设、城市中小学教学设施、中等职业学校教学设施、其他教育费附加安排的支出等内容。

（二）财政支持教育的生动实践

教育是功在当代、利在千秋的大事，我国非常重视教育经费投入，财政支出中教育拨款的比例不断提高。进入21世纪后，中央和地方财政大幅度增加教育支出，不断增加对义务教育、职业教育、高等教育的经费投入，教育支出已经成为一般公共预算支出中占比最大的一项。为帮助家庭困难的学生完成学业，我国政府全面建立并完善家庭困难学生资助政策体系，不断扩大政策受益面，提高资助标准。近几年来，我国在全国范围内推行了农村义务教育经费保障机制改革，大力推进义务教育均衡发展，重点支持中西部农村地区学前教育发展，支持和引导中西部农村地区增加学前教育资源，着力解决进城务工人员随迁子女入园问题，实施职业教育实训基地建设计划、中等职业教育改革发展示范校建设计划、国家示范性高等职业院校建设计划、职业院校教师素质提高计划和高等职业学校提升专业服务能力建设等重大项目。

为切实减轻经济困难家庭的教育负担，我国大幅度提高了家庭经济困难学生的资助力度。例如，自2007年秋季起实施的新资助体系的资助强度、资助范围不断加大，国家奖学金从过去每生每年4 000元增加到8 000元，每年奖励6万人；国家励志奖学金为每生每年5 000元，2020年奖励学生94.52万人，奖励金额共47.26亿元。高校的国家助学金由开始的生均每年1 500元增加到现在的生均每年3 300元，范围从开始的每年53万人扩大到2020年的870.94万人，比例由过去在校生总数的3%提高到20%。中等职业学校国家助学金由开始的每生每年1 000元增加到每生每年2 000元，范围从开始的每年80万人，覆盖到所有农村学生和城市家庭经济困难学生。这一体系是中华人民共和国成立以来资助面最广、资助力度最强、资助措施最全面的一个体系。它充分说明国家更重视教育的公平，把教育作为公共产品来提供。

（三）教育经费投入问题分析

我国人口众多，资金需求庞大，是典型的"穷国办大教育"，多年来，我国年度公共教育经费一直维持在170亿美元左右，占世界公共教育经费总额的1.5%，却要支撑起2.4亿全日制在校学生（约占世界教育人口的20%）的教育。有人把教育事业发展与财政投入比喻为久旱逢甘霖，为解决资金来源问题，1993年2月，中共中央、国务院印发的《中国教育改革和发展纲要》明确要求"逐步提高国家财政性教育经费支出占国内生产总值的比例，20世纪末达到4%，达到发展中国家20世纪80年代的平均水平"，经过多年努力，这一目标终于在2012年实现。

目前，我国教育经费投入上存在的主要问题是：

（1）财政对教育的投入方向与学生的流向不一致。近年来，各级财政对义务教育经费的投入一直侧重于农村地区，但很多学生却从农村地区转到城镇就读。由此，出现了城镇学校特别是优质学校挤破头，大班额问题严重，而农村学校却招不到学生的现象。

（2）各级财政分级合理负担机制尚未形成。在基础教育阶段，我国长期实行"地方负责，分级管理"的管理体制，地方基层政府是实施义务教育的主体，尤其是县、乡、村要负担农村义务教育经费的大部分。在税费改革后，随着"以县为主"管理体制的实施，县级财政压力增大，一些经济欠发达地区的县级财政已不堪教育投入重负。尽管中央财政不断加大对义务教育的补助力度，但占县、乡财政支出大头的教育支出仍然让基层政府难以承受。

（3）教育公平问题仍然突出。这主要表现在城乡之间、地区之间、学校之间教育教学水平差距很大，与经费保障水平相差较大有着密切联系。根据有关部门公布的2019年统计数据，有13个省份普通小学、普通初中生均一般公共财政预算教育事业费支出低于全国平均水平，18个省份普通高中生均一般公共财政预算教育事业费支出低于全国平均水平。生均一般公共财政预算教育事业费最高的省份与最低的省份相差好几倍，直接影响教育硬件设施及教师待遇，成为实现基本教育服务均等化的障碍（见表3-1）。

表3-1　　　　2019年各级教育生均一般公共财政预算教育事业费比较表　　　单位：元

地区	普通小学	普通初中	普通高中
全国平均	11 197.33	16 009.43	16 336.23
北京	33 775.31	61 004.53	70 582.25
上海	24 539.11	34 788.61	43 433.71
河南	6 950.98	10 484.86	10 309.09
贵州	10 764.09	13 140.21	13 353.61

资料来源　教育部，国家统计局，财政部. 2019年全国教育经费执行情况统计表［EB/OL］.
［2019-11-03］. http://www.moe.gov.cn/srcsite/A05/s3040/202011/t20201103_497961.html.

三、科技支出

（一）财政支持科技的必要性

1.科技事业的公共产品属性

科学技术是第一生产力，是经济和社会发展的首要推动力量，是国家强盛的决定性因素。其一，大量理论性、基础性、公益性科研活动无法直接形成产业化和市场化，并取得经济效益；其二，科研活动成果是以满足社会共同需要为目标的，所有的社会成员几乎都可以无偿享用，具有外部效应；其三，企业在技术开发与创新的过程中面临着巨大的市场风险、技术开发风险、资金风险，多数企业难以预测和承受，影响了科技产品的有效供给。政府肩负提供公共产品的重任，有必要通过多种方式鼓励和扶持科学技术事业快速发展，从而大幅度提高社会生产力，增强综合国力，提高人民的生活水平。

2.我国增加科技投入的现实需要

当前，我国处在工业化、信息化、城镇化、市场化、国际化深入发展的重要时期。一方面，经济结构转型加快，体制活力显著增强，国民收入稳步增加，教育水平和人才质量持续提升，经济发展将保持长期向好的趋势，综合国力将再上新台阶，必将为科技事业发展提供坚实保障；另一方面，突破资源环境的瓶颈制约，应对人口老龄化，解决发展不平衡、不协调、不可持续的问题，对科技创新提出了更加迫切的要求。我国科技发展仍存在一些薄弱环节和深层次问题，主要表现为：原始创新能力比较薄弱，企业技术创新活力和动力亟待加强，产学研用结合不够紧密，高层次创新型科技人才相对缺乏，科技资源配置效率有待提高，自主创新政策落实需要进一步深化。我国财政科技投入在国际上处于较低水平。在中央提出实施"科教兴国"战略和"中国制造2025"战略目标后，增加科技投入尤为必要。

（二）财政支持科技的手段

1.现实背景

21世纪，科学技术发展日新月异，科技进步和创新成为增强国家综合实力的主要途径和方式，依靠科学技术实现资源的可持续利用、促进人与自然的和谐发展成为各国共同面对的战略选择，科学技术作为核心竞争力成为国家间竞争的焦点。我国已进入必须更多地依靠科技进步和创新推动经济社会发展的历史阶段。科学技术作为解决当前和未来发展重大问题的根本手段，作为发展先进生产力、发展先进文化和实现最广大人民群众根本利益的内在动力，其重要性和紧迫性日益凸显。

2.具体手段

现行科技支出包括科学技术管理事务、基础研究、应用研究、技术研究与开发、科技条件与服务、社会科学、科学技术普及、科技交流与合作、其他科学技术支出9项内容。围绕提高全社会研究开发经费占国内生产总值的比例，到2020年使我国进入创新型国家行列的目标，中共中央、国务院先后于1995年、2006年出台《关于加速科学技术进步的决定》《中共中央　国务院关于实施科技规划纲要增强自主创新能力的决定》，制定实施《国家中长期科学和技术发展规划纲要（2006—2020年）》，并通过以下政策加快科学技术事业发展：加大财政科技投入力度，确保财政科技投入的增幅明显高于财政经常性收入增幅。形成多元化、多渠道、高效率的科技投入体系，使全社会研究开发投入占国内生产总值的比例逐年提高（2006年提出"到2020年，全社会研究开发投入占国内生产总值的比重提高到2.5%以上"）。推进增值税转型改革，统一各类企业税收制度，加强对企业研究开发投入的税收激励。改善对高新技术企业的信贷服务和融资环境，加大对高新技术产业化的金融支持，发展支持高新技术产业的创业投资和资本市场。实施扶持自主创新的政府采购政策，建立财政性资金采购自主创新产品制度，制定将国家重大建设项目纳入政府采购主体范围的办法，对具有自主知识产权的重要高新技术装备与产品实施政府首购政策和订购制度。

科技投入政策可以归纳为五类：无偿资助类、贷款贴息类、税收返还类、税收减免类、财政补贴类。经过努力，我国科技投入已经有了大幅提高，研究与试验发展（R&D）经费投入强度（与国内生产总值之比）明显提升。近年来，我国R&D经费支出稳步增长（如图3-1所示、见表3-2），有力支撑了科技事业的快速发展。

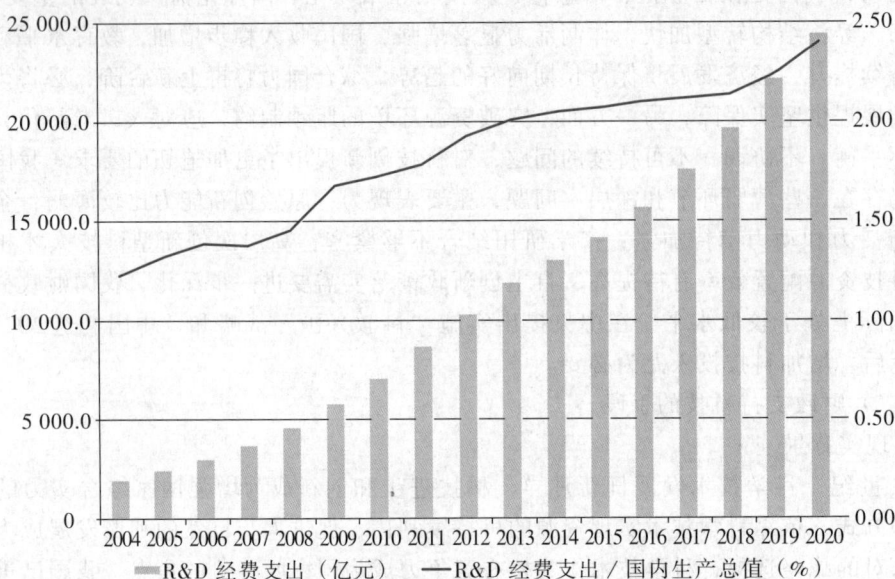

图3-1　全国R&D经费支出（2004—2020年）

资料来源　中国科技统计信息中心，中国科技统计数据库，中国科技统计网。2014—2016年数据来自国家统计局《全国科技经费投入统计公报》。

表3-2　　　　　全国R&D经费支出情况及比重（2014—2020年）

年　份	R&D经费支出（亿元）	R&D经费支出/国内生产总值（%）	国家财政科技支出（亿元）	与国家财政总支出的比值（%）
2014	13 015.6	2.05	6 454.5	4.25
2015	14 169.9	2.07	7 005.8	3.98
2016	15 676.7	2.10	7 760.7	4.13
2017	17 606.1	2.12	8 383.6	4.13
2018	19 677.9	2.14	9 518.2	4.31
2019	22 143.6	2.24	10 717.4	4.49
2020	24 393.1	2.40	10 095.0	4.11

　　资料来源　中国科技统计信息中心，中国科技统计数据库，中国科技统计网。2014—2016年数据来自国家统计局《全国科技经费投入统计公报》。

（三）科技投入的热点问题

1.科技投入的主体——界定政府投入范围

计划经济时代，政府包办一切，政府成为我国科技投入的主体。随着我国社会主义市场经济的发展和科技发展水平的提高，政府主导的科技投入机制已不适应新形势的要求，企业和个人逐步成为科技投资的主体，政府投资所占比重过大的局面逐渐改变。根据经济学原理，只要收益可观，企业和个人就会积极参与投资和生产。一般说来，大多数科技成果都可以转化为经济效益。因此，在市场经济条件下，科技投入的主体应该是企业和个人，政府只需发挥激励和引导作用，只有理论性、基础性、公益性的科研活动才需要政府直接组织和投入资金。

多年以来，我国一直采用行政方式分配科技经费，科技人员的眼睛不是盯着市场而是盯着政府，难以把科技人员的主要精力引导到科技创新和满足市场需求上。激励机制的扭曲，必然导致科技投资效率低下。因此，必须深化改革，引导更多的民间资本投入科技创新领域。近年来，我国民间资本增长很快，但更多地流向资本市场、资产市场，而不是实体经济和科技创新领域。应当进一步加快行政审批、科技管理、财政预算等方面的改革，完善要素市场，降低准入门槛，健全激励机制，鼓励市场竞争，保护知识产权，吸引和鼓励民间资本进入科技创新领域，真正形成多元投入的市场化科技创新机制，为经济和社会发展提供强劲动力。

2.增强自主创新能力——优化科技投入结构

2006年，我国提出建设创新型国家，核心就是把增强自主创新能力作为发展科学技术的战略基点，走出中国特色的自主创新道路，推动科学技术的跨越式发展。这也就是把增强自主创新能力作为调整产业结构、转变增长方式的中心环节，建设资源节约型、环境友好型社会，推动国民经济又快又好发展；就是把增强自主创新能力作为国家战略，贯穿到现代化建设的各个方面，激发全民族的创新精神，培养高水平创新人才，形成有利于自主创新的体制机制。

为此，《中共中央　国务院关于实施科技规划纲要增强自主创新能力的决定》提出，2006—2020年，我国科学和技术发展要以提升国家竞争力为核心，实现以下重要目标：①掌握一批事关国家竞争力的装备制造业和信息产业核心技术，使制造业和信息产业技术水平进入世界先进行列；②农业科技整体实力进入世界前列，促进农业综合生产能力提高，有效保障国家食物安全；③能源开发、节能技术和清洁能源技术取得突破，促进能源结构优化，主要工业产品单位能耗指标达到或接近世界先进水平；④在重点行业和重点城市建立循环经济的技术发展模式，节约资源、保护环境，为建设资源节约型、环境友好型社会提供科技支持；⑤重大疾病防治水平显著提高，新药创制和关键医疗器械研制取得突破，全面提升产业发展的技术能力；⑥国防科技基本满足现代武器装备自主研制和信息化建设的需要，为维护国家安全提供保障；⑦涌现出一批具有世界水平的科学家和研究团队，在科学发展的主流方向上取得具有重大影响的创新成果，信息、生物、材料和航天等领域的前沿技术达到世界先进水平；⑧建成若干世界一流的科研院所和大学以及具有国际竞争力的企业研究开发机构，形成比较完善的中国特色国家创新体系。

在财政科技投入上，必须调整支出结构，促进科技创新。当前，在国家创新体系中，基础研究越来越重要，顶层设计和系统布局更加合理，问题导向、目标导向与自由探索相结合的基础研究格局正在形成。在铁基超导、干细胞、量子信息、类脑芯片等领域，以及数学、物理、化学等基础学科都取得了一批基础研究成果。基础研究投入也有了很大的进步。"十三五"期间（2016—2020年），整个中央财政科技投入增长70%，基础研究投入增长了一倍。在整个研发投入结构方面，基础研究投入的比重在提升，2019年首次超过6%，争取"十四五"使基础研究投入占全社会研发投入的比重达到8%左右。近年来，党中央高度重视科技创新工作，把创新作为引领发展的第一动力，推动我国科技事业取得历史性成就、发生历史性变革。天宫、蛟龙、天眼、悟空、墨子、大飞机、高铁、北斗等重大创新成果竞相涌现，科技创新势头强劲，一些前沿领域开始进入并跑、领跑阶段，科技实力正在从量的积累迈向质的飞跃，从点的突破迈向系统能力的提升。在2020年抗击新冠肺炎疫情的过程中，我国在疫病治疗、疫苗研发、疫情防控等多个重要领域开展科研攻关，为统筹推进疫情防控和经济社会发展提供了有力支撑，作出了重大贡献。

3.集中资金办大事——提高财政资金使用效益

效益是财政管理的关键所在。近年来，财政对科技领域的投入大幅增加，但也存在"撒胡椒面"、资金分散的现象，影响了财政资金的使用效益。比如，不少科研项目只有几万元经费，科研成果体现为发表几篇质量不高的论文，而真正需要扶持的项目却得不到财政资金的支持。这一现象在市县范围内表现得尤为突出，科技经费要么用于养人，要么只管分配出去，是否用得好就没人管了。应当通过财政支出绩效评价等方式衡量财政资金投入所发挥的效能，从合规性、创新性、成熟性、经济性与带动性等方面来评估财政资金投入所取得的成效。近几年来，财政部门推行财政支出绩效考评，将绩效考评结果应用于下一年度的预算资金分配，对提高财政资金使用效益具有积极作用。

四、卫生支出

卫生工作是社会主义精神文明建设的重要一环，人民群众健康水平的提高代表着一个社会的文明与进步，也推动着先进文化的发展。《中共中央、国务院关于卫生改革与发展的决定》明确指出："人人享有卫生保健，全民族健康素质的不断提高，是社会主义现代化建设的重要目标，是人民生活质量改善的重要标志，是社会主义精神文明建设的重要内容，是经济和社会可持续发展的重要保障。"卫生事业发展是我国经济和社会发展的组成部分，卫生工作对保障生产力、促进我国社会主义现代化建设发挥着不可替代的作用。

医疗服务具有一定的非排他性，但拥有较强的竞争性特点（即多提供一次服务，将增加一定的边际成本），医疗服务的利益是完全私人化的，而且在提供医疗服务时可以收取一定的服务费用以弥补成本。因此，医疗服务可以由政府提供，也可以由私人通过市场方式提供，还可以由政府与私人共同提供。

公共卫生领域中的市场提供存在着较大的缺陷，为政府在这一领域中发挥作用提供了潜在的理论依据。公共卫生是具有明显外部效应的纯公共产品（服务），包括安全饮用水、传染病与寄生虫病的防范和病菌传播控制等。由于这些物品具有非排他性，即不能将不付费者从这种服务的受益范围中排除出去，因此，私人不愿意或不会充分提供。2003年我国突发的传染性非典型肺炎（SARS）、2004年出现的禽流感、2020年的新冠肺炎疫情等，无不显示出政府加强建设公共卫生防疫机制的必要性。

卫生费用，广义上是指医疗、卫生、保健服务所消耗的费用。据统计，20世纪90年代，我国公共卫生支出在卫生总费用支出中所占的比重开始呈现下降态势，个人卫生支出的比重1990年为35.7%，2001年达到60%。与发达国家相比，我国卫生费用规模和政府投入规模相对较小，卫生资源分布也不尽合理，导致"看病难""看病贵""因病致贫""因病返贫"等现象不断出现。

2009年，我国启动新的医药卫生体制改革。这一轮改革提出了"有效减轻居民就医费用负担，切实缓解'看病难、看病贵'"的近期目标，以及"建立健全覆盖城乡居民的基本医疗卫生制度，为群众提供安全、有效、方便、价廉的医疗卫生服务"的长远目标。各级财政不断提高对新农合和城镇居民医保补助标准，提高基本医疗保障水平；积极支持做好大病保险工作；建立了对地方实施基本药物制度的经常性补助机制；加大对公立医院改革的投入力度；推进公共卫生服务体系建设，促进基本公共卫生服务均等化；支持基层医疗卫生服务体系建设；切实落实"政府卫生投入增长幅度高于经常性财政支出增长幅度，政府卫生投入占经常性财政支出的比重逐步提高"的要求，加快健全全民医保体系。

2016年8月，全国卫生与健康大会召开，提出要把人民健康放在优先发展的战略地位，以普及健康生活、优化健康服务、完善健康保障、建设健康环境、发展健康产业为重点，加快推进健康中国建设，努力全方位、全周期保障人民健康。党的十九大提出实施健康中国战略，国家坚持把医疗卫生放在重要位置，财政支出力度持续加大。2010年以来，我国卫生健康财政投入多数年份保持两位数增长，2014年投入规模首次突破10 000亿元，2020年政府卫生支出达21 998.3亿元，在卫生总费用中的比重提高到30.4%。"十三五"期间，我国人均预期寿命从2015年的76.3岁提高到2019年的77.3岁，主要健康指标总体上优于中高收入国家平均水平。个人卫生支出占卫生总费用的比重从2015年的29.3%降至2020年的27.7%，为21世纪以来的最低水平。此外，基本公共卫生服务均等化水平进一步提高；重大传染病防控、新冠肺炎疫情防控取得重大战略成果；人均基本公共卫生服务经费补助标准从2015年的40元提高到2020年的74元；免费向全体城乡居民提供14大类国家基本公共卫生服务项目。

第二节 投资性支出

一、投资性支出的含义与政府投资的范围

（一）投资性支出的含义

投资性支出是政府将一部分公共资金用于购置公共部门的资产，以满足社会公共需要所形成的支出。它是政府提供公共产品的基本手段，也是政府提供公共劳务的前提与基础。其特点是：

（1）公益性。政府投资追求社会效益的最大化，而不以经济效益为目标。

（2）无偿性。政府投资的使用一般是无偿的，无法通过计价收费的方式来补偿或只能得到部分补偿。

（3）政策性。政府投资应符合国家产业政策，保证社会投资活动的正常顺利进行。

（二）政府投资的范围

政府投资的范围主要涵盖那些对整个国民经济体系起基础性作用，有利于提高国民经济整体运行效率，但同时又是微利或无利的项目，主要包括基础产业投资和农业投资。

1993年，党的十四大通过的《中共中央关于建立社会主义市场经济体制若干问题的决定》明确要求，深化投资体制改革，竞争性项目投资由企业自主决策、自担风险，所需贷款由商业银行自主决定、自负盈亏；基础性项目建设要鼓励和吸引各方投资参与，国家重大建设项目通过财政投融资和金融债券等渠道筹资，采取控股、参股和政策性优惠贷款等多种形式进行；社会公益性项目建设，要广泛吸收社会各界资金，根据中央和地方事权划分，由政府通过财政统筹安排。2007年8月6日，国防科工委公布了《非公有制经济参与国防科技工业建设指南》，明确非公有制经济可参与军工基础设施建设投资、军工企业的改组改制等5个具体领域。这是2007年年初出台的《关于非公有制经济参与国防科技工业建设的指导意见》的配套政策，是政府投资体制改革的重要突破。2016年，《中共中央 国务院关于深化投融资体制改革的意见》（中发〔2016〕18

号）提出，完善政府投资体制，发挥好政府投资的引导和带动作用。

二、基础产业投资

（一）基础产业投资的特点

在社会经济活动中，基础产业与其他产业相比，具有自己的特点。从整个社会生产过程来看，基础设施为其提供"共同生产条件"，基础设施不能被某个生产厂家独家使用，它不是独占性地处在某一特殊的生产过程中，不能被销售者当成商品一次性整体出售给使用者。也就是说，它具有公用性、非独占性、不可分性，这些属性决定了其具有公共产品的一般特征。加上基础设施尤其是大型基础设施，大多具有资本密集性、建设周期长、投资回收慢的特点，民间投资很难也不愿意涉足，因此，需要政府采取有力的干预政策，不断完善基础设施的投资和建设，这在经济欠发达国家和地区特别明显。

（二）基础产业投资的提供方式

从我国的实践经验来看，基础产业投资主要有以下几种形式：

（1）政府筹资建设，或免费提供，或收取使用费。这种项目主要有三种情况：一是关系国计民生的重大项目，如长江三峡工程等；二是维护国家安全的需要，如核电站建设等；三是如市区道路、路灯等具有明显非排他性或很高排他成本的投资项目。此外，单项投资成本不大、数量众多的项目，也适用于作为纯公共产品由政府投资。

（2）私人出资，定期收费补偿成本并适当盈利，或由地方主管部门筹资建设，定期收费补偿成本。例如，我国的地方性公路、桥梁等公共基础设施，目前一般采取"贷款修路，收费还贷"的投资方式。

（3）政府与民间共同投资。对于一些具有一定的外部效应、盈利率较低或风险较大的项目，如高速公路、集装箱码头及高新技术产业等基础设施或基础产业的建设，政府可以在其中发挥资金引导和政策扶持作用，即采用投资参股、优惠贷款、提供借款担保、低价提供土地使用权、部分补贴和减免税收等方式，与民间共同投资，混合提供。

（4）政府投资，法人团体经营运作。这种提供方式有两个优点：一是政府拥有最终的决策权，又可以使自身从具体的经营活动中解脱出来；二是法人团体拥有经营的自主权，责任明确，可以提高成本效益的透明度和服务质量。城市公共交通、港口等基础设施适用于这种提供方式。

（5）BOT（建设-经营-转让）。BOT是近些年来兴起的一种基础设施的提供方式，它是指政府将一些拟建的基础设施项目通过招商转让给某一财团或公司，组建项目经营公司进行建设经营，并在双方协定的期限内，由项目经营公司通过经营，偿还债务，收回投资并盈利；协议期满，项目产权收归政府。这种投资方式的最大特点是鼓励和吸引私人投资，特别是外国直接投资者对发电厂、高速公路、能源开发等基础设施、基础产业进行投资。如广西来宾火电厂B厂项目是比较成功的BOT项目的典型案例，1997年该项目正式签署特许权协议，由广西壮族自治区人民政府授权法国的电力集团投资和运营，使用法方的资金和技术，2000年投入商业运行，2015年正式移交给广西政府，实现了双赢。

三、财政对农业的投资

（一）财政对农业投资的重要性

1.农业是国民经济的基础

农业是最典型的基础产业，也是我国作为发展中国家最需要发展的产业。农业对国民经济发展的重要性具体体现在三个方面：一是农业生产为我们提供了基本的生存条件，为其他生产活动提供了基础。二是农业劳动生产率的提高是工业化的起点和基础。在大规模推行工业革命之前，必须有一个大规模的农业革命过程。从历史上看，18世纪末的工业革命，首先是从农业生产率较高的英国开始的，以后相继发生工业革命的国家的农业生产率也都较高。而从当前的情况来看，凡是农业生产率较高的地区，工业化都取得了成功；凡是农业生产率较低的地区，工业化都遇到了相应的阻碍。因此，发展中国家要想顺利实现工业化，就必须老老实实地首先提高农业生产率，这个阶段是不能跨越的。三是稳定农业是国民经济持续稳定发展的重要因素。

2.农业部门的特殊性和财政投资的必要性

农业部门是一个特殊的生产部门。一方面，从农产品供应来看，它受气候条件及其他多种条件的影响，不仅波动很大，而且具有明显的周期性；另一方面，对农产品的需求是相对稳定的。由于农业经济发展水平低下，自身财力有限，农业危机很难依靠自身力量通过市场加以克服，这又进一步强烈地干预了国民经济的正常运行，因此，为了稳定农业，并进一步稳定整个农业经济，政府必须广泛介入农业部门的生产和销售活动，将农业部门的发展置于政府的高度关注之下。

财政对农业投资的必要性主要体现为：①农业部门的社会经济效益大而直接经济效益小，大量经济效益需要通过加工、流通部门辗转折射出来。由于直接经济效益小，所以投资农业往往得不到平均利润，不但吸引不了农业部门外的投资，就连农业内部资金也有可能向非农产业逆向流动。如果没有政府的扶持和保护，就很难保证农业的正常资金投入，将会危及农业的基础地位。②农业对自然条件和基础设施的依赖性较强，而这些条件具有公益性的特点，花钱多，涉及面广，个别单位和地区往往不愿意承担或无力承担，这就需要政府来承担起相应的投入职责。③农业是风险行业，自然风险和市场风险并存，生产难免有周期波动。农业部门为了克服生产的分散性、季节性及各种不利因素，必须不断提高其投资和物质装备水平，因此也需要政府的扶持。④农产品需求弹性小，市场扩张处于不利地位，加上农业需用固定资产多但利用率低，生产周期长而资金周转慢，从而使农业在市场贸易中处于不利位置，需要政府采取一定的方式进行扶持。

（二）财政对农业投入的范围和重点

从世界各国的经验来看，财政对农业投入的特点表现为以下三个方面：

（1）以立法的形式规定财政对农业的投资规模和环节，使农业的财政投入具有相对稳定性。

（2）财政投资范围应有明确界定，主要投资于以水利建设为核心的农业基础设施建设、农业科技推广、农村教育和培训等方面。需要说明的是，政府对农业投入的必要性，并不只在于农业部门自身难以产生足够的积累、生产率较低而难以承受贷款的负担，更重要的是许多农业投资只适合由政府提供。农业固定资产投资，如大江大河的治理、大型水库和各种灌溉工程建设等，因其投资额大、投资期限长、牵涉面广以及投资以后产生的效益不易分割等特点，投资成本与效益之间的关系并不十分明显，因此，需要政府通过财政手段完成投资。

（3）注重农业科研活动，推动农业技术进步。改造传统农业的关键在于引进新的农业生产要素；新的农业生产要素的形成需要靠农业科研来开发；农业科研成果应用于农业生产，必须经过推广的程序；为了使农户接受和掌握新的生产要素，还需要对农户进行宣传、教育和培训。要完成这一系列的任务，需要投入大量的资金。农业科研具有明显的外部效应，即一项农业科研成果的推出，将会使全部运用这项成果的农户受益，但从事这项科研活动的单位却无法也不可能将这项科研成果所产生的全部收益据为己有。农业科研单位的研究成果所产生的利益是"外溢"的，但科研费用需自己承担，而且在研究过程中可能会产生失败的风险。因此，农业科研、农业科技推广、农户培训教育之类的对农业发展至关重要的农业投资，应由政府来完成。而对流动资金投资（如购买农药、化肥、农用薄膜、除草剂等）、类似农机具及供农户使用的农业设施等固定资产投资，则适宜由农户自己来承担。

（三）我国财政对农业的投资

由于历史原因，我国农业发展相对滞后，并成为国民经济发展过程中的一个"瓶颈"制约因素。可喜的是，20世纪90年代末期以来，党中央、国务院审视城乡收入分配差距、工农发展差距，开始探索解决"农业、农村和农民收入"问题（简称"三农"问题）的有效途径。2021年2月21日，《中共中央　国务院关于全面推进乡村振兴加快农业农村现代化的意见》即2021年中央一号文件发布。这是21世纪以来第18个指导"三农"工作的中央一号文件。文件指出，民族要复兴，乡村必振兴。要坚持把解决好"三农"问题作为全党工作重中之重，把全面推进乡村振兴作为实现中华民族伟大复兴的一项重大任务，举全党全社会之力加快农业农村现代化，让广大农民过上更加美好的生活。

为提高农民农业生产的积极性，从2004年起，国家通过向种粮农民发放粮食直补资金（自2017年起，粮食直补、农资补贴、良种补贴三项补贴改为农业支持保护补贴），鼓励农民从事粮食生产。这项政策被农民称为发"红包"，其数额逐年增加，有效地调动了农民的种粮积极性，促进了粮食增产、农民增收，保障了粮食安全。

俗话说："农业要增产，种子是关键。"选择优良种子是获得好收成的基础。但优良种子的价格相对较高，而且使用年头一般较短，大家对种植效果也不放心，出现了买不起或不敢买的问题。为了让农民能够买得起好种子，买得上好种子，国家设立了良种补贴项目。2002年，中央财政安排专项资金实施东北高油大豆良种补贴，这是我国第一个直接对农民的生产性补贴。之后，补贴品种范围逐渐扩大，包括优质专用小麦、水稻、玉米和棉花等农作物。在良种补贴政策的推动下，我国主要粮食作物的单产水平和优质率不断提高。

　　为提高农民的种粮积极性，构筑保障粮食安全的屏障，从2005年早籼稻上市起，国家正式实施了粮食最低收购价政策。为提高农业综合生产能力和农产品商品率，国家财政认真落实农业综合开发政策，以中低产田改造为重点，实行山水田林路综合治理，搞好农业基础设施和生态环境建设，为农业"强筋壮骨"。同时，集中资金扶持粮食生产重点县，支持中型灌区节水配套改造，支持农业产业化经营，促进农民增收。

　　为提高农民在市场上的竞争力，从2003年起，中央财政设立支持农民专业合作组织发展专项资金，为农民专业合作组织开展的专业技术、管理培训和信息服务、标准化生产等提供资金支持。此外，还通过实施"科普惠农兴村计划"、"科技富民强县专项行动计划"、测土配方施肥补贴、良种税收优惠政策、支持农村金融事业发展、中央财政农业保险保费补贴试点等工作，大力扶持农业发展。[1]

　　2011年年初发布的《中共中央　国务院关于加快水利改革发展的决定》要求把水利作为国家基础设施建设的优先领域，把农田水利作为农村基础设施建设的重点任务，提出："加大公共财政对水利的投入。多渠道筹集资金，力争今后10年全社会水利年平均投入比2010年高出一倍。发挥政府在水利建设中的主导作用，将水利作为公共财政投入的重点领域。各级财政对水利投入的总量和增幅要有明显提高。进一步提高水利建设资金在国家固定资产投资中的比重。大幅度增加中央和地方财政专项水利资金。从土地出让收益中提取10%用于农田水利建设，充分发挥新增建设用地土地有偿使用费等土地整治资金的综合效益。"财政投资侧重于大江大河治理、水资源配置工程建设、水土保持和水生态保护、合理开发水能资源、强化水文气象和水利科技支撑。

　　2017年年初发布的《中共中央　国务院关于深入推进农业供给侧结构性改革　加快培育农业农村发展新动能的若干意见》提出，推进农业供给侧结构性改革，在确保国家粮食安全的基础上，紧紧围绕市场需求变化，以增加农民收入、保障有效供给为主要目标，以提高农业供给质量为主攻方向，以体制改革和机制创新为根本途径，优化农业产业体系、生产体系、经营体系，提高土地产出率、资源利用率、劳动生产率，促进农业农村发展由过度依赖资源消耗、主要满足量的需求向追求绿色生态可持续、更加注重满足质的需求转变。

　　2021年中央一号文件要求以推动高质量发展为主题，统筹发展和安全，落实加快构建新发展格局要求，巩固和完善农村基本经营制度，深入推进农业供给侧结构性改革，把乡村建设摆在社会主义现代化建设的重要位置，全面推进乡村产业、人才、文化、生态、组织振兴，充分发挥农业产品供给、生态屏障、文化传承等功能，走中国特色社会主义乡村振兴道路，加快农业农村现代化，加快形成工农互促、城乡互补、协调发展、共同繁荣的新型工农城乡关系，促进农业高质高效、乡村宜居宜业、农民富裕富足。

　　在国家各项政策的扶持下，我国现代农业建设取得重大进展，乡村振兴实现良好开局。粮食年产量连续保持在1.3万亿斤以上，2020年农民人均收入较2010年翻一番多。

---

[1]财政部. 公共财政与百姓生活［M］. 北京：中国财政经济出版社，2007.

新时代脱贫攻坚目标任务如期完成，现行标准下农村贫困人口全部脱贫，贫困县全部摘帽，易地扶贫搬迁任务全面完成，消除了绝对贫困和区域性整体贫困，创造了人类减贫史上的奇迹。农村人居环境明显改善，农村改革向纵深推进，农村社会保持和谐稳定，农村已经同步实现全面建成小康社会目标。农业农村发展取得了新的历史性成就，为党和国家战胜各种艰难险阻、稳定经济社会发展大局发挥了"压舱石"的作用。实践证明，党中央驰而不息重农强农的战略决策完全正确，党的"三农"政策得到亿万农民的衷心拥护。①

第三节　社会保障支出

一、社会保障的含义和重要意义

（一）社会保障的含义

社会保障是指国家和社会通过立法，采取强制性手段对国民收入进行再分配，并集中形成社会消费性共同基金，对由于年老、疾病、伤残、失业、死亡以及其他灾难等的发生导致生活出现困难的社会成员，给予物质性社会援助，以保证其最低生活需要或基本生活需要的一系列有组织的措施、制度和事业。它包括社会保险、社会救助、社会福利和慈善事业等。社会保障制度是国家和社会依法对社会成员的基本生活予以保障的社会安全制度。劳动者在丧失或中断劳动能力，以及遭受各种风险不能维持最低生活水平等情况下，有从国家和社会获得物质帮助的权利；为社会成员提供生活保障是国家和社会应尽的责任。从社会保障的性质和内容上看，它面对大众特别是社会困难群众，以保障群众基本生活为宗旨，以政府和社会帮助、救援为主要特征，对实现社会的祥和稳定是不可缺少的，是建设和谐社会的重要组成部分。

社会保障是社会公平的重要基础，是人类社会进步的体现，与每个家庭的幸福息息相关。随着我国经济社会的快速发展，综合国力的极大增强，人民生活水平显著提高，广大人民群众的社会保障意识不断增强，对社会保障的期盼逐步提高，它作为政府提供的公共产品在现代社会生活中扮演越来越重要的角色，社会保障支出在财政支出中的比重也在不断提高。

（二）社会保障的重要意义

第一，社会保障可以有效地防范和应对社会风险。由于社会资源分配结构的不完善、市场经济的风险、个人能力的差异等诸多因素的存在，社会成员不可避免地会遇到各种各样的生存与发展方面的风险。社会保障可以确保每一名社会成员都处于合理的基本生活水平上，以有效地应对社会风险。

第二，社会保障可以有效地增强社会的团结与合作。作为个体的人，只有在社会合作中，方能生存和发展。每一个社会成员都对社会负有一定的责任；同样，社会对每一

①见《中共中央 国务院关于全面推进乡村振兴加快农业农村现代化的意见》。

位社会成员也负有不可推卸的责任和义务，特别是对处于困难状态的社会成员有责任和义务予以必要的帮助，使之共享由社会发展所带来的益处。

第三，社会保障可以有效地激发社会活力。对一个社会来说，社会成员潜能开发得如何，将直接影响这个社会持续性发展的动力，同时也事关这个社会发展的整体质量。社会保障可使每一个社会成员具备正常的发展能力，使其发展潜能得到普遍的开发。

第四，社会保障可以有效地保证社会成员未来生存与发展的基本水准。从某种意义上讲，社会保障是一种预先的制度准备与安排。它不仅可以有效地解决处境不利的社会成员当前的困难，而且可以有效地增强社会成员解决未来困难的能力。所以，社会保障对保持与促进长远的社会和谐具有不可忽视的重要意义。

二、社会保障的内容

社会保障制度是指以社会的共同力量对其成员在因各种个人难以抗拒的客观原因导致其难以维持必要生活水平时提供物质保证，是具有经济福利性质的社会稳定制度。现代社会保障制度是一个内容丰富的庞大体系。目前，我国的社会保障体系包括社会保险、社会救济、社会福利、社会优抚及国有企业下岗职工基本生活保障和再就业等方面。

（一）社会保险

社会保险是指由国家、企业、劳动者三方共同筹集资金，为了保障劳动者年老、失业、疾病、生育时的基本生活需要，依照法律、法规强制建立的保障制度。它是最基本的社会保障项目，是现代社会保障制度的核心内容，也是覆盖面最广的。社会保险主要包括养老保险、失业保险、医疗保险、生育保险和工伤保险等项目。

1.养老保险

养老保险是国家和社会根据一定的法律和法规，为解决劳动者在达到国家规定的解除劳动义务的劳动年龄界限，或因年老丧失劳动能力退出劳动岗位后的基本生活问题而建立的一种社会保险制度。其目的是保障老年人的基本生活需求，为其提供稳定可靠的生活来源。养老保险是世界各国较普遍实行的一种社会保障制度，一般具有以下三个特点：①由国家立法，强制实行，企业和个人都必须参加，符合养老条件的人可向社会保险部门领取养老金；②养老保险费用一般由国家、企业和个人三方或企业和个人双方共同负担，并实现广泛的社会互济；③养老保险具有社会性，影响很大，享受人多且时间较长，费用支出庞大，因此，必须设置专门机构，实行现代化、专业化、社会化的统一规划和管理。

在我国传统的社会保障制度下，养老保险的范围主要集中在国有部门中，采用的是现收现付方式。随着社会保障制度改革的不断深入，养老保险的范围进一步扩大，从而对养老保险基金提出了更多的要求。此外，根据国际通行标准，老年人口占总人口的比重达到10%就意味着一国进入老龄化社会（我国于1999年进入人口老龄化社会。此外，第七次全国人口普查结果显示，2020年，我国60岁及60岁以上人口的比重达到18.7%，其中65岁及65岁以上人口的比重达到13.5%）。我国在进入老龄化社会时，人均GDP尚不足 1 000 美元，"未富先老"已经成为我国不得不面对的重大社会问题。近年来，我国社会保障制度建设不断推进，但按目前的进展，仍然难以应对越来越大的人口老龄化压力。

选择一个适合我国国情的养老保险基金筹集模式是非常有必要的。从目前的改革情况来看，根据我国的国情，应逐步建立起基本养老保险、企业补充养老保险和个人储蓄性养老保险相结合的多层次养老保险体系，变现收现付制为基金积累制，保险基金由国家、企业和个人三方共同负担，实行社会保险统筹与个人账户相结合的模式。1997年7月，《国务院关于建立统一的企业职工基本养老保险制度的决定》将全国各地的养老保险办法统一起来。这些要点包括：进一步扩大养老保险的覆盖面；规定企业缴费和个人缴费的比例；统一个人账户的规模和个人账户使用与管理的主要内容；统一基本养老金的计发条件和计发办法；规定基本养老保险实行"收支两条线"管理等。

21世纪以来，我国养老保险的改革进一步深化。2005年12月3日，我国颁布了《国务院关于完善企业职工基本养老保险制度的决定》，决定提出：一是扩大基本养老保险覆盖范围。城镇各类企业职工、个体工商户和灵活就业人员都要参加企业职工基本养老保险。二是逐步做实个人账户。三是调整个人缴费的比例，从2006年1月1日起，个人账户的规模统一由本人缴费工资的11%调整为8%，单位缴费不再划入个人账户。四是调整基本养老金计发办法，并建立基本养老金正常调整机制，以形成多工作、多缴费的激励约束机制。另外，决定还强调了发展企业年金、做好退休人员社会化管理服务工作、不断提高社会保险管理服务水平的重要性和紧迫性。

2009年9月1日，《国务院关于开展新型农村社会养老保险试点的指导意见》发布，决定从2009年起开展新型农村社会养老保险（以下简称新农保）试点。这一改革的意义重大：一是使养老保险基本实现全国人口全覆盖；二是实现了养老保险的城乡公平，迈出了社会保障服务基本均等化的可喜步伐；三是保障了农民的基本生存权；四是健全了农村社会保障内容，确保了农村稳定，为构建和谐社会提供了坚实基础。

2014年，中央决定将新型农村社会养老保险和城镇居民社会养老保险合并实施，在全国范围内建立统一的城乡居民基本养老保险。政府对符合领取城乡居民养老保险待遇条件的参保人全额支付基础养老金，地方人民政府对参保人缴费给予补贴，对选择最低档次标准缴费的，补贴标准不低于每人每年30元；对选择较高档次标准缴费的，适当增加补贴金额；对选择500元及500元以上档次标准缴费的，补贴标准不低于每人每年60元。这一改革促进了城乡居民养老保险待遇公平。

2015年年初，国务院印发《关于机关事业单位工作人员养老保险制度改革的决定》，机关事业单位实行社会统筹与个人账户相结合的基本养老保险制度，由单位和个人共同缴费；改革基本养老金计发办法，待遇水平与缴费相关联，建立多缴多得、长缴多得的激励机制；建立基本养老金正常调整机制，统筹考虑机关、企事业单位退休人员和城乡居民的基本养老金调整。自此之后，行政单位、事业单位职工由原来不缴纳养老保险费、退休后在单位领取退休金，转变为缴纳养老保险费、退休后与企业职工一样到社会保险机构领取养老金，从制度上实现了机关事业单位与企业养老待遇的公平。

2.失业保险

失业是市场经济条件下的一种正常现象，但失业对社会的冲击非常大，如果不加以妥善解决，就可能引发社会问题，进而影响经济和社会的健康发展。在市场机制无法从根本上解决失业问题的情况下，只能通过失业保险制度方式来解决失业人口的基本生活问题。

失业保险制度是指国家通过立法强制实行，由社会集中建立基金，对非因本人意愿中断就业而失去工资收入的劳动者提供一定时期物质帮助及再就业服务的制度，是社会保障体系的重要组成部分。其目的是维持失业人员及其家属的基本生活，保护劳动力和为其早日重新再就业提供必要的条件和机会。它被形象地称为社会的"安全网""减震器"。

在我国，社会失业保障体系在市场经济中的缺位已经影响了国有企业改革的进一步深化。国有企业只有在摆脱失业问题后才能更有效、更公平地参与市场竞争，与此同时，市场也能更好地发挥优胜劣汰的功能去关闭那些低效益的企业，使竞争更加充分。因此，发展社会失业保障事业是我国企业改革走出困境的突破口，打开这个突破口的关键在于是否有一个完善的社会失业保障系统对失业人口提供强有力的支持。我国已于1999年1月22日颁布了《失业保险条例》，并进行了逐步修订和完善，为我国国有企业改革和社会主义市场经济稳定发展提供了重要的保障。

3.医疗保险

医疗保险是人们生病或受到伤害后，由国家或社会给予的一种物质帮助，即提供医疗服务或经济补偿的一种社会保障制度。我国20世纪50年代初建立的公费医疗和劳保医疗统称为职工医疗保险，在保障职工身体健康和维护社会稳定等方面发挥了积极的作用。但是，随着社会主义市场经济体制的确立和国有企业改革的不断深化，这种制度已难以解决市场经济条件下的职工基本医疗保障问题。国务院于1998年12月下发了《国务院关于建立城镇职工基本医疗保险制度的决定》（国发〔1998〕44号），部署在全国范围内全面推进职工医疗保险制度改革工作，要求1999年内全国基本建立职工基本医疗保险制度。其制度框架包括六个部分：一是建立合理负担的共同缴费机制，基本医疗保险费由用人单位和个人共同缴纳，用人单位缴费率控制在职工工资总额的6%左右，职工缴费率一般为本人工资收入的2%。二是建立统筹基金和个人账户制度，基本医疗保险基金由社会统筹使用的统筹基金和个人专项使用的个人账户基金组成。个人缴费全部划入个人账户，单位缴费按30%左右划入个人账户，其余部分建立统筹基金。个人账户专项用于本人医疗费用支出，可以结转使用和继承，本金和利息归个人所有。三是建立统账分开、范围明确的支付机制。四是建立有效制约的医疗服务管理机制。五是建立统一的社会化管理服务体制。六是建立完善有效的监管机制，基本医疗保险基金实行财政专户管理。

1998年开始建立城镇职工基本医疗保险制度之后，我国又启动了新型农村合作医疗制度试点，建立了城乡医疗救助制度。为实现基本建立覆盖城乡全体居民的医疗保障体系的目标，国务院决定，从2007年起开展城镇居民基本医疗保险试点，2010年在全国全面推开，逐步覆盖全体城镇非从业居民。2016年，国家决定整合城镇居民基本医疗保险和新型农村合作医疗两项制度，建立统一的城乡居民基本医疗保险制度，在推进医药卫生体制改革、实现城乡居民公平享有基本医疗保险权益、促进社会公平正义、增进人民福祉方面迈出了重大步伐，对促进城乡经济社会协调发展具有重大意义。

4.生育保险

生育保险是通过国家立法规定，在劳动者因生育子女而导致劳动力暂时中断时，由国家和社会及时给予物质帮助的一项社会保险制度。我国生育保险待遇主要包括两项：一是生育津贴，用于保障女职工产假期间的基本生活需要；二是生育医疗待遇，用于保障女职工怀孕、分娩期间以及职工实施节育手术时的基本医疗保健需要。2019年，国家决定全面推进生育保险和职工基本医疗保险合并实施，进一步保障职工社会保险待遇、增强基金共济能力、提升经办服务水平。

5.工伤保险

工伤保险是社会保险制度中的重要组成部分。它是指国家和社会为在生产、工作中遭受事故伤害和患职业性疾病的劳动者及其亲属提供医疗救治、生活保障、经济补偿、医疗和职业康复等物质帮助的一种社会保障制度。

我国于2003年4月27日颁布了《工伤保险条例》，自2004年1月1日起正式实施。2010年12月20日对该条例进行了修订，自2011年1月1日起施行。修订内容包括：扩大了工伤保险的适用范围，调整扩大了工伤认定范围，简化了工伤认定程序，大幅度提高了工伤保险待遇，增加了基金支出项目，加大了强制力度。

2020年，我国推出了长期护理保险试点，这是专门为因年老、疾病、伤残等导致的重度失能人员提供基本生活照料的一种社会保险。目前，全国已有49个城市试点长期护理保险，报销水平总体为70%左右。在全国老龄化程度较高的省份——江苏，已将2 300多万人纳入长期护理保险试点范围。苏州、徐州等7个试点地区均建立了政府补助、医保统筹基金和个人缴费相结合的多渠道筹资机制。试点期间，长期护理保险试点参保对象从职工基本医疗保险参保人群起步，重点解决重度失能人员的基本护理保障需求。筹资从职工医保单位缴费和个人账户划出一部分，不新增单位和个人缴费负担。

（二）社会救济

社会救济是社会成员在其收入低于贫困线以下或因自然灾害、发生其他重大事故导致生活困难时，国家和社会按照法定的标准，通过资金和实物援助方式向其提供满足最低生活需要的一种社会保障制度。

社会救济是最早出现的社会保障项目，可使无生活来源的人，遭受自然灾害、重大疾病或其他重大事故而导致生活一时困难的人，生活在最低标准线以下的人等，获得最起码的生活保障。

社会救济主要是作为社会保险的补充形式，解决一些社会保险不能解决的社会问题。社会救济与社会保险的主要区别在于：一是社会保险的对象是能够正常劳动且能获得维持基本生活所需收入的劳动者；社会救济的对象主要是不能正常劳动或不能获得维持基本生活所需收入的社会成员。二是社会保险的标准较高，一般能保证受益人一定的生活水准；社会救济只保证受益人最低的基本生活水平，因此，社会救济标准比社会保险津贴的标准要低。三是社会保险一般存在着权利和义务的对应关系，缴费（税）多者，能获得的保险津贴就多，反之就少；而社会救济不存在权利和义务的对应关系，只要符合社会救济的要求，就可向社会救济机构申请救济。这是因为社会救济是公民应享有的最基本的权利，也是国家和社会必须始终认真履行的社会保障职责。其目的就是要实现社会公平，克服贫困。

社会救济的资金来源有：财政预算拨款，或通过税收减免进行的间接补助，以及部分彩票公益金和一定数量的民间捐赠。

现实生活中的贫困现象基本上有以下三种：①遭受自然灾害造成的贫困；②职业竞争造成的贫困；③个人生理或个人能力原因造成的贫困。与此相应的社会救济项目一般包括自然灾害救济、失业救济、孤寡病残救济和城乡困难户救济等。

（三）社会福利

社会福利是由国家和社会为立法或政策范围内的所有公民普遍提供旨在保证一定的生活水平和尽可能提高生活质量的资金和服务的一种社会保障形式。它偏重于提供福利设施和福利服务，且不带任何前提条件地提供给每一位符合规定的公民。其目的是改善公民生活质量，提高公民生活水平。我国目前的社会福利具体包括以下三个方面的内容：

（1）国家或社会团体兴办的以全体社会成员为对象的公益性事业和社会服务。这些事业和服务主要有环境保护、教育、科学技术、文化、体育、卫生等。社会成员在享受这些社会福利时是免费或低费用的。

（2）有局部性或选择性的社会福利，主要是指政府和单位为照顾一定地区或一定范围内的居民对部分必要生活资料的需要而采取的优惠措施，如对寒冷地区的冬季取暖补贴、夏季降温防暑补贴、边境地区艰苦生活补贴、地区性福利补贴、独生子女补贴等。

（3）特殊社会福利，又称民政福利，是指政府和慈善机构为残疾人和无劳动与生活能力的人举办的福利工厂、养老院、福利院、聋哑学校等。

（四）社会优抚

社会优抚，也称优抚安置，是国家或社会按照规定向法定的优抚对象提供确保其一定生活水平的资金和服务，带有褒扬和优待抚恤性质的特殊社会保障制度。在我国，优抚安置的对象一般包括现役军人，退伍、复员、转业军人，军队离休、退休干部，现役军人家庭，烈士家庭，牺牲、病故军人家属，革命伤残军人和其他特殊对象等。社会优抚的资金来源一般是国家财政拨款。目前，我国社会优抚的具体内容包括：

（1）抚恤。这是政府和社会对因公伤残军人、因公牺牲及病故军人家属采取的一种物质抚慰方式，包括伤残抚恤和死亡抚恤。

（2）优待。它是指从政治上和物质上给予优待对象良好的物质或资金待遇、优先照顾和专项服务。

（3）退役安置。它是国家和社会为退出现役的军人提供资金和服务，以帮助其重新就业的一项优抚保障制度。安置的对象包括转业的军官、复员志愿兵和退伍义务兵。退役安置主要从资金和服务两方面对退役军人提供保障。资金保障方面包括提供安置费、各级临时性生活津贴和生产性贷款；服务保障方面包括就业安置、就学安置、落户安置、职业培训、技术培训等。

（4）优抚社会化服务。它是指国家和社会筹集资金，建造服务设施，如革命伤残军人休养院、荣复军人慢性病疗养院等。

社会优抚作为社会保障体系中的特殊形式，对保障特殊社会群体的生活、巩固国防、保证人民安居乐业和社会稳定，具有极其重要的现实意义。为了保证这一社会保障制度能够顺利实施，必须保证稳定的资金投入，政府应依法确保在每年国民收入的分配和再分配过程中，从财政预算中列出一部分资金，用于对军烈属、伤残、退役军人等实行抚恤、优待和安置，以保障他们的基本生活水平，建立一个随着当地居民生活水平提高和社会经济发展水平提高而自然增长的优抚待遇调整机制。

三、社会保障资金的来源与筹集方式

实践证明，实施社会保障制度是政府的一项重要职能，要使其发挥作用，关键在于资金来源。资金的筹措，是社会保障制度得以启动和顺利运行的物质基础。足额的资金、适当的筹资方式，可以使社会保障更好地发挥稳定社会经济发展的重要杠杆的作用。

（一）社会保障资金的来源

筹集社会保障资金，不仅要能满足社会保障的实际需要，更要充分考虑到国民经济的发展水平，考虑到国家、企业和个人的经济承受能力。社会保障资金的来源，目前世界上大多数国家都采取由政府、企业（雇主）和个人共同负担的办法，或者依据具体情况，由这三种来源的不同组合构成。

（1）政府财政负担，即由财政直接安排支出或由财政进行转移支付，用于社会保障事业方面的开支，这是社会保障基金中重要的、稳定的来源。财政负担社会保障资金主要来源于一般税收，从而使社会保障与税收之间联系起来，体现了人人负担的特点。作为政府的社会义务，财政负担社会保障资金是政府职能的重要体现，它对稳定社会保障给付的作用是明显的。

（2）企业（雇主）缴纳社会保障税，是社会保障资金的又一重要来源。劳动者为某一企业（雇主）提供了劳动力，创造了相当的社会财富，为供职企业（雇主）也提供了相应的成果，雇用劳动者的企业（雇主）有义务为其缴纳社会保障税，这些费用可以列入企业经营成本。

（3）个人缴纳部分。个人负担一部分社会保障（尤其是社会保险）税是必要的。它有助于缩小个人收入之间的差距，收入高的多交一些，收入低的少交一些，发挥了社会保障的收入调节作用；同时，还可以促使人们多关心社会保障事业，减轻国家和企业的负担。

（二）社会保障资金的筹集方式

在社会保障中，社会救济、社会福利、社会优抚全部由财政出资，根据当年实际需要安排资金。而社会保险包括不同险种，有的当年收当年支，有的则是为今后做储备，所以筹集方式不一样。从理论上来看，社会保障资金的筹集方式主要有以下三种：

（1）完全基金制，也称为积累制，这种模式要求在对未来较长时间宏观预测的基础上，评估保障对象在保障期间内所需享受保障待遇的总量，据此按照一定比例将其分摊到保障对象的整个投保期间。这种模式的主要特点是初期收费率高，筹资见效快，之后在较长的时期内收费率保持相对稳定，收大于支的部分形成储备基金，需要通过具有较高回报率的投资予以保值。

（2）现收现付制。它要求先做出一年（最多几年）内某项社会保障措施所需费用的测算，然后按照一定比例分摊到参加该保障措施的所有单位和个人，当年的基金收入仅用于涉及当年支出的需要。换句话说，现收现付制是按财政收支年度平衡的原则，将所有参保单位及正在工作的人缴纳的社会保险费作为资金，全部支付给同一时期内另一部分接受社会保障给付的人。

（3）部分基金制。它是指将在职人员缴费分成两部分：一部分作为基金进行积累，另一部分用于现期的社会保障支出。这种模式一般几年不变，过几年调整一次，收大于支的部分通过投资取得相应的回报。其特点是初期收费率较低，以后逐步提高，保持相对稳定。

对医疗保险、失业保险、工伤保险、生育保险来说，都是保障参保人当年的某种特殊需要，无须过多考虑未来的问题，所以一般采取现收现付制。也就是测算当年大概需要用多少钱，就征收相应的保险费，够用就行，不必留有储备。但养老保险不同，它是在工作时储蓄，等到年老时领取使用，也就是为今后若干年着想，如果采用现收现付制，当老龄化加剧的时候，保险基金就会出现收不抵支，所以需要采用基金制，最好是现在上班族所缴纳的保险费暂时不动用，通过投资不断增值，到他们退休时才支付。至于是采用完全基金制还是部分基金制，就看大家能够承受多高的缴费率了。

四、社会保险中的财政支持

说到社会保险，不少人认为它与商业保险没有什么两样，要么认为全部由财政出钱；还有人感觉参加社会保险不如自己在银行存钱划算，或者把钱投资到股票市场可能得到更多的收益。这说明很多人对社会保险不了解，其实，政府之所以举办社会保险，正是考虑到生活困苦的人没有多余的钱参加商业保险；对富有的人来说，他们对社会保险是不太感兴趣的。所以，社会保险的本质是分摊风险，和投资是不一样的，参加社会保险不是单纯为了增加收益，其发挥的是扶贫济困的作用，目的是促进公平。如医疗保险，要是想着每年缴费后能拿回更多的钱，那么，那些住院需要上万元医疗费的人又从哪里报销费用呢？失业保险、生育保险、工伤保险也是一样的道理，其实，就是用大多数没有出现意外的参保人的钱来帮助少数出现意外的人，是一种互助机制。

那么，社会保险与财政有什么关系呢？社会保险基金的钱是财政收入吗？为什么由财政监管呢？在100年前，各国都没有社会保险制度，频繁发生的失业、工伤、大病等让不少人瞬间陷入困境，既影响社会稳定，也不符合公平原则，而随着人均寿命不断延长，养老问题逐步成为社会问题。为此，德国率先于20世纪30年代建立起社会保险制度，由政府介入，此后普及到越来越多的国家。毕竟维护社会稳定、促进社会公平是政府的责任。

社会保险尽管是通过用人单位、个人缴费建立起来的，但财政也肩负着重要责任，主要体现在以下三个方面：一是为部分困难群体支付保险费，从而帮助他们参加这些保险；二是在保险基金收不抵支的时候，用财政资金弥补收支差额，履行"兜底"责任；三是代表政府监管保险基金的财务活动，维护公共利益。从上面一、二两个方面可以看出，参加社会保险肯定不会吃亏，不管是养老保险还是其他保险，如果自己在银行存钱，一是低收入群体的资金有限，二是不能分摊风险；相比之下，保险基金汇聚了亿万人的资金，能够帮助参保人员克服困难，这正是它的优势所在。

那么，社会保险基金的钱算不算财政资金呢？这要看各国的制度如何，有的国家是通过征收社会保险税来筹集资金的，当然属于财政资金；而我国是缴纳社会保险费，这些资金是属于参保人的，但大家没有办法直接监管，作为公共利益代表人的政府自然责无旁贷，因此就指定财政部门来负责监督，通过编制社会保险基金预算的方式接受立法机关的监督。

近几年来，我国财政对社会保险的支持力度不断加大，提高了各项保险基金的保障能力（见表3-3）。

表3-3　　　　　　　　　2020年我国财政对各项社会保险基金的补助

项目	金额（亿元）
补助企业基本养老保险基金	6 237.95
补助基本医疗保险基金	6 066.48
补助机关事业单位养老保险基金	4 820.24
补助城乡居民基本养老保险基金	2 968.07
补助其他基本养老保险基金	199.95
补充全国社会保障基金	100.00

资料来源　财政部网站2020年财政决算。

第四节　财政补贴支出

一、财政补贴的含义、特征和分类

（一）财政补贴的含义和特征

财政补贴是指国家为了某种特定需要，通过财政分配，向企业或居民提供的无偿性补助支出。它具有以下特征：

（1）政策性。财政补贴的对象、数额、期限等都必须按照一定时期的政策需要来确定。

（2）灵活性。财政补贴不是一经确定就长期保持不变的，国家要根据经济发展情况和政策需要及时修正和调整财政补贴。

（3）时效性。财政补贴作为一种政策手段，是为国家政策目标服务的，必须依据一定时期国家的政策需要来制定。当国家的某些政策发生变化时，财政补贴也必须作出相应的调整。

（二）财政补贴的分类

理论界对财政补贴的分类，一般是根据不同标准进行的。我国的财政补贴是根据国家预算管理要求进行划分的，目前主要包括以下三个方面的内容：

1.价格补贴

价格补贴是国家财政在商品购销价格倒挂的情况下，对工商企业支付的补贴，或在购销价格顺挂的情况下对消费者支付的提价补贴。价格补贴按产品类别的不同，具体包括以下几种：①农副产品价格补贴。这是价格补贴的主要内容，根据补贴对象不同又分为两大类，即商业企业价差补贴和城镇居民的副食品价格补贴。②农业生产资料价格补贴。这是指国家为了以低于价值的销售价格向农民出售农业生产资料，向有关生产企业拨付的价差补贴。国家给予价差补贴的农业生产资料主要有化肥、农药、农用电、农用塑料薄膜等。③日用工业品价格补贴：这是指国家为了使日用工业品的批发价格或市场零售价格在成本上升的情况下保持不变，向商业企业支付的亏损补贴，如燃气价格亏损补贴等。④工矿产品价格补贴。这是指中央财政对地方调出省外的统配煤，国家收购的黄金、白银等工矿产品，因调出或收购价格较低而支付的财政补贴。

2.企业亏损补贴

企业亏损补贴，主要是对政策性亏损给予补贴。比如，财政对公共交通公司由于票价较低而出现的亏损给予补贴。

3.财政贴息

财政贴息是为了国家宏观调控的需要，财政对使用某些规定用途银行贷款的企业或个人，就其支付的贷款利息提供的一种补贴。其实质是财政代替企业或个人向银行支付全部或部分利息，它是财政支持有关企业或个人发展的一种有效方式。比如，大学生助学贷款就规定在校四年期间的利息由财政支付。

二、财政补贴对经济的积极影响

财政补贴作为政府宏观调控的一种手段，对社会经济生活有着直接或间接的影响，主要体现在以下几方面：

1.有效调节社会供求平衡，维护宏观经济稳定

财政补贴是通过改变相对价格来调节供求结构的。比如，在供给结构方面，国家在产品购销环节有选择地向特定经济主体提供补贴，就能够改变其产品价格，提高盈利水平，增加产品供给。以农产品生产为例，由于粮食生产的比较效益较差，农业生产者的

生产积极性不高。因此，国家发放了粮棉油价格补贴，并按市场保护价敞开收购农民余粮。这对稳定粮食生产、改善供给结构具有重要作用。

2.促进社会资源的优化配置

国家通过调整财政补贴的对象和数量，可以促进生产要素的合理配置，主要表现在：①促使资源合理流向价低利微甚至亏本，但为社会所必需的行业或企业，如邮政、农业等；②促使资源合理流向行业或企业风险大、投资预期效益难以确定的行业或企业，如高新技术产业；③促使资源合理流向经济不发达地区，如边远山区、少数民族地区；④在经济不景气或遇到特大自然灾害时，政府向遭受严重经济打击的重要行业或企业提供必要的补助，可以维持其生产经营活动，促进生产要素的合理利用，如2003年非典暴发、2020年新冠肺炎疫情发生后对旅游等行业的补贴。

3.配合自然垄断领域的管制价格，提供社会福利

自然垄断性国有企事业侧重于控制国防工业和经济命脉（如道路交通、能源电力、航空和金融等基础设施），以保证国家安全和经济增长。这类国有企事业以实现社会目标（包括就业目标等）为主，较少体现盈利目标。尤其是自然垄断行业具有强烈的规模经济效应，要投入大量"沉淀资本"才能运转，要由政府承担资源配置职能，必须纳入各级公共财政，与政府的财政预算体制直接挂钩。由于这类国有企事业的经费不能全部直接从服务对象处收取，在优先满足社会需求的过程中，需要花费较大成本且投资回收又很慢，所以直接经济效益偏低，需要政府的财政补贴。这样，居民只要花费较少的成本就可以享受到这些商品或服务，相当于政府为居民提供社会福利。

4.调节收入分配，缩小居民收入差距

在国民收入再分配环节，财政补贴可以发挥积极作用，主要表现为通过对消费者给予补贴，可以增加其现金收入和消费数量，促进收入的公平分配，协调社会经济关系。从这个意义上说，财政补贴有存在的必要性。

三、我国财政补贴制度及其改革

（一）我国财政补贴制度的基本状况

20世纪70年代末期，补贴过多给我国财政带来了沉重的负担，也对国民经济的发展造成了一定的阻碍。从表3-3中可以看出，1989年各项财政补贴占到财政支出总额的13.23%，成了财政的一大包袱。20世纪90年代以后，国家对财政补贴进行了大幅度的改革和调整，矛盾逐步缓和。随着改革的逐步到位，财政补贴的比重大幅下降，发挥的作用更加积极。

（二）建立科学合理的财政补贴制度

20世纪90年代以来，与价格管理体制和企业管理体制改革相适应，国家对财政补贴进行了较大幅度的改革，取得了明显的成效，但仍然存在以下一些问题：①财政补贴的项目仍然过多，不利于市场经济的有效运行；②企业亏损补贴制度不够规范，不利于促进企业改善经营管理，转换经营机制；③中央政府与地方政府在财政补贴领域中的职权划分不明确，不利于分税制财政体制的有效运行。

表 3-3　　　　　　　　　1978—2006年我国的政策性补贴支出　　　　　　　金额单位：亿元

年份	合计	占财政支出的比例（%）	粮棉油价格补贴	平抑物价等补贴	肉食品价格补贴	其他价格补贴
1978	11.14	0.99	11.14			
1980	117.71	9.58	102.80			14.91
1985	261.79	13.06	198.66		33.52	29.61
1989	373.55	13.23	262.52		41.29	69.74
1990	380.80	12.35	267.61		41.78	71.41
1991	373.77	11.04	267.03		42.46	64.28
1992	321.64	8.59	224.35		38.54	58.75
1993	299.30	6.45	224.75		29.86	44.69
1994	314.47	5.43	202.03	41.25	25.41	45.78
1995	364.89	5.35	228.91	50.17	24.17	61.64
1996	453.91	5.72	311.39	53.38	27.46	61.68
1997	551.96	5.98	413.67	43.20	28.25	66.84
1998	712.12	6.59	565.04	28.10	26.09	92.89
1999	697.64	5.29	492.29	14.25	20.55	170.55
2000	1 042.28	6.56	758.74	17.71	19.39	246.44
2001	741.51	3.92	605.44	16.74	4.55	114.78
2002	645.07	2.93	535.24	5.32	1.60	102.91
2003	617.28	2.50	550.15	5.15	1.28	60.70
2004	795.80	2.79	660.41	5.22	1.28	128.89
2005	998.47	2.94	577.91	4.69	0.93	414.94
2006	1 387.52	3.58	768.67	8.48	0.94	609.43

　　注：对于政策性补贴支出，1985年以前冲减财政收入，1986年起作为支出项目列在财政支出中。自2007年起，没有公布按经济分类的各科目支出数。

　　资料来源　中华人民共和国国家统计局. 中国统计年鉴2007［M］. 北京：中国统计出版社，2007.

为此，必须进一步改革我国的财政补贴制度，主要解决以下问题：①财政补贴应尽量减少对市场机制的干扰；②财政补贴应适时、适度地调整其规模，优化补贴结构；③财政补贴应与其他政策配合使用，促进国民经济发展；④规范财政补贴管理，提高补贴效率。

财政补贴制度的改革不是要取消补贴，而是更好地发挥其积极作用。具体的思路是：①尽量减少给企业的直接补贴。②对价格环节的补贴应尽量发挥市场的调节作用，能不补尽量不补。③改革公用事业补贴方式。社会公用事业多数属于非竞争性行业，而兴办公用事业既要坚持保本微利原则，又要加强政府对收费和使用的监督，不允许其依靠垄断地位谋求商业性利润和将所收费用用于维持公用事业发展以外的开支。因此，对于少数难以靠收费维持收支平衡的公用事业（如城市供暖、城市公共交通等），财政可适当以招标方式提供补贴。例如，我国北方地区居民取暖费原来多由所在单位负责，随着跳槽职工数量的日益增多，加上我国实行货币化分房制度，给供暖补贴的发放带来了一定难度，因此，从2006年冬季开始，北方的供暖费由过去的"暗补"改为"明补"，即以工资形式发放给职工个人，由职工个人交纳取暖费。在农业补贴制度改革方面，2016年，财政部、农业部联合下发了《建立以绿色生态为导向的农业补贴制度改革方案》，要求牢固树立创新、协调、绿色、开放、共享的发展理念，推进农业供给侧结构性改革，完善农业补贴政策，进一步提高农业补贴政策的精准性、指向性和实效性。

红色故事3-1　　　　　　　　　中央苏区精兵简政的故事

1931年成立的中华苏维埃共和国临时中央政府受到了国民党反动派的严密封锁，财政困难。为节省开支，党中央决定精简机构。据1934年3月的《红色中华》报道，当时党中央裁减了通讯、杂务人员35%，挑夫10%；中央各部门减少工作人员20%；地方各级政府也精简大批人员，大大地提高了工作效率。

同时，适当降低红军和政府工作人员本来就很低的生活供给标准。江西省苏维埃政府规定，在进行反"围剿"期间，各级地方工作人员"只发伙食费，不发零用钱"。伙食供给标准一降再降，中央机关开展了每人每天节约二两米、一分菜钱、一个铜板的运动，克服了军费供给不足的困难。如中央根据地在筹集第二次反"围剿"战争的经费时，原计划要筹足三个月的经费，但结果只准备了两个半月，所差的半个月就是通过在红军和政府机关中开展节省运动来解决的。

资料来源　吴国萍．中央苏区反"围剿"战争中的财政供给述略［J］．广西师范大学学报（研究生专辑），1990（12）．

红色故事3-2

左右江革命根据地财政支出

红色故事3-3

苏皖边区政府拨款用于大运河春修工程等民生事业

案例探讨

案例一　为什么提倡政府过紧日子

近几年，全国各地按照中央的要求，严控节庆、论坛、展会、赛会及评比达标类项目财政预算，大力压减财政一般性支出，各部门、单位一般性支出压减10%以上；压减因公出国出（境）、公务接待经费15%以上；严格执行公务用车配备及使用管理规定，不再新购置一般公务用车，公务用车运维经费只减不增；全面推进实施全过程预算绩效管理，节约行政成本。

讨论：（1）为什么这样做？

（2）为什么要首先压减以上这些行政管理支出？其背景是什么？

案例二　财政补贴有轨电车项目为哪般

海南省三亚市有轨电车项目一直备受争议。三亚有轨电车示范线工程线路全长约8.37千米，共设车站15座。项目可行性研究报告于2015年12月批复，项目批复投资14.7亿元，采用政府与社会资本合作（PPP）方式实施；2020年10月10日正式载客运营，采取一票制，每人3元。运营以来，乘客稀少。一方面，越来越多的城市修建有轨电车；另一方面，一些城市的运营情况并不乐观。珠海市有轨电车工程总投资26亿元，全长8.98千米，客流强度仅相当于当年可研报告预测的5%，每年亏损近亿元，运营3年半时间总计财政补贴1.79亿元，相当于每服务一名乘客需要补贴66元，运营3年多后面临被拆除的尴尬境地。

讨论：（1）如何看待这一现象，为什么运营不好却备受城市追捧？

（2）如何提高财政资金的使用效益？结合上述案例进行分析，并开展分组讨论。

阅读材料

［1］蒋震. 新中国财政支出70年［M］. 北京：中国财政经济出版社，2020.

［2］刘尚希，傅志华. 等. 中国改革开放的财政逻辑（1978—2018）［M］. 北京：人民出版社，2018.

［3］刘尚希，赵福军. 政府与社会资本合作（PPP）知识读本［M］. 北京：中国财政经济出版社，2017.

［4］刘守刚. 财政中国三千年［M］. 上海：上海远东出版社，2020.

综合训练

随堂测3

一、单项选择题

1.我国从2014年10月1日起对（　　）进行改革。

A.企业职工养老保险

B.城镇居民基本养老保险

C.机关事业单位工作人员养老保险制度

D.企业职工医疗保险

2.社会保障体系的主体部分是（　　）。

A.最低生活保障　　B.社会优抚　　　　C.社会保险　　　　D.社会救济

3.保险费率需要经常进行调整的社会保险基金筹集方式是（　　）。

A.完全基金制　　　B.权责发生制　　　C.部分基金制　　　D.现收现付制

4.政府投资的根本目的在于投资项目的（　　　）。

A.社会效益　　　　B.大型化　　　　C.经济效益　　　　D.环境效益

5.政府投资不应参与的领域是（　　　）。

A.社会公益项目　　　　　　　　B.经济基础类项目

C.竞争类项目　　　　　　　　　D.境外投资项目

二、多项选择题

1.购买性支出的主要内容包括（　　　）。

A.国防费　　　　　　B.行政管理费　　　　C.文教科卫支出

D.经济建设支出　　　E.社会救济费

2.财政补贴具有的特征包括（　　　）。

A.政策性　　　　　　B.灵活性　　　　　　C.固定性

D.可控性　　　　　　E.时效性

3.政府购买性支出能直接影响（　　　）。

A.收入分配　　　　　B.国民经济总量　　　C.国民经济结构

D.资源配置　　　　　E.就业

4.一般认为，属于纯公共需要的购买性支出包括（　　　）。

A.国防费　　　　　　B.教育经费　　　　　C.科研经费

D.医疗事业费　　　　E.行政管理费

5.转移性支出的主要内容包括（　　　）。

A.社会保障支出　　　B.财政补贴支出

C.税收支出　　　　　D.政府债务的利息支出

E.中央政府对地方政府的税收返还或补助

6.我国财政补贴的主要内容包括（　　　）。

A.价格补贴　　　　　B.政策性亏损补贴　　C.福利补贴

D.财政贴息　　　　　E.税收支出

7.我国社会保障制度的主要内容包括（　　　）。

A.社会保险　　　　　B.财政贴息　　　　　C.社会福利

D.社会救济　　　　　E.社会优抚

8.主要由国家财政支出支撑的保障项目包括（　　　）。

A.社会救济　　　　　B.社会福利　　　　　C.优抚安置

D.养老保险　　　　　E.社区服务

三、判断题

1.从2020年起，我国在全国全面推行长期护理保险。　　　　　　　　　（　　）

2.目前，我国已经建立了城镇职工基本医疗保险制度。　　　　　　　　（　　）

3.一般来说，发达国家政府投资支出的比重比发展中国家低。　　　　　（　　）

4.政府购买性支出一般不必遵循等价交换的原则。　　　　　　　　　　（　　）

5.1997年，我国出台了《国务院关于建立统一的企业职工基本养老保险制度的决

定》，将全国各地的养老保险办法统一起来。　　　　　　　　　　　　　　（　　）

6.对于那些可以通过市场交换来充分弥补其成本的科学研究，原则上财政不再承担其经费。　　　　　　　　　　　　　　　　　　　　　　　　　　　　（　　）

7.医疗卫生服务的利益完全是私人化的，因此医疗卫生服务主要不是由政府出资提供。　　　　　　　　　　　　　　　　　　　　　　　　　　　　　　　　（　　）

8.财政补贴的范围应限定在市场机制不能充分发挥作用的领域。　　　　　（　　）

四、简答题

1.财政扶持科技事业发展的必要性。

2.财政支持农业发展的必要性。

3.政府投资具有哪些特点？

4.我国目前的社会保障制度主要包括哪些内容？

五、案例分析题

1.杭绍台铁路是中国首批8个社会资本投资铁路PPP示范项目之一，2017年年底开工。该铁路项目预计总投资为409亿元人民币，其中民营联合体占股51%，开启了民资控股中国高铁的先河。其中，复星牵头的浙商民营联合体占股51%，中国铁路总公司占股15%、浙江省政府占股13.6%、绍兴和台州市政府合计占股20.4%。资本金以外的资金缺口由项目公司通过融资解决。这是社会资本首次在铁路投资领域实现绝对控股。合作期限34年，其中建设期4年、运营期30年。项目采用BOOT（建设-拥有-运营-移交）模式运作，由政府方授权项目公司负责本项目的投资、建设、运营、维护、移交等工作，并获取合理回报，运营期满后项目公司将全部项目资产无偿移交给政府方。运营期前10年，政府方面给予的可行性缺口补贴总额为68亿元。

请问：该铁路项目能否盈利？为什么民营企业愿意介入铁路建设？获取合理回报的前提条件是什么？我国为什么启动这样的投融资模式改革？

2.为了扩大学校规模、优化教育资源配置，自2003年起，全国各地开始实施农村中小学布局调整，即"撤点并校"。但随之而来的农村孩子上学难、废校利用难、学生辍学、城乡教育差距拉大等新问题也让各地始料未及，有的小学低年级学生冒雨独自走几公里山路上学，有的家庭被迫在新学校附近租房住，有的县镇学校人满为患。为此，江西等9省的130个县在2013年陆续恢复已撤并的1 099个农村教学点。2016年，新疆维吾尔自治区在充分听取了农村居民的意见后，保留了部分教学点，并且投入大量财政资金完善教学设施，加强硬件建设，还在教师职称评聘上向教学点教师倾斜。通过城乡教师交流制度、先进的远程教育设备，教学点学生享受到了优质教育资源。

请结合所学的财政支出知识分析教育改革，并谈谈自己的看法。

第四章

财政收入

■ 内容提要

　　财政收入是政府提供公共产品的物质保证，本章介绍财政收入的含义、形式、结构，增加财政收入的途径，以及公债的概念、功能、规模、发行与管理等。

第一节　财政收入及其形式

一、财政收入

　　财政收入是政府为了履行其职能，保证社会公共需要，依法筹集的货币收入。它是政府提供公共产品的物质保证，也是为公众提供服务、实施有效管理的强大后盾。俗话说得好："手中无米，唤鸡不来。"如果政府手中不掌握足够多的财政资金，它就无法维护社会正常的秩序，就没有权威，在对各地区、各部门进行管理时就会失去主动权。

　　从财政收入与财政支出的关系看，财政收入是手段，财政支出是目的。筹集多少财政收入主要视财政支出的需要而定，当然财政收入的规模与经济发展水平也有密切的关系。本章第二节将对这一问题进行论述。

二、财政收入的形式

　　中华人民共和国成立后，经过多次改革，目前我国取得财政收入有税、利、债、费等形式，即税收、国有企业利润上缴、公债、公共收费等，也可以简单地分为税收收入和非税收入两种。

　　（一）税收

　　税收是国家凭借政治权力，按照法律规定，无偿、强制地筹集财政收入的形式。它是世界各国通常采用的最适合、最有效的财政收入形式。税收也是一种最古老的财政收入形式，目前在绝大多数国家都是最主要的财政收入形式。

（二）国有企业利润上缴

国有企业利润上缴是政府依据财产所有权从国有企业利润中收取的国有资产收益。在社会主义市场经济条件下，国有资产收益还包括租金、股息、分红、资金占用费、国有股权转让收益等。改革开放以前，这一收入形式曾经是我国财政收入的主要形式。2017年，我国财政部修订了《中央国有资本经营预算编报办法》，进一步规范了中央国有资本经营预算编报工作。

（三）公债

公债是国家通过借贷方式从国内外取得的有偿收入。它通常是国家为弥补财政赤字或调节经济运行而采取的一种特殊的筹集财政资金的形式，是正常财政收入形式的一种补充。本章第四节将对这一问题进行论述。

（四）公共收费

公共收费是政府公共部门在向单位和个人提供各项服务时，向服务对象收取的费用，通常也称为行政事业性收费，具体包括行政性收费收入、事业性收费收入等。

行政性收费收入是国家机关为居民或单位提供某些特殊服务时所收取的手续费和工本费，如商标注册费、户口证书费以及护照费等。

事业性收费收入是指事业单位为社会或个人提供特定服务时，按照国家法律、法规、规章的规定实施的不以营利为目的的补偿性收费。

（五）其他收入

除了上述收入形式外，在财政工作实践中还存在其他一些零星杂项收入，如国有土地出让金、彩票公益金、罚没收入、利息收入、捐赠收入、国家资源管理收入、外事服务收入等。

1.国有土地出让金

国有土地出让金是指国家以土地所有者的身份将土地使用权在一定年限内受让与土地使用者时，由土地使用者向国家支付的一种土地使用费。通俗地说，就是国家将土地租给企业或个人使用，收取若干年的租金。按照我国《宪法》的规定，城市土地的所有权属于国家，由于土地资源稀缺，特别是位置较好的地块很抢手，不断攀升的出让收入成为一些大中城市的重要财政收入来源。这一现象被称为"土地财政"。

2.彩票公益金

彩票公益金是指从批准发行的彩票销售额中按规定比例提取的专项用于社会公益事业的资金。国家发行彩票取得的收入，从中扣除返回奖金、发行管理费用后得到的专项财政收入，目前主要有体育彩票公益金和社会福利彩票公益金。我国自1987年起发行福利彩票，从1994年开始发行体育彩票，2020年共筹集彩票公益金967.81亿元。

3.罚没收入

罚没收入是指税务、海关、司法等国家机关和经济管理部门按规定依法处理的罚款和没收品收入，以及各部门、各单位依法处理追回的赃款和赃物变价款收入。

4.利息收入

利息收入是指税收和非税收入专户中，按照中国人民银行规定计息产生的利息收入，统一纳入政府非税收入管理范围。

5.捐赠收入

捐赠收入是指以各级政府、国家机关、实行公务员管理的事业单位、代行政府职能的社会团体以及其他组织的名义接受的非定向捐赠货币收入。其不包括定向捐赠货币收入，以不代行政府职能的社会团体、企业、个人或者其他民间组织的名义接受的捐赠收入。

6.国家资源管理收入

国家资源管理收入是指各单位经国家批准开采国家矿藏等资源，按规定向国家交纳的管理费，如矿山管理费、沙石管理费等。

7.外事服务收入

外事服务收入是指国家机关及其所属事业单位在提供对外服务过程中取得的各项收入，具体包括：①派往国际组织及其专门机构临时任职人员的工资及劳务收入；②派往国际组织驻京机构任职人员的工资及劳务收入；③派往国外的教师及其他人员的工资及劳务收入；④同声传译的劳务收入；⑤接待自费来华外宾、华侨、港澳台同胞所取得的各项收入；⑥各部门代办护照、签证收取的手续费收入；⑦办理护照、签证的加急费收入；⑧出国举办展览的收入；⑨其他外事服务收入。

（六）基金收入

基金收入是一项特殊的收入形式，是各级政府及其所属部门根据法律、行政法规和中共中央、国务院有关文件的规定，为支持某项公共事业发展，向公民、法人和其他组织征收的具有专项用途的财政资金。早在20世纪80年代，我国就开征了能源交通重点建设基金、国家预算调节基金（简称"两金"）。90年代，基金收入曾经作为预算外资金管理，但近些年已经逐步纳入预算管理。目前，我国已经设立的基金有很多项，较大的基金项目有电力开发基金、铁路建设基金、公路建设基金、三峡工程基金、民航机场管理建设费、医疗保险基金等。此外，我国还建立了政府性基金预算，依照财政部2010年制定的《政府性基金管理暂行办法》，政府性基金实行中央一级审批制度，政府性基金预算编制遵循"以收定支、专款专用、收支平衡、结余结转下年安排使用"的原则。政府性基金支出根据其收入情况安排，自求平衡，不编制赤字预算。各项政府性基金按照规定用途安排，不得挪作他用。

三、财政收入口径

在实际工作中，常常根据需要使用地方财政总收入、地方组织的财政收入、一般公共预算收入等不同的财政收入口径，相应地又有地方财政总支出、一般公共预算支出这样的指标，它们之间是否有对应关系？财政赤字是怎样计算出来的？这些问题经常困扰着人们，有必要作出解释，避免误解。财政部曾经对此作了权威解释，并下发了通知。

地方财政总收入是指一般公共预算收入范围内的有关收入项目，包括地方一般公共预算收入、在当地缴纳的国内增值税中央分享收入、国内消费税、纳入分享范围的企业所得税和个人所得税中央分享收入。

地方组织的财政收入是指由本地区各级财政、税务部门组织征收的各项财政收入，包括按照现行财政体制规定属于当地财政的收入和属于上级财政的收入，但不包括政府性基金预算收入（如土地出让金）、国有资本经营预算收入。如某地级市组织的财政收入=全市一般公共预算收入+全市上划中央"两税"（增值税、消费税）收入+全市上划中央所得税收入+全市上划省级财政收入。

一般公共预算收入是指按照现行财政体制规定，本地区各级财政、税务部门组织征收的财政收入中属于当地可自主支配的财政收入，也就是由当地政府支配的纳入预算管理的未指定用途的财政资金。

地方财政总支出=当地一般公共预算支出+上解上级支出+调出资金

一般公共预算支出是指用一般公共预算收入及上级补助收入安排的财政支出。简单的理解就是：

一般公共预算支出=当地政府组织征收的财政收入−上划给上级政府的收入+上级政府的补助

若干基本恒等式：

财政总收入=财政收入总计

财政收入总计=财政支出总计

财政总支出=财政支出总计−年终结余

年终结余（赤字）=财政总收入−财政总支出

第二节　增加财政收入的途径

要增强各级政府提供公共产品的能力，必须不断增加财政收入。要弄清楚增加财政收入的正确途径，首先要梳理影响财政收入的因素，然后才能采取正确的对策。

一、经济发展水平

经济决定财政，经济基础是财政收入的源头活水。只有社会财富这个蛋糕做大了，才能分好蛋糕。所以说，经济发展水平是影响财政收入的最根本因素。马克思的经济学原理告诉我们，财政收入来源于剩余产品价值，剩余产品价值则来源于社会产品价值，只有不断发展经济，做大经济总量，才能使政府从中拿到的数额更大；脱离了经济发展去谈增加财政收入，就如同无源之水、无本之木。

在现实生活中，我们必须始终重视财源建设，结合当地自然资源条件、地理位置优势、国家发展战略和产业布局，科学确定主导产业，培育形成产业链、供应链、价值链，不断强化基础财源，巩固发展骨干财源，培植新兴财源，开拓替代财源，挖掘后续财源，为财政收入稳定增长奠定坚实基础。

二、生产技术水平

科学技术是第一生产力，是推动劳动生产率提高的关键因素，是经济社会发展的重要动力源泉。科学技术在生产力的形成和发展过程中有着极其重要的地位与作用，人类进步史表明，科技革命能够深刻改变世界发展格局。十六七世纪的科技革命标志着人类知识增长的重大转折。18世纪蒸汽机被发明和改良，成就了第一次工业革命，开启了人类社会现代化历程。19世纪，科学技术突飞猛进，催生了由机械化转向电气化的第二次工业革命。20世纪前期，量子论、相对论的诞生形成了第二次科技革命，继而产生了信息科学、生命科学变革，基于新科学知识的重大技术突破层出不穷，引发了以航空、电子技术、核能、航天、计算机、互联网等为里程碑的技术革命，极大增强了人类认识自然、利用自然的能力和提高了社会生产力水平。

科学技术是生产力中最活跃的因素，在劳动力、土地、资本等经济要素不变的情况下，生产技术水平的提高能够大幅度提高生产效率，增加社会财富。科学革命引发技术革命，技术革命又带动产业革命，为人类社会带来越来越多的物质财富，引领经济社会快速发展。当前，新一轮科技革命和产业变革突飞猛进，科学研究范式正在发生深刻变革，学科交叉融合不断发展，科学技术和经济社会发展加速渗透融合。科技创新广度显著加强，宏观世界大至天体运行、星系演化、宇宙起源，微观世界小至基因编辑、粒子结构、量子调控，科技对经济增长的贡献越来越大。作为创造社会财富的主体——企业，随着生产技术水平的提高，在为社会带来丰富多彩的产品和体验的同时，也积累了更为丰厚的财富，为财政收入增长提供不竭的源泉。

由此，我们必须高度重视科技创新，不断增强科技实力，走自主创新道路，牢牢把握产业革命大趋势，引领产业向中高端迈进，夯实经济发展基础。

三、收入分配政策和制度

在社会财富这个大蛋糕中，政府、企业、家庭各占多少，这与收入分配政策和制度密切相关。其具体体现在以下方面：

首先，税收政策是调节政府、企业、居民收入分配关系的重要阀门。税种、征税范围、税率、税收优惠力度直接影响政府财政收入的数量、企业税后利润的金额、居民收入的份额，不同国家、不同发展阶段的税收政策都会有所差异。2008年全球金融危机影响了世界经济增长，使需求下降，企业普遍面临困境，各国都采取减税政策，帮助企业渡过难关，这时，财政收入就会减少。近年来，我国多次调整个人所得税政策，提高工资、薪金收入的税前费用扣除标准，自2019年起又增加了6项专项附加扣除，极大地降低了居民的税收负担，财政收入当然也会受到影响。

其次，工资政策是影响居民收入水平的重要因素。改革开放以来，我国在大力推动经济发展的同时，贯彻以人民为中心的理念，让广大人民群众分享经济发展的红利，不断提高行政事业单位人员的工资水平，引导企业合理提高职工工资水平，既提高了劳动报酬在初次分配中的比重、居民收入在国民收入中的比重，又增强了居民的消费能力，从而影响了财政收入。居民收入水平提高之后，通过消费带动经济增长，以税收的形式又为财政收入增长作出贡献，形成良性循环。

最后，城乡收入分配政策影响城乡居民收入差距。进入21世纪之后，我国把促进共同富裕作为重要政策导向贯彻到各项工作中去。2004年中央一号文件《中共中央国务院关于促进农民增加收入若干政策的意见》发布后，通过推进农村税费改革，取消农业税，以城带乡，以工哺农，加大扶持农业发展力度，发展农村第二、三产业，拓宽农民增收渠道，改善农民进城就业环境，增加外出务工人员收入，加强农村基础设施建设，为农民增收创造条件，持续推进扶贫开发工作，促使农民人均纯收入增长速度连续多年快于城镇居民，有效地缩小了城乡居民的收入差距，逐步壮大中等收入群体，也为财政收入增加拓展了空间。

此外，国家的社会福利政策、社会保险制度、社会救助政策等都会影响政府、企业、居民的收入分配关系，进而影响财政收入水平。

四、价格水平

价格也是影响财政收入的因素。简单来说，税收是根据企业销售收入乘以税率计算出来的，企业销售收入与销售数量、价格有关，当价格上升时，相应的销售收入增加，当然缴纳的税收也增加；相反，价格下降，税收也相应减少。此外，实行累进所得税制时，价格水平提高使应纳税的收入提高到一个新的档次，适用税率相应提高，产生"档次爬升"效应，财政收入的增长速度会快于价格增长速度。

当然，价格水平提升是柄双刃剑，因为物价上涨过快时，财政收入相应贬值，财政支出的实际购买力下降。具体要比较财政收入的增长率与物价上涨率之间的关系，财政收入增加属于名义增加，扣除物价上涨率之后才是实际增加幅度。

第三节　财政收入结构

财政收入结构是指财政收入的项目组成及各项目收入在财政收入总体中的比重，具体包括财政收入的价值构成、所有制构成、部门构成、地区构成等。对财政收入的结构进行科学的分析，有利于综合反映财政收入状况，对财政分配过程进行有效的管理，探索增加财政收入的合理途径，并使财政收入构成与经济制度、经济发展水平相适应。

一、财政收入的价值构成

市场经济条件下的财政分配是价值分配，因此，财政分配所体现的价值分配与社会产品价值的关系极大，有必要对财政收入的价值构成进行理性分析。

按照马克思的产品价值构成理论，社会总产品由 c、v 和 m 三部分组成。其中，c 是补偿在生产过程中消耗的生产资料的价值；v 是支付给劳动者个人的报酬；m 则是剩余产品价值，是财政收入主要的来源，但不是唯一的来源。c 和 v 的一部分也可以构成财政收入的主要来源。

（一）c 与财政收入

c 可以分为两部分：一部分是补偿在生产中消耗掉的原材料（如材料、燃料、辅助材料等）的价值，这部分价值在循环周转中具有一次性全部转移到新产品中、一次性从产品销售收入中得到足额补偿的特征，是进行简单再生产的物质条件，一般不可能也不需要通过财政分配。另一部分是补偿在生产中消耗的固定资产的价值。固定资产运动的特点决定了其价值补偿和实物更新在时间、空间上的不一致，新投产使用的固定资产更是如此，这样折旧基金实际上可以作为积累基金使用。改革开放以前，我国在传统的高度集中的财政体制下，国有企业的折旧基金曾全部或部分地上缴财政，作为财政收入的一个来源。

（二）v与财政收入

v是在社会产品生产过程中以薪金报酬形式支付给劳动者个人的必要劳动转移的价值，即劳动者个人所得的各种报酬。在发达国家，v是构成财政收入的主要来源；但是在发展中国家，v在财政收入中所占的比重远远低于发达国家，在我国现阶段这个比重甚至还低于一些发展中国家。

从我国目前的情况来看，来自v部分的财政收入主要有以下几条渠道：

一是直接向个人征收的税收（如个人所得税）；

二是直接向个人收取的规费、社会保险费和罚没收入；

三是国家出售高税率的消费品（如烟、酒、高档化妆品等）所获得的一部分收入，这部分收入实际上也是由v转化而来的；

四是服务性行业和文化娱乐业等企事业单位上缴的税收和利润，其中一部分是通过对v的再分配转化而来的；

五是居民购买的国债。

今后，随着我国社会主义市场经济体制的不断完善和国民经济的全面发展，个人收入水平将不断提高，财政收入来源于v的部分将会逐步扩大。

（三）m与财政收入

m是新创造的、归社会支配的剩余产品价值。它是财政收入的基本源泉。从社会总产品的价值构成来看，财政收入主要来自m，只有m多了，财政收入的增加才有坚实的基础。在我国社会主义市场经济条件下，财政收入规模的增减是以整个国民经济盈利水平为转移的，它直接反映着国民经济的综合效益。因此，增大财政收入规模的根本途径就是增加m。

二、财政收入的所有制构成

财政收入的所有制构成也称财政收入的经济成分构成，是指财政收入由不同所有制或经济成分的经营单位各自缴纳的税金、利润等组成。从所有制角度来研究财政收入的结构，目的在于说明国民经济的所有制构成对财政收入的影响程度，从而相应地制定并采取增加财政收入的有效措施。

（一）国有经济与财政收入

中华人民共和国成立70多年来，我国财政收入一直是以国有经济为支柱的。从变化趋势来看，国有经济提供的财政收入占整个财政收入的比重，以国民经济恢复时期的50.1%为起点，以后逐年提高，"四五"时期达到高峰，为87.4%，以后又逐步下降，"六五"时期降到80%以下，"七五"时期又进一步下降，这种变化趋势与我国各种所有制经济的发展过程基本一致。中华人民共和国成立初期，个体经济和私营经济在国民经济中占有相当的比重，因此，同期来自这两个方面的财政收入占财政总收入的比例达40%以上。随着生产资料私有制社会主义改造的进行，国有经济和集体经济的比重急剧提升，到"一五"时期，来自国有经济的财政收入已占69.4%，来自集体经济的财政收入也有9.8%，而个体经济和私营经济提供的财政收入退居次要地位。之后，随着在所有制上推行"一大二公"的政策，国有化程度进一步增强，国有经济在财政收入中的主导地位得到进一步强化。1979年以来，随着经济体制改革的实施和不断深化，集体经济和其他经济成分得到较快的发展，它们所提供的财政收入逐年增加，相比之下，国有经济提供的财政收入占财政总收入的比重不断下降。

从改革的趋势来看，随着非公有制经济的不断发展，国有经济将不再简单地依靠数量优势，国有经济的范围也将进一步缩小，国有经济的主导作用将主要通过国有经济的质量优势和国有资产组织结构的转换来实现。国有经济的质量优势是通过国有制控制国民经济中重要的生产部门（如重要的原材料生产部门、基础设施部门和高新技术部门等）来实现的。国有资产组织结构的转换则是在产权社会化、投资主体多元化条件下，国有经济通过控股、参股形式与其他经济成分有机地结合起来，并通过控股发挥其主导作用。随着国有资产组织结构的调整和国有经济从数量优势向质量优势的转变，国有企业与政府、财政（部门）、银行以及国有制与其他经济成分之间的关系将逐步被理顺。从财政收入的角度来分析，国家除了以规范的税收形式和国有资产收益形式稳定地从国有经济中直接取得财政收入外，更重要的是通过发挥国有经济的主导作用，为整个国民经济（包括国有经济和非国有经济）的发展奠定良好的基础，从而间接地增加财政收入。

（二）非国有经济与财政收入

非国有经济包括集体经济、个体经济、私营经济、"三资"企业和其他混合经济中的非国有成分。在社会主义市场经济条件下，它们与国有经济并存、共同发展、相互竞争、优胜劣汰。随着非国有经济的迅速发展，政府应当适时地调整财政分配制度，使财政收入结构与国民经济结构相适应，这样既有利于广开财源，增加财政收入，又能促进各种经济成分的平等竞争。

近年来，我国通过税制改革逐步实现各种经济成分平等税负，非公有制经济对税收的贡献超过50%，对国民生产总值、固定资产投资、对外直接投资的贡献均超过60%，高新技术企业占比超过70%，城镇就业超过80%，对新增就业贡献达到90%。

非公有制经济是非国有经济的重要组成部分。改革开放以来，我国对非公有制经济的认识不断发展，对其定位也经历了一个发展的过程。1982年党的十二大和1987年党的十三大明确了个体经济、私营经济是"公有制经济必要的和有益的补充"；1992年党的十四大强调"以公有制包括全民所有制和集体所有制经济为主体，个体经济、私营经济、外资经济为补充，多种经济成分长期共同发展"；1997年党的十五大把"公有制为主体、多种所有制经济共同发展"确立为我国的基本经济制度，第一次明确提出"非公有制经济是社会主义市场经济的重要组成部分"；2002年党的十六大提出"毫不动摇地巩固和发展公有制经济，毫不动摇地鼓励、支持和引导非公有制经济发展"；2007年党的十七大强调要把"两个毫不动摇"作为长期坚持的方针，提出"平等保护物权，形成各种所有制经济平等竞争、相互促进新格局"；2012年党的十八大又提出"毫不动摇鼓励、支持、引导非公有制经济发展，保证各种所有制经济依法平等使用生产要素、公平参与市场竞争、同等受到法律保护"；2013年党的十八届三中全会通过的《中共中央关于全面深化改革若干重大问题的决定》提出"公有制经济和非公有制经济都是社会主义市场经济的重要组成部分"，第一次将非公有制经济与公有制经济置于同等重要的地位。随着改革的推进，非公有制经济还将继续释放活力，在经济和社会发展中扮演更为重要的角色，并将不断发展壮大，对财政收入的贡献也将不断增加。

三、财政收入的部门构成

财政收入的部门构成是指国民经济中各部门对财政收入的贡献程度，即财政收入是从哪些部门集中的，集中的比例有多大。对财政收入部门构成的分析，有利于掌握国民经济中各部门的发展及构成变化对财政收入的影响程度，从而使财政收入构成与国民经济的部门构成相适应，并随着国民经济部门的发展及构成的变化作适当的调整。

我国是一个发展中国家，国民经济以农业和工业为主要生产部门，中华人民共和国成立以来，这两大生产部门创造的经济总量占比较大，贡献的财政收入在财政总收入中也占有较高的比重，尤其是工业，始终都是我国财政收入的主要来源。进入21世纪之后，随着以服务业为代表的第三产业的崛起，财政收入的部门构成发生了重大变化。

（一）农业与财政收入

农业是国民经济的基础，是国民经济其他各部门赖以生存与发展的基本条件。我国是一个农业大国，农业的发展和丰歉对人民生活和国民经济的发展都有着重要影响。没有农业的发展，国民经济其他各部门的发展和财政收入的增长都会受到制约。因此，农业也是财政收入的基础。

农业部门为国家提供的财政收入主要表现在两个方面：

一是直接为财政提供收入，包括农牧业税和农村的其他税收收入。由于目前我国农业劳动生产率比较低，农业收入扣除内部积累和个人消费部分后所剩不是很多，再加上长期以来国家对农业采取"稳定负担，增产不增税"的轻税政策，因此，农牧业税在整个财政收入中的比重不高。从2006年起，我国全面取消农业税，农业对财政收入的直接贡献更少。

二是间接为财政提供收入。由于历史原因，我国工农业产品价格长期存在剪刀差，使得农业部门创造的一部分价值被转移到工业部门，农业部门等于为工业部门承担了部分税负。据估算，农业部门间接提供的财政收入比其直接提供的要多得多，但这部分收入并没有也无法在统计数据中体现出来。2006年我国取消农业税后，农业部门仍然通过种种方式间接为财政提供收入。

（二）工业与财政收入

工业是国民经济的主导。长期以来，我国工业产值占GDP的比重最大，工业部门的劳动生产率和剩余产品价值率都比农业高；同时，由于我国工商税收绝大多数选择在生产销售环节中课征，因此，来自工业部门的财政收入最多，工业的发展对财政收入的增加起着决定性作用。工业部门的规模效益变化及财务制度和利润分配制度的改革与调整，都是影响财政收入增长的重要因素。改革开放以来，由于国家向企业放权让利，加上国有企业经济效益下滑，工业部门提供的财政收入占财政总收入的比重有所下降。但是无论从绝对额还是从相对额来看，工业部门目前乃至以后仍将是我国财政收入的重要支柱。因此，为工业发展创造良好的条件，实行有利于增强工业企业活力的经济政策，是我国增加财政收入的关键。

建筑业与工业生产一样，也是创造使用价值实体的物质生产部门。过去由于管理体制等方面的原因，建筑业上交的财政收入不多，但随着社会主义市场经济体制的建立与逐步完善，建筑业逐渐成为我国支柱产业之一，同时成为我国财政收入的重要来源。

（三）交通运输业、商业服务业与财政收入

交通运输业和商业服务业是连接生产与消费的桥梁和纽带，从总体上来说属于流通过程；流通过程是生产过程的继续。在社会主义市场经济条件下，实现商品的价值和使用价值是运输业、邮电通信业、商贸业等企业的基本职能。交通运输作为生产在流通领域的持续，是一种特殊的生产经营活动。交通运输部门的劳动者在商品运输的劳动中创造价值。与此同时，交通运输还沟通商品交换，促进商品流通，这对最终实现工农业产品的价值和财政收入起着极为重要的保证作用。商业是以货币为媒介从事商品交换的活动，是商品的价值和使用价值的实现过程，商业活动中的部分劳动，如商品搬运、包装、保管、仓储、简单加工等，创造商品的附加价值，直接为国家创造一部分财政收入。但是商业活动更为重要的作用是，通过商品交换，实现工农业生产部门创造的产品价值，从而实现国家财政收入。

随着生产力的发展和产业结构的变化，交通运输、商业服务以及金融保险、旅游、餐饮、娱乐等第三产业迅速发展，来自这些部门的财政收入呈现出日益增长的趋势。那种只有工业和农业才是财政收入的主要来源，其他部门和行业只能处于从属地位的传统经济思想已被经济发展实践逐步否定。据统计，不少发达国家中第三产业占国内生产总值的比重已达60%以上，其提供的财政收入也占整个财政收入的50%以上。在我国，由于经济发展水平较低，来自工农业的财政收入以前乃至今后相当长的一段时期内都将占据主导地位。但是随着社会主义市场经济体制的建立与逐步完善，第三产业已经逐渐显露出迅速增长的势头。毫无疑问，由于社会生产力水平的不断提高、经济增长模式的逐步转变以及人们消费观念的改变，第三产业必然会更加迅速地发展起来，并将成为财政收入的新的增长点和重要来源。

四、财政收入的地区构成

（一）国家集中的财政收入在中央和地方之间的分布

中央支配的财政收入比例被称为中央财政集中度，不但制约中央财政的宏观调控能力,而且直接影响地方财政积极性的发挥。集中度的高低影响着经济发展、产业选择、公共服务均等化、民族团结、社会和谐等方面,中央财政一般倾向于提高集中度,而地方财政希望增强自身的财权和自主权。一个国家中央财政集中度多少为合适,学术界没有统一意见,各个国家的情况也不一样。从统计数据看,部分发达国家全口径中央财政收入占全国财政收入的比重如下:英国91.3%、法国85.4%、澳大利亚74.4%、德国66.7%、日本60.0%、美国55.8%、加拿大47.3%。就我国而言,1985—1993年,中央财政集中度呈现出明显的下降趋势,1994年分税制改革极大地提高了中央财政收入的比重,目的是增强中央政府的宏观调控能力(见表4-1)。1994年以后,中央财政收入的比重提高到50%以上,但2011年之后有所下降。

表4-1 中央和地方财政收入及比重

年份	财政收入（亿元）	财政收入（亿元）		比重（%）	
		中央	地方	中央	地方
1978	1 132.26	175.77	956.49	15.5	84.5
1980	1 159.93	284.45	875.48	24.5	75.5
1985	2 004.82	769.63	1 235.19	38.4	61.6
1990	2 937.10	992.42	1 944.68	33.8	66.2
1993	4 348.95	957.51	3 391.44	22.0	78.0
1994	5 218.10	2 906.50	2 311.60	55.7	44.3
1995	6 242.20	3 256.62	2 985.58	52.2	47.8
2000	13 395.23	6 989.17	6 406.06	52.2	47.8
2005	31 649.29	16 548.53	15 100.76	52.3	47.7
2010	83 101.51	42 488.47	40 613.04	51.1	48.9
2011	103 874.43	51 327.32	52 547.11	49.4	50.6
2015	152 269.23	69 267.19	83 002.04	45.5	54.5
2016	159 604.97	72 365.62	87 239.35	45.3	54.7
2017	172 592.77	81 123.36	91 469.41	47.0	53.0
2018	183 359.84	85 456.46	97 903.38	46.6	53.4
2019	190 390.08	89 309.47	101 080.61	46.9	53.1
2020	182 913.88	82 770.72	100 143.16	45.3	54.7

资料来源 国家统计局.中国统计年鉴2021〔M〕.北京:中国统计出版社,2021.比重根据上述数据计算得出。

（二）财政收入在全国各个地区的分布

财政收入的多少与经济发展程度密切相关，因此，经济较发达的地区的财政总收入和人均财政收入一般都高于经济较不发达地区。就我国而言，上海、天津、北京等发达地区的人均财政收入远高于贵州、甘肃、广西、河南等地区。有些地区，特别是"老、少、边、山、穷"地区，财政自给率低，还需中央财政通过转移支付予以补助。进行地区构成分析，有利于国家财政统筹规划、合理分工，使地区之间优势互补、协调发展、利益兼顾，走共同富裕之路。

财政收入的结构和GDP的结构不完全一样，财政收入里有一部分和GDP的关系非常密切，如增值税，它和工业增加值关系很大。当然，税收也可以反映宏观经济运行中的一些现象。增值税是按现价统计的，这和GDP不同，GDP是按照不变价格统计的，所以两者的增长率有差距。而所得税和GDP不是实际相联的，它主要和GDP的运行效益相关。总的来说，财政收入增长主要还是和经济的规模增长及企业的效益提高相关联，它和GDP有关联，但不完全一致。

第四节　公债

一、公债的概念

公债是国家或政府以债务人的身份，采取信用的方式，向国内外取得的一种债务。它是国家财政收入的一种特殊形式，是调节经济的一种重要手段。但公债与税收等收入形式不同，它具有自愿、有偿、灵活的特点。公债与公司债券、金融债券都属于债券。在我国，国家信用主要采取以下几种形式：①国家对内发行公债或其他政府债券；②国家在国外发行或推销公债；③国家财政向国家银行借款；④国家向国外借款和对国外贷款等。

世界上许多国家的中央政府与地方政府都有权发行公债。中央政府发行的公债被称为国债，是中央政府筹措财政资金的重要方式，其收入列入中央政府预算，资金的使用调度权归中央政府。地方政府发行的公债被称为地方公债，是地方政府为筹措财政资金而发行的，其收入列入地方政府预算，资金的使用调度权归属地方。我国1994年出台的《预算法》规定地方政府不能发行公债，2014年对该法进行了修订，规定"经国务院批准的省、自治区、直辖市的预算中必需的建设投资的部分资金，可以在国务院确定的限额内，通过发行地方政府债券举借债务的方式筹措"，即省级政府可以发行公债。

二、公债的产生与发展

（一）公债的产生

公债最早产生于公元5—7世纪的地中海沿岸一些国家。中世纪以后，地中海沿岸的意大利城市热那亚、威尼斯等地，由于其地理位置的优越，成了世界商业中心。与商业的发展相适应，信用制度也迅速发展起来。在中世纪以前的奴隶社会末期，由高利贷者发展起来的银行，由于利率太高，无法满足商人低利率贷款的要求，威尼斯和热那亚的商人首创了信用组合。这种信用组合又逐步演变为后来的划拨银行，一种比高利贷先进的专门从事信用的行业应运而生。与此同时，由于封建制国家的职能有所扩大，加上财政管理不善，入不敷出，所以财政收支矛盾加剧。于是，划拨银行便以高出一般的利率贷款给国家，这样就产生了公债。到十六七世纪，手工工场向机器大工厂过渡，社会劳动生产率大大提高，加上海上贸易和殖民地战争，商人和高利贷者从国内外获得了大批货币财富。这批积累起来的货币资本超过了工场手工业生产发展的需要，在大量多余资本找不到理想投资场所时，资本所有者便把闲置的货币资本投放到能保证获得高收入的公债上。同时，国家通过举债的实践，认为用发行公债的办法来解决财政困难要比增加税收容易得多，因此，公债很快在欧洲资本主义各国得到广泛发展。

公债虽然很早以前就产生了，但到资本主义社会才得到迅猛发展。公债作为政府筹集财政资金的重要形式以及发展经济的重要杠杆，已经成为当今世界各国财政不可缺少的组成部分。政府财政收不抵支是公债产生的必要条件，而闲置资本的存在为公债产生提供了可能性，现代金融制度（债券市场）的产生是公债发展的技术条件。

（二）公债的发展

公债的产生对资产阶级极为有利。资本主义商品经济的发展是公债强有力的经济基础，同时，公债往往是同国家财政困难相联系的。因此，公债虽然早在中世纪就已经产生，但是公债的急速增长出现在资本主义财政形成以后的两次世界大战期间。两次世界大战期间，参战各国的军费迅速增长，税收已远远不能满足战争的需要，于是公债成了筹集军费的重要途径，资本主义各国的公债总额猛增。

到20世纪70年代，资本主义各国开始奉行凯恩斯主义的赤字财政政策。根据凯恩斯的理论，增加政府开支，削减联邦税收，虽然会出现财政赤字，但整个社会的有效需求提高后，可以刺激、推动经济的发展；而弥补财政赤字的有效办法是发行公债。因此，公债增长的速度越来越快，资本主义国家公债的发行达到了空前的规模。以发行公债较早的美国为例，1800年公债总额只有0.83亿美元，1930年上升到162亿美元，1980年达到9 302亿美元，到1984年又猛增到15 723亿美元，截至1986年美国累计公债总额达20 082亿美元。

在我国，公债最早出现在清朝末年。我国第一次发行的国内公债是1898年清王朝发行的"昭信股票"，总额为1 100万两白银。1911年清王朝又发行了一次公债。北洋军阀时代和国民党时期政府也多次发行公债。中华人民共和国成立之前的公债基本上属于资本主义公债的类型，但带有半封建半殖民地色彩。

中华人民共和国成立以来，我国先后多次发行公债：1950年发行了人民胜利折实公债，1954—1958年连续5年发行国家经济建设公债，1981年至今每年都发行公债。图4-1为1958年我国发行的国家经济建设公债券面。

图4-1　1958年我国发行的国家经济建设公债券面

三、公债的功能

最初，国家借债来维持财政收支平衡是迫不得已的事情。现如今，人们认识到适当地发行公债来筹集财政资金，既可以用明天的钱来办今天的事，又可以实施逆周期调节，保持经济的相对稳定增长。

（一）弥补财政赤字

显然，政府发行债券首先是为了弥补支出大于收入的差额。这也是公债的首要功能。相对于向中央银行透支、发行货币的方式，发行公债的副作用相对来说较小，可以说是一种容易被人们接受的做法。当然，政府发行公债必须防范风险，严格控制规模；否则，就会危害经济全局。

（二）筹集建设资金

从道理上讲，财政的资本性支出可以通过发行公债来筹集。像建设高速公路、铁路、机场、水利设施等可以形成固定资产，能够让我们长期受益的支出，不仅可以用税收来筹集，也可以通过发债来筹集，然后用以后的财政收入来偿还。这与个人贷款买房是同样的道理。但是，工资、办公费、差旅费等经常性支出只能通过征税来筹集，不能采取发债的形式。

（三）调节经济运行

公债是财政实施宏观调控的工具之一。其作用分为两方面：

一是可以发挥逆周期调节作用。财政收入总是有限的，而财政支出的需求很旺盛，有些支出是刚性增长的，在经济进入下行阶段的时候，财政收入增长放缓甚至下降，而行政事业单位的人员工资、办公经费、维持社会事业的开支又是不能压缩的，这样就产生了矛盾，财政收入与财政支出出现差额。这时，发行债券来维持财政支出的需要就成为一种可行的方式。而当经济进入上升阶段的时候，财政收入增长较快，出现一定的结余，就可以偿还之前欠的债务。

二是短期公债可以为中央银行进行公开市场操作提供政策工具，通过买进、卖出公债，可以向市场投放、回笼货币，从而调节货币流通量，应对通货紧缩、通货膨胀，实现稳定物价的目标。

四、公债的规模

公债的规模通常是指年末公债余额，而年末公债余额由两部分构成：一是以前年度发行的至本年末尚未偿还的部分；二是本年度新发行的至年末尚未偿还的部分。公债规模的大小并不仅仅是一个绝对量的表现，还受多种因素的影响和制约。确定合理的公债规模，取决于多种因素，概括地讲，包括政治因素与经济因素。

影响公债规模的首要因素是国家需要资金的多少，国家需要量大，发行量则大；反之，国家需要量小，发行量则小。当前，不举借公债的国家很少，但发行规模上有很大差异。这不仅和各国的财政状况有直接关系，还取决于该国奉行的公债政策，是适度偏小、以偿还能力为限，还是越多越好、以满足需要为宜。其次是政治局势，剔除强制发行的因素，人们对政府的信赖程度，特别是政治局势是否安定，是承购者是否自愿购买公债的重要原因。

社会经济发展水平的高低决定了国家运用公债政策的程度。只有商品经济的发展达到一定的水平，社会物质财富才会有相当的积累；国民生活普遍富足，社会游资充盈，国家才有可能大规模举借债务。也只有经济发展了，各种金融机构才可能发挥其助国举债的功能。公债规模的大小主要取决于国家的承受能力和偿付能力。

（一）公债的承受能力

政府发行公债是为了加速本国的经济发展或弥补某一财政年度的财政赤字。公债的承受能力包括公债发行主体（即政府）和公债发行对象（即社会经济组织和居民个人）的承受能力。政府确定公债发行规模时，必须同时考虑这两方的承受能力。

公债发行与财政收支的关系最为直接，也最为密切。首先，发行公债一般是为了弥补某一时期的财政赤字，保证一定规模的财政支出，从而满足经济增长的资金需求；其次，偿还公债也主要依靠以后年度的财政收入，当时的财政收入状况直接决定了公债到期能否顺利偿还。偿还公债还影响当时对经济的资金投入。衡量公债发行主体承受能力的主要指标有债务率、公债依存度和公债偿债率。

1.债务率

债务率是当年地方债务余额与地方政府综合财力之比，即：

债务率=当年地方债务余额÷地方政府综合财力×100%

这一指标主要反映当地政府偿还债务的能力，债务率越低，表明政府偿债能力越强，该指标在国际上的警戒值为100%。其中，地方政府综合财力=地方一般公共预算收入+转移支付和税收返还+政府性基金预算收入+地方国有资本经营预算收入−专项转移支付，各项收入均包括上年结余以及下级的净上解收入。

2.公债依存度

公债依存度是指财政年度内公债发行额占财政支出总额的比率，即：

公债依存度=年度公债发行额÷年度财政支出总额×100%

这一指标反映了财政支出中有多少是依靠发行公债来筹措的。当公债发行量过大、依存度过高时，财政支出过分依赖债务收入，财政处于脆弱状态，并对其未来发展构成潜在威胁。这是因为公债收入是一种有偿性收入，国家财政支出主要应当依赖税收，债务收入只能作为一种补充性收入。因此，公债规模的合理与否可以根据这一指标来判断。

3.公债偿债率

公债偿债率一般是指一定财政年度的还本付息额与年度财政收入总额的比值，即：

公债偿债率=年底还本付息额÷年度财政收入总额×100%

偿债资金可能来源于预算收入划出的部分、公债资金投资创造的收益或借新债还旧债，但最终都来源于财政收入。这一指标反映了政府偿还公债的能力。偿还能力越强，承受公债的能力也就越强。因此，公债偿债率与公债的偿还能力有着直接的关系。

除考虑公债发行主体的承受能力外，确定合理的公债规模，还必须考虑公债发行对象的承受能力。首先，应考虑整个国民经济的承受能力，举借公债实际上是一种社会再分配，它直接或间接地取走了可用于社会再生产的资金。如果举债过多，就会影响正常的分配与再分配，对经济和社会发展造成危害。其次，应考虑公债购买者的承受能力。我国公债的购买者主要是个人、企事业单位以及各类金融机构，他（它）们各自的承受能力是确定公债合理规模的重要依据。衡量公债发行对象承受能力的指标有很多，其中最主要的指标是宏观债务率，也称债务负担率，从宏观上反映整个国民经济的债务承担能力。这一指标是当年公债余额占当年国内生产总值的比重，用公式表示为：

宏观债务率=当年公债余额÷当年国内生产总值×100%

宏观债务率的值越大，则债务负担越重，整体债务承受能力越弱，债务风险越高。欧盟将这一指标的警戒值定为60%，即超过60%就认为会面临债务危机。2019年全世界宏观债务率比较高的国家有日本（接近250%）、希腊（180%）、美国（110.4%）。我国2019年GDP接近100万亿元，政府债务余额为38万亿元，宏观债务率接近40%。2020年受新冠肺炎疫情的影响，我国债务限额提高到50万亿元，宏观债务率提高到

45%左右，仍然低于60%的警戒线。

（二）公债的偿付能力

确定公债发行量还必须考虑到公债的偿付能力，最为重要的是考虑公债承受能力与公债偿付能力的对比状况。通常认为，当公债负担持续几年小于偿债能力时，公债负担便是安全的；而在持续出现公债负担大于或等于偿债能力的现象时，就应缩小公债规模。

偿债能力是国家财政在一定时期内可以用于偿还公债本息的能力。它虽然与国家经济发展水平和财政收入规模有直接的联系，但决定偿付能力的只是中央财政收入中扣除一般支出后的部分，这是因为国家财政只能支配国民收入中的一部分，偿付公债只能从国家财政收入中支付。再进一步分析，一个国家的财政收入必须满足社会一般公共需要和其他方面的需求，不可能全部用于偿还债务。如果将满足社会一般公共需要和其他方面需要的支出称为财政一般支出，则从国家职能上讲，这些一般支出在一定时期内必定有一个最低的极限值；财政支出若低于该极限值，国家财政将无法行使其应有的职能。因此，公债的最大偿付能力就是国家财政收入中扣除最低限度的一般支出后的财力。

公债规模主要由其承受能力、偿付能力所决定。除此之外，公债的存量结构与投向结构、公债发行的经济背景以及中央政府在公开市场上操作公债的能力等因素，对公债规模也有不同程度的影响。政府应综合考虑上述诸因素，合理确定公债规模。

五、公债的发行与管理

公债的发展已不再是单纯的弥补财政赤字的手段，已成为国家调节经济的杠杆。因此，现代国家运用公债，已逐渐建立起一套完整的公债管理体系，以发挥公债在现代经济生活中的作用。

（一）公债期限长短的配套

期限长短不等的公债，对债权人和债务人的利益是不同的。一般情况下，发行长期公债对政府比较有利，长期公债偿还期限长，政府除每年付息外，在短期内无须筹措还本资金，因而不致增加财政负担。但是，在严重通货膨胀的情况下，债券期限越长，公债贬值的程度就越高，债券持有者的损失就越大。若政府发行长期公债时能考虑到通货膨胀的因素，在还本付息时采取一些弥补措施（如把公债利率与物价指数挂钩，实行浮动利率），那么，利率较高的长期公债对购买者还是有吸引力的。短期公债具有流动性大、风险小、发行容易的特点。因此，债券期限长短的合理配套、债权人与债务人利益的有机统一，就能使公债的发行经常化。

在进行公债期限结构选择的同时，还必须结合对公债利率结构的分析。公债期限结构选择的目标是：公债期限长短的配套能够满足财政支出的需要。而公债利率结构的选择目标是：既能满足财政"公债利息成本最低"的要求，又能使公债顺利发行。

1.预期利率的变动与公债期限长短的选择

如果人们预期利率将上升，那么债券购买者不那么倾向于购买长期公债；而对公债的发行者来说，其希望能在利率上升前借到钱。如果预期利率上升，则公债发行者应该选择多发行长期公债，因为公债的利率在发行时就已经确定，公债到期时，如市场利率上升，公债的偿还付息仍可按原定较低的利率支付。同理，如果人们预期利率下降，债券购买者就会倾向于购买长期公债；而对公债发行者来说，这时不宜多发行长期公债，应发行短期公债为宜。所以，对公债管理者来说，必须结合预期市场利率的变动来选择公债的期限。

2.预期通货膨胀率的变动与公债期限长短的选择

如果预期通货膨胀率上升，公债购买者在选择长期公债时就会很谨慎，一般倾向于选择短期公债，所以对公债发行者来说，在制定长期公债利率时必须考虑预期通货膨胀率上升的因素，否则公债难以推销。如果预期通货膨胀率保持稳定，则不会对公债利率结构产生影响。实际上，长期公债与短期公债各有利弊，无论是对公债的发行部门还是对公债的持有者来说，一个期限长短混合、配套合理的公债结构，肯定优于期限单一的公债结构。

（二）公债利率的确定

发行公债是以信贷形式筹措财政资金的办法，国家不仅要到期还本，还要按时付给利息。利率的高低是债券发行的一个重要问题。一般情况下，长期公债的利率高于短期公债的利率，中期公债的利率介于两者之间。债券利率的上限是社会平均利润率，如果债券利率超过社会平均利润率，则意味着债券的发行成本可能超过债券的投资收益，从而出现亏损。公债利率的下限是债券能够在金融市场上推销出去的利率。

那么，公债的利率究竟应如何来确定？一般来说，决定公债利率高低的因素有三个：

1.金融市场的利率

一般公债利率要依据金融市场利率来确定，因为若公债利率过低，则公债难以推销；若公债利率过高，则公债发行的利息成本过高，从而增加财政负担。

2.国家信用

在确定公债利率时，还应考虑国家信用是否稳固。一般来说，国家信用较稳固，投资公债较安全，而投资其他金融产品的风险较大。因此，公债利率可略低于市场利率，对投资者来说会放弃一点投资收益而选择信用度较高的公债。

3.社会资金供应量

公债利率的高低还与社会资金供应量有密切关系。若社会资金充裕，则公债利率较低；若社会资金供应量紧张，则公债利率较高。这也是经济发达国家公债利率较低、经济落后及发展中国家公债利率较高的原因。

（三）公债的票面额与发行价格的确定

公债票面额的大小应视公债的性质、国家的富裕程度、发行对象的类型以及交易习惯而定。一般来说，大面额的公债适合购买力强的认购者，小面额的公债适合购买力较弱的认购者。如果公债数量巨大，发行对象面广，公债票面额就应多样化，即既有大面额，也有小面额，以适应不同的对象。如果公债券允许上市交易，则公债票面额应考虑适应市场交易的有价证券面额的习惯及规范化，以利于交易的方便。

确定了公债的票面额后，公债的发行价格就有了一定的依据。公债发行价格的确定方式大致有以下三种：

1.平价发行

公债的发行价格等于公债的票面额，被称为平价发行。平价发行一般是在公债的利率与市场利率接近的情况下采用的发行方式。

2.折价发行

公债的发行价格低于公债的票面额，被称为折价发行。公债到期后，政府仍按公债的票面额偿本付息。折价发行一般是在公债的利率低于市场利率、公债发行有困难的情况下采用的发行方式。其实质是变相地提高公债利率，以鼓励人们购买，使公债的发行变得顺利。如果不折价发行，而直接提高公债利率，就会扰乱金融市场。

3.溢价发行

公债的发行价格高于公债的票面额，被称为溢价发行。溢价发行等同于降低公债利率，这种发行只有在举债者资信较高或者公债利率高于市场利率的情况下才可能实现。

公债发行价格应视公债的利率水平，发行时的财政、金融状况以及公民应债情况的不同来确定。

（四）公债的发行方式、偿还和偿还的资金来源

1.公债的发行方式

（1）公募法，是指通过在金融市场上公开招标的方式发行公债。这种招标由政府组织，在计划发行总量确定以后，对公债的价格或收益进行招标。认购者依各自的承受能力及对市场的预测报出认购数量和价格，或认购数量和利率。政府根据从高到低的价格排列或从低到高的利率排列确定中标者，直到满足发行价格要求为止。

（2）承购法，是指由金融机构承购全部公债，然后转向社会销售，未能售出的差额由承购的金融机构承担。

（3）公卖法，是指政府委托推销机构利用金融市场直接出售公债。采用这种方法，要求有较发达的金融证券市场。由于发行价格、利率及经销期限均视市场行情而定，所以发行量不能过大；否则，将冲击金融市场，影响国家收益和经济稳定。

（4）支付发行法，是指政府对应支付现金的经费改为以债券代付。

（5）强制摊派法，是指国家利用政治强权迫使国民购买公债。采用这种方式，国家不仅明确规定发行价格、利息，还要规定认购条件。凡符合此条件者必须限额认购公债。

2.公债的偿还

（1）分期偿还法，是指对一种债券规定几个偿还期，每期按一定比例偿还，直到债券最终到期日。其具体可分为比例偿还法、定期抽签法、按次偿还法等。

（2）买销法，是指在债券到期之前按市场价格购回，并不再卖出，视同公债已偿还。此法只适用于可上市的公债偿还。

（3）到期一次偿还法，是指政府在公债到期日按票面额一次性偿还债务。

（4）以新债替换旧债偿还法，是指通过发行新债券来兑换到期旧债券，以达到偿还公债的目的，也就是债券持有者以到期旧债直接兑换相应数额的新发行债券。

3.公债偿还的资金来源

（1）基金偿还，是指由政府预算设置专项基金用以偿还公债，即从每年的预算资金中拨出一笔专款设立基金，由有关部门掌管，专门用作偿还公债，而不能用于其他用途。

（2）预算盈余偿还，是指以政府经常性预算盈余资金作为偿债资金来源。

（3）预算列支偿还，是指将当年的公债偿还数额作为财政支出的一个项目而列入当年支出预算中，由正常的财政收入保证公债的偿还。

（4）借新债偿还旧债，是指政府通过发行新债券，为到期债务筹措偿还资金，也就是将借新债的收入作为偿还旧债的资金来源。目前，这已经是各国普遍采用的方式。

（五）公债的市场运行机制

1.完善一级市场发行体系

根据目前公债市场发展的实际情况，形成一个科学合理的公债期限结构，实行长中短结合，既能满足投资者的多种需要，也有利于公债发行任务的顺利完成。

（1）在发行时间上，要保障公债发行的确定性。借鉴国际惯例，根据中央预算的资金需要，提前发布阶段性的公债发行时间表，以便于各类投资者及早调动资金，也便于更快地分配到地方政府，尽快形成实物工作量，拉动经济发展。

（2）根据机构投资者的布局和现状，建立相对固定的承销团制度，进一步明确承销机构的权利和义务，鼓励承销机构建立自己的分销网络，从而形成和建立起相对稳定的公债发行机制。

（3）进一步探索并采取多种市场化的发行方式。公债发行需探索境外市场，降低发行成本。自2009年起，财政部开始在香港发行人民币国债。截至2021年8月末，财政部已在香港发行人民币国债2 180亿元，既支持了离岸人民币市场的发展，也巩固了香港国际金融中心和全球最大离岸人民币结算中心的地位。与此同时，还在澳门、伦敦发行人民币国债，提升了国际市场对中国经济社会发展状况的认识和信心，奠定了中资机构海外发债融资成本基准，助推了人民币国际化进程。

2.理顺二级市场的框架体系

把银行间债券交易场所发展成机构间场外交易市场，按照规范的场外交易规则进行交易，可以提高公债的流动性；拓展二级市场的参与主体，任何投资者都可以通过中央国债登记结算有限责任公司的托管结算系统参与公债投资，在货币市场与资本市场之间搭建一条以公债为媒介的渠道，可以为社会资金的流动性提供保证，也便于央行货币政策顺畅地传递。参与广泛、流动性强的公债二级市场可以为中央政府低成本、高效率地发行公债提供最可靠的保障。

充分利用现有交易所的交易网络，引导一些中小投资者购买公债，稳定、规范地促进交易所的公债交易，使其成为零售性的场内交易市场。

在上述场外、场内市场发展的基础上，建立统一的公债托管结算系统，有利于确保公债市场乃至整个金融市场的安全、高效运行，也有利于建立公债发行市场的良性循环机制。

（六）我国公债发行状况

改革开放以来，我国国债筹资规模逐年扩大，在宏观调控中发挥的作用越来越明显。特别是1998—2004年、2008年年末至今两次实施积极财政政策，积极运用国债这一调控工具，国债筹资规模增长迅速。1981年我国国债筹资总额为48.66亿元，2010年达到17 778.17亿元。1981—2007年国债筹资额变化情况如图4-2所示。

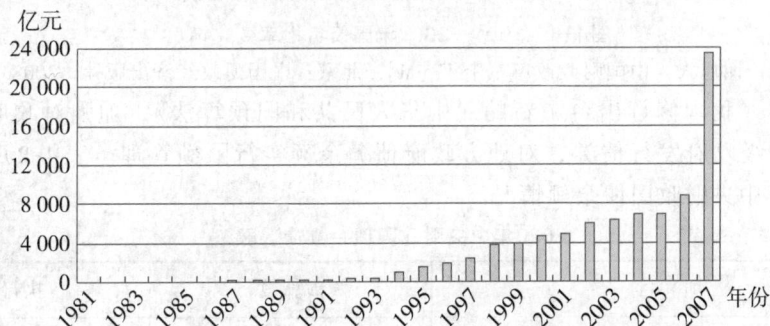

图4-2　1981—2007年国债筹资额变化情况

资料来源　谢旭人. 中国财政改革三十年［M］. 北京：中国财政经济出版社，2008.

随着国债筹资规模的逐年扩大，国债余额也不断增长（如图4-3所示）。从财政风险角度看，国债负担率（即年末国债余额占当年GDP的百分比）从1981年的4.66%上升到2007年的20.87%（如图4-4所示），但与主要发达国家相比，仍然处于较低水平。从国债管理角度看，1981—2005年，我国一直采用控制国债年度发行额的方式管理国债。自2006年起，改为国债余额管理方式，全国人民代表大会及其常委会每年为当年年末国债余额规定一个限额指标，中央政府可在该限额指标内自行决定当年国债品种结构、期限结构和发行节奏。

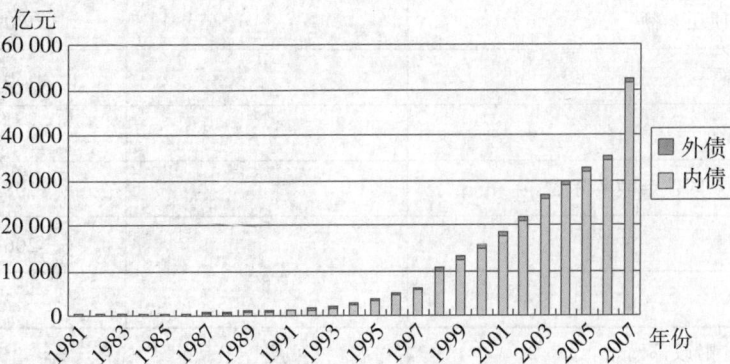

图4-3　1981—2007年国债余额变化情况

资料来源　谢旭人. 中国财政改革三十年［M］. 北京：中国财政经济出版社，2008.

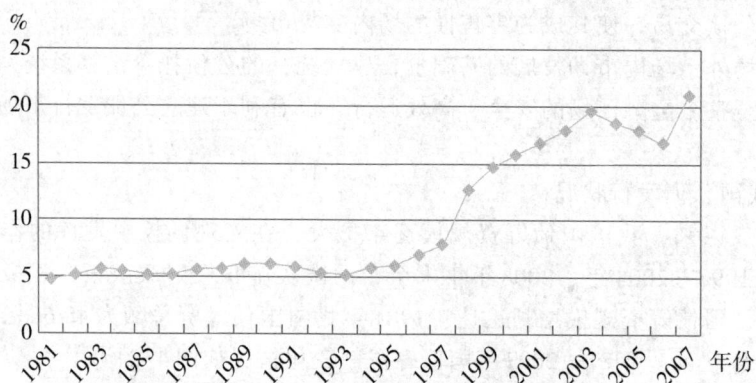

图4-4 1981—2007年国债负担率变化情况

资料来源 谢旭人. 中国财政改革三十年［M］. 北京：中国财政经济出版社，2008.

2018年，我国修订出台了新的《中华人民共和国预算法》，加强对政府债务的管理，允许省级政府发行债券，对地方政府债务余额实行限额管理。表4-2反映了2019年和2020年中央财政国债余额情况。

表4-2 　　　　　　　　　　2020年中央财政国债余额情况表　　　　　　　　　　单位：亿元

项　目	预算数	执行数
一、2019年年末国债余额实际数		168 038.04
内债余额		166 032.13
外债余额		2 005.91
二、2020年年末国债余额限额	213 008.35	
三、2020年国债发行额		71 782.75
内债发行额		70 907.87
外债发行额		874.88
四、2020年国债还本额		30 868.18
内债还本额		30 649.69
外债还本额		218.49
五、2020年年末国债余额实际数		208 905.87
内债余额		206 290.31
外债余额		2 615.56

资料来源 财政部网站。

注：1.本表国债余额包括国债、国际金融组织和外国政府贷款。除此之外，还有一部分需要政府偿还的债务，主要是偿付金融机构债务，以及部分政府部门及所属单位举借的债务等。

2.本表2019年年末外债余额实际数按照国家外汇管理局公布的2019年12月外汇折算率计算，2020年年末外债余额实际数按照国家外汇管理局公布的2020年12月外汇折算率计算，2020年外债发行额和外债还本额按照当期汇率计算。2020年国际金融组织和外国政府贷款发生额为预算下达数。

3.受外币汇率变动，以及国际金融组织和外国政府贷款项目实际提款数与预算下达数存在差异等的影响，2020年年末外债余额实际数≠2019年年末外债余额实际数+2020年外债发行额–2020年外债还本额。

4.中央财政国债余额与国债余额限额存在一定差异，主要原因是：2006年以来，按照国债余额管理规定，根据库款和市场变化情况等，适当调减了国债发行规模，有利于降低国债筹资成本，促进国债市场平稳运行，今后将根据库款和市场情况补发以前年度少发的国债。

5.2020年中央财政发行内债70 907.87亿元，其中储蓄国债1 769.79亿元，平均发行期限3.96年；记账式国债69 138.08亿元，平均发行期限为7.03年。2020年内债还本30 649.69亿元，内债付息5 490.11亿元。2020年中央财政发行外债874.88亿元，其中主权债券860.13亿元，平均发行期限为8.22年。2020年外债还本218.49亿元，外债付息49.51亿元。

6.外债还本付息金额中包括当年对统借自还项目实施减免的支出。

六、国外公债

国外公债就是国家在国外举借的各种债务，包括借自外国政府、金融组织、个人的借款以及在国外发行、摊销的公债。国家在举借外债时以债务人的身份出现，国家权力在外债中是不起作用的。外债不同于内债。举借外债，可以把本来属于国外的物资和劳务暂时转归国内使用，等于增加了国内的收入。但外债还本付息是国内物资和劳务的净输出。如果说内债只是国内资金使用权的转移，不会引起国内财富的增减，那么外债债息无疑会使国内财富净减少。为此，必须用发展的、总体的观点来看待外债的合理性。目前，我国生产力水平不高，进入国际市场的竞争能力欠缺，在对外贸易中很容易发生损失。如果仅靠国内资金搞建设，就需要相当长的时间才能赶上或接近世界水平，在经济交往中就会长期吃亏。运用外债，一方面可以直接利用国外资金，缓和我国积累资金不足的矛盾；另一方面可以利用国外资金直接引进国外的先进技术和先进设备。这会加快我国经济发展的速度，缩短与国际先进水平的差距，使我国在国际贸易中处于相对有利的地位。因此，尽管举借外债会增加负担，但从总体和长远的角度看是必要和可行的。此外，还应该指出，国外公债和利用外资并不是同一概念。国外公债属于国家信用范围；利用外资是指吸收国外各种资金用于本国建设，包括国家信用、银行信用、商业信用和吸收外国投资。可见，国外公债是利用外资的一种方式，利用外资的范围要比国外公债广得多。

（一）外债的形式

1.政府贷款

政府贷款是双边政府之间发生的借贷行为。这种贷款带有援助的性质，利率一般较低，有的甚至是无息贷款，贷款的期限也比较长。

2.国际金融机构贷款

国际金融机构对其成员发放的贷款，通常条件比较优惠，如低息或无息、贷款期限长等。但根据各金融机构设立的不同目的和具体规定，贷款的金额和使用方向受到严格的限制。世界性的金融机构主要有世界银行、国际开发协会、国际货币基金组织等。我国是这些金融机构的成员国之一，到目前为止已经多次接受这些组织的贷款。

3.出口信贷

出口信贷是一些国家为鼓励出口，责成银行办理的出口贷款。由于银行在办理出口信贷时负有较大的风险，为了保障银行和出口商的利益，一般都实行出口信贷国家担保制度，即由出口商交纳一定的费用，国家给予担保，到期若贷款收不回来，则由国家负责赔偿。我国在对外贸易中，可以利用一些国家出口信贷的方式取得外债，主要方式有两种：一种是卖方信贷；另一种是买方信贷。

（1）卖方信贷，即由出口方银行向出口方提供的信贷。这是银行资助出口方向外国进口厂商提供延期付款，以促进和扩大商品出口的一种方式。例如，我国在向国外厂商购买机器设备时，可采取分期付款的办法——一般只需先交纳合同金额的15%～20%作为定金，余款在出口厂商交货完毕或在工厂开工投产以后陆续支付。但出口商运用卖方信贷出口商品时，其价格一般比市价要高。

（2）买方信贷，即出口方银行直接向进口方提供的信贷。这种贷款的利率一般较低，但用途受到严格的限制，只能用于购买债权国的商品。通常，进口方需向出口厂商预付合同金额15%～20%的定金，其余货款则由进口方与出口方银行签订贷款合同，以即期付款的方式将货款付给出口厂商，然后由进口方按与银行签订的合同，将贷款和利息归还给出口方银行。

4.补偿贸易

补偿贸易是指在购进国外机器、设备、技术时不付款，而用投产以后的产品清偿债务。若进口设备不生产有形产品，则可以用其他产品代替。通过补偿贸易借款时，往往同时签订归还合同。以补偿贸易方式获得的贷款利息一般比较低。

5.向外国银行借入自由外汇

向外国银行借入自由外汇，一般用途不作限制，但利率按市场利率办理，通常较高。目前的欧洲货币市场是世界上最大的国际借贷市场。

6.在国外发行债券

这是指国家直接到国外市场上发行债券，由外国政府、企业及个人自愿认购。运用这种方式举借外债，具有期限长、利率低的优点，但不易筹集到大额款项。经过批准，国际信托投资公司或国内大型企业也可以在国外发行证券或股票，以吸收外资，这同样属于发行债券的形式。

（二）外债规模的控制

外债的数量界限主要由偿债能力决定。世界银行曾用一套指标来衡量发展中国家的债务负担高低，实际上就是要确定外债的数量界限。这套指标包括：一是债务额与国民生产总值之比；二是债务额与出口额之比；三是偿债额与出口额之比；四是利息额与出口额之比。这四个指标的临界值是根据经验设定的。如果某个国家的四项指标均达到临界值的60%，则该国被认为债务负担中等；若已经超过临界值，则该国被认为债务负担沉重；低于60%，则被视为债务负担较轻。

根据国家外汇管理局公布的数据，截至2020年年末，我国全口径（含本外币）外债余额为156 650亿元人民币（等值24 008亿美元，不包括中国香港、澳门和台湾地区的对外负债），外债负债率（外债余额与国内生产总值之比）为16.3%，债务率（外债余额与货物和服务贸易出口收入之比）为87.9%，偿债率（外债还本付息额与货物和服务贸易出口收入之比）为6.5%，短期外债与外汇储备的比例为40.9%。上述指标均在国际公认的安全线（分别为20%、100%、20%和100%）以内，我国外债风险总体可控，见表4-3。

表4-3　　　　　　　　1986—2020年我国外债余额及外债风险指标

年份	外债余额（亿美元）	偿债率（%）	负债率（%）	债务率（%）
1986	214.8	15.4	7.1	72.1
1990	525.5	8.7	13.5	91.6
1995	1 065.9	7.6	14.5	72.4
2000	1 457.3	9.2	12.0	52.1
2005	2 810.5	3.1	13.0	35.4
2010	5 489.4	1.6	9.0	29.3
2014	8 954.6	2.6	17.0	69.9
2015	13 830.0	5.0	12.5	58.6
2016	14 158.0	6.1	12.6	64.4
2017	17 580.0	5.5	14.3	72.6
2018	19 828.0	5.5	14.3	74.8
2019	20 708.0	6.7	14.5	78.3
2020	24 008.0	6.5	16.3	87.9

注：自2015年起，改按国际货币基金组织数据公布特殊标准调整外债统计口径，并公布全口径外债数据。

资料来源　（1）国家统计局. 2021中国统计年鉴［M］. 北京：中国统计出版社，2021.
（2）国家外汇管理局公布的相关数据资料。

（三）外债的还本付息

对外债还本付息的管理包括货币选择、利息计算、偿还方式、资金安排等方面的内容。外债还本付息所采用的货币既可以是债权国的通货，也可以是债务国的通货，还可以是第三国的通货，这取决于贷款协定如何确定。外债利息的计算方法与国内公债的计算方法有所不同。外债利息一般采用复利方式，即经过一定期间（如1年），将所生利息加入本金再计利息，逐期滚算。外债的偿还方式多种多样，有到期一次清偿的；有逐年付息，本金一次清偿的；有分期归还本息的，每期归还的本金有的数额相等，有的不等。但大多数采用分期偿还的方式。外债还本付息的资金来源分统借统还和统借自还两种。凡是由国家财政、政府部门以及政府指定的机构统一借入，用于计划内重点建设项目的借款，其还本付息由国家财政统一安排，列入国家决算。统一借入，根据重点建设规划转贷给用款单位使用的借款，到期后由用款单位负责偿付本息。这包括财政部负责的世界银行项目贷款、商务部负责的政府双边贷款、中国人民银行负责的亚洲开发银行贷款等。从政府既负责借入又负责偿还本息的系统负债关系上讲，严格意义上的政府外债，应当指政府"统借统还外债"。

（四）我国利用和管理外债的情况

改革开放以来，我国外债的规模和结构经历了如下的变化过程：1985年以前，利用外债的规模有限，各举债主体实际对外借款130.41亿美元，其中主要是政府的对外借款。1987年，我国财政部代表我国政府在德国的法兰克福发行了3亿德国马克债券。1985—1992年，我国对外签订借款协议729项，协议金额为557.19亿美元，实际利用外债476.12亿美元。到1992年年末，我国外债金额达693.2亿美元，其中，政府贷款和国际金融组织贷款占28.72%。1993年，财政部再次代表我国政府先后在欧洲资本市场和亚洲资本市场分别发行了300亿欧洲日元债券和3亿美元的"小龙债券"。这些由财政部对外发行的外币债券，属于财政统借统还的国外商业性借款。为了进一步规范和加强国际金融组织和外国政府的贷款、赠款管理，合理、有效地使用资金，财政部于2006年出台了《国际金融组织和外国政府贷款赠款管理办法》（于2016年进行了修订），并出台了外国政府贷款管理规定、转贷管理办法和采购工作管理办法，初步建立了覆盖外国政府贷款"借、用、还"全过程的管理制度体系。为了规范统借自还主权外债预算管理工作，加强对国外优惠贷款项目的管理，提高贷款的使用质量和效益，2010年12月29日，财政部印发了《统借自还主权外债预算管理办法》（2019年财政部针对该办法印发了补充通知），规定财政部门按照分级负责、分类管理、全面反映的原则开展贷款预算管理工作。

红色故事4-1　　　　　　　　　　解放战争时期支前的故事

解放战争期间，人民解放军在党中央和毛主席的部署下连续组织辽沈、淮海、平津三大战役，彻底打垮了国民党反动派。那么，数百万军队的战争经费是如何筹集的呢？

据史料记载，淮海战役中，苏皖边区政府共动员支前民工107万人、担架1.5万副、小推车825万辆、牲畜18 260头、船3 400条、粮食5 700万斤、军鞋数百万双，有力支援了战役的进行。

位于江苏省徐州市泉山区解放南路2号的淮海战役纪念馆中，有陈毅元帅曾经说过的一句话："淮海战役的胜利，是人民群众用小车推出来的"，高度概括了淮海战役胜利与后方百姓支援的密切关系。淮海战役支前统计表反映，当时共出动民工543万、担架20.6万副、大小车88.1万辆，筹集粮食9.6亿斤。这些粮食可以供一个中等城市的人口吃5年以上。这切切实实反映了人心向背，中国共产党领导的人民军队得到了人民的广泛拥护，这是取得战争胜利的根本保证。

淮海战役纪念馆陈列有一根解放区人民碾米用的锄杠，这是一位被叫刘大娘的农民用过的工具。她10天时间舂米300斤，锄杠被磨去半截，之后只好改成擀面杖用。鄄城县苏集村儿童团接受了15天碾米5 000斤的任务，寒冬腊月，20多个7～15岁的孩子高唱着"儿童团，不怕寒，碾好米来送前线"的歌谣，苦干11天，碾米9 500斤，超额完成了任务。掖县妇女半个月就赶做了22万双军鞋，鲁中南区妇女共做了100万双军鞋。

资料来源 淮海战役纪念馆、中央电视台专题片《红色苏皖边》。

红色故事4-4　　　　　　　　　苏区发行公债

为了依靠群众的力量来解决革命战争和经济建设的资金，中央苏区先后3次发行公债。1932年6月发行短期革命战争公债60万元；同年10月发行第二期革命战争公债120万元；1933年8月发行经济建设公债300万元。赣南苏区人民掀起了购买公债的热潮，每期都超额完成任务，3次共认购公债368万元，占发行总额的76.6%。其中，兴国县第一期完成55 600元，列江西全省之冠；第二期完成13万元；第三期分配42万元，又超额完成。长冈乡一个乡就购买了5 456元，受到中华苏维埃共和国临时中央政府主席毛泽东的表扬。于都一位名叫刘惠贵的农民，革命前兄弟三人跟随父亲行乞为生，分田后连年丰收。为了感谢共产党，1933年他把收获的31担谷子，除留下全家4人全年口粮19担外，其余全部拿来买了公债。

资料来源 胡日旺.【党史百讲】第五十讲 中央苏区的财政金融状况［EB/OL］.［2012-11-04］. http://www.gndaily.com/topic/system/2012/11/04/000962561.shtml. 有删减.

红色故事4-2
毛泽民办钨矿与中央革命根据地财政

红色故事4-3
陕甘宁边区大生产运动

案例讨论

案例一 财政收入与经济发展

2018年贵州省遵义市规模以上工业中，酒的制造业增加值占比就达68.9%，是当之无愧的"第一"支柱产业。当年贵州省、遵义市一般公共预算收入分别为1 726.80亿元、252.14亿元，其中税收收入分别为1 265.97亿元、201.71亿元。茅台集团上缴税收约占全省税收收入总额的14%，反映了其举足轻重的地位。四川宜宾、江苏宿迁也有类似情况，洋河股份连续多年位居宿迁第一纳税大户，每年缴纳的税收约占宿迁财政总收入的近1/7。但这样的产业结构也有隐忧，当白酒行业增长放缓或下降时，当地经济、财政也随之振荡。

讨论：（1）结合经济与财政的关系、财政收入的影响因素，分析上述现象的利弊，提出自己的观点与见解。

（2）如何看待有些地方某一行业财政贡献占比较高的现象？它会产生怎样的影响？

（3）了解你所在地的财政收入结构，分析其是否合理。

案例二　为什么发行抗疫特别国债

为应对新冠肺炎疫情带来的影响，我国于2020年发行1万亿元抗疫特别国债，新增地方政府专项债券比上年增加1.6万亿元，主要用于地方公共卫生等基础设施建设和抗疫相关支出，并预留部分资金用于地方解决基层特殊困难。这些债券原则上用于有收益的项目，能够用自身的收益偿还债务本金。

讨论：（1）为什么要通过发行抗疫特别国债来筹集资金？专项债券发行额增加对政府债务规模有什么影响？

（2）这两项举措对经济社会发展能够起到什么作用？

阅读材料

［1］刘尚希，梁季，等. 中国政府收入全景图解（2020）［M］. 北京：中国财政经济出版社，2021.

［2］张斌，杨默如. 新中国财政收入70年［M］. 北京：中国财政经济出版社，2020.

［3］冯静，汪德华. 新中国政府债务70年［M］. 北京：中国财政经济出版社，2020.

［4］毛振华，孙晓霞，闫衍，等. 中国地方政府债券蓝皮书：中国地方政府债券发展报告（2021）［M］. 北京：社会科学文献出版社，2021.

综合训练

随堂测4

一、单项选择题

1.下列项目中，属于财政收入最主要来源的是（　　　）。

A.税收　　　　B.国有资产收益　　　C.公债　　　D.规费

2.在财政各收入项目中，由国家采取有偿原则取得的是（　　　）。

A.税收　　　　　B.国有资产收益　　　C.公债　　　　D.规费

3.在财政收入的价值构成中，（　　　）是最主要的来源。

A.c　　　　　　B.v　　　　　　C.m　　　　　　D.v+m

4.在我国目前的财政收入项目中，按规定标准向特定服务对象收取的是（　　　）。

A.国有资产收益　B.税收收入　　C.行政事业性收费　D.国债收入

5.从部门构成来看，目前我国多数地方财政收入主要来自（　　　）。

A.农业　　　　　B.工业　　　　　C.商业　　　　　D.交通运输业

二、多项选择题

1.我国财政收入的形式主要有（　　　）。

A.税收　　　　　　　　B.商品销售收入　　　　　C.国有资产收益

D.公债　　　　　　　　E.公产收入

2.公债产生的条件包括（　　　）。

A.工业革命　　　　B.财政收不抵支　　　　C.现代金融制度的产生

D.存在充足的闲置资金　E.资本主义发展

3.目前，我国来自v的财政收入主要有（　　　）等。

A.直接向个人征税

B.居民购买国库券

C.直接向个人收取的规费和罚没收入

D.国家出售高税率的消费品所获得的收入

E.文化娱乐、服务业等企事业单位上缴的税收

三、判断题

1.所有的财政收入都是国家通过无偿的、强制的方式取得的。　　　　　（　　）

2.在市场经济条件下，公债是财政收入最主要的形式。　　　　　　　（　　）

3.欧盟将债务率（当年公债余额占当年国内生产总值的比重）60%作为警戒线。

　　　　　　　　　　　　　　　　　　　　　　　　　　　　　　　（　　）

4.经济发展水平是制约财政收入规模最基础、最重要的因素。　　　　（　　）

5.1994年以来，我国中央财政收入所占比重逐年上升。　　　　　　　（　　）

6.财政收入与企业生产成本在量上是一种此消彼长的关系，成本上升，财政收入相应减少。　　　　　　　　　　　　　　　　　　　　　　　　　　　　（　　）

四、简答题

1.财政收入的形式有哪些？

2.影响财政收入的因素有哪些？

3.衡量公债规模的指标有哪些？

五、案例分析题

2020年，全国各省税收收入普遍降低，而非税收入增长较快。如江苏省税收收入同比仅增长1%，但非税收入增长12.5%；云南省税收收入同比增长0.2%，而非税收入增长6.5%。非税收入主要包括行政事业性收入、罚没收入和国有资源（资产）有偿使用收入等。云南省罚没收入完成102.1亿元，同比大增59%，主要是各执收部门及时清算缴库办案罚没收入，拉动公安、检察、法院和其他一般罚没收入同比较快增长。

请问：如何看待这一现象？出现上述现象的背景是什么？对财政收入结构有什么影响？

第五章

税收

■ 内容提要

　　税收是财政收入的主要来源，本章介绍税收的分类与经济影响、税收制度的要素、我国的税制结构及主要税种。

第一节　税收的分类与经济影响

一、为什么需要税收

　　税收是国家为了实现其职能，凭借其政治权力，按照法律规定的标准和程序，参与社会产品或国民收入的分配与再分配，强制地、无偿地取得财政收入的一种形式。对于为什么需要税收、百姓为什么要向政府纳税，不同时代有不同的理解。在第一章我们曾经讨论了为什么需要财政的问题，国家分配论、公共产品理论有着不同的解释。

　　在公共产品理论看来，现代社会是由市场机制来调节人们的生产经营、消费等行为的。在大多数时候，市场调节是有效的，能够达到高效率。但也有市场无法做到或做好的事情，也就是出现市场失灵，需要政府出面干预。政府干预包括社会管理、市场监管、宏观调控等，总体来说就是提供各种公共服务，当然需要花钱，而且不是一个小数目。那么钱从哪里来呢？正所谓"羊毛出在羊身上"，不可能从天上掉下来，只能由得到公共服务的企业和居民缴纳。简单来说，居民和政府之间在进行一种"交易"，居民缴纳税收，向政府购买公共服务。税收就成了居民获取公共服务所支付的成本，所以，19世纪美国大法官霍尔姆斯说过一句经典的话："税收是我们为文明社会付出的代价。"

　　税收从什么时候开始出现的呢？不管是我国还是其他国家，早在奴隶社会就有税收的记载了，形式多种多样，出现过很多稀奇古怪的征税方式，可以说让人叹为观止。例如，有的国家根据居民窗户的多少收取"窗户税"，还有灶台税、烟囱税；有的国家规定父母为子女改名需缴纳"改名税"；有的国家规定住在海边的房子、面向大海的居民需要缴纳风景税。郭沫若少年时看到税警要求挑粪在街上走过的居民缴税，曾赋诗两句

"自古未闻粪有税，而今只有屁无捐"予以讽刺。自2004年起，新西兰决定凡饲养牲畜的农场主都要为牲畜排放的臭气缴税，被戏称为家畜的"屁税"及"污物税"。我国早在夏、商、周时期就有贡、助、彻的征税方式，至今已有约4 000年的历史。"税"的出现最早可以追溯至公元前594年鲁国的"初税亩"。此后，秦代有田租、口赋、力役，汉代有财产税"算缗"，东晋开始征收契税，唐代采取租庸调制，明代颁行"一条鞭法"将赋役合一、由实物税向货币税转变，清代全面推行"摊丁入亩"、将人头税归入财产税。这些改革反映出税收与国家的兴衰紧密相联。

老百姓向政府交粮纳税是大家都知道的事情，在封建社会，普通百姓不管是种地还是做小买卖，都要向官府缴税。只有在当代社会，才会有政府向公众提供公共服务的说法，这也是社会进步的表现。

二、税收的分类

由于税收制度的不断完善，大多数国家都实行由许多税种组成的复合税制结构，因此，对多种税收按一定的标准、依据分类，便具有重要的现实意义。通过科学合理的分类，才能全面正确地认识各种税收的性质、特点及作用，才能不断完善税收征纳关系。税收的分类方法大致有以下几种：

（一）按课税对象分为流转税、所得税、资源税、财产税和行为税

这是划分税种的最基本的方法。按课税对象的性质，税收可以分为五大类：流转税、所得税、资源税、财产税、行为税。对发展中国家来说，一般以流转税为财政收入的主要来源，而发达国家多以所得税为财政收入的主要来源。

（二）按税收的计税标准分为从价税和从量税

从价税，又称"从价计征的税"，是指以课税对象的价值形式为标准，按照一定的百分比计征的一种税。如我国现行的增值税、关税等都是从价税。

从量税，又称"从量计征的税"，一般是以征税对象的重量、体积、容积、面积、数量为计征标准，按照固定数额征收的一种税。如我国现行税制中的资源税、车船税等税种都属于从量税。

（三）按税收负担能否转嫁分为直接税和间接税

直接税是纳税人直接作为负税人，税负不能发生转嫁的税收。如各种所得税、财产税等都属于直接税。

间接税是纳税人并非实际的负税人，纳税人在纳税后可以通过提高商品价格等手段，将所纳税款转嫁给他人负担的税收。如现行税制中的增值税、消费税、关税等都属于间接税。

当然，直接税和间接税的划分并不是绝对的，因为在有些情况下，直接税税负也可以转嫁，间接税税负却不能转嫁。换句话说，就是税负能否转嫁取决于商品的供求弹性等因素。

（四）按税收征收的实体分为实物税和货币税

实物税是国家以实物形式（如粮食、棉花、布匹等）征收的税。其主要盛行于商品经济不发达的时代，但并不是说在商品经济时代就没有实物税。例如，我国农业税在被废止以前实行的就是实物税。

货币税是国家以货币形式征收的税。它是商品货币关系发展到一定阶段的必然产物。货币税的实行，不仅便利了征纳双方，还有利于财政收支管理以及税收杠杆作用的发挥。我国现行税种中基本上都是货币税。

三、税收的经济影响

政府对企业或个人征税，将使企业或个人的可支配收入减少，这会影响企业或个人的诸多行为，包括企业的生产、个人的消费，表现为收入效应、替代效应两个方面，并由此产生一系列影响。这也是税收发挥调节作用的原理所在。

征税总会给纳税人带来税收负担，但简单地把各种税的税率加起来，然后得出税负很重的结论是不对的。并非每个企业和个人都要缴纳所有税种，也不是每个税种都是按照同一个征税依据计算征税的。国与国之间、行业与行业之间的比较都是如此，把每个国家征收的税种的税率简单相加，然后进行比较，是不科学的。那么如何比较才合适呢？一种办法是将税收总额除以国内生产总值，也就是看政府从社会财富这个大蛋糕中拿走多少比例作为税收，这个指标叫作宏观税负；另一种办法是用企业的缴税总额除以产值或利润，看企业创造的财富中有多大比例交给政府，或者用个人缴纳的税收除以个人收入总额，这两个指标都叫作微观税负。例如，张三全年收入15万元，缴纳个人所得税1.6万元，总的税收负担大约为10.7%。

征税对企业和个人的生产、消费、劳动、储蓄都会产生影响，图5-1便于大家更形象地理解税收的经济影响。

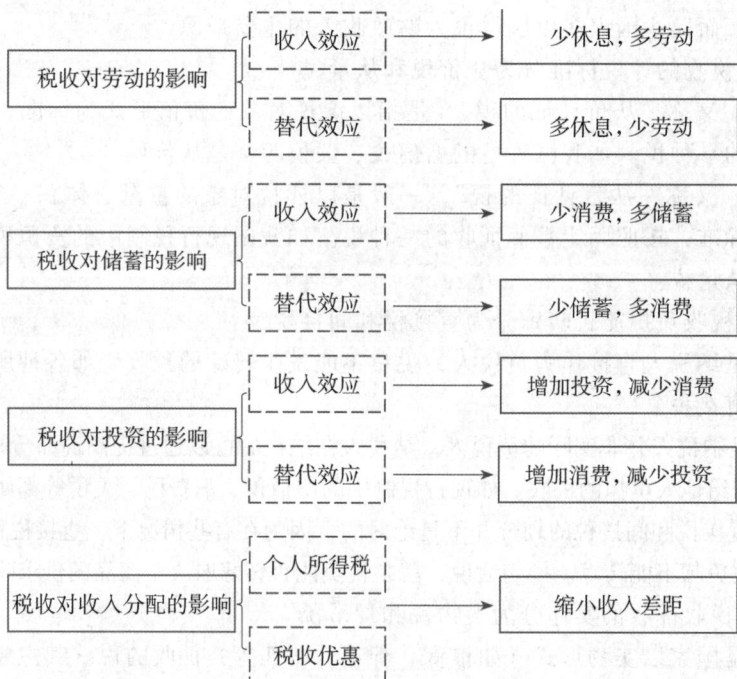

图5-1　税收的经济影响

第二节　税制要素

税收制度的核心是税法。税法是国家向一切纳税义务人征收税款的法律依据，也是调整税收关系的准绳。税法由税制的基本要素构成，一般包括纳税人、课税对象、税目、税率、纳税环节、纳税期限、减免税或加成、附加、违章处理等。其中，纳税人、课税对象、税率是构成税收制度最基本的三个要素。

税制要素明确了下面几个基本问题：谁向政府交税、对什么征税、征多少税、在哪个环节征税、什么时候缴税、有什么照顾措施、违反税法怎么办（如图5-2所示）。

税制要素	解决的问题	以增值税为例
纳税人	谁向政府缴税	销售货物或服务的单位和个人
课税对象	对什么征税	销售货物或服务
税率	征多少税	13%、9%、6%等
纳税环节	在哪个环节征税	销售环节
纳税期限	什么时候缴税	1日、3日、5日、10日、15日、1个月或者1个季度
减免税	有什么照顾措施	自产农产品等免税
违章处理	违反税法怎么办	对偷税、抗税等行为予以罚款，构成犯罪的追究责任

图5-2　税制要素示意图

一、纳税人

纳税人又称纳税义务人，是指税法规定的直接负有纳税义务的单位和个人。它是纳税的主体，主要解决"对谁征税"的问题。纳税人可以是自然人，也可以是法人。自然人是依法独立享受民事权利并独立承担民事义务的公民或居民个人。法人则是依法成立并能独立行使法定权利和承担法定义务的企业、事业单位、社会团体等社会经济组织。

与纳税人相联系的另一个概念是负税人。负税人是指最终负担税款的单位和个人。它与纳税人有时是一致的，如在税负不能转嫁的情况下；有时它与纳税人又是相分离的，如在税负可以转嫁时。

二、课税对象

课税对象又称为征税对象，是征税的客体、课税的目的物，主要解决"对什么征税"的问题。每一种税都必须明确具体的课税目的物，即明确对什么征税，每种税的课税对象都不会完全相同。也就是说，课税对象是区别一种税与另一种税的主要标志。在现代社会，国家的课税对象主要包括所得、商品和财产三大类；相应地，税制也就主要由所得税、商品税和财产税三大类组成，具体又细分为若干税目。

三、税率

税率是税额与课税对象数额之间的比例，是课税的尺度，反映征税的深度。税率是税收制度的核心，主要解决"征多少税"的问题。它关系着国家财政收入的多少和纳税人的负担程度，在一定程度上反映着国家集中配置资源与纳税人通过市场机制分散配置资源的数量结构。我国现行税制的税率有三种形式：

（1）比例税率，即对同一课税对象，不论数量多少，只规定一个百分比的税率。它不因课税对象数额的变化而变化，是一种应用最广、最常见的税率。在具体运用上，比例税率又可以采取三种不同的形式——单一比例税率、差别比例税率和幅度比例税率。

（2）累进税率，即针对同一课税对象数额或相对量（如利润率等），将其划分为若干个等级，并分别规定从低到高分级递增的税率。课税对象数额越大，税率越高。累进税率可分为全额累进税率和超额累进税率。

（3）定额税率，又称为"固定税额"，即按照课税对象的一定计量单位直接规定应纳税额，而不是规定征收比例。定额税率一般适用于从量计征的某些课税对象。

四、纳税环节

纳税环节是指税法规定的课税对象从生产到消费的流转过程中，应当缴纳税款的环节。纳税环节的确定主要是为了解决在什么阶段课税和课几道税的问题。同时，它还关系到对商品的生产、流通是否有利以及国家财政收入能否得到保证等方面的问题。

五、纳税期限

纳税期限是税法规定的纳税人发生纳税义务后向国家缴纳税款的时间期限。它一般分为按期纳税和按次纳税两种。规定纳税期限体现了税收的强制性、固定性特征，对保证税收收入的及时、稳定入库，促使纳税人做好经营管理、认真履行纳税义务有着重要的意义。

六、起征点和免征额

起征点是指课税对象所达到的应当纳税的数额界限。课税对象未达到起征点时就不需要纳税；达到并超过起征点的，则就其全部数额课税。免征额是指准予从课税对象数额中扣除的免予征税的数额。

七、减税、免税、加成和附加

减税和免税是对某些纳税人或征税对象给予鼓励和照顾的特殊规定。减税是对应纳税额少征一部分；免税则是对应纳税额予以全部免征。加成是按照规定的税率计算应纳税额后，再加征一定成数的税额，如加征一成则为加征10%，加征两成就是加征20%。附加是在征收正税以外，附加征收的一部分税款。加成和附加都属于加重纳税人负担的措施。

八、违反税法处理

违反税法处理是指对纳税人不依法纳税、不遵守税收征管制度等违反税法的行为采取的处罚性措施。税务机关可以根据有关责任人违法情节的轻重程度、后果大小，分别采取批评教育、经济处罚或提请司法机关依法追究刑事责任等处罚措施。这对保证税收政策、法令制度的贯彻执行具有重要的现实意义。

第三节 我国的主要税种

一、税制结构

我国现行税制是指1994年1月1日以来实行的税收制度，是适应社会主义市场经济体制的税制。目前的税收体系按照课税对象的性质可分为五大类：流转额课税、所得额课税、资源课税、财产课税和行为课税。我国现行税制是以流转额课税、所得额课税为主体，以其他税类为辅助和补充的复合税制体系。

（一）流转额课税

流转额课税简称流转税，是以商品或劳务为征税对象，以流通过程中发生的流转额为计税依据而课征税款的若干税种的统称，主要包括增值税、消费税、关税等。流转税是对流转额进行课征的，只要纳税人取得应税收入就必须依法纳税，不受商品的种类、劳务形式、所有制、地区等条件的限制，也不受生产经营成果的影响。相应地，税额也会随着收入的增加而增长，有助于财政收入的稳定筹集。一般而言，流转税通常采用比例税率，也有一部分采用定额税率，计征方法比较简便。因此，这类税收具有收入的及时性、稳定性和税源的广泛性等特点。目前，我国流转税的收入占税收总收入的一半以上。

（二）所得额课税

所得额课税又称收益额课税，是以纳税人的所得（收益）额为征税对象课征的一类税。我国现行税制中的所得额课税主要包括企业所得税、个人所得税等。与流转税相比，它主要有以下三个特点：①课税公平。它以纳税人的所得（收益）额为课税对象，所得多的多征，所得少的少征，无所得的不征，体现了量能负担、税负公平的原则。②一般采用累进税率。③一般就全年所得额征税，采用按期（月或季）预征、年终汇算清缴的办法。当前，我国所得额课税的收入约占税收总收入的30%～40%。随着市场经济的进一步发展、企业经济效益和人民收入水平的逐步提高，所得额课税在我国税制中的地位将会越来越重要。

（三）资源课税

资源课税简称资源税，是以各种自然资源（如城市土地、矿藏、水流、森林等）为课税对象征收的一系列税种的统称。它具有以下特点：①对特定的资源课税；②具有对绝对地租（收入）和级差地租（收入）征的性质；③实行从量定额征收。开征资源税，对促进资源合理开采、节约使用国有资源、合理调节不同资源条件下的级差收入、促进企业公平竞争、拓宽税收调节领域、增加财政收入等都具有重要作用。我国现行税种中的资源课税主要包括资源税、土地使用税、土地增值税和耕地占用税等。

（四）财产课税

财产课税是根据纳税人拥有或支配的财产而课征的若干税种的统称。目前，我国属于财产税的税种主要有房产税、契税和车船税等。

（五）行为课税

行为课税是以纳税人的某种特定行为作为课税对象而征收的一类税。开征行为税的主要目的是满足国家某种特定的政策要求。在我国现行税制中，行为课税主要包括印花税、城市维护建设税等。

二、主要税种

（一）增值税

增值税是以商品生产流通和劳务服务各个环节所创造的新增价值额为征税对象的一种税。这个"增值额"也可理解为，纳税人在一定时期内销售商品或者提供劳务所取得的收入大于其购进商品或接受劳务时所支付的金额的差额。

增值税有两个显著特点（优点）：

第一，避免了重复征税。它只就商品销售额中的增值部分征税，对商品销售额中已征过税的部分不再征税，这就不会出现重复征税的现象，也不会因为生产环节或流转环节的变化而造成税收负担上的不平衡，从而适应社会化大生产的需要，有利于促进专业化生产和生产结构的调整。

第二，有利于稳定财政收入。一种商品从制造、批发到零售的各个环节，只要有增值因素，每经过一个环节就征一道税，具有征收上的普遍性和连续性，有利于及时、稳定地组织财政收入。由于设计中采取以票抵扣的做法，最大限度地防止了偷逃税。

由于增值税具有以上优点，从1954年法国创立增值税到现在，世界上已有100多个国家采用。我国从1979年起对部分行业和产品进行增值税试点，在总结经验的基础上逐步扩大征税范围。增值税现已成为我国的主要税种，其收入约占税收收入总额的1/3

（初期曾占到一半）。现行增值税的基本法规是 2017 年 11 月 19 日国务院修订通过的《中华人民共和国增值税暂行条例》。

增值税的纳税人是销售货物或者加工、修理修配劳务（以下简称劳务）、销售服务、无形资产、不动产以及进口货物的单位和个人。

为了便于征管，借鉴国际通行的做法，我国将增值税纳税人划分为一般纳税人和小规模纳税人。应纳税额为当期销项税额抵扣当期进项税额后的余额。其计算公式为：

应纳税额=当期销项税额-当期进项税额

销项税额=销售额×税率

对小规模纳税人，采取简易办法计税。

我国增值税除特殊情况以外，对各种应税货物和应税劳务一般均实行比例税率。其具体规定如下：

纳税人销售货物、劳务、有形动产租赁服务或者进口货物，除另有规定外，税率为 13%。

纳税人销售交通运输、邮政、基础电信、建筑、不动产租赁服务，销售不动产，转让土地使用权，销售或者进口下列货物，税率为 9%：①粮食等农产品、食用植物油、食用盐；②自来水、暖气、冷气、热水、煤气、石油液化气、天然气、二甲醚、沼气、居民用煤炭制品；③图书、报纸、杂志、音像制品、电子出版物；④饲料、化肥、农药、农机、农膜；⑤国务院规定的其他货物。

纳税人销售服务、无形资产，除本条第一项、第二项、第五项另有规定外，税率为 6%。

纳税人出口货物，税率为零；但是，国务院另有规定的除外。

境内单位和个人跨境销售国务院规定范围内的服务、无形资产，税率为零。

增值税小规模纳税人按照简易方法计算增值税额，即应纳税额等于销售额乘以征收率，不得抵扣任何进项税额。小规模纳税人增值税征收率为 3%、5%，国务院另有规定的除外。

（二）消费税

消费税是对在我国境内生产、委托加工和进口的应税消费品征收的一种税。它是 1994 年税制改革中新设置的一个税种。在新的流转税制中，它与增值税相配合，形成双层次调节：增值税发挥普遍调节作用，以保证财政收入的稳定增长为主要功能；消费税作为特殊调节税种，其宗旨是调节产品结构、引导消费方向、增加财政收入。消费税的特点是：

（1）征收范围有较强的选择性，即根据国家的产业政策、消费政策来选择；

（2）征收环节单一，只在生产销售、进口环节征税；

（3）实行差别较大的比例税率或定额税率；

（4）主要实行从价定率征收，部分实行从量定额征收或两者相结合。

消费税以在我国境内生产、委托加工、进口的应税消费品为征税对象，主要是一些高档消费品、奢侈品和非生活必需品，目前有 15 个税目：烟、酒、成品油、鞭炮及焰火、贵重首饰及珠宝玉石、高尔夫球及球具、高档手表、游艇、木制一次性筷子、实木地板、电池、涂料、小汽车、摩托车、高档化妆品（见表5-1）。

表5-1　　　　　　　　　　　消费税税目税率一览表

税　目	税　率
一、烟	
1.卷烟	
（1）甲类卷烟	56%加0.003元/支（生产环节）
（2）乙类卷烟	36%加0.003元/支
（3）批发环节	11%加0.005元/支
2.雪茄烟	36%
3.烟丝	30%
二、酒	
1.白酒	20%加0.5元/500克（或者500毫升）
2.黄酒	240元/吨
3.啤酒	
（1）甲类啤酒	250元/吨
（2）乙类啤酒	220元/吨
4.其他酒	10%
三、高档化妆品	15%
四、贵重首饰及珠宝玉石	
1.金银首饰、铂金首饰和钻石及钻石饰品（零售环节）	5%
2.其他贵重首饰和珠宝玉石	10%
五、鞭炮、焰火	15%
六、成品油	
1.汽油	1.52元/升
2.柴油	1.20元/升
3.航空煤油（暂缓征收）	1.20元/升
4.石脑油	1.52元/升
5.溶剂油	1.52元/升
6.润滑油	1.52元/升
7.燃料油	1.20元/升

税　目	税　率
七、小汽车	
1.乘用车	
（1）气缸容量（排气量，下同）在1.0升（含1.0升）以下的	1%
（2）气缸容量在1.0升以上至1.5升（含1.5升）的	3%
（3）气缸容量在1.5升以上至2.0升（含2.0升）的	5%
（4）气缸容量在2.0升以上至2.5升（含2.5升）的	9%
（5）气缸容量在2.5升以上至3.0升（含3.0升）的	12%
（6）气缸容量在3.0升以上至4.0升（含4.0升）的	25%
（7）气缸容量在4.0升以上的	40%
2.中轻型商用客车	5%
3.超豪华小汽车（零售环节）	10%
八、摩托车	
1.气缸容量（排气量，下同）在250毫升（含250毫升）以下的	3%
2.气缸容量在250毫升以上的	10%
九、高尔夫球及球具	10%
十、高档手表	20%
十一、游艇	10%
十二、木制一次性筷子	5%
十三、实木地板	5%
十四、电池	4%
十五、涂料	4%

资料来源　《中华人民共和国消费税暂行条例》，1993年12月13日中华人民共和国国务院令第135号发布，2008年11月5日国务院第34次常务会议修订通过，国家税务总局网站。

（三）企业所得税

企业所得税是指对中华人民共和国境内的一切企业（不包括外商投资企业和外国企业），就其来源于中国境内外的生产经营所得和其他所得征收的一种税。企业所得税的税率为25%。非居民企业在中国境内未设立机构、场所的，或者虽设立机构、场所但取得的所得与其所设机构、场所没有实际联系的，应当就其来源于中国境内的所得缴纳企业所得税，税率为20%。符合条件的小型微利企业，减按20%的税率征收企业所得税。国家需要重点扶持的高新技术企业，减按15%的税率征收企业所得税。

企业每一纳税年度的收入总额，减除不征税收入、免税收入、各项扣除以及允许弥补的以前年度亏损后的余额，为应纳税所得额。

应纳税额=应纳税所得额×适用税率-减免和抵免的税额

企业所得税按纳税年度计算。纳税年度自公历1月1日起至12月31日止。企业所得税的特点是：①征税对象是所得额；②应税所得额的计算比较复杂；③征税以量能负担为原则；④实行按年计征分期预缴的征税办法。

（四）个人所得税

个人所得税是对个人（自然人）取得的各项应税所得征收的一种税。这是国家调节居民间收入分配差距的重要经济手段，通俗来说就是抽肥补瘦，促进收入分配公平。征税项目包括：①工资、薪金所得；②劳务报酬所得；③稿酬所得；④特许权使用费所得；⑤经营所得；⑥利息、股息、红利所得；⑦财产租赁所得；⑧财产转让所得；⑨偶然所得。

居民个人取得的第1项至第4项所得（称为综合所得），按纳税年度合并计算个人所得税；非居民个人取得的前款第1项至第4项所得，按月或者按次分项计算个人所得税。纳税人取得的第5项至第9项所得，依照规定分别计算个人所得税。

个人所得税自1980年开征以来，历经多次修订。2018年8月31日，第十三届全国人民代表大会常务委员会第五次会议对《个人所得税法》进行了第七次修订，主要包括三方面：由分类税制向分类与综合相结合的税制转变、费用扣除调整及设立专项附加扣除、调整居民判定标准与引入反避税条款。尤其是增加了包括子女教育、继续教育、大病医疗、住房贷款利息或者住房租金、赡养老人等支出的专项附加扣除，减轻了纳税人的税收负担，促进了收入分配公平，具体见表5-2。

表5-2　　　　　　　　　　　　综合所得适用税率表

级数	累计预扣预缴应纳税所得额	预扣率（%）	速算扣除数
1	不超过36 000元的部分	3	0
2	超过36 000元至144 000元的部分	10	2 520
3	超过144 000元至300 000元的部分	20	16 920
4	超过300 000元至420 000元的部分	25	31 920
5	超过420 000元至660 000元的部分	30	52 920
6	超过660 000元至960 000元的部分	35	85 920
7	超过960 000元的部分	45	181 920

表 5-3　　　　　　　　　　　经营所得适用税率表

级数	全年应纳税所得额	税率（%）
1	不超过 30 000 元的部分	5
2	超过 30 000 元至 90 000 元的部分	10
3	超过 90 000 元至 300 000 元的部分	20
4	超过 300 000 元至 500 000 元的部分	30
5	超过 500 000 元的部分	35

（五）其他税种

除了上述税种外，我国还开征了资源税、土地增值税、城市维护建设税、车船税、车辆购置税、烟叶税、城镇土地使用税、印花税、房产税、契税、耕地占用税、关税、船舶吨税、环境保护税。

三、农村税费改革

中华人民共和国成立后，农业税在相当一段时期内一直是国家财政的重要来源。1958 年，全国人大常委会颁布实施《中华人民共和国农业税条例》，统一了全国的农业税制度，并一直延续到 2005 年。

2005 年 12 月 29 日，十届全国人大常委会第十九次会议通过了废止《中华人民共和国农业税条例》的决定，从 2006 年起，延续了 2 600 多年的农业税在中国画上了句号。被称为德政之举的这项改革，充分体现了我国政府对广大农民的关爱、对农村繁荣的关心、对农业发展的关注，是解决"三农"问题的重大战略性举措。

取消农业税，意义重大：

第一，完善和规范了国家与农民的利益关系，可以更好地维护农民的根本利益，促进城乡居民共同富裕，建设更大范围、更高水平的小康社会；

第二，不仅能降低农业生产经营成本，提高农业效益和农产品市场竞争力，而且能够调动种粮农民的积极性，增强粮食综合生产能力，维护国家粮食安全，同时也将农业农村发展纳入整个现代化进程，让亿万农民共享现代化成果；

第三，增加农民收入，使亿万农民的潜在购买意愿转化为巨大的现实消费需求，进一步提高农村消费水平，从而拉动整个经济的持续增长，盘活国民经济的全局；

第四，实行工业反哺农业、城市支持农村和多予、少取、放活的方针，加大各级政府对农业和农村增加投入的力度，让公共财政的阳光更大范围地覆盖农村，能够充分调动广大农民的积极性，保证社会主义新农村建设始终有力、有序、有效地推进。

为实现建设社会主义新农村的战略任务，中央政府提出"三农"工作将继续坚持"多予、少取、放活"的方针。自 2006 年起，国家明确了"三个高于"的原则：财政支农资金的增量要高于上年；国债和预算内建设资金用于农村建设的比重要高于上年；直接用于改善农村生产生活条件的资金总量要高于上年。同时，我国政府提出贯彻"放活"的方针，即搞活农村市场，促进农民增收。从财政角度来说，就是要为农业结构调整、农村建设和农民增收创造一个宽松的政策和体制环境。

四、税制改革

税收制度是我国财政改革的重要方面。1980年以前，我国只对国有企业征收工商税，对集体企业征收工商税和工商所得税。除此之外，对个人征收少量的城市地产税、车船使用牌照税和屠宰税。这种税制实际上是单一的货物税制，是统收统支财政体制的产物。改革开放以来，中国税收制度适应经济体制的变革，经历了两次较大的改革，已由单一货物税制逐步转向以流转税和所得税为主体、其他一系列税种相配合的复合税制。

从1983年到1984年通过两步"利改税"，我国完成了第一次税制改革。从1984年开始，我国进行了以适应社会主义市场经济体制为目标的第二次税制改革。两步"利改税"的实施，虽然已初步建立起适应市场经济要求的税制体系，但并没有带来税收机制的转变。1994年的税制改革放弃了原有那种以"外延式"调整为主的旧思路。其基本内容可以概括为：按照公正、透明、效率优先的原则，调整了流转税制，建立了以增值税为主体、消费税与营业税为辅的流转税调节体系，为市场机制运行创造了税收环境；归并和统一所得税制；开征土地增值税，以适应房地产业的发展；改革税收征管体制，实行中央税和地方税分开征收、两条线垂直管理的体制。经过这次改革，我国初步完成了从计划经济向市场经济税收体制的转变，使税收体制步入了法制化轨道，从而促进了财政收入的稳定增长。

为了加快转变经济发展方式，大力发展第三产业，尤其是现代服务业，推进经济结构调整，完善增值税抵扣链条，我国从2012年1月1日起，在上海市交通运输业和部分现代服务业开展营业税改征增值税试点。2016年5月1日我国全面完成"营改增"改革，减轻了第三产业的税收负担，促进了服务业发展。

全面实施"营改增"是我国近些年来实施的规模最大的一次税制改革。"十三五"期间（2016—2020年），我国税制改革始终围绕发展大局，全方位实施，多领域并进，不断取得新突破。"十三五"期间，一个税制合理、税负稳定、结构优化、管理规范的中国现代税制体系初步建成，各项税制改革落地有声，迅速惠及市场主体，税收调节作用不断显现。

党的十八大以来，党中央把新一轮财税体制改革定位为一场关系国家治理体系和治理能力现代化的深刻变革，是立足全局、着眼长远的制度创新，目标是要建立税种科学、结构优化、法律健全、规范公平、征管高效的税收制度。其具体体现在以下方面：

（1）税收法定进程加快，依法治税与法治中国建设一脉相承。至2020年9月中旬，我国现行18个税种中，立法税种已达11个，远多于2012年的3个。伴随法治中国的建设，税收法定进程明显加快。

（2）实施结构性减税，增值税改革通过降税率、扩范围、调结构作用于产业结构和经济治理。2016年5月1日，我国在全国范围内全面推开"营改增"试点。这场被称为"中国税制分水岭"的重大改革，涉及近1 600万户企业纳税人、1 000万名自然人纳税人，当年便直接减税超过5 000亿元。

（3）实施综合与分类相结合的个人所得税改革，税制改革从根植经济治理到嵌入社会治理。2018年10月1日、2019年1月1日，综合与分类相结合的个人所得税改革分两步跨出实质性步伐，实现了税制模式的根本性转变，标志着综合与分类相结合的个人所得税制全面实施，百姓获得感不断增强。

（4）始终围绕发展大局、服务国家战略的改革主线。5年间，我国从全面推行资源税从价计征、扩大水资源税试点到环境保护税开征、资源税法实施，绿色税制体系逐步建立，全力服务美丽中国建设。

（5）通过税制改革理顺政企、央地收入分配格局。"营改增"后，增值税中央与地方按照50∶50分成，与以前中央与地方按照75∶25分成相比，更加有利于调动地方的积极性。

2017年，党中央作出了"我国经济已由高速增长阶段转向高质量发展阶段"的重要论断。为此，围绕改善营商环境，减轻企业负担，一项项为市场主体减负的税费优惠政策接连出台，为千千万万企业增添了创新创业的底气和信心，在促进经济高质量发展中发挥了重要作用。针对实体经济部署实施了包含深化增值税改革等一系列力度大、内容实、范围广的减税降费政策措施，使所有的行业税负均有下降，有效推动了供给侧结构性改革，助力夯实经济发展基本盘。2020年，面对新冠肺炎疫情的严重影响，我国推出了多项税费优惠政策，帮助企业渡难关、稳住外贸基本盘，全力推动企业复工复产，有力发挥了税收的调控职能。税收作为国家治理体系的基石，减税降费不仅在激发市场主体活力、减轻市场主体负担、稳定市场预期方面发挥着积极作用，在稳定发展大局、服务发展战略方面也起着至关重要的作用。

红色故事5-1　　　　　　　　　　左右江革命根据地税收制度

1930年，左右江革命根据地建立后，红军和苏维埃政府为免除群众的沉重负担，以利休养生息，宣布取消二三十种苛捐杂税，取消包税制，取消关卡厘金，并在此基础上实行累进税制。

工商税按资本多寡、营业额大小，分别定率征收。资本额多、营业额大的，税率就高；反之，税率就低。右江革命根据地向商人征收营业税的办法是：凡资本在500元以上者征1%，1 000元以上者征5%，2 000元以上者征8%，3 000元以上者征10%。一般每月评议征收一次。对本少利微的小商小贩适当照顾，免予征收。左江革命根据地除向商人征收营业税外，还征收入口货物税，按价值的5%征收，对民生必需品如布匹、盐、油、火油等不征税；出口货物只征收过境税，税率为10%；本地出口货物不征税；在农村和市场征收的屠宰税，均采取按头定额征税的办法，但各地定额有所不同，恩隆县（今百色市田东县）那拔区群众杀牛出卖，每头征税3个东毫；杀猪出卖，每头征税4个东毫。

根据地对土地和农业收入实行单一累进税，采取两种办法：一是右江地区以户为经济计算单位，除按照各人出产缴纳5%外，有余粮50~100斤的，征收40%；有余粮100~300斤的，征收50%；有余粮300~500斤的，征收60%；有余粮500~1 000斤的，征收70%；有余粮1 000斤以上的，特别征收。二是左江地区按年产粮总数征收15%。由于土地革命刚刚进行，很多地方分田后，敌人就来进犯，因此，除东兰县东里屯交了2万多斤公粮给政府外，农业税累进税制实际上没有实行。

红色故事5-2

船舶检查局
武装护税

资料来源　佚名. 左右江革命根据地税收制度［EB/OL］.［2022-01-17］. http://lib.gxdfz.org.cn/view-a58-70.html. 有删减.

■ 案例讨论

案例一　税收的作用

2021年4—8月，我国税务部门查办了郑爽偷逃税案件。经查，郑爽于2019年主演电视剧《倩女幽魂》后更名为《只问今生恋沧溟》，与制片人约定片酬为1.6亿元，实际取得1.56亿元。其中，第一部分4 800万元，将个人片酬收入变为企业收入进行虚假申报，偷逃税款；第二部分1.08亿元，制片人与郑爽实际控制的公司签订虚假合同，以"增资"的形式支付，规避行业监管，隐瞒收入，进行虚假申报，偷逃税款。根据违法事实认定郑爽偷税4 302.7万元，其他少缴税款1 617.78万元。同时查明，其另有其他演艺收入3 507万元，同样存在类似问题，认定为偷税224.26万元，其他少缴税款1 034.29万元。以上合计，郑爽2019—2020年未依法申报个人收入1.91亿元，偷税4 526.96万元，其他少缴税款2 652.07万元。依据相关法律，对郑爽追缴税款、加收滞纳金并处罚款共计2.99亿元。其中，依法追缴税款7 179.03万元，加收滞纳金888.98万元；对改变收入性质偷税部分处以4倍罚款，计3 069.57万元；对收取所谓"增资款"完全隐瞒收入偷税部分处以5倍"顶格"罚款，计1.88亿元。

讨论：（1）该案例涉及哪些税种？结合税收的相关知识思考个人所得税有什么作用？说说自己的看法。

（2）为什么查办明星的偷税案件会产生很大的社会影响？这反映了什么样的社会心态与期盼？

案例二　税收与公共服务

2021年6月，财政部、海关总署、国家税务总局联合出台"十四五"期间支持科普事业发展进口税收优惠政策，确定2021—2025年对公众开放的科技馆、自然博物馆、天文馆（站、台）、气象台（站）、地震台（站），以及高校和科研机构所属对外开放的科普基地，对进口符合条件的科普商品可以免征进口关税和进口环节增值税。

讨论：（1）如何看待这一政策？

（2）结合上述案例分析税收的作用。

📖 阅读材料

[1] 马蔡琛，等. 变革世界中的当代中国税制改革 [M]. 北京：经济科学出版社，2017.

[2]《新中国税收70年》编写组. 新中国税收70年 [M]. 北京：中国税务出版社，2020.

[3] 周其仁. 真实世界的经济学 [M]. 北京：中信出版社，2021.

[4] 王东京. 经济学分析 [M]. 北京：人民出版社，2019.

📖 综合训练

一、单项选择题

1.国家征税凭借的权力是（   ）。

A.资产所有权   B.政治权力

C.财产权   D.经济管理权

随堂测5

2.一种税区别于另一种税的标志是（   ）。

A.纳税人   B.税率   C.纳税环节   D.课税对象

3.主要解决"对谁征税问题"的税制构成要素是（   ）。

A.纳税人   B.课税对象   C.税率   D.税基

4.能体现课税尺度、是税制核心的税制构成要素是（   ）。

A.纳税人   B.课税对象   C.税率   D.加征加成

5.最能体现量能纳税原则的税率形式是（   ）。

A.比例税率   B.累进税率   C.固定税额   D.浮动税率

6.我国现行税制开始实行的时间是（   ）。

A.1978年   B.1988年   C.1994年   D.2004年

7.下列项目中，属于流转税的是（   ）。

A.消费税   B.个人所得税   C.契税   D.资源税

二、多项选择题

1.以课税对象为标准，税收可以分为（   ）。

A.流转课税   B.所得课税   C.资源课税

D.财产课税   E.行为课税

2.一般来说，比例税率的形式主要包括（   ）。

A.协议比例税率   B.幅度比例税率   C.差别比例税率

D.单一比例税率   E.固定比例税率

3.我国现行税制的主要税类包括（   ）。

A.流转税   B.所得税   C.资源税

D.财产税   E.行为税

4.按税收负担能否转嫁，税收可分为（   ）。

    A.流转税   B.所得税   C.直接税

    D.间接税   E.行为税

5.我国现行税制中流转税主要有（　　　）。

    A.增值税   B.企业所得税   C.房产税

    D.关税   E.消费税

6.下列项目中，属于所得税的有（　　　）。

    A.增值税   B.企业所得税   C.个人所得税

    D.消费税   E.车船税

7.在下列税制构成要素中，构成税收制度最基本的要素的有（　　　）。

    A.纳税人   B.课税对象   C.税率

    D.纳税环节   E.纳税期限

三、判断题

1.税收的征收主体是税务机关。   （　　　）

2.我国企业所得税的基本税率是15%。   （　　　）

3.国家征税的目的是满足社会公共需要。   （　　　）

4.比例税率最能体现公平、量能纳税的原则。   （　　　）

5.税收制度的核心是税法。   （　　　）

6.课税对象是区别一种税与另一种税的主要标志。   （　　　）

7.税率是税收制度的核心，主要解决"征收多少税"的问题。 （　　　）

8.我国自2016年起启动"营改增"税制改革。   （　　　）

四、简答题

1.税收制度是由哪些要素构成的？

2.简述1994年税制改革的基本情况。

3.近些年税制改革的背景及特点是什么？

五、案例分析题

1.2021年6月18日召开的国务院常务会议决定，从当年10月1日起，住房租赁企业向个人出租住房适用简易计税方法，按照5%征收率减按1.5%缴纳增值税；对企事业单位、社会团体以及其他组织向个人、专业化规模化住房租赁企业出租住房，减按4%税率征收房产税。

请问：结合出台这一政策的背景，分析为什么采取这样的税收优惠政策？这一税收优惠政策能够产生什么样的影响？为什么不采取财政补贴的方式？

2.2021年11月，浙江省杭州市税务部门通过税收大数据分析，发现朱某某、林某某两名网络主播涉嫌偷逃税款。经查，两人在2019—2020年，通过在上海、广西、江西等地设立个人独资企业，虚构业务，将其取得的个人工资薪金和劳务报酬所得转变为个人独资企业的经营所得，偷逃个人所得税。两人的上述行为违反了相关税收法律、法规，扰乱了税收征管秩序。

　　杭州市税务局稽查局依据《中华人民共和国税收征收管理法》《中华人民共和国个人所得税法》《中华人民共和国行政处罚法》等相关法律、法规，对朱某某追缴税款、加收滞纳金并拟处1倍罚款共计6 555.31万元，对林某某追缴税款、加收滞纳金并拟处1倍罚款共计2 767.25万元。

　　请问：该案例说明税收在社会生活中具有什么作用？如何看待这一事件的社会影响？

第六章

政府预算及财政体制

■ 内容提要

本章介绍政府预算的概念和组成体系、预算编制的程序、政府决算、部门预算、"收支两条线"、国库集中收付制度、政府采购制度改革，以及财政体制及其改革。

第一节　政府预算的概念和组成体系

一、政府预算的概念

政府预算是社会经济发展到一定历史阶段的产物，起源于封建社会和资本主义社会交替时期的英国。当时，英国新兴的资产阶级为了夺取财政大权，向政府提出国家的各项财政收支必须事先编制计划，并由有新兴资产阶级代表参加的议会审查批准后才能执行。经过长期斗争，这一要求得以实现。这种有一定法律形式和法律保证的政府年度财政收支计划，就是最早的政府预算。

政府预算是经过法定程序编制和批准的政府年度基本财政收支计划，是政府进行财政分配和财政宏观调控的重要手段。政府预算收支制约着政府活动的范围和方向，规定了政府主要财力的来源、结构，体现了国家发展国民经济和各项社会事业的方针政策。政府预算收支的有效期限，即预算编制和执行所依据的法定界限，称为预算年度或财政年度。我国预算年度的期限为当年的 1 月 1 日至 12 月 31 日。按照法定程序，在每个预算年度开始以前，由财政部门估算的政府年度财政收支计划的预计数称为预算草案；政府预算草案经过立法机关审查批准以后，才能成为具有法律效力的政府预算。

政府预算是人民监督政府的重要工具，是社会民主进步的产物。政府的财政收入来自人民，财政支出用于提供公共服务，仅靠政府及其工作人员自觉自律是不够的，必须建立严格有效的约束制度，确保财政资金的获取、分配、使用符合人民的意愿，真正体现"取之于民、用之于民"，真正提高老百姓的获得感、幸福感、安全感。我国是中国共产党领导的人民政权，始终坚持为人民服务的根本宗旨，自觉接受人民的监督。党中央提出构建包括预算制度在内的现代财政制度，就是要充分体现人民意志，保障人民权益，激发人民创造力，以不断满足人民对美好生活的向往为根本出发点和落脚点，以充分保证人民当家作主、当家理财为着力点，让人民群众在预算管理和监督中感受到当家作主、当家理财的真实感和自豪感，真正办好办实为人民造福的事情，让千家万户都过上更加幸福美满的生活。

我国 2018 年 12 月 29 日修订施行的《中华人民共和国预算法》（以下简称《预算法》）明确规定，制定本法是为了规范政府收支行为，强化预算约束，加强对预算的管理和监督，建立健全全面规范、公开透明的预算制度，保障经济社会的健康发展。这一立法宗旨鲜明地体现了预算的监督功能。

二、政府预算的组成体系

（一）预算的纵向体系

政府预算按政府级次分为中央政府预算和地方政府预算，按照《预算法》，我国实行一级政府一级预算，全国设立五级预算，分别是中央，省、自治区、直辖市，设区的市、自治州，县、自治县、不设区的市、市辖区，乡、民族乡、镇。中央政府预算是指经法定程序批准的中央政府的预算收支计划，是中央政府履行职能的基本财力保证，主要体现为中央政府的预算收支活动，在政府预算管理体系中居于主导地位。地方政府预算是经法定程序批准的地方各级政府的财政收支计划的统称，包括省级及省级以下共四级预算。地方政府预算负有组织本地区财政收支的重要任务，是地方政府职能实施的财力保证，并在政府预算管理体系中居于基础性地位。地方总预算由各省（直辖市、自治区）总预算汇总而成。

按照预算收支管理的范围和要求，各级预算可分为总预算、部门预算与单位预算。部门预算是政府预算的基础，基层预算单位是部门预算的基础。

总预算指各级政府本级和汇总的下级政府的财政收支计划。部门预算指各主管部门汇总编制的本系统的财政收支计划，由本部门所属各单位的预算组成。本部门是指与本级政府财政部门直接发生预算拨款关系的地方国家机关、军队、政党组织和社会团体。单位预算指列入部门预算的国家机关、社会团体和其他行政事业单位的财政收支计划。单位预算是事业行政单位根据事业发展计划和行政任务编制，并经过规定程序批准的年度财务收支计划，反映单位与财政部门之间的资金领拨关系。根据资金领拨关系，中国各级政府的单位预算分为一级单位预算、二级单位预算和基层单位预算。一级预算单位是与同级政府总预算直接发生预算资金缴拨款关系的单位；如果一级预算单位之下还有被管辖的下级单位，则该一级预算单位又称为主管预算单位。二级预算单位是与主管预算单位发生预算资金缴拨款关系，下面还有所属预算单位的单位。基层预算单位是与二级预算单位或主管预算单位发生预算资金缴拨款关系的单位。

（二）预算的横向体系

从一级政府来看，我国的政府预算由一般公共预算、政府性基金预算、国有资本经营预算、社会保险基金预算组成。相比于传统的一般公共预算，我们把上述四本预算称为"全口径预算"。其中，一般公共预算是主体，其主要收入来源是税收，支出包括行政管理、国防外交、社会事业、经济建设等方面。

（1）一般公共预算。它是指针对以税收为主体的财政收入，安排用于保障和改善民生、推动经济社会发展、维护国家安全、维持国家机构正常运转等方面的收支预算。

（2）政府性基金预算。它是指针对依照法律、行政法规的规定在一定期限内向特定对象征收、收取或者以其他方式筹集的资金，专项用于特定公共事业发展的收支预算。

政府性基金预算应当根据基金项目收入情况和实际支出需要，按基金项目编制，做到以收定支。

（3）国有资本经营预算。它是对国有资本收益作出支出安排的收支预算。国有资本经营预算应当按照收支平衡的原则编制，不列赤字，并安排资金调入一般公共预算。

（4）社会保险基金预算。它是指针对社会保险缴款、一般公共预算安排和其他方式筹集的资金，专项用于社会保险的收支预算。社会保险基金预算应当按照统筹层次和社会保险项目分别编制，做到收支平衡。

之所以将上述四本预算分开，是因为它们的收入来源、资金用途不一样，具体见表6-1。

表6-1　　　　　　　　　　四本预算收入、支出比较表

预算名称	收入来源	支出内容
一般公共预算	税收/非税收入	民生/经济社会发展/国家安全/机构运转
政府性基金预算	专项基金	特定公共事业发展
国有资本经营预算	国有资本收益	国企改革等
社会保险基金预算	缴款/财政补助	社会保险

第二节　政府预算程序

政府预算是立法机关审查批准的政府基本收支计划。其中，最重要的是需要提交立法机关审批，这是预算作为监督政府行使财权手段的关键步骤。各国立法机关的名称及审批程序不一样，下面主要介绍我国政府预算的编制和审批程序。

一、预算管理职权

《预算法》规定：全国人民代表大会审查中央和地方预算草案及中央和地方预算执行情况的报告；批准中央预算和中央预算执行情况的报告；改变或者撤销全国人民代表大会常务委员会关于预算、决算的不适当的决议。

全国人民代表大会常务委员会监督中央和地方预算的执行；审查和批准中央预算的调整方案；审查和批准中央决算；撤销国务院制定的同宪法、法律相抵触的关于预算、决算的行政法规、决定和命令；撤销省、自治区、直辖市人民代表大会及其常务委员会

制定的同宪法、法律和行政法规相抵触的关于预算、决算的地方性法规和决议。

县级以上地方各级人民代表大会审查本级总预算草案及本级总预算执行情况的报告；批准本级预算和本级预算执行情况的报告；改变或者撤销本级人民代表大会常务委员会关于预算、决算的不适当的决议；撤销本级政府关于预算、决算的不适当的决定和命令。

县级以上地方各级人民代表大会常务委员会监督本级总预算的执行；审查和批准本级预算的调整方案；审查和批准本级决算；撤销本级政府和下一级人民代表大会及其常务委员会关于预算、决算的不适当的决定、命令和决议。

乡、民族乡、镇的人民代表大会审查和批准本级预算和本级预算执行情况的报告；监督本级预算的执行；审查和批准本级预算的调整方案；审查和批准本级决算；撤销本级政府关于预算、决算的不适当的决定和命令。

考虑到人民代表大会开会时间较短、议程较多，人大代表难以深入审查，因此，法律规定在会议召开前进行初步审查。其具体规定是：全国人民代表大会财政经济委员会对中央预算草案初步方案及上一年预算执行情况、中央预算调整初步方案和中央决算草案进行初步审查，提出初步审查意见。

省、自治区、直辖市人民代表大会有关专门委员会对本级预算草案初步方案及上一年预算执行情况、本级预算调整初步方案和本级决算草案进行初步审查，提出初步审查意见。

设区的市、自治州人民代表大会有关专门委员会对本级预算草案初步方案及上一年预算执行情况、本级预算调整初步方案和本级决算草案进行初步审查，提出初步审查意见；未设立专门委员会的，由本级人民代表大会常务委员会有关工作机构研究提出意见。

县、自治县、不设区的市、市辖区人民代表大会常务委员会对本级预算草案初步方案及上一年预算执行情况进行初步审查，提出初步审查意见。县、自治县、不设区的市、市辖区人民代表大会常务委员会有关工作机构对本级预算调整初步方案和本级决算草案研究提出意见。

二、预算审查和批准

《预算法》对审查批准的机关作出了明确规定：中央预算由全国人民代表大会审查和批准。地方各级预算由本级人民代表大会审查和批准。对于初步审查，法律也作出了明确的时间规定：

国务院财政部门应当在每年全国人民代表大会会议举行的45日前，将中央预算草案的初步方案提交全国人民代表大会财政经济委员会进行初步审查。

省、自治区、直辖市政府财政部门应当在本级人民代表大会会议举行的30日前，将本级预算草案的初步方案提交本级人民代表大会有关专门委员会进行初步审查。

设区的市、自治州政府财政部门应当在本级人民代表大会会议举行的30日前，将本级预算草案的初步方案提交本级人民代表大会有关专门委员会进行初步审查，或者送交本级人民代表大会常务委员会有关工作机构征求意见。

县、自治县、不设区的市、市辖区政府应当在本级人民代表大会会议举行的30日前，将本级预算草案的初步方案提交本级人民代表大会常务委员会进行初步审查。

三、政府决算

政府决算是经法定程序批准的年度预算执行结果的会计报告。目的是总结和评价全年的预算收支活动，为过去一年预算收支的执行和管理提供信息。它对回顾一年来的预算执行过程起着关键作用，同时可以总结经验，弥补预算编制和执行环节的不足。

国务院财政部门编制中央决算草案，经国务院审计部门审计后，报国务院审定，由国务院提请全国人民代表大会常务委员会审查和批准。

县级以上地方各级政府财政部门编制本级决算草案，经本级政府审计部门审计后，报本级政府审定，由本级政府提请本级人民代表大会常务委员会审查和批准。

乡、民族乡、镇政府编制本级决算草案，提请本级人民代表大会审查和批准。

与政府预算由同级人民代表大会审查批准不同的是，除了乡镇一级外，中央决算、县级以上地方政府决算由本级人民代表大会常务委员会审查和批准。人大常委会是人民代表大会的常设机关，人员比较精干，在人大闭会期间履行人大的职权，一般每两个月召开一次例会。人大一般每年年初召开一次例会，而决算编制完成已经是年度中间，因此规定提交人大常委会审查批准。

决算草案同样规定了在常委会召开前进行初步审查，目的也是提高审查效率，充分发挥专门委员会及专家顾问的作用，更好地强化人大预算监督职能。

四、预决算信息公开

预算公开是政府信息公开的重要内容和公共财政的本质要求，对提高政府工作透明度、加强法治政府建设，具有重要意义。

《预算法》规定：经本级人民代表大会或者本级人民代表大会常务委员会批准的预算、预算调整、决算、预算执行情况的报告及报表，应当在批准后20日内由本级政府财政部门向社会公开，并对本级政府财政转移支付安排、执行的情况以及举借债务的情况等重要事项作出说明。

经本级政府财政部门批复的部门预算、决算及报表，应当在批复后20日内由各部门向社会公开，并对部门预算、决算中机关运行经费的安排、使用情况等重要事项作出说明。

各级政府、各部门、各单位应当将政府采购情况及时向社会公开。对预算执行和其他财政收支的审计工作报告应当向社会公开。

《中华人民共和国预算法实施条例》规定：一般性转移支付向社会公开应当细化到地区。专项转移支付向社会公开应当细化到地区和项目。

政府债务、机关运行经费、政府采购、财政专户资金等情况，按照有关规定向社会公开。

部门预算、决算应当公开基本支出和项目支出。部门预算、决算支出按其功能分类应当公开到项；按其经济性质分类，基本支出应当公开到款。

各部门所属单位的预算、决算及报表，应当在部门批复后20日内由单位向社会公开。单位预算、决算应当公开基本支出和项目支出。单位预算、决算支出按其功能分类应当公开到项；按其经济性质分类，基本支出应当公开到款。

阳光是最好的防腐剂。财政资金来自于纳税人，用于为人民群众提供公共服务，理应接受全社会监督，所以，预算公开也被称为"政府晒'账本'"。预算信息公开，可以增强预算透明度，有利于促进透明政府、廉洁政府建设，这也是我国政府为人民服务根本宗旨的重要体现。

第三节　财政管理改革

一、部门预算改革

部门预算是部门依据国家有关政策规定及其职能的需要，审核、汇总所属基层预算单位的预算和本部门机关的经费预算，经财政部门审核后提交立法机关批准的涵盖本部门各项收支的财政计划。

部门预算相对于传统的功能预算而言，发生了如下变化：①扩大了预算的编制范围，有利于提高预算的综合性；②一个部门一个预算；③克服了代编预算的方式，提高了准确性；④建立新预算管理机制。编制部门预算要求统一预算分配权，为此，财政部的内设机构及其职能也相应进行了重新设计：一是将预算司作为统一管理预算的部门；二是改变了原来按经费性质设置机构的做法，基本上做到了一个部门归口财政部的一个业务司；三是统一了国有企业资产和财务管理，统一预算内外资金管理，编制综合预算，使预算编制、执行和监督相对分离，初步建立起了分工合理、责任明确、相互制约的运行机制；四是调整了预算批复的主体，由财政部预算司统一批复预算；五是有利于及时批复预算。

1999年9月20日，财政部以财预字〔1999〕464号文下发了《财政部关于改进2000年中央预算编制的通知》（现已废止），从2000年起选择农业部、科学技术部、教育部、劳动与社会保障部四个部门，作为报送部门预算的试点单位，拉开了部门预算改革的序幕。自2001年起，各地方也开始在一些部门试点编制部门预算。到2004年，全国各省级部门基本上都实行了部门预算。

为深化部门预算改革，财政部又推进了支出预算管理改革和强化预算基础管理两项基础工作，支出预算管理改革包括：①基本支出预算管理。一是完善行政单位定员定额标准。根据中央部门履行职能情况、有关政策调整等因素，提出完善现行定员定额标准体系的思路，提高预算编制的规范性和准确性。对符合定员定额管理条件的事业单位，在总结试点经验的基础上，做好相关制度、标准的制定工作。二是推进实物费用定额试点工作。制定和完善实物费用定额标准，扩大试点部门范围，加快实现实物定额由"虚转"向"实转"的转变，建立定员定额与实物费用定额相结合的定额标准体系。三是做好事业单位体制改革工作。按照事业单位体制改革的总体部署，积极研究事业单位经费的供给范围和供给方式，将符合条件的事业单位逐步纳入定员定额试点范围。②项目支出预算管理。一是加强对经常性专项业务费的管理。选择一些符合条件的经常性专项业务费项目，明确界定其支出范围，并制定相应的管理办法，切实加强对此类项目的预算管理。二是积极探索项目支出预算滚动管理的合理途径。按照中央本级项目支出管理办法的规定，项目支出预算采取项目库管理方式，项目库分为中央部门项目库和财政部项目库。下一步将研究如何将部门上报但未批复项目、部门预算执行中申请追加的项目与项目库有机对接。做到既严格控制执行中的追加，又保证预算编制、执行追加审核标准的统一、规范，维护预算的严肃性和权威性。

另一项基础工作是强化预算基础管理。为完善财政管理，加强财政监督，提高资金使用效益，促进行政工作任务的完成和事业的发展，财政部于2001年印发了《中央部门项目支出预算管理试行办法》（现已废止），规定编制项目支出预算的基本办法，适用于中央级行政事业单位由行政事业费开支的项目，主要包括大型修缮、大型会议和其他行政事业性项目；通过项目库的设立，规范大额支出的申请及列入预算的程序，规定必须经过科学论证，以确保资金用在刀刃上。2006年财政部又根据基本支出改革的进展情况，对基本支出管理办法进行了修订，进一步完善"e财网"指标管理系统，建立中央行政事业人员的基础数据库，进一步加强结余资金管理，按照《中央部门财政拨款结余资金管理暂行规定》的要求，真正做到将部门项目预算安排和结余资金清理使用情况相结合，提高预算编制的准确性。在不断细化项目支出预算的同时，切实提高包括横向分配预算资金在内的预算资金年初到位率。通过压缩年初代编预算规模，减少执行中的追加事项。同时，加强对执行中追加预算的审批。对部门在预算执行中提出的追加申请，要严格控制和审批。对于年初代编预算，执行中追加的项目应符合年初代编的项目范畴要求。

二、国库集中收付制度改革

改革前，我国的财政性资金缴库和拨付方式，是通过征收机关和预算单位设立多重账户分散进行的。这种在传统体制下形成的运作方式越来越不适应社会主义市场经济体制下公共财政的发展要求。其主要弊端是：重复和分散设置账户，导致财政资金活动的透明度不高，不利于对其实施有效管理和全面监督；财政收支信息反馈迟缓，难以及时为预算编制、执行分析和宏观经济调控提供准确依据；财政资金入库时间延滞，收入退库不规范，大量资金经常滞留在预算单位，降低了使用效率；财政资金使用缺乏事前监督，截留、挤占、挪用等问题时有发生，甚至出现腐败现象。因此，必须对现行财政国库管理制度进行改革，逐步建立和完善以国库单一账户体系为基础、资金缴拨以国库集中收付为主要形式的财政国库管理制度。

财政国库管理制度改革的指导思想是：按照社会主义市场经济体制下公共财政的发展要求，借鉴国际通行做法和成功经验，结合中国具体国情，建立和完善以国库单一账户体系为基础、资金缴拨以国库集中收付为主要形式的财政国库管理制度，进一步加强财政监督，提高资金使用效益，更好地发挥财政在宏观调控中的作用。

财政国库管理制度改革的主要内容是：按照财政国库管理制度的基本发展要求，建立国库单一账户体系，所有财政性资金都纳入国库单一账户体系管理，收入直接缴入国库或财政专户，支出通过国库单一账户体系支付到商品和劳务供应者或用款单位。国库单一账户体系包括：财政部门在中国人民银行开设的国库单一账户、按资金使用性质在商业银行开设的零余额账户、在商业银行为预算单位开设的零余额账户、在商业银行开设的预算外资金财政专户、在商业银行为预算单位开设的小额现金账户和特殊过渡性专户。建立国库单一账户体系后，相应取消各类收入过渡性账户。预算单位的财政性资金逐步全部纳入国库单一账户管理。在建立健全现代化银行支付系统和财政管理信息系统的基础上，逐步实现由国库单一账户核算所有财政性资金的收入和支出，并通过各部门在商业银行的零余额账户处理日常支付和清算业务。

在规范财政性账户开设的同时，规范收入收缴程序和支出拨付程序。财政收入的收缴分为直接缴库和集中汇缴。财政支出总体上分为购买性支出和转移性支出，根据支付管理需要具体分为：①工资支出，即预算单位的工资性支出；②购买支出，即预算单位除工资支出、零星支出之外购买服务、货物、工程项目等的支出；③零星支出，即预算单位购买支出中的日常小额部分，除"政府采购品目分类表"所列品目以外的支出，或列入"政府采购品目分类表"但未达到规定数额的支出；④转移支出，即拨付给预算单位或下级财政部门，未指明具体用途的支出，包括拨付企业补贴和未指明具体用途的资金、中央对地方的一般性转移支付等。按照不同的支付主体，对不同类型的支出分别实行财政直接支付和财政授权支付。

建立以国库单一账户体系为基础、资金缴拨以国库集中收付为主要形式的财政国库管理制度，是对财政资金的账户设置和收支缴拨方式的根本性变革，是一项庞大而复杂的系统工程。改革方案的实施，不仅涉及改变现行预算编制方法和修订一系列相关法律、法规，建立健全银行清算系统、财政管理信息系统、财政国库支付执行机构等必需的配套设施，而且涉及改变传统观念、摆脱旧的管理方式的束缚。这项改革对加强财政管理监督、提高资金使用效益、从源头上防范腐败，具有重要意义。

为逐步建立以国库单一账户体系为基础、资金缴拨以国库集中收付为主要形式的财政国库管理制度，加强财政管理监督，提高资金使用效益，2001年，我国政府批准了财政部等部门制定的《财政国库管理制度改革方案》，要求在"十五"期间全面推行财政国库管理制度改革。

按照这一要求，中央部门于2001年8月开始实施改革，至2012年年底，地方各级财政将一般公共预算资金、政府性基金预算资金全部纳入国库集中支付范围；编制国有资本经营预算的地方，也对国有资本经营预算资金实行国库集中支付。

截至2012年年底，中央166个部门及所属1.5万多个基层预算单位，全国36个省市（自治区、直辖市、计划单列市）、51万多个地方预算单位实行了国库集中支付制度改革，资金支付范围涵盖公共财政预算、政府性基金和国有资本经营预算。在此基础上，不断完善预算执行动态监控运行机制。预算执行动态监控是指在国库集中支付制度改革的基础上，通过动态监控系统，对国库集中支付资金的相关信息进行监测、判断、核实、处理，及时纠正预算执行偏差，保障财政资金安全、规范、有效运行，以达到纠偏、警示、威慑目的的预算执行监管工作。

为严格控制公务活动开支，2007年5月，财政部、中国人民银行联合召开了全国公务卡应用推广工作会议，并于6月份印发了《中央预算单位公务卡管理暂行办法》，启动了中央和地方公务卡改革试点工作。改革试点进展顺利，并取得了初步成效。公务卡是指行政事业单位工作人员持有的，主要用于日常公务支出和财务报销业务的信用卡。在这之后，各级预算单位全面推行公务卡改革试点，积极扩大公务卡结算范围，具备刷卡条件的必须使用公务卡。其中，出差购买机票、定点饭店公务消费，都要使用公务卡结算；否则，财务不予报销。

推行公务卡改革，是深化预算制度改革、加强公共财政管理的必然要求，是方便预算单位用款、提高财务管理水平的重要举措，是提高政府支出透明度、加强惩防体系建设的制度创新。坚持改革有利于完善现代财政国库管理制度，有利于加强财政动态监控，有利于方便预算单位用款三个改革原则；规范"银行授信额度，个人持卡支付，单位报销还款，财政实时监控"四个操作环节。

三、预算外资金"收支两条线"改革

预算外资金是指各地区、各部门，全民所有制企业，事业、行政单位根据国家财政、财务制度的规定，收取、提留和安排使用，不纳入国家预算管理的资金。1996年《国务院关于加强预算外资金管理的决定》明确指出，预算外资金是财政性资金，并规定财政部门在银行设立预算外资金专户，实行"收支两条线"管理。

"收支两条线"管理是针对预算外资金管理的一项改革，其核心内容是将财政性收支纳入预算管理范围，形成完整统一的各级预算，提高法制化管理和监督水平。对于合理合法的预算外收入，不再自收自缴，实行收缴分离，纳入预算或实行财政专户管理。取消各执收单位自行开设和管理的过渡收入账户，改为由财政部门委托的代理银行开设预算外资金财政汇缴专户，只用于预算外收入的收缴，不得用于执收单位的支出。对于支出，实行收支脱钩，即执收单位的收费和罚没收入不再与其支出安排挂钩，单独编制支出预算，由财政部门通过正常途径安排。财政部2001年11月15日发布了《关于深化收支两条线改革进一步加强财政管理的意见》，在对部分部门的预算外收入纳入预算或实行收支脱钩管理的基础上，总结经验，逐步扩大试点范围，重点研究解决预算外资金的管理问题。对实行收支脱钩管理的部门原用预算外资金安排的支出，中央财政将根据其履行职能的基本需要准确核定，并通过财政拨款予以保障。

2010年6月1日，财政部决定，从2011年1月1日起，将按预算外资金管理的收入（不含教育收费，以下简称预算外收入）全部纳入预算管理。至此，"预算外资金"这一提法成为历史。这是我国预算管理制度改革进程中的一个重要里程碑，意义重大，既规范了政府资金的分配秩序，保证了预算的完整，又有利于减少乱收费、乱罚款和乱摊派等不良现象，从源头上治理了腐败，而且强化了财政资金管理，有利于加强人民代表大会和社会各界对财政资金的监督。

四、政府采购制度改革

政府采购制度是各级政府为了开展日常政务活动和为公众提供公共服务，以公开招标、投标为主要方式从市场上为政府部门或所属公共部门购买商品、工程和服务的一种制度。它作为财政制度的一个重要组成部分，在国外已经有相当长的历史，英国在1782年设立文具公用局，美国在1778年的《宪法》中就有了政府采购的条款。政府采购制度在各国的经济管理中有着十分重要的地位，目前发达国家和地区的政府采购占GDP 的比率较高，一般为 10% ~ 20%，如美国为 20%，欧盟在 15% ~ 20%，日本为10%，东南亚国家大体在 5% 左右。政府采购制度具有公开性、公平性和竞争性的特征。公开竞争是政府采购制度的基石，它体现了公平的原则，通过竞争，政府能买到具有最佳价格和性能的物品和劳务，能节约财政资金，使公民缴纳的税收产生最大的效益；它同时又体现了效率原则。

（一）实施政府采购制度的现实意义

我国目前正处在社会主义市场经济逐步建立的转轨时期，建立和完善政府采购制度具有十分重要的现实意义。

1.建立政府采购制度是市场经济体制的内在要求

市场经济讲求效益原则，要求使社会资源得到有效的合理配置。建立政府采购制度要保证政府的采购行为效益最大化；同时，在公平竞争的市场中进行，提高政府行为的透明度。我国社会主义市场经济的不断发展，为政府采购制度的建立提供了良好的外部环境；同时，政府是国内最大的单一消费者，政府采购的数量、品种和频率，对整个国民经济发展有着直接影响，建立政府采购制度，使政府行为规范化、法制化，既能较好地发挥政府的职能作用，又能弥补市场机制本身的缺陷。

2.建立政府采购制度是提高财政资金使用效益的需要

政府采购大多以招标的方式进行，增强了采购的透明度，通常可以在保证质量的前提下以最低价格成交。这一方面节约了财政资金，另一方面由于实行政府采购的基础工作是对各财政拨款的行政事业单位现有的资产存量进行摸底清查，建立资产档案，各单位无权自行调剂、报废和变卖，既可保证国有资产的安全性，又可避免重复购置，以节约财政资金。

3.建立政府采购制度是改革财政支出方式的需要

建立政府采购制度，改革财政支出方式，对部分财政购买性支出实行价值管理和实物管理相结合，能够更好地监督、控制财政资金的使用。政府采购是由政府委托专职部门实施的，专职部门根据政府各职能部门、事业单位的实际情况，对其所需的办公用品、车辆设备、工程项目、会议用品及服务统一购买，据实发放，由过去单一的资金拨付制改为资金管理与实物管理相结合的财政支出制度，强化了财政监管力度，使政府资源得到合理配置。

4.建立政府采购制度是防止产生腐败的需要

建立政府采购制度，提高了政府采购行为的透明度，杜绝了分散采购、自由采购中的不法行为，如以权谋私、吃回扣、请客送礼等，在保证采购质量、堵住财政资金流失的渠道的同时，又能从制度上杜绝腐败行为的产生。

5.建立政府采购制度是实现与国际接轨的需要

我国是 WTO 成员方，必须向其他成员方开放政府采购市场。另外，我国政府于1996年向 APEC（亚太经济合作组织）提交的单边协议计划，明确最迟于2020年与各 APEC 成员方对等开放政府采购市场。为此，必须建立政府采购制度，做好足够的准备，为对外开放政府采购市场积累经验，培养人才。

（二）实施政府采购制度的必要条件

1.专门的机构及人员

从各国的经验看，一般把财政部门作为政府采购中的一个重要管理机构。其职责主要有：制定政府采购法规或指南，管理招标事务，制定支出政策，管理和协调采购委员会的工作等。由于政府采购是一项专业性、系统性较强的工作，因而要由一批专门的人才来执行。

2.明确规范的采购原则

建立政府采购制度的国家一般都把货币价值最大化、公开、公平竞争、透明度、效率、防止腐败等作为政府采购普遍遵循的原则。

3.法定的采购程序

采取招标还是非招标方式，要视采购对象的数量、金额或特点而定。但无论采取哪种方式，都要遵循严格的法定程序。

4.权威的仲裁机构

仲裁的主要内容是招投标和履约双方在一些程序、协议条款和运作方式上产生的各种疑义。

（三）政府采购的范围、方式和程序

1.政府采购范围

政府采购的范围较广，内容庞杂，一般按政府采购对象的性质将其内容分为三大类，即货物、工程和劳务。货物包括原料产品、设备和器具，工程包括建造房屋、兴修水利、改造环境、交通设施和铺设地下水管等，服务包括专业服务、技术服务、资讯服务、营运服务、维修、培训、会务等。

2.政府采购方式

政府采购方式包括公开招标、邀请招标、竞争性谈判、单一来源采购、询价等。其中，公开招标是最基本的方式，即邀请所有潜在的供应商参加投标，采购部门通过事先确定并公布的标准从所有投标者中评出中标供应商，并与之签订采购合同。

3.政府采购程序

政府采购程序一般包括三个阶段，即确定采购要求、签订采购合同和执行采购合同。

（四）我国政府采购制度的改革进程

我国的政府采购制度是在社会主义市场经济的大背景下逐步发展起来的。1996年以来，我国的政府采购制度改革经历了研究探索、试点初创、全面试点、全面实施四个阶段，采购范围和规模不断扩大，经济效益和社会效益大幅提高，法律框架基本形成，管采分离（采购管理机构与操作机构分离）的管理体制初步建立，调控经济和社会发展的政策功能逐步显现。1996—1997年为研究探索阶段，财政部提出了把推行政府采购制度作为我国财政支出改革方向的政策建议，上海市、河北省、深圳市等地开展了试点工作；1998—1999年为试点初创阶段，财政部于1999年制定发布了《政府采购管理暂行办法》；2000—2002年为全面试点阶段，财政部在国库司内设立了政府采购管理处，2002年全国政府采购规模突破了1 000亿元；2003年至今为全面实施阶段，2003年1月1日，《中华人民共和国政府采购法》正式实施，标志着政府采购制度改革试点工作结束，进入了全面实施阶段。

十几年来，我国政府采购规模增长迅速。1998年仅为31亿元，2013年全国政府采购金额为16 381.1亿元，2020年达到36 970.6亿元，较上年增加3 903.6亿元，增长11.8%，占全国财政支出和GDP的比重分别为10.2%和3.6%。政府采购政策功能作用日益凸显，有效促进了经济社会发展。

第四节　财政体制及其改革

一、财政管理体制的含义及构成

财政管理体制，简称财政体制，指的是在中央与地方政府之间以及地方各级政府之间规定预算收支范围和预算管理职权的一项根本制度。其实质是各级预算主体的独立自主程度以及集权和分权的关系问题，也可以称为政府间财政关系。

财政体制听起来很抽象，但与我们每个人息息相关。日常生活中，我们接触到的各种各样的公共服务，就是由各个不同级次的政府提供的。街上的路灯是由市县镇级政府提供的公共服务，由市县镇级财政出钱；公办小学、初中是由市县镇级政府提供的公共服务，也是由市县镇级财政出钱；在城市，公办高中是由市级政府提供的公共服务，而初中一般是由城区政府举办的，分别由市财政、城区财政提供经费；学区房问题的背后也与财政体制有关联，同一个城市里，不同城区的经济发展水平、财政实力有较大的差距，所办的小学、初中教育水平、声誉也会有差异，所以不少家长都希望自己的孩子借读到其他城区或地段更好的学校，如果不加限制，那么就会出现有的学校人满为患、有的学校门可罗雀的现象，为了解决这个矛盾，各地普遍划分地段，规定只能就近入学；同为本科院校，部属高校由中央财政拨款，省属高校由省级财政拨款，而市属高校由市级财政拨款，经费的满足程度就会有差别；等等。

通俗地说，财政体制包括以下几方面内容：一是各项公共服务由哪一级政府提供，即事由谁做；二是这些公共服务由哪一级财政承担支出责任，即钱由谁出；三是税收及非税收入归哪一级政府支配，即收入怎么划分、钱归谁用；四是各级政府财政收入与支出不平衡怎么办，即如何使做事与分钱配套起来。

各级政府事权、支出责任、收入（财权财力）划分好之后，还需要一个转移支付制度来实现上下级政府之间、同级政府之间事权与财力的匹配。因为各地区资源禀赋不同、经济基础有差异，发达地区（特别是面积小的直辖市）的事权与支出责任较小，而财力比较充裕，提供公共服务的能力比较强；欠发达地区事权与支出责任较大，而财力比较紧张，提供公共服务的能力比较弱。如果不加以协调解决，就会影响社会稳定，难以实现共同富裕。建立政府间转移支付制度的必要性包括以下几方面：

一是调节上下级政府之间的财力不均衡。以我国为例，中央政府为了掌握宏观调控的主动权，增强自身的权威，一般拥有的财权财力比较多，而低层级政府拥有的财权财力比较少，但多数公共产品是由低层级政府提供的，这样，各级政府的事权与财力是不匹配的。承担了做事的责任，却没有相应的钱，那么，提供公共服务就成了一句空话。因此，需要中央财政以补助形式向地方财政转移资金，上级财政对下级财政也是一样。但不排除另外一种情况，某个设区市本级财政实力比较弱，但下属某个县或城区财政实力比较强，那么，就可以要求这个县或城区向市级财政做贡献，称为上解资金，这也是转移支付的形式。

二是调节同级政府之间的财力不均衡。不管哪个国家，通常地区之间发展都存在不平衡的现象，甚至相差比较大。比如，2020年我国各省份之间人均地区生产总值就有很大差异，最高的北京市为164 929元，最低的甘肃省仅为36 039元，前者是后者的4.6倍；同年人均一般公共预算收入最高的上海市为28 333元，最低的广西壮族自治区仅为3 425元，前者是后者的8.3倍。缩小上述差距，有两种形式：一种是纵向转移支付，即中央（或高层级）政府从发达地区划走一部分收入，补助给欠发达地区；另一种是横向转移支付，即同级政府之间互相转移资金，由发达地区补助（帮扶）欠发达地区。纵向转移支付各国普遍采用，横向转移支付相对较少，我国还没有完全制度化的横向转移支付，但临时性的对口扶持多次采用，如沿海发达省份对西部欠发达省份的对口扶持。

三是中央对跨地区的外部性明显的地方性公共产品给予专项补助。比如，跨省区的高速公路、高速铁路、水利工程，不仅相关省份受益，还惠及周边地区，如果由沿线省份出钱，它们的积极性一般不高，这时，中央财政有必要给予适当补助，鼓励它们提供此类公共产品。财政实践中，我国中央财政高度重视并积极支持西部地区交通基础设施建设，在补助标准等方面向西部地区予以倾斜，通过车辆购置税补助资金对西部地区国家高速公路建设项目按照静态总投资的30%进行补助。另外，对于为了生态保护而限制开发的地区，由中央财政或受益于环境保护的水流域下游地区财政对上游地区给予财力补偿。

四是帮助欠发达地区加快发展。我国的革命老区、少数民族地区、边疆地区、山区由于历史原因、自然条件、地理位置等客观因素，发展相对缓慢，单靠自身努力难以赶上全国发展步伐，需要中央财政或发达地区财政给予财力帮助，以实现共同富裕、基本公共服务均等化。这有利于民族团结、社会稳定。

二、现行财政管理体制

（一）分税制的含义和改革的背景

分税制是在划分事权的基础上，按税种划分中央与地方的财政预算收入，合理确定中央与地方的财权财力，以正确处理中央与地方政府间财政预算分配关系的一种财政体制。简单来说，就是按税种划分各级政府的财政收入。

中华人民共和国成立以来，我国财政管理体制进行了多次调整与改革。20世纪80年代，我国加快了财政管理体制改革的步伐。以放权让利为中心的改革，改变了计划经济体制下以高度集中、统收统支为基本特征的财政管理体制，扩大了地方财政的自主权，调动了地方各级政府的积极性，保证了国民经济持续发展和改革开放的顺利进行。

自1988年起实行的财政大包干体制，适应了当时社会经济发展的需要。但它毕竟不是一种科学、合理、规范的办法，仍然保持着计划经济的基本框架，不适应建立社会主义市场经济体制的要求，其缺陷随着社会经济的发展和改革的深入日渐显露出来。财政大包干体制的缺陷主要表现在：

（1）削弱了中央财政的宏观调控能力。财政大包干的最大问题是把地方政府应上缴中央的收入包死，地方增加的收入中，除按规定比例上缴中央外，其余全部留给地方，中央财政收入的增长缺乏弹性。

（2）强化了地方利益机制。财政大包干刺激了地方发展高税利企业，在一定程度上助长了地区封锁和盲目建设，不利于国家产业结构的调整和资源的合理配置。

（3）弱化了效率优先、兼顾公平的原则。财政大包干体制类型多、不规范，不能很好地体现效率优先、兼顾公平的原则，这与建立社会主义市场经济体制的要求不相适应。

自1992年起，我国在部分地区实行了分税制财政管理体制的试点。在分税制地区总结经验的基础上，1993年国务院决定从1994年1月1日起在全国全面实行分税制财政管理体制。

（二）分税制改革的基本内容

1.中央与地方事权和支出的划分

中央主要承担国家安全、外交和中央国家机关运转所需的费用，调整社会经济结构、协调地区经济发展的政策支出，以及由中央直接管理的事业发展支出，具体包括：中央行政管理费、国防费、外交和援助支出以及中央统管的基本建设支出等。

地方主要承担本地区政权机关运转所需支出，以及本地区经济、事业发展所需支出，具体包括：地方行政管理费，民兵事业费，公检法支出，地方文化、教育、卫生等各项事业费，城市维护和建设经费，地方统筹发展的基本建设投资，支农支出，价格补贴及其他支出。

2.中央与地方收入的划分

根据中央和地方的事权划分情况，按照财权与事权相统一的原则，将税种划分为中央收入、地方收入、中央与地方共享收入。将有利于国家权益、实施宏观调控所必需的税种划分为中央固定收入，将适合地方征管的税种划分为地方固定收入，将同经济发展直接相关的主要税种划分为中央与地方共享收入。其具体划分情况如下：

中央固定收入包括：关税，船舶吨税，海关代征的增值税和消费税，消费税，铁道部门、各银行总行、保险总公司等部门集中缴纳的收入（包括所得税、利润和城市维护建设税），中央企业上缴利润，证券交易的印花税，车辆购置税。

地方固定收入包括：城镇土地使用税，环境保护税、城市维护建设税（不含铁道部门、各银行总行、各保险总公司集中缴纳的部分），房产税，车船税，印花税，耕地占用税，契税，烟叶税，土地增值税等。

中央与地方共享收入包括：增值税、资源税、企业所得税和个人所得税。增值税中央分享50%，地方分享50%；海洋石油资源税作为中央收入，其他资源税作为地方收入。

根据形势的变化，自2002年1月1日起，取消按隶属关系划分企业所得税收入的分配办法，除铁路运输、国家邮政、中国工商银行、中国农业银行、中国银行、中国建设银行、国家开发银行、中国农业发展银行、中国进出口银行以及海洋石油天然气企业缴纳的所得税作为中央收入外，其他企业所得税和个人所得税收入由中央与地方按比例分享。以2001年为基期，基数内的收入全归地方；2002年企业所得税增量中央、地方各分享50%；2003年所得税增量中央分享60%、地方分享40%，以后年度另行规定。具体见表6-1。

表6-1　　　　　　　　　　中央与地方收入的划分

中央固定收入	中央与地方共享收入	地方固定收入
①关税 ②海关代征的消费税和增值税 ③消费税 ④铁道部门、各银行总行、各保险总公司等集中缴纳的收入（包括所得税、利润和城市维护建设税） ⑤中央企业上缴利润 ⑥车辆购置税 ⑦证券交易（印花）税 ⑧船舶吨税	①增值税（中央50%、地方50%） ②资源税（海洋石油资源税归中央，其余归地方） ③企业所得税（中央60%、地方40%） ④个人所得税（中央60%、地方40%）	①城镇土地使用税 ②环境保护税 ③城市维护建设税（不含铁道部门、各银行总行、各保险总公司等集中缴纳的部分） ④房产税 ⑤车船税 ⑥印花税 ⑦契税 ⑧土地增值税 ⑨耕地占用税 ⑩烟叶税 ⑪国有土地有偿使用收入

注：全面推行"营改增"改革后，增值税分享比例由原来的中央75%、地方25%改为五五分成，自2018年1月1日起施行的环境保护税列为地方收入。

资料来源　根据财政部网站资料编制。

3.中央对地方税收返还数额的确定

现行分税制还建立了中央对地方税收的返还制度。税收返还额以1993年为基期核定。按照1993年地方实际收入以及税制改革后中央与地方收入的划分情况，核定1993年中央从地方净上划的收入数额（即消费税+75%的增值税−中央下划收入），并以此作为中央对地方的税收返还基数，以保证1993年地方既得利益。

1993年以后，税收返还额在1993年的基数上逐年递增，递增率先是按全国增值税和消费税增长率的1：0.3系数确定，后为了调动地方政府发展生产、增加财源的积极性，促进增值税和消费税的合理增长，改为按各地区增值税和消费税增长率的1：0.3确定，即本地区增值税和消费税每增长1%，中央对地区的税收返还额增长0.3%。其计算公式为：

1994年税收返还额=1993年核定净上划中央收入×（1+1994年本地区增值税和消费税比上年增长率×0.3）

以后年度税收返还额=上年税收返还收入×（1+当年本地区增值税和消费税比上年增长率×0.3）

对1994年以后上划中央收入达不到1993年基数的，应相应扣减返还数额。

为了保证分税制的顺利推行，实行分税制后原体制仍将继续运行，过渡一段时间再逐步规范化。原体制中中央对地方的补助继续按规定执行。

红色故事6-1　　　　　　　　　　　根据地预决算

中华苏维埃共和国成立后，1931年12月27日，临时中央政府人民委员会第三次会议讨论并通过了《中华苏维埃共和国暂行财政条例》，详细规定了税收、收入送达中央财政部或银行，行政经费和军队经费的预算编制、决算编制的具体方法，预决算表及相关簿册的送交、保管及销毁时间等事项。财政人民委员部训令（财字第六号）《目前各级财政部的中心工作》明确指出："首先就要把财政统一起来……各级政府以后必须采用新式簿记，实行预算决算，并须每月审查账目。"

12月27日，临时中央政府人民委员会第八号训令规定："各机关、各部队一切开支都要按照各个系统做预算并向自己上级报告。未取得财政人民委员部支票，绝对不能向支库支款，或临时筹措，违者以破坏财政统一论处；各级预算需按规定日期造报；未经批准自由超过预算者，则由其自认。"1933年3月28日，临时中央政府人民委员会第三十八次常委会通过的《省县市财政部暂行组织纲要》规定："省、县、市区财政部在财政人民委员部命令的指导之下，管理国家租税、公债、国有财产以及其他国家财产上之委托事项并负责管理行政费之预算与出纳事项；会计科或会计员掌行政费之银钱出纳，账目登记以及预算之编制审查。"

为了保证财政预决算制度的落实，中华苏维埃共和国先后建立了与之相适应的国库制度、会计制度和审计制度。1932年10月22日，临时中央政府人民委员会颁布了《国库暂行条例》，规定了国库的设置办法、管理机关及人员组成、国库的收入及支出的具体程序等。该条例规定："各种经费的支出，应当按照各机关所编成的预算……然后始可由国库管理局开出支票。"1933年1月24日，中央财政人民委员部训令第十三号指出"实行预决算制度是国库建立后的最主要工作"，并要求省财政部收到各县预决算后，必须加以审查并附意见，而不是原账转来。除支付预算外，省、县政府需每日编制收入预算表寄中央备查。

红色故事6-2

陕甘宁边区
政府厉行节约

1930年3月，闽西工农兵第一次代表大会通过了《财政问题决议案》，明确"一切税收以县为单位，由县政府统一征收，各区乡政府机关经费概由县政府发放；各县政权机关经费应按照规定登记、制定预算，由县政府汇集提交县代表大会通过；各级政府经费之支出每月应造定决算表交县政府审核公办"。

资料来源 ［1］谢志民．中央苏区财政预决算制度析论［J］．赣南师范学院学报，2016（2）．［2］熊鹭．闽西革命根据地的财政与金融［J］．中国金融，2021（12）．

红色故事6-3

中央苏区的
财政体制

案例讨论

案例一 预算的监督作用

2015年3月13日，浙江省温岭市十五届人大四次会议新增一项议程，首次对预算修正议案进行票决，开国内县级城市先河。大会主席团审查后决定把林于法领衔的《关于要求增加城乡交通治堵经费的预算修正议案》提请大会投票表决。在实到的363名代表中，该修正议案获得赞成票346票、反对票8票、弃权票9票。由于《中华人民共和国预算法》等法律没有对人大修改政府提交的预算草案作出规定，上述做法引发了业内关注。

讨论：（1）怎么看待人大常委会直接修改预算并付诸表决？这体现了预算的什么作用？

（2）这样的做法对财政资金分配、民主监督有什么影响？

案例二 财政体制与环境保护

新安江是安徽的三大水系之一，流入浙江境内，注入千岛湖。安徽作为水系上游，如果发展污染产业，当地经济可能会得到发展，但水质变差，将影响下游的浙江。那么如何建立一个共赢的机制呢？在财政部、环境保护部的指导下，从2012年起，浙江和安徽两省开展了新安江流域上下游横向生态补偿试点，设置补偿基金每年5亿元，其中中央财政出资3亿元、浙皖两省各出资1亿元。若年度水质达到考核标准，浙江拨付给安徽1亿元；若年度水质没有达到考核标准，安徽拨付给浙江1亿元。一轮试点3年，2015年、2018年第二、三轮试点浙皖两省各增加1亿元。试点总体上实现了环境效益、经济效益、社会效益多赢。

讨论：（1）如何看待这一新思路？

（2）财政体制发挥了什么样的作用？有什么启示？

阅读材料

［1］樊丽明，等．中国政府预算改革发展年度报告2020：聚焦地方政府债务管理［M］．北京：中国财政经济出版社，2021．

［2］马蔡琛，赵早早．新中国预算建设70年［M］．北京：中国财政经济出版社，2020．

［3］张德勇，孙琳．新中国财政体制70年［M］．北京：中国财政经济出版社，2020．

［4］张韬. 中央财政转移支付政策变迁研究——以贵州省为例［M］. 北京：中国经济出版社，2020.

［5］汪凌燕，汪通. 穿越历史聊经济：从周赧王到隋文帝［M］. 北京：北京大学出版社，2016.

综合训练

一、单项选择题

1.我国预算年度的起始期限为（　　　）。

A.当年的 1 月 1 日至 12 月 31 日

B.当年的 4 月 1 日至次年的 3 月 31 日

C.当年的 10 月 1 日至次年的 9 月 30 日　　D.当年的 7 月 1 日至次年的 6 月 30 日

2.以税收为主要收入来源的是（　　　）。

A.政府性基金预算　　　　　　　　　　B.国有资本经营预算

C.社会保险基金预算　　　　　　　　　D.一般公共预算

3.各级政府预算草案必须经（　　　）审批后才能生效。

A.各级人民代表大会　　　　　　　　　B.各级人民代表大会常务委员会

C.各级政府　　　　　　　　　　　　　D.各级财政部门

4.本级政府财政部门应当自人大批准本级政府预算之日起（　　　）日内向社会公开。

A.10　　　　　　　　B.15　　　　　　　　C.30　　　　　　　　D.20

5.（　　　）是经法定程序批准的年度预算执行结果的会计报告。

A.政府预算　　　　　B.政府决算　　　　　C.财政体制　　　　　D.财政政策

6.我国目前作为中央固定收入的是（　　　）。

A.房产税　　　　　　B.契税　　　　　　　C.关税　　　　　　　D.增值税

7.中央决算草案由（　　　）审查批准。

A.国务院　　　　　　　　　　　　　　　B.全国人民代表大会

C.全国人民代表大会常务委员会　　　　　D.财政部

8.我国现行财政管理体制是（　　　）。

A.总额分成　　　　　B.分类分成　　　　　C.包干制　　　　　　D.分税制

9.按现行财政管理体制，属于地方固定收入的是（　　　）。

A.个人所得税　　　　B.消费税　　　　　　C.耕地占用税　　　　D.资源税

10.现行分税制将同经济发展直接相关的主要税种划为（　　　）。

A.中央固定收入　　　　　　　　　　　　B.地方固定收入

C.中央与地方共享收入　　　　　　　　　D.调剂收入

二、多项选择题

1.我国下列组织应当编制财政预算的有（　　　）。

A.省级政府　　　　　　　B.接受财政补贴的国有企业

C.乡（镇）政府　　　　　　D.县政府　　　　　　　　E.村委会

2.我国"全口径预算"包括（　　　）。

A.一般公共预算　　　　　　B.政府性基金预算

C.国有资本经营预算　　　　D.社会保险基金预算

E.公共财政预算

3.属于各级人民代表大会常务委员会职权的主要有（　　　）。

A.各级预算的审批权　　　　B.各级决算的审批权

C.各级预算调整方案的审批权　　　　　　　　D.各级预备费动用的审批权

E.预算收入退库的审批权

4.按照我国现行财政体制，划为中央财政支出范围的有（　　　）。

A.民兵事业费　　　　　　　B.国防费

C.援外支出　　　　　　　　D.国家安全经费　　　　　E.宏观调控支出

5.下列税种属于中央固定收入的有（　　　）。

A.消费税　　　　　　　　　B.房产税　　　　　　　　C.地方银行所得税

D.个人所得税　　　　　　　E.关税

6.下列税种属于中央与地方共享收入的有（　　　）。

A.增值税　　　　　　　　　B.企业所得税　　　　　　C.房产税

D.资源税　　　　　　　　　E.个人所得税

三、判断题

1.社会保险基金预算是政府预算的重要组成部分。　　　　　　　　　　（　　　）

2.全国人民代表大会审查和批准中央预算和地方总预算草案。　　　　（　　　）

3.我国从2011年起全面取消预算外资金。　　　　　　　　　　　　　（　　　）

4.对预算执行和其他财政收支的审计工作报告应当向社会公开。　　　（　　　）

5.公开招标是政府采购最基本的方式。　　　　　　　　　　　　　　（　　　）

四、简答题

1.简述建立政府采购制度的意义。

2.简述建立政府间转移支付制度的必要性。

3.简述分税制改革的基本内容。

4.简述财政国库管理制度改革的主要内容。

5.怎样理解分税制？

五、案例分析题

针对企业职工养老保险制度实施中出现的问题，国务院决定建立养老保险基金中央调剂制度，自2018年7月1日起实施。在现行企业职工基本养老保险省级统筹的基础上，建立中央调剂基金，对各省份养老保险基金进行适度调剂，确保基本养老金按时足额发放。

中央调剂基金由各省份养老保险基金上解的资金构成。按照各省份职工平均工资的90%和在职应参保人数作为计算上解额的基数，上解比例从3%起步，逐步提高。

某省份上解额=（某省份职工平均工资×90%）×某省份在职应参保人数×上解比例。

中央调剂基金实行以收定支，当年筹集的资金全部拨付地方。中央调剂基金按照人均定额拨付，根据人力资源和社会保障部、财政部核定的各省份离退休人数确定拨付资金数额。

某省份拨付额=核定的该省份离退休人数×全国人均拨付额。

其中：全国人均拨付额=筹集的中央调剂基金÷核定的全国离退休人数。

请问：为什么要建立这样的制度，背景是什么？想达到什么样的目的？运用所学的财政体制知识思考，提出自己的看法。

第七章

财政政策

■ 内容提要

　　本章介绍财政政策的含义、类型、目标、工具，以及1993年以来不同时期实行的从紧财政政策、积极财政政策、稳健财政政策的具体情况。

第一节　财政政策目标

一、财政政策的含义

　　财政政策是经济宏观调控的重要组成部分，是国家运用财政这一手段调节和控制国民经济，从而实现预期发展目标的措施的总称。在现代市场经济中，市场机制在资源配置中起决定性作用，政府宏观调控则在市场失灵的领域发挥作用，并为市场机制有效运行营造良好的环境。

二、财政政策的类型

　　按照对经济的影响，财政政策可分为扩张性财政政策、紧缩性财政政策、中性财政政策。扩张性财政政策是指通过减税或扩大财政支出、扩大赤字刺激需求，从而拉动经济增长；紧缩性财政政策是指通过增税或减少财政支出来抑制需求；中性财政政策是指保持财政收支平衡，对经济发展起中性作用。

　　按照财政政策的手段，财政政策可分为税收政策、公债政策、投资政策、补贴政策、公共支出政策、预算政策等。

　　按照财政政策调节经济周期的作用来划分，财政政策可分为自动稳定的和相机抉择的财政政策。自动稳定的财政政策是指财政的某些制度性安排能够自动促进总需求和总供给的平衡，如失业救济金、社会救助计划等。这些财政政策都遵照法律规定的收入和支出制度自动执行，财政收支的升降自动由经济周期的波动决定。相机抉择的财政政策是指政府根据总需求和总供给的现实情况，灵活改变税收和财政支出，以达到总供求平衡、熨平经济波动的目标。

按照财政政策作用的不同方面，即将财政政策本身的内容与对经济运行状态的影响结合起来进行分析，财政政策可分为总量调节政策、结构调节政策。

三、财政政策的具体目标

宏观调控既是市场经济条件下政府弥补市场失灵的方式，也是政府为实现自身设定的经济社会发展目标而主动运用计划、财政、金融等手段调控经济的活动。它反映了执政党及一国政府驾驭市场经济的能力。不论是整个宏观调控还是财政政策，其目标都包括以下四个方面：经济增长、充分就业、物价稳定、国际收支平衡。与计划经济不同，市场经济是以市场为基础进行资源配置的经济，其运行的特点，一是各种经济活动都掩盖在交换关系之下，经济运行的透明度很低；二是市场经济是开放体系，国内市场与国际市场融为一体，国际因素对国内经济的影响显著增强，经济运行过程日趋复杂。

经济增长是每一个国家都追求的发展目标，也是增加全社会物资供给、满足人类发展需要的基础。只有经济总量不断增长，物质财富不断增加，才能解决贫困、不公平、抗灾能力不强等问题。经济增长有其自身的规律，追求过高的增长率会导致经济发展的大起大落，过低的增长率则难以满足新增就业机会、增加物资供应等要求。经济增长率通常用国内生产总值增长率指标来度量。由于增加供给是生产的一般目的和政府的首要目标，因而保持总供给和总需求动态平衡的根本手段在于提高总供给能力，即保持经济适度稳定增长。通常认为，发展中国家年经济增长率在3%以内为低速增长，4%~6%为中速增长，大于6%为高速增长。

充分就业，一是指有劳动能力并愿意工作的社会成员都能获得就业机会；二是指在岗的劳动者在法定工作时间内能够得到充分有效的利用，不存在传统计划经济体制下的"隐性失业"问题。因此，充分就业意味着人力资源的有效利用和合理配置，意味着劳动效率的提高。劳动者充分就业的衡量指标是失业率。失业率的高低是判断总供给和总需求是否平衡的主要标志之一。一般来说，失业率在4%以下就被认为经济体系已达到充分就业水准。

物价稳定是所有国家的政府调节宏观经济的一个重要目标。其衡量标志是物价上涨率或通货膨胀率。物价基本稳定是一个总体的、长期的和动态的概念，并不是冻结物价，它并不排斥单个商品价格的变动和物价总水平在一定时间内以一定的幅度变动。政府调控所要达到的稳定物价的目标，主要是防止和克服物价在短期内的大幅波动和严重通货膨胀。在价格形成机制和价格体系合理的条件下，物价总水平的基本稳定就表明总供求的平衡。通行的标准是，物价年上涨率在2%以下为稳定，3%~5%为平和，一旦超过5%则预示着经济总量和经济结构可能失调，需要采取措施加以控制，而达到两位数时，治理通货膨胀就会成为压倒一切的任务。

国际收支平衡是指一国对其他国家的全部货币收入和货币支出相抵后略有顺差或

略有逆差。一般说来，顺差意味着该国的外汇收入超过支出，外汇收入增加，意味着国内市场的货币供应量增加。同时，顺差也意味着商品量的输出大于商品量的输入，相对地减少了国内市场的商品量供给。因此，在国内市场货币偏多、物价不稳、商品供给不足的情况下，国际收支的顺差过大不利于促进国民经济的稳定发展和国内市场上金融与物价的稳定，而且会加大国内市场上商品供求的矛盾，加剧通货膨胀；相反，如果国内市场货币供给不足、外资缺乏、失业严重、商品供大于求，则顺差是有利的。国际收支逆差的影响正好与上述情况相反。正是由于国际收支状况与市场货币供给和商品供求密切相关，所以调节国际收支并促其平衡就成为政府制定宏观经济调控政策的重要目标之一。目前，在国际收支方面，我国连续多年实现贸易顺差，利用外资稳居全球前列，外汇储备额和出口贸易额大大超过外债余额，收支保持良好，人民币汇率稳定。

第二节　财政政策工具

一、财政政策工具及作用方式

财政政策是政府宏观调控的重要手段，主要通过预算、税收、补贴、投资、公债、转移支付等工具，发挥优化资源配置、调节收入分配、稳定经济等方面的功能。

财政政策工具，也称为财政政策手段，是国家为实现一定财政政策目标而采取的措施。财政政策工具包括政府预算、税收、公债、财政投资、财政补贴、公共支出等。其各自的作用方式如图7-1所示。

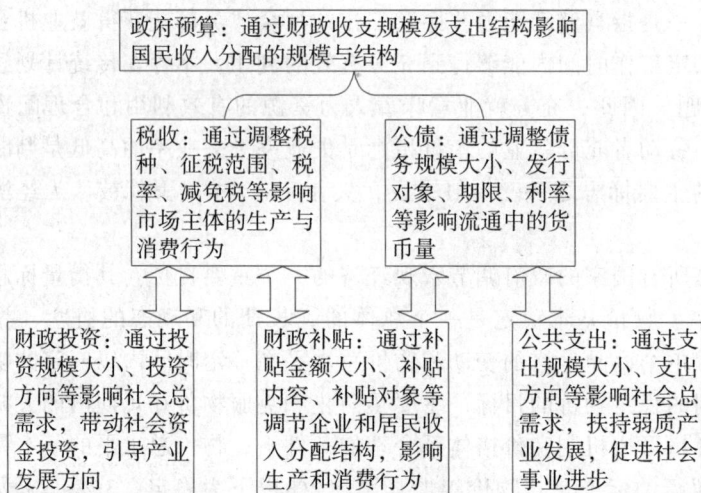

图7-1　财政政策工具示意图

1.政府预算

政府预算是经法定程序批准的国家年度财政收支计划，是实现财政职能的基本手段。运用预算实现财政政策目标是通过以下两方面进行的：①确定预算收支规模和收支差额；②调整和变动预算支出结构。

2.税收

税收调节具有广泛性、整体性等特点。其调节可以通过调整税种、征税范围、税率、税收优惠措施等方式进行，从而影响生产者或消费者改变生产或消费行为。

3.公债

作为组织财政收入的一种辅助手段，公债"金边债务"的特点使其在调节经济活动、实现政策目标方面起着其他手段不能替代的作用，可以调节国民收入使用结构及流通中的货币量。

4.财政投资

国家安排的财政预算内投资具有针对性强、作用直接、政策性强等特点。当前，财政投资在国民收入分配格局中已发生重大变化，投资主体多元化、投资决策分散化，对协调全社会的资金使用、提高资金的总体使用效益具有特别重要的意义，将直接增加社会总需求，影响产业结构。

5.财政补贴

财政补贴是与价格、工资等分配手段相配合发生作用的，具有调节灵活的特点。

6.公共支出

公共支出是国家在预算中安排的行政、国防、社会事业等支出的总称。它对国民经济和社会发展有着长期的、潜在的重要作用且支出刚性较强，可以调节生产和消费、产业结构、收入分配等，对经济和社会全局具有重大影响。

二、财政政策的调控原理

财政政策综合运用各种财政工具，发挥稳定经济、优化资源配置、调节收入分配等方面的功能。改革开放以前，我国也运用预算、税收、财政支出、补贴、公债等工具调节经济发展，但没有形成完整的财政政策。在1992年明确社会主义市场经济体制改革总目标后，我国政府积极借鉴国际有益经验，注重立足本国实际，自觉运用多种政策手段调控经济，探索和积累了一些有益经验。

财政政策的运用并不是直接干预经济发展。政府实施宏观调控必须尊重市场经济的原则和规律，充分发挥市场机制配置资源的决定性作用，调控的目的主要是弥补市场机制的不足或失灵。在实践中，我国逐步由采用行政手段干预经济转向通过产业政策、财政政策、货币政策等经济手段进行间接调节，改变了直接干预的方式。每一种财政工具都有着不同的特点、不同的作用方式，它们之间不同的政策组合具有不同的效果。财政政策调控经济的经济学原理，具体如图7-2所示。

针对不同的经济环境、不同时期的财政政策目标，可以采取不同的政策类型。图7-3形象地表现了财政政策类型及相应的政策工具、政策目标。

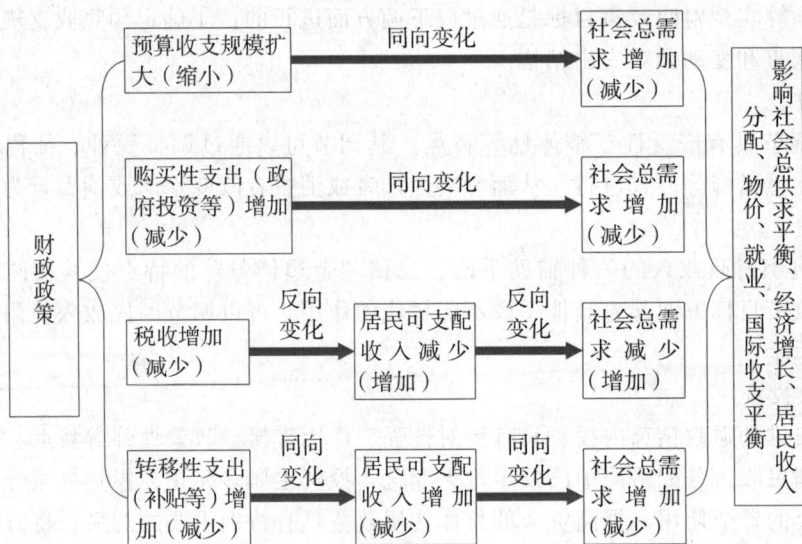

图7-2　财政政策调控原理示意图

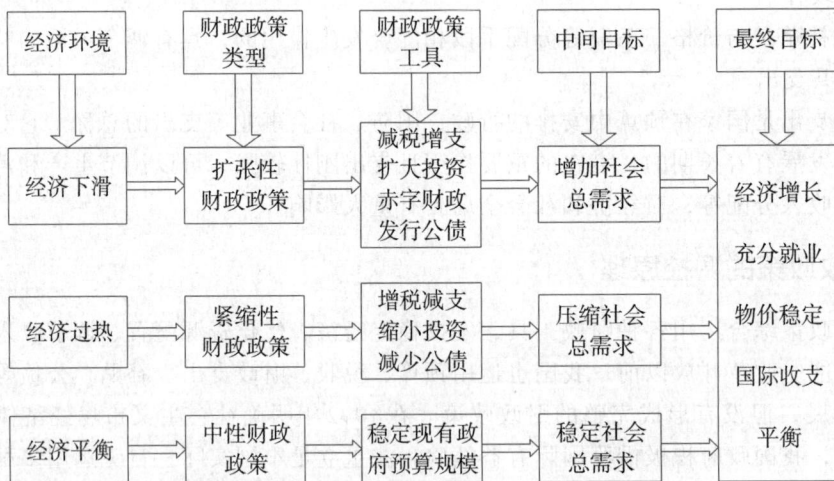

图7-3　财政政策类型及相应的政策工具、目标示意图

第三节　财政政策实践

　　中华人民共和国成立以来，我国政府根据不同时期的政治、经济任务制定和实施了相应的财政政策，为国家的经济发展作出了巨大贡献。但1978年改革开放以前，我国实行的是计划经济体制，政府对经济的调控主要是通过计划手段来实现的，且大多采取行政性措施，运用财政政策的主动性不强，财政政策的功能也受到了一定限制。实行改革开放政策的前十几年，中国经济处于由计划经济体制向市场经济体制转变的过渡阶段，实行的是计划与市场相结合的体制，政府开始有意识地利用财政政策工具调控经

济，取得了较好的成效。1992年确立社会主义市场经济体制改革目标之后，我国政府在加快市场经济体制建设的同时，更加注重吸收国内外财政理论的研究成果，广泛借鉴国际上的成功经验，积极探索，大胆实践，财政调控体系不断完善，调控手段更加科学，逐步实现了从以行政手段为主的直接方式向以经济手段为主的间接方式的转变，财政政策体系日臻成熟，实施效果也越来越好。

1993年以来，我国政府在社会主义市场经济体制建设中先后运用紧缩性财政政策、扩张性财政政策、中性财政政策进行宏观调控，取得了较好的效果。总结这些实践经验、探讨如何科学运用财政政策工具引导国民经济进入良性循环，有着重大的现实意义。下面分别介绍三个不同阶段财政政策的实践。

一、1993—1997年实施的从紧财政政策

1993—1997年，我国政府为应对经济过热和通货膨胀，实施了适度从紧的财政政策，即紧缩性财政政策，实现了反周期调节的预期目标，促进了经济的稳定增长。这是我国社会主义市场经济体制建设中首次有效运用财政政策进行宏观调控的成功范例，也标志着政府宏观调控方式从行政手段为主向经济手段为主的重大转变，财政政策开始成为保障宏观经济稳定、促进经济协调发展的重要调控工具。

（一）适度从紧财政政策的实施背景

由于投资需求过度扩张，生产资料价格迅速攀升，国内生产总值增长率连续五个季度在两位数以上（如图7-4所示），超出了我国经济增长的正常范围。

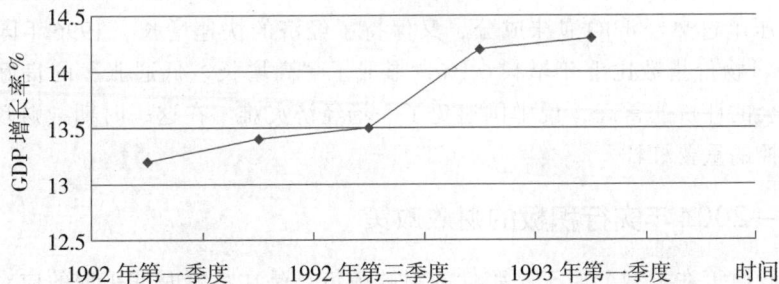

图7-4　1992—1993年第一季度GDP增长率

资料来源　中国经济信息网数据库。

1993—1996年，我国宏观调控的着力点是控制通货膨胀，主要表现为以下三个方面：一是四个"热"——房地产热、开发区热、集资热和股票热；二是四个"紧张"——交通运输紧张、能源紧张、原材料紧张和资金紧张；三是一个"乱"——经济秩序混乱，特别是金融秩序混乱。表7-1显示了1991—1995年我国各种物价总指数的变化情况。

（二）适度从紧财政政策的内容和特点

财政部门采取了一系列的措施，具体包括：一是通过适当压缩财政开支逐步减少财政赤字，控制固定资产投资规模和社会集团购买力，采取有效措施增加有效供给，缩小

表 7-1　　　　　　1991—1995年我国各种物价的总指数（上年=100）

年份	商品零售价格总指数	居民消费价格总指数
1991	102.9	103.4
1992	105.4	106.4
1993	113.2	114.7
1994	121.7	124.1
1995	114.8	117.1

资料来源　国家统计局网站。

社会供求总量的差额；二是通过税制改革，调整税种结构和税率，严格控制税收减免，清理到期的税收优惠政策，进一步规范分配秩序；三是实行分税制财政管理体制改革，提高中央财政收入占全国财政收入的比重，增强中央财政的宏观调控能力；四是整顿财经秩序，健全规章制度，强化财税监管，加大执法力度，大力打击逃税骗税和设"小金库"等违法违纪行为，加强对预算外资金使用情况的监督检查；五是支持汇率改革，实行以市场供求为基础、单一的、有管理的浮动汇率制，完善出口退税制度，促进外贸出口增长。

（三）适度从紧财政政策的成效

在货币政策的配合下，1996年国民经济成功实现了"软着陆"，既有效地抑制了通货膨胀，挤压了过热经济的泡沫成分，又保持了经济的快速增长，1996年国内生产总值增长9.6%，物价指数比上年增长6.1%，形成了"高增长、低通胀"的良好局面。对此，国际社会的评价非常高，说中国避免了一场经济灾难。在这一时期，财政投资和税收是财政调控的重要杠杆。

二、1998—2004年实行积极的财政政策

积极财政政策在类型上属于扩张性的财政政策，是在特定时期采取的应对经济下滑的宏观调控政策。

自1997年7月起，一场始于泰国、后迅速扩散到整个东南亚并波及世界的金融危机爆发了，使许多东南亚国家和地区的汇市、股市轮番暴跌，金融系统乃至整个社会经济受到严重创伤。1997年7月至1998年1月仅半年时间，东南亚绝大多数国家和地区的货币贬值幅度高达30%~50%，最高的印尼盾贬值达70%以上。同期，这些国家和地区的股市跌幅达30%~60%。据估算，在这次金融危机中，仅汇市、股市下跌给东南亚国家和地区造成的经济损失就达1 000亿美元以上。受汇市、股市暴跌影响，这些国家和地区出现了严重的经济衰退。

1998年，由于亚洲金融危机的影响，加上国内商品供求矛盾逐步由卖方市场转向买方市场，需求不足成为主要问题。经济增长明显受到需求不足的制约，实际上就是通

货紧缩。1997年以前，中国经济面临的最大问题是通货膨胀，因此没有治理通货紧缩的经验。在国际上，也是治理通货膨胀的经验比较多，一般都是采取"关水龙头"的做法，包括控制银行货币投放量、提高利率、控制财政支出等。对于治理通货紧缩，最关键的是扩大需求，使社会总供给与社会总需求趋向平衡。为此，党中央、国务院果断决策，及时调整宏观调控政策，由"适度从紧""稳中求进"转向"扩大内需"，实施了积极的财政政策（实质上就是扩张的财政政策），主要是通过发行长期建设国债、增加财政赤字、扩大政府支出特别是增加投资性支出等来扩大需求，拉动经济增长。其中，国债、税收和投资是财政调控的重要杠杆。其主要措施包括：

一是发行长期建设国债，带动全社会固定资产投资。1998—2004年累计发行了9 100亿元的长期建设国债，集中力量建成了一批关系国民经济发展全局的重大基础设施项目，同时带动了社会投资特别是民间资本的跟进。

二是调整税收政策，刺激需求增长。对涉及投资、消费及进出口的税收政策及时作了相应的调整，分别实行了对符合国家产业政策的技术改造项目的国产设备投资按40%的比例抵免企业所得税，对国家鼓励发展的外商投资项目和国内投资项目的进口设备在规定的范围内免征关税和进口环节增值税，停征固定资产投资方向调节税，恢复征收居民储蓄存款利息个人所得税，分3年将金融保险企业营业税税率由8%降至5%，以及多次提高出口货物增值税退税率等政策。

三是调整收入分配政策，改善居民消费心理预期。连续四次调整机关事业单位职工工资，建立艰苦边远地区津贴制度，实施机关事业单位年终奖金制度。同时，增加社会保障投入，提高社会保障水平。

四是规范收费制度，减轻社会负担，推动并扩大消费。自1998年起，取消行政事业收费项目1 805项，共减轻社会负担1 417亿元；农村税费改革不断深化，农民负担明显减轻。

五是支持国民经济战略性调整，促进国有企业改革和产业结构优化。

在稳健的货币政策的配合下，积极的财政政策基本上实现了预期的宏观调控目标：加强了基础设施建设，调整了经济结构，促进了企业技术改造，提高了居民的收入，更重要的是拉动了经济增长，国债投资每年拉动GDP增长1.5～2个百分点，平均每年拉动1.8个百分点，从单一的投资拉动到扩大投资和刺激消费并重，使我国掌握和积累了应对通货紧缩的经验。这一时期，我国经济增长速度基本上保持在7%～9%，又一次实现了国民经济"软着陆"，从而避免了经济的大起大落。

三、2005年开始实施的稳健财政政策

从2003年开始，我国的宏观经济运行出现了一些新的情况。2003年一季度GDP增长速度达9.9%，全年为9.1%。2004年一季度GDP增长速度为9.8%，二季度为9.6%，三季度为9.1%，四季度为9.5%，全年为9.5%。同时，从2003年开始，物价也走出了通货紧缩的阴影，由负增长变成正增长。2004年居民消费价格总水平上涨3.9%。这些数据说明，我国经济走出了通货紧缩的阴影，经济增长进入新一轮周期的上升阶段，呈现

出加速发展的态势，但同时存在经济结构不合理、经济增长方式粗放等问题。一是如钢铁、冶金、房地产、建材等行业发展太快，出现了局部过热；二是经济社会发展中还有能源、交通、农业、教育、公共卫生、社会保障等许多薄弱环节亟待加强。党中央、国务院很敏锐地看到了宏观经济运行中存在的问题，从2003年起，及时采取了一系列的宏观调控政策，初步消除了经济发展中的不稳定、不健康因素，避免了经济出现大的波动。但一些深层次问题还没有完全解决，主要是粮食增产和农民增收的机制尚不完善、固定资产投资反弹压力大、能源和运输瓶颈约束依然突出等。

积极财政政策的实质是扩张性的财政政策，当通货膨胀逐渐成为影响宏观经济发展的压力时，继续实施这一政策，不仅不利于控制固定资产投资的过快增长，而且易于形成逆向调节；不仅不利于减缓通货膨胀的趋势，而且易于加剧投资与消费比例失调程度，加大经济健康运行的风险和阻力。因此，积极财政政策应当适时转向。再加上当时投资规模很大，社会资金较多，也有条件调整财政政策的取向。另外，我国经济并非全面过热，农业、教育、公共卫生、社会保障等许多薄弱环节还亟待加强，而且没有强烈信号表明近期会发生高通货膨胀，因此，积极财政政策不宜一下子转向紧缩财政政策。在这种情况下，中央提出从2005年起实行稳健的财政政策。

实行稳健的财政政策的核心是松紧适度，着力协调，放眼长远。具体说来，要注重把握"控制赤字、调整结构、推进改革、增收节支"这十六个字。

控制赤字，就是适当减少财政赤字，适当缩小长期建设公债发行规模，中央财政赤字规模大体保持在3 000亿元左右。同时，随着GDP的不断增加，财政赤字占GDP的比重也会不断下降。继续保持一定的赤字规模和长期建设公债规模，是坚持"发展是党执政兴国的第一要务"的要求，也是保持一定宏观调控能力的需要。这样做的必要性是：第一，政策需要保持相对的连续性，公债项目的投资建设有个周期，在建、未完工程尚需后续投入。在经济高速增长和部分行业、项目对公债资金依赖较大的时候，刹车过猛会对经济造成较大的负面冲击。第二，按照"五个统筹"的要求，确实有许多"短腿"的事情要做，保持一定的赤字规模，有利于集中一些资源，用于增加农业、教育、公共卫生、社会保障、生态环境等公共领域的投入。第三，保持一定的调控能力，有利于主动地应对国际国内各种复杂的形势。

调整结构，就是要进一步按照科学发展观和公共财政的要求，着力调整财政支出结构和公债资金投向结构。资金安排上要区别对待、有保有压、有促有控。对与经济过热有关的、直接用于一般竞争性领域的"越位"投入，要退出来、压下来；对属于公共财政范畴的、涉及财政"缺位或不到位"的，如需要加强的农业、就业和社会保障、环境和生态建设、公共卫生、教育、科技等经济社会发展的薄弱环节，不仅要保，还要加大投入和支持的力度，努力促进"五个统筹"和全面协调发展。

推进改革，就是转变主要依靠公债项目投资拉动经济增长的方式，按照既立足当前又着眼长远的原则，在继续安排部分公债项目投资，整合预算内基本建设投资，保证一定规模中央财政投资的基础上，适当调减公债项目投资规模，腾出一部分财力，用于大力推进体制和制度改革创新，为市场主体和经济发展创造一个相对宽松的财税环境，建立有利于经济自主增长的长效机制。推进改革的内容包括：推进增值税转型改革，推进内外资企业所得税合并，改革和完善农业税费制度，完善出口退税制度；大力支持推进教育、社会保障、医疗卫生、收入分配四项改革，以进一步鼓励和扩大消费。

增收节支，就是在总体税负不增或略减的基础上，严格依法征税，确保财政收入稳定增长；同时，严格控制支出增长，在切实提高财政资金的使用效益上花大力气、下大功夫。一是依法加强税收征管，堵塞各种漏洞，切实做到应收尽收。依法清理和规范税收优惠政策，严格控制减免税。二是严格控制一般性支出，保证重点支出需要，各项财政支出都要精打细算。三是在继续深化预算管理制度改革的基础上，积极探索建立财政资金绩效评价制度，加强监督检查，严格管理，坚决制止铺张浪费、花钱大手大脚的行为，把该花的钱花好、管好、用好，切实提高财政资金使用的规范性、安全性和有效性，通过提高财政资金的使用效益来替代一定的财政资金的增量需要。四是科学使用预算执行中的超收，一般不能做刚性支出和投资安排。

四、自2008年年末起实行的积极财政政策

（一）政策转向的背景

起点：美国房地产市场上的次级房贷危机。这是一场发生在美国因次级抵押贷款机构破产、投资基金被迫关闭、股市剧烈震荡引起的风暴。它使全球主要金融市场隐约出现流动性不足的危机。美国"次贷危机"是从2006年春季开始逐步显现的。2007年8月席卷美国、欧盟和日本等世界主要金融市场。引起美国次级抵押贷款市场风暴的直接原因是美国的利率上升和住房市场持续降温。次级抵押贷款是指一些贷款机构向信用程度较差和收入不高的借款人提供的贷款。利息上升，导致很多本来信用不好的用户感觉还款压力大，出现违约的情形，对银行贷款的收回产生了严重影响。美国次贷危机的成因及发展如图7-5所示，形成过程如图7-6所示。

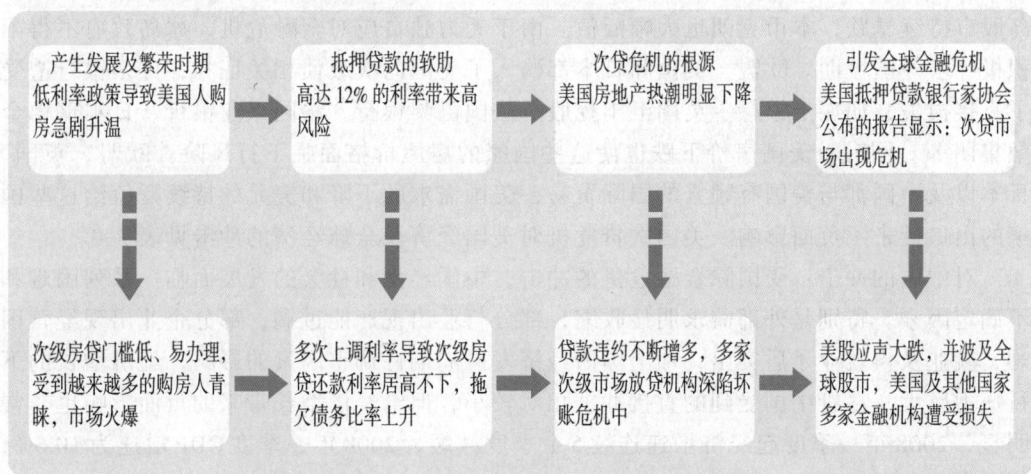

图7-5　美国次贷危机的成因及发展

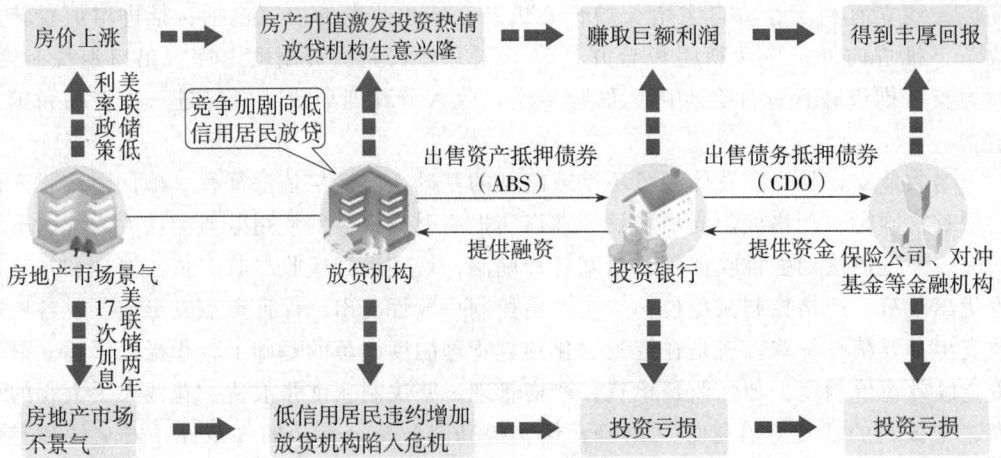

图7-6 美国次贷危机的形成过程

发展：2006年年底开始出现美国次贷危机的苗头，从苗头出现、问题累积到危机确认，特别是到贝尔斯登、美林证券、花旗银行和汇丰银行等国际金融机构对外宣布数以百亿美元的次贷危机损失。2008年，由美国次贷危机引发的全球性金融危机愈演愈烈，并开始对全球实体经济产生严重影响。

对全球经济的影响：由于金融衍生品市场牵连广泛，源于美国的金融风险通过各类渠道扩散到全球。随着信贷急剧紧缩、市场信心迅速恶化，实体经济也受到严重影响，金融危机逐渐演变为全球性经济危机，世界各国的经济都出现了不同程度的放缓或衰退，失业率明显上升，结束了自2002年开始的经济上行周期。英国2008年第三季度GDP环比下降0.5%，是1992年以来经济增长首次出现萎缩，成为第一个陷入衰退的主要发达经济体。随着美国金融危机向世界其他地区蔓延，北欧小国冰岛2008年10月陷入困境。在短短几周时间里，冰岛最大的三家银行相继宣布破产，政府无奈将其收归国有。三大银行的债务总额高达610亿美元，是冰岛GDP总额的近12倍。与此同时，冰岛股市持续暴跌，本币克朗也大幅贬值。由于无力独自应对金融危机，冰岛政府不得不积极寻求外国援助。欧盟、英国和日本都购入了美国的次级债相关证券，许多银行遭受了直接损失，如瑞士银行、英国汇丰控股、法国巴黎银行、法国兴业银行、日本瑞穗金融集团等。同时，美国房价下跌也使这些国家的房屋价格面临下行风险。欧盟、英国、日本以及中国都与美国有频繁的国际贸易，美国需求的下降和美元的持续贬值给这些国家的出口带来了负面影响。美国次贷危机对美国经济及全球经济的冲击见表7-2。

对中国的冲击：受国际金融危机的冲击，中国经济和社会的发展面临一系列困难和不确定因素。特别是外部需求明显收缩，部分行业出现产能过剩，部分企业出现经营困难，就业及再就业矛盾突出，加上国内经济发展周期性调整因素的影响，经济增长的下行压力巨大。尽管中国受到的直接冲击相对较小，但给经济增长带来的负面影响也非常明显，2008年一季度起经济增速连续5个季度减缓，2008年一季度GDP增速为10.6%，2009年一季度下滑到6.2%（见表7-3）。受金融危机及全球经济减缓的影响，2008年前三季度中国出口增速回落4.8个百分点，净出口对经济增长的拉动比上年同期减少1.2个

表7-2   美国次贷危机冲击波

波次	时间	典型事件
第一波	2007年8—9月	不少与次贷相关的金融机构破产，美联储和欧洲央行联手救市并降息，美国抵押贷款风险浮出水面
第二波	2007年年底至2008年年初	花旗、美林、瑞银等因次级贷款出现巨额亏损，美国政府和六大房贷商提出"救生索计划"
第三波	2008年3月	美国第五大投资银行贝尔斯登公司破产，美联储为摩根大通集团接管贝尔斯登公司提供融资
第四波	2008年7月	房利美和房地美两大房贷公司因严重亏损陷入困境，迫使美联储和财政部再次"救市"
第五波	2008年9月	雷曼兄弟公司宣布申请破产保护，美林公司被迫售予美国银行，美国国际集团出现融资危机
第六波	2008年下半年	世界主要经济体经济下滑
第七波	2009—2010年	欧洲的希腊、爱尔兰等国家陷入债务危机

资料来源　根据媒体报道编写。

百分点。全球金融危机对中国的影响分析如图7-7、图7-8所示。

表7-3   2008—2009年中国经济增长速度变化情况

时间	2008年				2009年			
	一季度	二季度	三季度	四季度	一季度	二季度	三季度	四季度
GDP增速	10.6%	10.1%	9.0%	6.8%	6.2%	7.9%	9.1%	10.7%

资料来源　国家统计局定期统计信息。

（单位：%）

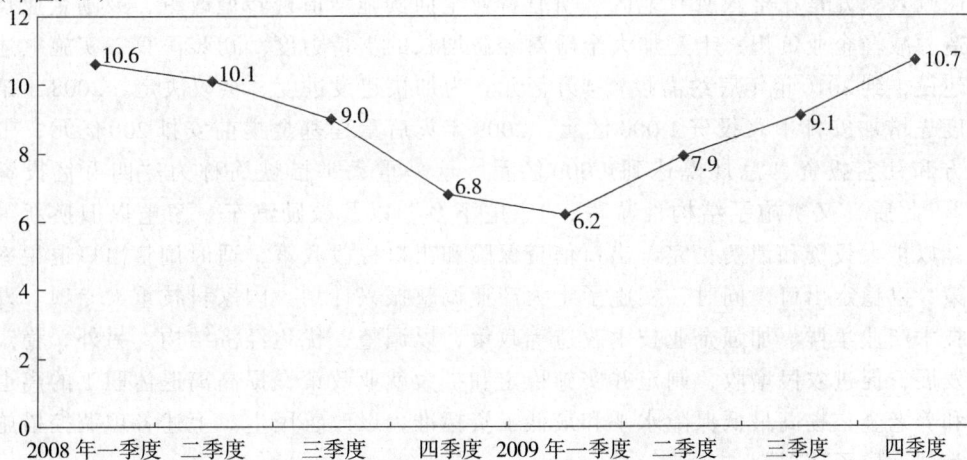

图7-7　2008—2009年分季度GDP增长率

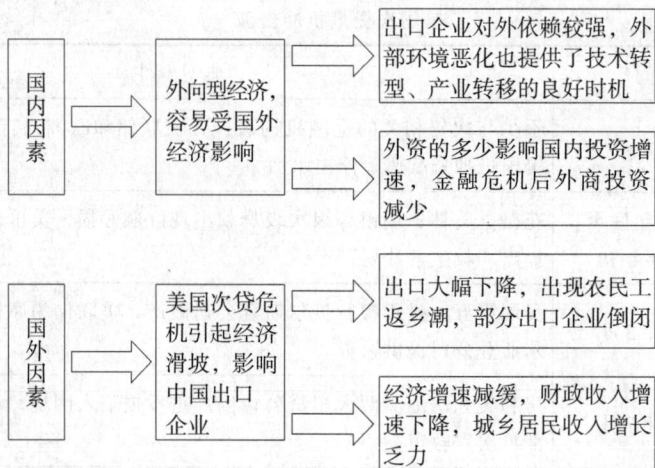

图7-8　全球金融危机对中国的影响分析

（二）政策实施的具体内容

财政政策转向的经济学分析：一直以来，出口与投资都是拉动中国经济增长的主要力量。在外部环境影响下，只有通过增加国内投资、扩大国内消费来保持经济增长，避免经济衰退引起的就业困难、财政收入下降，企业倒闭引发的银行贷款风险、社会动荡等问题的发生。

2008年11月5日，中国政府决定实行积极的财政政策和适度宽松的货币政策，出台了更加有力的扩大国内需求的措施，加快民生工程、基础设施、生态环境建设和灾后重建，提高城乡居民特别是低收入群体的收入水平，促进经济平稳较快增长。当日召开的国务院常务会议确定了进一步扩大内需、促进经济增长的十项措施：一是加快建设保障性安居工程；二是加快农村基础设施建设；三是加快铁路、公路和机场等重大基础设施建设；四是加快医疗卫生、文化教育事业发展；五是加强生态环境建设；六是加快自主创新和结构调整；七是加快地震灾区灾后重建各项工作；八是提高城乡居民收入；九是在全国所有地区、所有行业全面实施增值税转型改革，鼓励企业技术改造，减轻企业负担；十是加大金融对经济增长的支持力度。初步匡算，实施上述工程建设，到2010年年底约需投资4万亿元。为加快建设进度，会议决定，2008年第四季度先增加安排中央投资1 000亿元，2009年灾后重建基金提前安排200亿元，带动地方和社会投资，总规模达到4 000亿元。这一重大举措被简称为"四万亿投资计划"。此后，又实施了结构性减税、"家电下乡"以及鼓励汽车、家电以旧换新等政策，以扩大投资和消费；完善出口信贷保险和出口税收政策，适时调整出口退税率等政策，以稳定出口。同时，实施了十大产业调整振兴计划、国家科技重大专项、发展高技术产业集群、加强企业技术改造等政策，以调整、优化经济结构。另外，稳定农业发展，促进农民增收，制定并实施稳定和扩大就业政策，提高离退休职工的离退休金和养老金，提高最低保障水平和最低工资标准，以改善民生。上述各项调控措施统称为"一揽子计划"。

　　自2009年起实施的新一轮积极财政政策具有下列特点：一是总结了1998年应对亚洲金融危机的积极财政政策的经验，措施更加全面，政府投资力度更大；二是既着眼于拉动经济增长，又努力兼顾调整经济结构，加快转变经济增长方式；三是财政政策发挥了主角作用，地位更加突出。需要指出的是："一揽子计划"绝不是单纯的基本建设投资计划，它最直接、最重要的目标是扭转经济增速下滑趋势，保持经济平稳较快增长；其实质和核心是解决制约中国经济发展的结构性问题，加快转变发展方式，全面提升经济发展的质量和水平。积极财政政策内部机理如图7-9所示。

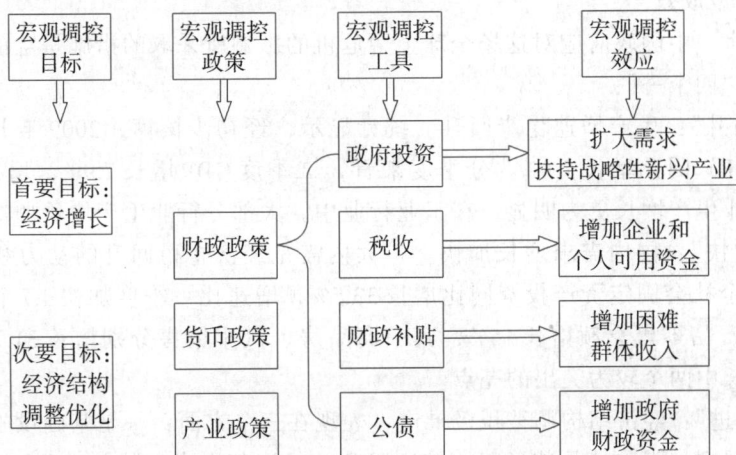

图7-9　自2009年起实施的积极财政政策内部机理示意图

　　亮点：首先是政府投资充当主角。共计新增中央政府公共投资1.18万亿元，其中2008年第四季度、2009年和2010年分别新增投资1 040亿元、4 875亿元、5 885亿元。2008—2011年中央财政投资金额见表7-4。其次是第一次放开地方政府举借公债，2009—2011年每年由财政部代理发行2 000亿元地方政府债券，并列入省级预算管理。再次是实施大规模的减税政策。主要是增值税转型（就是将中国现行的生产型增值税转为消费型增值税，也称增值税改革或增值税转型改革。在现行的生产型增值税税制下，企业购买的固定资产所包含的增值税税金不允许税前扣除；而如果实行消费型增值税，则意味着这部分税金可以在税前抵扣。世界上采用增值税税制的绝大多数市场经济国家实行的都是消费型增值税，因为它有利于企业进行设备更新改造，因而颇受企业的欢迎），2009年这项改革减轻企业税负约1 233亿元。最后是实行赤字财政政策。自2009年起财政赤字大幅增加（具体见表7-5），国债规模也大幅扩大。

表7-4　　　　　　　　　　　　2008—2011年中央财政投资金额

年　份	2008	2009	2010	2011
中央财政公共投资额（亿元）	1 521	9 080	9 927	10 710
比上年增长率（%）	13.2	497.0	9.3	7.9

　　资料来源　财政部2008—2011各年预算报告。

表7-5   2008—2011年全国财政赤字

年 份	2008	2009	2010	2011
财政赤字额（亿元）	1 800	9 500	10 000	9 000
占GDP的比重（%）	0.6	2.98	2.5	2

资料来源　财政部2008—2011各年预算报告。

（三）政策成效

总体而言，中国政府应对这场全球金融危机的影响所采取的措施是空前的，其效果突出表现为"四个一"：

"一个回升"：生产增速稳步回升。统计显示，经初步核算，2009年上半年国内生产总值（GDP）同比增长7.1%。分季度来看，二季度GDP增长7.9%，增速逐季加快。规模以上工业生产增长更为明显。在工业行业中，大部分行业生产增长加快。

"一个加快"：国内需求增长加快。扩大内需是经济企稳回升的动力和抓手。2009年上半年，全社会固定资产投资同比增长33.5%，增速比一季度加快4.7个百分点。同期，社会消费品零售总额增长15%，其中商品房、汽车销售分别增长31.7%和17.7%，成为内需增长中两个较为突出的亮点。

"一个推进"：经济结构调整积极推进，表现在三个方面：一是基础设施建设和基础产业进一步得到加强；二是装备工业较快回升，2009年上半年装备工业同比增长6.7%，比一季度加快3个百分点；三是区域发展协调性有所增强，中西部地区投资和工业生产增长均明显加快。

"一个改善"：民生继续得到改善。在经济困难的情况下，民生仍得到了进一步改善：一是就业基本稳定；二是居民收入增长平稳；三是社会保障支出进一步增加，2009年上半年财政用于社会保障和就业的支出同比增长29.2%，中央财政对城市和农村居民最低生活保障补贴支出分别增长49.9%和140%以上。

从性质上看，"一揽子计划"以应对国际金融危机、促进经济平稳较快发展为主线，统筹兼顾，突出重点，全面实施促进经济平稳较快发展的经济刺激计划，属于扩张性宏观调控政策。"一揽子计划"实施后，取得了"农民得实惠、企业得市场、政府得民心、经济得发展"的良好效果。

五、进入经济新常态后的财政政策

2013年年末，我国审视国际国内多方面因素，提出了我国经济进入新常态的判断，表现为以下三个主要特点：一是经济从高速增长转为中高速增长；二是经济结构不断优化升级，第三产业逐步超过第二产业成为拉动经济增长的主要动力；三是经济发展的驱动力由要素、投资驱动转向创新驱动。

经济进入新常态的大背景是我国从改革开放以来经历了40多年的高速增长，随着劳动力、资源、土地等的价格上升，依靠低要素成本驱动的经济发展方式已难以为继；

同时，环境污染问题逐步凸显。从国际市场看，全球经济危机的大爆发反映出世界经济进入"大调整"与"大过渡"时期，以前过多依靠外部需求的出口型发展模式急需转变。

针对上述新形势、新特征，中央提出适应新常态，继续实施积极财政政策，深入推进供给侧结构性改革，综合运用多种手段去产能、去库存、去杠杆、降成本、补短板，由单纯刺激需求、扩大消费转向同时提高供给体系质量。党的十九大进一步提出我国经济已由高速增长阶段转向高质量发展阶段，进入转变发展方式、优化经济结构、转换增长动力的攻关期。为此，积极财政政策也不断调整和优化，呈现出与以往扩张性财政政策不同的特点：

一是并非单纯拉动需求，而是从供给和需求两个方面综合调控，既拉动有效需求，同时又压减过剩产能，扩大优质增量供给，实现更高水平的供需平衡。具体包括支持农业供给侧结构性改革、提高农产品品质，支持产能严重过剩的煤炭、钢铁、水泥、电解铝、平板玻璃、船舶等行业实施结构调整和产业升级。

二是加大减税力度。主要是加快推进营业税改革步伐，全面推行"营改增"，累计减税近2万亿元。同时，2013—2017年共取消、免征、停征和减征1 368项政府性基金和行政事业性收费，为企业和个人减轻负担3 690亿元。

三是扩大财政支出。继续适度扩大财政支出规模，财政赤字由2013年的1.2万亿元增加到2017年的2.38万亿元，赤字率虽然有所上升，但仍控制在GDP的3%以内。加上盘活存量资金，极大地推动了投资和消费，保持经济中高速增长，推动发展向中高端水平迈进。

四是通过税制改革、预算制度改革促进经济健康发展。将排污费改为环境保护税，创造性地发行置换债券、推广运用政府和社会资本合作（PPP）模式扩大投资资金来源，防范债务和金融风险，严格预算约束，推进全过程预算绩效管理，提高财政资金使用效益。

2020年，面对严峻复杂的国际形势、艰巨繁重的国内改革发展稳定任务，特别是新冠肺炎疫情的严重冲击，党中央统筹疫情防控和经济社会发展，采取更加积极的财政政策。财政部门加大政策对冲，将财政赤字率（财政赤字与GDP之比）提高到3.6%以上，发行1万亿元抗疫特别国债，增加1.6万亿元地方政府专项债券，及时出台规模性助企纾困政策，创造性地设立财政资金直达机制，有力、有效地应对疫情冲击。突出民生兜底，着力支持稳企业保就业，扎实做好基层"三保"（保工资发放、保运转、保基本民生）工作，稳步提高基本民生保障水平，坚决守住"六保"底线。深入推进供给侧结构性改革，大力支持科技创新，加快制造业转型升级，支持小微企业纾困发展，强化粮食、能源安全保障，提升实体经济创新力和竞争力。

针对不少行业受疫情影响较大，财政部门坚决贯彻党中央、国务院关于减税降费的重大决策部署，在财政收支较为困难的情况下，连续发布实施了7批28项减税降费政策。其中，既有支持疫情防控保供的应急措施，如全额退还疫情防控重点保障物资生产企业增值税增量留抵税额，对疫情防控重点保障物资生产企业新购置设备允许一次性税前扣除等；也有帮扶受疫情影响较大的困难行业的措施，如对受疫情影响较大的交通运输、餐饮、住宿、旅游、电影等行业企业延长亏损结转年限，免征文化事业建设费、国家电影事业发展专项资金和航空公司缴纳的民航发展基金，对受疫情影响较大行业企业给予房产税、城镇土地使用税困难减免等；还有支持企业复工复产的措施，如完善出口退税、免征进出口货物港口建设费、减半征收船舶油污损害赔偿基金等稳外贸税费支持政策，出台扩大汽车消费的税收政策等；特别是聚焦帮扶小微企业渡过难关，施行对湖北省增值税小规模纳税人适用3%征收率的应税销售收入免征增值税，其他地区征收率由3%降至1%等政策。

由于减税降费措施落实有力，政策效果逐步显现。2020年全年新增减税降费规模超过2.6万亿元，较好地助力企业纾困发展。截至2020年年底，全国10万户重点税源企业销售收入税费负担率（企业缴纳的税收和社保费等支出占销售收入的比重）同比下降8%，助推我国经济持续稳定恢复；通过多种税费减免，有力支持各类市场主体复工复业，受疫情影响的行业呈恢复性增长；有力支持稳就业、保民生，有针对性的减税降费政策，叠加近年来出台的小微企业普惠性税收减免措施，实实在在地降低了企业用工成本，有力支持了企业稳定岗位和生存发展。

2021年，财政部门认真贯彻落实中央关于"积极的财政政策要提质增效、更可持续"的要求，保持宏观政策的连续性、稳定性，不急转弯，保持对经济恢复的必要支持力度，兼顾稳增长和防风险需要，合理安排赤字、债务、支出规模，以更大力度调整优化支出结构，加强财政资源统筹，强化地方政府债务管理，促进财政可持续发展，确保"十四五"开好局、起好步。保持适度支出强度，增强财政可持续性。全年赤字率按3.2%左右安排，比上年有所下调，赤字规模为3.57万亿元，比2020年减少1 900亿元，统筹宏观调控需要和防范财政风险，健全跨周期调节机制。持续推进减税降费，激发市场主体的活力。着力保障疫情防控、乡村振兴、社会保障、粮食和能源安全等重点领域。总体上看，国民经济稳中加固、稳中向好，在此基础上，财政收入呈现恢复性增长，民生等重点领域支出得到有力保障，有效发挥了财政的资源配置、收入分配、经济稳定与发展职能。

红色故事 7-1　　　　　　　　　　　中央苏区的财政政策

1931年，中华苏维埃共和国成立后，根据苏区面临的实际情况，正确处理革命战争与经济建设的关系，制定并贯彻了正确的财政政策，把发展国民经济、增加财政收入作为财政税收工作的指导思想。在具体征税上，对不同行业、群体采取区别对待的政策，对发展农业生产、国营工业和商业给予照顾和支持，对生产合作社和消费合作社给予帮助和税收减免，对私人工商业和个体手工业、小商小贩采取适当的保护政策，对红军及其家属、雇工、产业工人等采取免税政策。由于各项税收减免制度针对性强，既关注弱势群体，维护了最底层民众的利益，又体现了税收的阶级性，提高了群众参加红军的积极性，扩大了红军队伍规模，巩固了红色政权。

1931年11月28日通过的《中华苏维埃共和国暂行税则》规定：农民分得土地后，按照全家每年主要生产的收获，计算每年人均收成数，再确定每人开始征收的最低数额及累进税。只征收主要产品（谷麦）的税收，副产暂不征税。雇农及分得土地的工人一律免税。贫农收入如果达到征税的起点，但仍不能维持自家生活的，由乡苏维埃确定个别减免税。遇到水旱灾害或遭到白匪摧残的也给予适当的减免税。因改良耕种而增加的农业收入给予免税，对开垦荒地的农民按撂荒的年限分别给予1~3年免征土地税。上述政策措施的实行，极大调动了广大农民的生产积极性，根据地农业生产迅速得到恢复和发展，也为税收收入的增长奠定了坚实基础。

在商业税方面，按照政府颁布的合作社条例组织的消费合作社、肩挑小贩及农民直接出售剩余农产品，商业资本200元以下的，都给予免税。在免税政策的激励下，中央苏区各类合作社组织如雨后春笋般发展壮大。到1934年2月，消费合作社发展到1 140个，社员195 993人，股金322 525元；粮食合作社发展到10 712个、243 904人，股金242 079元。这些合作社组织削弱了商人资本家的剥削，改善了社员生活，缩小了苏区工业品和农产品价格之间的剪刀差，打破了敌人的经济封锁，吸收了广大劳苦大众参加革命战争，巩固了工农联盟，促进了苏区经济快速发展。

资料来源　根据曾耀辉. 中华苏维埃共和国税收史［M］. 南昌：江西人民出版社，2010.整理改编.

■ 案例讨论

鼓励生育发红包

2021年5月31日，中共中央政治局会议决定实施一对夫妻可以生育三个子女政策及配套支持措施。7月20日，《中共中央　国务院关于优化生育政策促进人口长期均衡发展的决定》正式发布。7月28日，四川省攀枝花市出台《关于促进人力资源聚集的十六条政策措施》，对按政策生育二、三孩的攀枝花户籍家庭，每月每孩发放500元育儿补贴金，直至孩子3岁。其他一些地方也出台了类似政策，以减轻生育负担。

讨论：（1）为什么攀枝花市在全国率先出台这样的政策？

（2）财政政策能够发挥什么作用？出台这样的政策需要什么前提条件？

■ 阅读材料

［1］刘尚希. 财政蓝皮书：中国财政政策报告（2021）［M］. 北京：社会科学文献出版社，2021.

［2］贾康，等. 中国财政改革发展战略研究：从"十三五"到2049［M］. 北京：企业管理出版社，2019.

［3］刘尚希. 财政政策实证分析与对策（一）［M］. 北京：中国财政经济出版社，2019.

［4］刘尚希，等. 大国财政［M］. 北京：人民出版社，2016.

［5］马海涛. 中国财政可持续发展研究：中国财税研究报告2016［M］. 北京：中

国财政经济出版社，2017.

综合训练

随堂测7

一、单项选择题

1.1993—1997年我国实行的财政政策是（　　）。

　　A.从紧财政政策　　　　　　　　B.中性财政政策

　　C.稳健财政政策　　　　　　　　D.扩张性财政政策

2.1998—2004年我国实行的财政政策是（　　）。

A.积极财政政策　　　　　　　　　　B.中性财政政策

C.稳健财政政策　　　　　　　　　　D.从紧财政政策

3.2005—2008年我国实行的财政政策是（　　）。

A.积极财政政策　　　　　　　　　　B.扩张性财政政策

C.稳健财政政策　　　　　　　　　　D.从紧财政政策

4.自2008年年末起，我国实行的积极财政政策属于（　　）。

A.中性财政政策　　　　　　　　　　B.扩张性财政政策

C.复合型财政政策　　　　　　　　　D.紧缩性财政政策

二、多项选择题

1.根据调节经济周期的作用的不同，财政政策可以分为（　　）。

A.自动稳定器调节的财政政策　　　B.相机抉择的财政政策

C.扩张性财政政策　　　　　　　　D.紧缩性财政政策

E.中性财政政策

2.多元财政政策目标一般包括（　　）。

A.充分就业　　　　　B.物价稳定　　　　　C.经济增长

D.国际收支平衡　　　E.经济稳定

3.财政政策工具主要有（　　）。

A.税收　　　　　　　B.公债　　　　　　　C.财政支出

D.财政预算　　　　　E.利率

4.根据对经济的影响，财政政策可分为（　　）。

A.扩张性财政政策　　　B.紧缩性财政政策　　　C.中性财政政策

D.相机抉择的财政政策　E.自动稳定器调节的财政政策

三、判断题

1.扩张性财政政策通过减少税收或增加支出来增加社会总需求，从而刺激经济增长。（　　）

2.积极财政政策在类型上属于扩张性财政政策。（　　）

3.紧缩性财政政策等同于赤字财政政策。（　　）

4.实施扩张性财政政策主要是为了减少支出和增加收入。（　　）

四、简答题

1.财政政策的目标与工具是什么?

2.我国 2008 年年末至今为什么要实行积极财政政策?

五、案例分析题

买车与税收政策

为促进汽车消费,国家出台了如下税收优惠政策:一是自 2020 年 5 月 1 日至 2023 年 12 月 31 日,从事二手车经销的纳税人销售其收购的二手车,由原按照简易计税办法依 3% 征收率减按 2% 征收增值税,改为减按 0.5% 征收增值税。二是自 2021 年 1 月 1 日至 2022 年 12 月 31 日,对购置的新能源汽车免征车辆购置税。免征车辆购置税的新能源汽车是指纯电动汽车、插电式混合动力(含增程式)汽车、燃料电池汽车。

请问:(1)出台上述财政政策的背景是什么?

(2)上述政策对引导人们的行为具有哪些作用?

第八章

国际财政

■ 内容提要

国际财政是财政领域的新内容，它是伴随全球性公共产品的出现而产生的新问题。本章介绍国际财政的具体含义、国际财政援助、国际财政协调等方面的相关知识。

第一节　国际财政概述

一、国际财政的含义

（一）国际财政的概念

国际财政是指国家之间的财政分配关系，包括税收收入的分配、国家间政府资金的转移、全球性公共产品的提供等。它可以归纳为两个方面的内容：一是提供全球性公共产品形成的超出一国范围的财政分配关系，最典型的是欧盟的出现和发展、国际财政援助的扩大；二是国家之间利益分割形成的财政分配关系，最典型的是国际税收问题。

（二）研究国际财政的意义

以前，人们一般认为，财政都是与国家紧密联系起来的，财政就是国家财政。但在公共产品理论产生之后，逐步出现了全球性公共产品这一新概念，为财政问题研究开拓了新的领域。越来越多的学者开始关注国际税收协调、国际财政援助等国际财政问题，包括著名经济学家门德兹、马斯格雷夫、罗森等人。门德兹在专著《国际财政学》中认为，国际财政体系的建立和运用是一个新的有潜力的争论问题，事实上国际财政时代已经来临，需要建立国际财政体系，这是因为世界正处于前所未有的关键时期。贫困和疾病吞噬了整个世界，庄稼收成不好以及长期的饥荒，较不发达国家由于人口增加导致经济发展停滞和人民生活质量难以提高，国家财富分布达到前所未有的不平衡，国际性的环境恶化威胁到人类的生存，地球资源面临匮乏的危机。他认为，国际财政同样具有国家财政的三大功能。就资源配置功能而言，国际上同样存在市场失效问题，如全球性公共产品的存在、国际范围的外溢性的存在等，都需要国际财政来解决。马斯格雷夫主要研究了税收协调问题，分析了税收政策从一国范围扩展到国际后产生的国家间公平的新问题。罗森指出，开放的贸易制度、航海自由、环境污染的治理、国际贸易的反垄断等问题仅靠一个国家难以解决。

二、对国际财政的理解

一种意见认为凡是国家之间的财政分配关系都属于国际财政问题；另一种意见认为存在全球性公共产品，这种产品需要依赖国际组织或其他机构来提供。那么争议就随之而来了，究竟是否存在高于国家的权力实体？一般说来，联合国只是一个协调组织，还没有凌驾于国家之上的权力，它通过的决议多是依靠各个成员自觉遵守的，并不具有强制性。也就是说，联合国还不具备国家的所有政治权力，但现实中确实出现一些全球性的、具有公共产品部分特性的社会公共需要。比如，国家间的武装冲突需要联合国维和部队的介入，那么联合国提供的就是世界和平或大区域和平这种全球性公共产品。同样，应对全球性气候变化及与之相联系的国际环境保护合作行动提供的则是全球性良好的生活环境，国际货币基金组织提供的是国际金融稳定，世界贸易组织提供的是良好的国际贸易环境，这些都可以被看作全球性公共产品。2020年发生新冠肺炎疫情之后，我国推动将疫苗作为全球性公共产品，并向几十个国家捐赠；同时，以公平、合理价格向世界供应，为促进疫苗在发展中国家的可及性和可负担性作出了重大贡献。

第二节　国际财政援助

国际财政援助是一国或国家集团对另外一国或国家集团提供的无偿或优惠的有偿货物或资金，用以解决受援国所面临的政治、经济困难或问题，或实现援助国家特定目标的一种手段。它一般以主权国家为基本行为主体，从总体构成上看，官方援助仍在国际财政援助中占据着绝对的优势。因此，国际财政援助主要是指官方发展援助（ODA）。国际财政援助体系目前由150多个多边机构、33个双边机构（其中22个国家为经济合作与发展组织发展援助委员会即OECD/DAC的成员）、至少10个提供了大量ODA但非DAC成员的政府和正在迅速成长的全球纵向基金会组成。其中，双边援助机构提供了总援助支出的70%，而多边援助机构提供了其余的30%，近年来新的基金也有所增加，最新的包括对抗艾滋病、结核、疟疾的全球基金和千年挑战公司、中国设立的丝路基金等。

一、开展国际财政援助的必要性

（一）国家间发展不平衡

世界的发展是不平衡的。全球70多亿人口中，有10亿人获得了全球80%的收入，还有10多亿人每天的生活费不足1美元。发达国家每年的国防支出是6 000亿美元，农业补贴达3 000亿美元，但它们每年仅提供560亿美元来援助发展中国家。世界上的所有国家都是通过贸易、金融、环境、毒品、犯罪、移民、疾病（流行病）等联系起来的。一国的国内问题不可避免地会影响到其他国家。比如，一个国家的内部冲突会产生许多国际问题：疾病的传播、流亡的难民和被中断的贸易。贫穷的发展中国家的人口增长比发达国家快得多，全球 70 多亿人口中 10 亿人生活在发达国家，50 亿人生活在发展中国家，在未来的 25 年中，将新增 20 亿人口，其中大部分在发展中国家。然而，发达国家却控制着全球约 80% 的资源，世界上 5/6 的人口只拥有剩下的 20% 的资源。发展中国家必须得到充分发展，这样每个人才能生活在稳定、和平的环境中。

（二）自然灾害等需要国际社会开展援助

自然灾害的发生使一些国家遭受了很大打击，仅靠本国的力量难以恢复，这时候依靠国际社会的援助极有必要。如干旱、洪水、地震、海啸、禽流感等灾难性事件对一些发展中国家的影响很大，使本就落后的经济雪上加霜，如果国际社会不伸出援手，那么遭受灾害的国家就可能一蹶不振，有些灾民可能大量涌向邻国，影响国际社会的稳定。

另外，债务危机、经济危机等同样会使一些国家的财政经济状况严重恶化，需要国际社会援助。如亚洲金融危机发生后，泰国、马来西亚、印度尼西亚等国家的经济一落千丈，不仅本国受到了影响，而且世界经济的发展也受到了影响。

二、援助方式

国际财政的援助方式有：捐款、无息贷款、官方发展援助和豁免债务。

捐款是无偿援助，包括有关国家的自愿捐款、国际组织的无偿援助。

无息贷款是政府间援助性质的贷款，但有些发达国家在提供贷款时附加了一些政治或经济条件，如要求改善人权状况、购买援助国的物资等。

官方发展援助是指发达国家或高收入的发展中国家及其所属机构、国际有关组织、社会团体以提供资金等方式，帮助发展中国家发展经济和提高社会福利的具体活动。

豁免债务是指在有些发展中国家经济状况较差、难以偿还贷款时，提供贷款的国家主动提出不再要求其偿还贷款，等同于提供无偿援助。

三、援助机制

国际财政援助一般通过国际组织进行，如国际货币基金组织、世界银行集团、经济及社会理事会、联合国开发计划署、世界粮食计划署、联合国人口基金等。

（一）国际货币基金组织

国际货币基金组织的主要任务是：促进国际货币合作，维持国际汇率的稳定；向成员方提供短期信用，以帮助成员方调整其国际收支不平衡的状况，解决成员方的国际收支困难；向成员方提供技术援助，派出专家小组帮助成员方制订并实施经济、金融方面的改革计划。近年来，国际货币基金组织致力于三方面的工作：加强全球化的金融监管；在特殊情况下为成员方提供紧急救援贷款，以维护成员方金融体系的稳定；帮助低收入的重债务国融入国际经济中。

国际货币基金组织只对成员方的政府或政府机构发放贷款，贷款主要用于解决成员方国际收支的暂时困难；一般为短期或中期贷款，期限为 3～5 年，长的也不超过 10

年，贷款的额度必须根据成员方向基金组织交纳的份额来决定；基金组织的贷款不管使用什么货币，都按特别提款权来计值和计算利息。

（二）世界银行集团

世界银行集团（也称世界银行）是由国际复兴开发银行及其下属的国际金融公司、国际开发协会共同组成的。我国于1980年加入世界银行。

（1）世界银行贷款的条件：贷款对象必须是成员方政府、政府机构或能获得政府和有关机构担保的公私企业；成员方必须经世界银行的专家认可确实具有偿还能力，才能获得贷款资格；贷款方已无法按合理的条件从其他渠道获得资金，才可申请贷款；项目贷款必须用于规定的项目，并要接受世界银行专家的监督。

（2）世界银行对贷款的主要规定：贷款的审批程序严格，常常要派专家到借款方进行实地考察、认证；贷款资金一般占项目所需资金的50%左右，有时甚至高达70%；贷款的期限一般较长，平均在10年左右，项目贷款期限视项目的建设期长短而定；以美元计值，偿还时也必须偿还美元，万一发生汇率变动，由借款国承担汇率风险；贷款利率参照市场利率，但是一般低于市场利率。

（3）国际开发协会关于贷款的规定：贷款的期限为35～40年，并含10年宽限期。贷款不计利息，仅对已使用的贷款部分每年征收0.75%的手续费。目前其贷款对象仅限于根据1995年统计的人均国内生产总值低于905美元并缺少资金的国家。

（三）联合国开发计划署

联合国开发计划署是联合国技术援助计划的管理机构，1965年11月成立，前身是1949年设立的"技术援助扩大方案"和1958年设立的"特别基金"，总部设在美国纽约。该计划署的宗旨是帮助发展中国家加速经济和社会发展，向它们提供系统的、持续不断的援助。

联合国开发计划署的援助项目是无偿的，资金主要来源于各国政府的自愿捐款，由联合国工业发展组织、联合国粮农组织、联合国技术合作促进发展部、世界卫生组织、联合国教科文组织、贸易和发展会议等30多个机构承办和具体实施。计划署本身不负责承办援助项目或具体将其付诸实施，它主要是派出专家进行项目的可行性考察，担任技术指导或顾问。我国于1972年10月开始参加该计划署的活动。

第三节　国际财政协调

一、国际财政协调的必要性

（一）国际贸易和跨国投资的发展

在涉及国际财政关系的诸多经济活动中，对各国财政利益影响最大的是跨国公司的出现和发展。第二次世界大战后，国际经济获得了高度发展，跨国公司大量涌现，从而大大促进了国际税收关系的发展。跨国公司是国际资本流动的产物，它主要以生产资本的形式出现，通过对外直接投资，在其他国家或地区设立分支机构或子公司，从事国际性生产和经营活动。企业投资的国际化，必然带来国际收入分配问题，在这种情况下，任何国家都不可能再放弃对跨国公司的依法征税问题。除了跨国公司外，随着各国政府、团体和个人之间的政治、经济、文化艺术交流日益频繁，各种形式的国际收入也日益增加。尤其是20世纪60年代以来，发展中国家纷纷采取利用外资、引进先进技术的战略方针，与发达国家建立了广泛的经济联系，涌现出了许多新的经济交往方式。除了直接投资外，还有技术转让、来料加工等。国际商品、资本、技术、劳务的大幅度流动和各项交流收益的增加，使国际收入分配日益复杂化。为了协调各种分配关系，1963年，经济合作与发展组织起草了《关于对所得和财产避免双重征税的协定范本》，联合国专家小组制定了《关于发达国家与发展中国家间避免双重征税的协定范本》，标志着规范化的国际税收分配关系的形成。由于跨国公司的实力强大，业务遍布几大洲，对其经济业务的监管和税收的征收管理成了各国管理当局的一大难题。一方面，跨国公司通过国际组织及区域经济组织迫使一些国家（主要是发展中国家）在部分经济主权上作出让步，损害了相关国家的财政利益；另一方面，跨国公司利用不断放宽的投资环境，在不同国家间进行物资和资金的转移，从而达到合法避税的目的，也损害了相关国家的财政利益。为此，各国从维护本国利益的角度出发，纷纷采取各种措施堵塞漏洞，加强对各种影响本国税收等利益的经济活动的限制，并寻求通过国际协调来减少合法避税活动对本国财政利益的负面影响。

经济全球化发展影响到了相关国家的财政利益，使国家之间的财政关系日益紧密，财政利益的配置已越出了一国的界限，在国家间进行配置。各项经济政策的制定都必须考虑其国际影响，也需要密切关注国际组织、其他国家的政策对本国经济利益乃至财政利益的影响，从而趋利避害，争取有利于本国的结果。国际贸易、跨国投资的发展促使经济要素在国家间流动，从而也使财政利益在国家间转移。各国如果只考虑本国利益，相互之间勾心斗角，要么采取经济封锁，要么进行恶性竞争，那么其结果只能是两败俱伤；如果各国从长远利益出发，通过国际组织或其他协调机制进行财政利益的国际协调，就可以争取"多赢"的结局。

（二）全球化挑战

20世纪90年代以来，全球化已成为当今世界不可逆转的发展趋势，它关系到世界各国政府的决策和普通公民的切身利益，其影响日益为国际社会所关注。在经济全球化深入发展的形势下，世界各国既面临着难得的发展机遇，也面临着严峻挑战。世界各国人民普遍希望共享机遇、共应挑战、共同发展。全球化在为各国经济乃至世界经济发展带来巨大利益的同时，也带来了全球发展的不平衡问题以及各类经济风险与危机因素，对世界经济有序、平衡发展造成了冲击。目前，理论界和政治家正在寻求有效解决这些问题的途径，并致力于建立有效的运行机制——充分提供全球公共产品的机制。在此背景下，绝大多数国家都意识到必须加强全方位的国际合作，包括财经领域的国际合作，以积极的态度融入全球化进程中，勇敢迎接挑战，为本国经济发展创造良好的国际环境。

（三）保障国际财政利益分配秩序的需要

世界各国都已认识到，经济全球化是一个不可逆转的趋势，尽管它对各国的经济主权及财政利益产生了一些负面影响，但只要国家间通过谈判加强彼此之间的协调与沟通，就可以减轻其负面影响，并借助经济全球化加快本国经济的发展。

国家之间问题的解决需要相互间的合作和协调。通过财政关系的国际协调可以逐步实现全球内税制的融合和财政政策的相互配合，减少成员方之间由财政摩擦及税制异化导致的损失，以最小的成本实现合理的财政收入。财政关系的国际协调是相关国家采取共同措施来处理国际财政关系问题的一种方法，具体表现在国家间债务的协调及国际税收的协调上。在恶性税收竞争中，发展中国家的利益往往受到损害，因为发展中国家所面临的问题是资金短缺、技术落后、基础设施匮乏，这些投资要素的缺陷导致在税收竞争的博弈中占主导地位的将是作为资本输出国的发达国家。此外，税收优惠还存在种种抵消因素，可能导致巨大的税收收入损失和优惠政策效果落空同时并存的局面。因此，建立对话协商机制、加强国际税收协调，对保障发展中国家的税收权益具有更为重大的现实意义。

面对恶性税收竞争、严重的跨国逃税与避税、资本外逃等问题，加强财政关系国际协调成为保障国际财政利益分配秩序的必然选择。财政关系国际协调主要致力于两个方面的调整：一是税制；二是税收征管。

国际税收协调的目标并不是一味地完全遏制国际财政竞争，而是通过协商对话、管理合作的方式合理划分税收等权益，使有关各国公平分享经济全球化的成果。近年来，欧盟、美国等发达国家和地区的税制改革方向正在逐步走向一体化，世界各国的税制结构也逐渐趋同。但是，由于各国的历史、文化、经济背景的差异，双边或多边税制间的摩擦仍将长时间存在，也为各国经济存在异质性的条件下加强国际财政协调与合作提供了前提和发展的空间。财政关系的国际协调机制定位于两个层面：一是通过协定调整国家之间税收管辖权与税收分配关系，这种方式未从根本上改变各国原有的税收立法权及税收管辖权，只是在原有体制基础上的一种协调，用于灵活处理因摩擦而带来的国际税收分配问题；二是通过协调达到财政一体化目标，改变各国原有的税率或税制，形成经济共同体，积极推动贸易和投资自由化，这属于较高层次上的财政关系国际协调。

二、国际财政协调的内容

（一）消除成员方财政政策对区域的"溢出负效应"

在一个封闭的经济条件下，一个国家的财政政策的成本与收益可以实现内部化，但在开放条件下，财政政策是有溢出效应的。所谓财政政策的溢出效应，是指一国财政扩张、赤字及债务占 GDP 的比重提高，会对自由贸易区的其他成员产生负面影响。溢出效应主要体现在两个方面：一是对跨国界的资源配置有溢出效应。由于区域内各成员方之间的税种、税率有很大差异，在商品、服务、资本市场日益一体化、自由化的状况下，资本所得税的差异会促使资本流向税率低的地区。而且税率差异会使商品的相对价格发生扭曲，降低资源配置的效率。这样就会导致要素在跨国界的配置上产生负向的溢出效应。二是对宏观经济系统的稳定有溢出效应。在一个经济合作区域内，如果某一成员国的财政赤字过大或公债比例提高，就会对整个区域的宏观经济运作产生重大影响。

为了避免溢出效应，各国之间应进行税率、税制、赤字的协调，克服对要素跨国界配置、宏观经济系统稳定的负面影响。

（二）区别关税政策，培育新的财源，填补关税"退位"后的空缺

按照贸易自由化和经济联系紧密程度的差异，一般把区域经济一体化分为五种形式：一是自由贸易区；二是关税同盟；三是共同市场；四是经济联盟；五是完全的经济一体化。

关税是随着国际贸易的产生和发展而逐渐形成的最古老、最有效、最基本和最重要的调节国际经济关系的工具，关税税率的高低，在一定程度上反映了一国市场经济发育的程度。最初，关税是构成一个国家财政收入的重要来源之一。随着社会经济的发展、其他税源的增加，以及国际贸易多边谈判下关税减让的成果显现，关税收入在各国财政收入中的比重已经下降，但仍是各国财政收入的一个重要组成部分，尤其是对经济落后的国家而言。因此，削减关税给政府财政收入带来的压力是巨大的。

从理论上来说，贸易条件的改善使特定自由贸易区的所有参与国都获得了巨大的贸易机会，似乎大家都获得了福利收益，而且这种收益应该大于削减关税所造成的收入流失。但由于经济水平、资源占有、产业结构等条件的不同，这种收益在参与国中的分布相当不均，在短时期内或某种环境下有的参与国还可能遭受了福利损失。这样就会影响这些国家参与合作的积极性，甚至为保护本国市场和民族工业而进行抵制。

为此，在关税的政策协调方面，需要关注两个问题：一是近期内采取区别关税政策。北美自由贸易区的一些做法值得借鉴。美国在北美自由贸易区中处于绝对的主导和支配地位，但它也不能不考虑其他两国，特别是墨西哥的经济利益和承受能力。为此，《北美自由贸易协定》为墨西哥安排了过渡期和差别待遇。在关税减让的第一阶段，墨西哥只需对来自美国的35%的商品取消关税，而美、加对来自墨西哥的80%的商品实行免税。此外，协定还为墨西哥缺少竞争力的产业部门安排了10～15年的缓冲期，使墨西哥有充足的时间进行结构调整。二是各成员方都必须对现行财政收入结构进行调整，培育新的财源基地，形成新的财政收入增长点，填补关税"退位"后的财力空缺。

（三）实施经济援助，缩短自由贸易区内部发展不平衡的差距

各地区发展不平衡是大多数国家的普遍现象，而市场竞争的结果还会进一步加剧这种发展不平衡，这种地区间收入差距的存在和扩大也会破坏地区间的团结、政治中心的凝聚力和政治的稳定性，也是建立区域经济合作的最大障碍。

尽管从长期看，自由贸易区的建立有利于区域内各国扩大市场、整合经济资源、增强经济实力，但在短期内贸易自由化将不可避免地冲击经济欠发达国家及地区的经济，造成一定的失业和产业破坏，从而大大减少了各成员方相互协调经济政策的余地，不利于自由贸易区内各国的共同发展。因此，在建设自由贸易区的过程中，进行地区减贫方面的财政政策协调与合作是十分必要的。正在组建中的自由贸易区的各个成员方特别是

经济比较发达的成员方，必须重视对落后地区的开发、援助问题。这不仅关系到自由贸易区是否按期建成，还关系到地方政治、经济社会的安全和发展。

欧盟在这方面的成功经验很值得学习和借鉴。欧盟委员会作为在成员国政府之上的超国家调节机构，执行对落后国家进行扶助和开发的政策。这一政策的目的是巩固和完善欧盟的内部大市场，增强内部凝聚力，提高欧盟的国际竞争力。这一政策通过欧洲地区开发基金、欧洲社会基金、欧洲农业指导与保证基金以及欧洲渔业基金四个结构基金对成员国落后地区和衰退地区的基础设施建设项目、环境建设项目、生产性项目进行有比例的财政投入，帮助这些地区振兴经济和扩大就业。欧盟还于1993年设立了团结基金，专门援助收入最低的成员国进行基础设施和环境建设。四种结构基金和团结基金都来源于欧盟的共同财政。1975年以来，结构基金已资助了2 000多个开发项目，有力地促进了落后地区经济的发展，缩小了先进地区与落后地区之间的差距。1994年以后，共同农业政策的改革使农业价格保证部分的支出大大减少，结构基金的支出不断增加，现已占共同财政预算的1/3强。

（四）调整财政支出结构，加大跨国公共产品的供给力度

随着区域经济一体化的深入，公共产品的空间特征正在发生变化，其边界也由一个国家的范围扩大到经济合作区域。例如，防务、安全、外交政策、环境保护、高等教育、科学研究、交通、通信和能源等作为跨越国界的区域性公共产品已经出现，且还有新的公共产品不断涌现。在欧盟，这些公共产品是由欧盟预算集中供给的。公共产品的外部正效应诱发的"搭便车"行为，使区域内各成员国需要对此类公共产品的供给进行协调，从而使各成员国加大财政投入，从而加大这些公共产品的供给力度，保证经济合作的成效。而对于地区性公共产品，似乎双边协商的效果更好。当前，重点是关注交通、产业调整、信息、教育、安全等区域性公共产品的供给问题。

三、国际财政协调机制

（一）财政关系的国际协调主体

财政关系的国际协调既可以通过国际组织、区域性组织进行，也可以由各国政府通过相互之间的磋商机制进行。国际组织有联合国、世界贸易组织（WTO）、世界银行（IBRD）、国际货币基金组织（IMF）等，区域性组织有欧盟、经济合作与发展组织（OECD）、亚太经济合作组织、美洲国家组织、非洲联盟、东南亚国家联盟等。

（二）财政关系的国际协调方式

财政关系的国际协调方式有：①全球性的国际协调，如通过WTO制定贸易规则，处理由贸易问题引发的摩擦，调解贸易争端；②国家之间的财政协调，如通过签订税收协定协调彼此之间的税收制度，消除由于国际重复征税对国际贸易及跨国投资的消极影响；③国际财政援助，如由发达国家或国际组织提供无偿援助、豁免发展中国家的债务等。

欧盟财政政策协调是一个较成功的例子，其制度框架可归结为两方面：一是财政纪

律约束，主要体现在两个条约中：①为了实施经济与货币联盟，欧盟于1991年12月（当时称欧共体）首脑会议通过了《马斯特里赫特条约》，它为欧盟成员进入经济与货币联盟第三阶段的财政趋同标准作了安排；②为追求欧盟预算平衡或盈余的财政目标，1997年6月欧盟首脑会议通过了《稳定与增长公约》，它为欧盟成员进入经济与货币联盟第三阶段后财政状况的约束作了进一步的规定。二是财政转移支付。它是指以共同财政安排结构基金和团结基金来实施对成员方落后地区和衰退地区的财政转移支付，这种财政分配改变了国民收入在区域上的利益格局，可被视为财政协调的一种方式。

欧盟虽然没有集中统一的财政当局，财政政策仍由各成员国单独执行，但它已经在法制和民主的基础上建立起比较完善的组织机构和决策机制，呈现出高于国际组织但又低于联邦制的性质和特点。它拥有自己的立法机构与功能，形成了完备的法律框架，并具备了一定的司法功能，为财政政策协调提供了强大的组织保证。

（三）国际税收协定

国际税收协定也称国际税收条约，是指两个或两个以上的主权国家为了协调相互间的税收分配关系和处理跨国纳税人征税事务等方面的问题，本着平等的原则，通过协商、谈判等一定程序签订的一种对缔约国各方具有法律效力的书面税收协议。

国际税收协定具有以下几方面的作用：①划分征税权，协调国家之间的税收利益；②避免国际双重征税，消除跨国纳税人的不合理税收负担；③加强国家之间的税务合作，防止国际逃避税；④避免税收的国际歧视，保护纳税人的税收利益；⑤促进国际贸易和投资，推动世界经济发展。国家之间税收协定的签订，可以为从事国际经济活动的跨国纳税人负担合理的税收创造条件，并为引导投资方向提供税收鼓励。

但是，应该看到，国际税收协定对解决国际税收领域中诸多问题的作用仍是有限的，现行国际税收协定对征税权的划分还存在着某些不合理的因素，发达国家在税收利益分配中占据更为有利的地位；由于各国税收管辖权的内涵不一致、实行的外国税收抵免制度不统一等原因，国际双重征税也未能做到完全避免；在防止国际逃税与避税方面，需要各国更为密切的配合。为了更好地解决这些问题，需要有关国家政府继续作出努力。

四、国际税收协调

随着国际贸易、跨国投资的兴起及蓬勃发展，国际税收问题日益凸显。为了鼓励和促进国际贸易、跨国投资的开展，各国之间就国际税收问题进行了协调，也就是对国家与国家之间的财政分配关系按照互惠互利、协商一致的原则进行磋商和处理，以求得利益的平衡。税收制度的国际协调形式与内容，在不同的条件下是有区别的。一般说来，首先，在不要求改变各国税制的前提下，通过谈判缔结双边或多边的国际税收协定，协调因国家间的税制差异而引起的国际重复征税问题，其协调范围仅限于所得税和一般财产税。这就是通常所说的国际税收关系协调。其次，国家间通过谈判达成协议或者根据某种国际性规则确立税制的某种参照模式，在不同程度上实现税制的趋同。最终，实现税制协调的最高级形式是各国税制一体化。

（一）国际税收

国际税收是指两个或两个以上的国家，在对同一跨国纳税人的同一课税对象，分别行使各自的征税权而形成的征纳关系中所发生的国家之间的权益分配关系。跨国所得的出现和各国确立的对所得课税的制度，是产生国际税收关系的原因。

国际税收的本质是国家与国家之间的税收分配关系。对同一跨国纳税人的同一课税对象征税，就是对同一利益的分割，是在不同国家之间的分配，如一个国家得到的利益多了，另一个国家的利益必然受到影响。例如，为了避免所得的国际重复征税，纳税人的居住国可以放弃对本国居民国外所得的征税权，而由所得的来源国单独行使征税权；或者居住国让来源国优先行使征税权，然后再在来源国征税的基础上对这笔国外所得进行补征。这样，居住国和来源国之间就发生了税收分配关系。又如，跨国公司把一部分利润由税率高的国家转移到税率低的国家，也会影响这两个国家之间的税收分配关系。要减轻纳税人的税收负担，保护跨国纳税人从事国际贸易、跨国投资的积极性，就必须要有两个相关国家的协调和合作，并且需要双方在利益上做出让步，两个国家相互给予优惠待遇，这样才能使问题得到较好的解决。

（二）税收管辖权

1.税收管辖权的含义

税收管辖权是指一国政府在其主权范围内对税收事务的管辖权力，包括对什么征税、征哪些税、征多少税等。它是一个国家主权的重要内容，神圣不可侵犯，由各国独立行使。

2.税收管辖权的类型

税收管辖权一般包括三种类型，即地域管辖权、公民管辖权和居民管辖权，前者指国家有权对其所属领土全部空间范围内的经营活动实施有效的征税权，后两者则指国家有权对其所属的公民和居民收益实施有效的征税权。这样，不同国家和政府在实施征税权的过程中，很容易出现对同一跨国纳税人同一课税对象的征税权的交叉与重叠现象，导致国际重复征税问题。尤其是世界上大多数国家为了维护本国的经济利益，都同时实行地域管辖权和居民管辖权，且各国判定居民身份和所得来源地的标准不一致，国际重复征税问题就产生了。

税收管辖权的冲突是造成国际重复征税的基本原因，具体有三种情况：一是地域管辖权和居民管辖权的重叠；二是各国对来源地的不同解释造成的地域管辖权的重叠；三是各国对居民身份标准的不同规定造成的居民税收管辖权的重叠。

（三）国际重复征税

1.国际重复征税的含义

国际重复征税是指两个或两个以上的国家在同一时期内，对同一纳税人的同一课税对象或税源征收相同或类似的税收。它涉及所得税、财产税、国内商品税三大税类，但主要是指所得税。

所得的国际重复征税是由不同国家的税收管辖权同时叠加在同一所得之上引起的。它加重了纳税人的负担，影响了跨国投资的发展，不利于资本在国家间的流动。因此，必须采取各国能够接受的办法减轻或消除国际重复征税。

国际税收协调解决的是因各国税制差异而产生的国际税收竞争问题，以避免有害的国际税收竞争。国际税收竞争是经济全球化背景下国际税收关系的一种必然现象。主动参与适度的国际税收竞争，既维护了国家主权，也能在一定程度上促进本国福利水平的提高。但是，过度乃至恶性的税收竞争则是有害的，它会弱化国家的税收主权，破坏税收制度的公平性，不利于资源在世界范围内的合理配置。为了避免在经济全球化过程中的有害税收竞争，主权国家之间必须对税收制度上的差异、对跨国纳税人行使各自的税收管辖权所引起的冲突进行协调。

2.国际重复征税的减除

国际重复征税问题的解决办法有两个：一是相关国家通过签订国际税收协定，约束各自的税收管辖权，以避免两国因居民身份或所得来源地的确定标准相互冲突而引起国际重复征税，对此，本节第四部分已有介绍；二是实行居民管辖权的国家承认所得来源国的优先征税权，采用免税法、扣除法、低税法、抵免法和税收饶让等避免、消除或缓和国际重复征税。

（1）免税法，是指行使居民管辖权的国家，对本国居民来源于国外的所得免税，只对来源于国内的所得征税。实行该方法的指导原则是承认收入来源地管辖权的独占地位，这就意味着居住国政府完全放弃对来自国外的所得征税的权力，将这种权力留给该笔所得的来源国政府。

（2）扣除法，是指居住国政府行使居民税收管辖权时，将纳税人的国内所得和国外所得汇总后，扣除纳税人来源于国外所得所缴纳的外国税额，而仅就其余额按居住国政府规定的税率征税的方法。

（3）低税法，即居住国政府对其居民来源于国外的所得单独制定较低税率来减轻国际重复征税的方法。

（4）抵免法，是指居住国政府行使居民税收管辖权时，通过允许纳税人以在国外缴纳的税款冲抵本国汇总国内外所得按本国税率所计征的税额的方法。

（5）税收饶让，是指一国对本国纳税人在国外得到减除的那一部分所得税，同样给予抵免待遇，不再按本国规定的税率补征。它也称饶让抵免，是税收抵免的延伸或扩展，与税收抵免有着密切的关系。税收饶让一般都要通过签订税收协定加以明确规定。准确地说，税收饶让不是一种消除国际重复征税的方法，而是居住国对从事国际经济活动的本国居民采取的一种税收优惠措施。

■ 案例讨论

案例一　中国与国际财政援助

中老铁路连接中国昆明和老挝万象，全长1 000多千米，中国段正线全长508.53千米，是第一个以中方为主投资建设并运营、与中国铁路网直接连通的境外铁路项目，全线采用中国技术标准、使用中国设备。项目由两国边境磨憨/磨丁口岸进入老挝境内后，向南延伸至首都万象，老挝段全长414千米，其中60%以上为桥梁和隧道。项目总投资

505.45亿元，由中老双方按照70%：30%的股比合资建设。建设标准为国铁Ⅰ级、单线设计、电力牵引、客货混运，时速160千米/小时。2016年开工，于2021年年底通车。

资料来源 作者根据诸多相关资料整理改编.

讨论：（1）这一铁路对中老两国有什么意义？

（2）为什么双方都积极合作推进这一项目？结合我国的"一带一路"倡议思考并提出看法。

案例二 全球性公共产品

新冠肺炎疫情是中华人民共和国成立以来我国遭遇的传播速度最快、感染范围最广、防控难度最大的突发公共卫生事件，我国率先承诺将疫苗作为全球公共产品，将尽己所能对外提供更多疫苗，为促进疫苗在发展中国家的可及性和可负担性作出贡献。2021年3月，我国宣布将向联合国维和人员捐赠30万剂新冠疫苗。截至2021年年末，我国已向120多个国家和国际组织提供了20亿剂新冠疫苗，居世界各国之首。2020年以来，我国政府还先后向国际社会提供了40亿件防护服、60亿只检测试剂、3 500亿只口罩。

讨论：（1）为什么我国要将疫苗作为全球公共产品？

（2）我国为什么在产能有限、自身需求巨大的情况下向他国、联合国维和人员捐赠疫苗？这体现了什么样的理念？

阅读材料

[1] 刘伟，张辉. 一带一路：区域与国别经济比较研究 [M]. 北京：北京大学出版社，2018.

[2] 国家开发银行，联合国开发计划署，北京大学. 一带一路经济发展报告 [M]. 北京：中国社会科学出版社，2019.

[3] 刘卫东，等. "一带一路"建设案例研究：包容性全球化的视角 [M]. 北京：商务印书馆，2021.

综合训练

一、单项选择题

1.国际援助一般以（   ）为基本行为主体。

A.国际组织 B.经济组织

C.主权和民族国家 D.区域合作组织

随堂测8

2.国际重复征税主要涉及（   ）。

A.所得税 B.财产税 C.国内商品税 D.流转税

二、多项选择题

1.税收管辖权一般包括（   ）。

A.地域管辖权 B.公民管辖权 C.所得管辖权

D.居民管辖权 E.财产管辖权

2.财政困难的国际援助方式包括（　　　　）。

A.捐款　　　　　　　　B.无息贷款　　　　　　　C.官方发展援助

D.减税　　　　　　　　E.豁免债务

三、判断题

1.国际货币基金组织也对非成员国的政府或政府机构发放贷款。　　（　　　）

2.世界上大多数国家同时实行地域管辖权和居民管辖权。　　　　　（　　　）

3.税收管辖权的冲突是造成国际重复征税的基本原因。　　　　　　（　　　）

四、简答题

1.阐述国际重复征税的减除方法。

2.阐述财政关系的国际协调方式。

五、案例分析题

2013年，习近平总书记提出共建"一带一路"倡议，向世界描绘了一个美好愿景。8年耕耘，秉持共商、共建、共享原则，"一带一路"从理念变为行动，从蓝图变为现实。

权威报告显示，截至2021年6月，中国已同140个国家和32个国际组织签署了206份共建"一带一路"合作文件。在这条共建之路上，一个又一个合作项目落地生根、开花结果，一幕又一幕相遇相知、合作共赢的动人故事不断上演。

希腊最大港口比雷埃夫斯港曾经有过很长的辉煌历史，但多年前，这一港口衰败不堪，大批船东曾一度弃港而去，直到2008年中国远洋海运集团（中远海运）与希腊方面签署了为期35年的特许经营权协议，并据此于2010年10月正式接管比港二号、三号集装箱码头，港口才迎来新生。得益于"一带一路"倡议的东风，2016年，中远海运收购比港港务局多数股权，新成立中远海运比雷埃夫斯港口有限公司，接手港务局经营，自此中远海运对比港的运营范围从二号、三号码头扩大至整个港口。

自2010年中国企业正式参与运营以来，比港交出了十分亮眼的成绩单。统计显示，港口集装箱吞吐量从2010年的88万标准箱增长至2019年的565万标准箱，全球排名从第93位跃升至第25位，成为地中海第一大港，对希腊的直接经济贡献超过6亿欧元。迄今为止，这一项目已为当地创造了超过3 000个直接就业岗位，以及数以万计的间接就业岗位，并通过投资、税收和社会责任等方面为希腊社会做出了巨大贡献。

资料来源　根据佚名.地中海千年古港走向衰落，却在上海央企的帮助下再次熠熠生辉［EB/OL］.［2021-12-12］. https：//baijiahao. baidu. com/s？id=1718922161461784641&wfr=spider&for=pc.改编.

请问：应如何看待比雷埃夫斯港发生的巨大变化？这说明我国"一带一路"倡议在提供全球公共产品方面发挥了什么作用？

第九章

货币与货币流通

内容提要

货币是一切经济活动的基础。本章阐述了货币的起源和发展、货币的本质、货币形式和货币制度的发展与演变、人民币制度的形成和基本内容、流通中货币必要量的决定——货币流通规律。本章的学习将为以后各章奠定基础。

第一节 货币的性质和职能

一、货币的起源和发展

（一）货币的起源

货币起源于商品，是商品生产和商品交换发展到一定阶段的产物。从社会发展来看，当生产力极度低下，人们的劳动成果仅能维持生存而无剩余时，是不存在商品交换的。随着生产力的发展，尤其是社会分工的出现，生产效率得到提高，出现了剩余产品和私有制，为劳动产品的交换提供了条件，被交换的产品就成为商品。因此，商品具有两个条件：一是商品是劳动产品，不通过劳动而从自然界随时取得的东西，如阳光、空气等就不是商品；二是只有当劳动产品用来交换时才成为商品。商品交换一般会遵循两个原则：一是用来交换的劳动产品具有不同的使用价值；二是相交换的两种产品必须具有相等的价值，即在生产这两种商品时所消耗的人类劳动是相等的，这就是等价交换原则。

在货币出现之前，商品的交换采取物物交换的形式进行。比如，用大米与绵羊相交换，这样的交换效率十分低下，因为有剩余大米的农户必须找到一个需要大米而又正好拥有多余绵羊的农户，交换活动才能完成。此外，不同的商品交换还必须有不同的交换比率。当商品交换的品种稀少、数量较少时，物物交换的形式尚可存在。然而，随着商品的日渐丰富，商品交换的规模越来越大，交换的频率越来越高，物物交换已不能满足商品经济的发展。因此，逐渐从商品世界分离出一种商品，固定地作为商品交换的媒介，即一切商品均可以与之交换，而它又可以用来交换其他一切商品，起着"一般等价物"的作用，这就是货币。在人类历史上，牲畜、贝壳、石头等都曾充当过这种货币商品，后来由于金银体积小、价值大、质地均匀、便于分割，长期被人们作为制作货币的材料，因此马克思说："金银天然不是货币，但货币天然是金银。"

（二）货币形态的演变

在人类历史上，货币形态的发展大体经历了实物货币、金属货币、纸币等发展阶段，直到当前的存款货币和电子货币。

1.实物货币

实物货币也称商品货币，是最古老的货币。在人类历史上，布匹、牛羊、贝壳等都曾充当过实物货币。实物货币不易分割、不便携带且易腐烂变质，所以逐渐被贵金属取代。

2.金属货币

金属尤其是黄金和白银作为货币几乎是各国共同的历史。由于贵金属体积小、价值大、易分割、易携带、易储藏，曾长时间充当货币币材。但由于金属货币重量大、大宗交易运输不便，因此出现了代用货币，代替金属货币进行流通。代用货币只是金属货币的替代物，可以兑换金属货币。

3.纸币

广义的纸币应包括所有纸制的执行货币职能的货币。狭义的纸币是指国家为弥补财政赤字而强制发行和流通的纸制货币符号。由于货币的发行权已逐渐由国家指定银行（往往是中央银行）所垄断，因此狭义的纸币与其他形式的纸币在现实中难以区分。纸币在流通中可以克服金属货币沉重、不便运输的缺点，且货币的供应量已成为中央银行实施经济政策的工具。

4.存款货币

存款货币主要是指银行的活期存款。存款户可通过银行转账来完成支付行为，所以以存款为基础的支票等票据，也是货币的一种形式。存款货币依赖于银行信用制度的存在而存在，这种以信用关系为基础的货币形式也称信用货币。

5.电子货币

随着电子计算机及互联网在金融业和工商业的普遍使用，信用卡、电子钱包等形式的电子货币正在逐渐替代现金和一般的存款执行货币的职能。电子货币不是货币的消亡，而是货币形态的变迁。

二、货币的本质

货币的本质是什么，西方理论界存在激烈的争论。从货币的起源来考察，结合马克思对货币的论述，概括地说，货币的本质是起着一般等价物作用的特殊商品，同时体现一定的社会生产关系。

（一）货币是一般等价物

首先，货币是商品。从货币材料的发展可以看出，任何货币如金银、纸币等都是人类通过劳动取得的，具有价值和使用价值。从这个意义上来说，货币本身就是一种商品，它与普通商品存在的这种共性，是货币与其他商品相交换的基础。

其次，货币不是普通的商品，而是一种特殊的商品，表现在：（1）货币可以表现一切商品的价值，而普通商品则不具有这种作用。（2）货币具有和其他一切商品交换的能力。例如，当黄金被制作成首饰时，发挥普通商品的作用，满足特定的需求；当黄金与其他商品相交换时，它就成为特殊商品——货币。

概括地说，货币这种特殊商品的使用价值是与其他商品相交换，它的价值则是通过一切普通商品来综合表现的，即货币的购买力。

（二）货币体现一定的社会生产关系

货币出现以后，商品生产者之间的商品交易以货币为媒介。这种物与物交换的背后，实质是生产者之间不同劳动的交换。通过与货币的交换，将不同类型的具体劳动转化为同质的抽象劳动，把个别劳动转化为社会劳动。因此，货币是联系商品生产者的纽带，反映一定的生产关系。

在不同的社会形态中，货币反映不同的生产关系。比如，在奴隶社会，货币作为购买奴隶的工具，体现奴隶主剥削奴隶的关系；在封建社会，货币地租的形式体现封建地主剥削农民的关系。因此，货币对不同生产关系的反映，是统治阶级利用货币的结果，并非货币所固有的属性。

三、货币的职能

在商品交换中，货币作为一般等价物的作用，是通过货币的职能表现出来的。在商品比较发达的社会，货币具有以下职能：

（一）价值尺度

在表现商品价值、衡量商品价值量的大小时，货币执行价值尺度的职能。货币之所以能够具有价值尺度职能，是因为货币是商品内在价值的表现形式。货币在执行价值尺度职能时，可以是观念上的货币，并不需要有真实的货币。

商品的价值通过一定数量的货币表现出来就是商品的价格。价格的变化依存于商品价值和货币价值的变化。商品的价格与商品的价值成正比，而与货币的价值成反比。

为了便于比较各种商品的价格，必须以法律形式规定一定的货币金属量作为货币单位。这个包含一定金属重量的货币单位就称为"价格标准"。价格标准最初与货币金属重量的名称相一致，如英国的磅、中国的两等。价值尺度与价格标准相互依存，价值尺度依赖价格标准发挥职能，价格标准是货币发挥价值尺度的技术规定。

（二）流通手段

价值尺度与流通手段是货币的两个最基本的职能。当货币充当商品交换中的媒介物时，就执行流通手段的职能。货币在执行流通手段的职能时具有两个特点：一是必须是现实的货币，不能是观念上的货币；二是作为商品交换的媒介物——货币在商品买卖中转瞬即逝。交换者出售商品取得货币，是为了再去购买自己所需的商品，因而对货币本身的价值并不十分关心，关心的是能不能以货币购买到等价值的商品。这样就产生了以价值符号代替具有内在价值的金属货币流通的可能性，纸币正是基于这种可能性而进入流通渠道的。

（三）储藏手段

当货币由于各种原因退出流通，被持有者当作独立的价值形态和社会财富的绝对化身而保存起来时，货币就停止流通，发挥储藏手段职能。最初，生产者把自己的剩余产品交换成货币，一旦需要，可用货币购买所需商品，这比保存实物方便得多。后来，随着商品经济的发展，储藏货币成了顺利进行再生产的必要条件。因为要保证再生产的顺利进行，就必须不断补充生产资料，所以生产者就要掌握一定量的货币，以备急需。这种处于歇息状态的货币，是货币发挥储藏手段职能的一种形式。

（四）支付手段

当货币作为价值的独立形态进行单方面转移时，执行支付手段职能。例如，货币用于清偿债务，支付税金、租金、工资等所执行的职能，即支付职能。

随着商品经济的不断发展，商品生产和商品交换在时空上出现了差异，于是就产生了赊购、赊销。这种赊账买卖商品的信用是货币支付手段的起源。货币的支付手段职能促进了生产和流通的发展，解决了商品生产出来后不能及时售出的困难，但也扩大了商品经济的矛盾。各经济主体间形成了债权、债务关系，产生了债务链，危机的影响范围扩大。

（五）世界货币

货币超越国界，在世界市场上发挥一般等价物作用时，执行世界货币职能。由于金银货币本身的内在价值，世界货币曾经长时间由金银充当。但随着纸币在流通中的普及，一些具有雄厚经济实力基础的国家的纸币也发挥着世界货币的作用，如美元、日元、英镑等。随着网络的全球化，不远的将来，国际支付有可能转变为电子信息储存，即由电子货币进行。无论如何，有着真实内在价值的黄金依然是国家间的最后结算和支付手段。

第二节　货币制度

一、货币制度的基本内容

货币制度是国家法律规定的货币流通的规则、结构和组织机构体系的总称。货币制度是随着商品经济的发展而逐步产生和发展的，到近代形成比较规范的制度。其基本构成要素包括：

1.货币材料

货币制度的基础条件之一是要有确定的币材。世界上许多国家曾经长期以金属作为货币材料，确定用什么金属作为货币材料就成为建立货币制度的首要步骤。具体选择什么金属做货币材料受到客观经济发展条件以及资源禀赋的制约。

2.货币单位

货币单位也是货币制度的构成要素之一，在具体的政权背景下，货币单位表现为国家规定的货币名称。在金属货币条件下，需要确定货币单位名称和每一货币单位所包含的货币金属量。规定了货币单位及其等分，就有了统一的价格标准，从而使货币更准确地发挥计价流通的作用。当前世界范围内，流通的货币都是信用货币，货币单位价值的确定，同如何维持本国货币与外国货币的比价有着直接的关系。

3.货物流通：通货的铸造、发行与流通

（1）可以将进入流通领域的货币（通货）区分为本位币和辅币。本位币是按照国家规定的货币单位所铸成的铸币，又称主币。辅币是主币以下的小额通货，供日常零星交易与找零之用。

（2）本位币的面值与实际金属价值是一致的，是足值货币，国家规定本位币具有无限法偿能力。允许本位币可以自由铸造和熔化的国家，对流通中磨损超过重量公差的本位币，不准投入流通使用，但可以向政府指定的机构兑换新币，即超差兑换。

（3）辅币一般用贱金属铸造，其所包含的实际价值低于名义价值，但国家以法令形式规定在一定限额内。辅币仅具有有限法偿性，但可以与主币自由兑换。辅币不能自由铸造，由国家铸造，其铸币收入是国家财政收入的重要来源。在当代纸币条件下，辅币与贱金属铸造的主币经常标示国家名称，可以体现国家权威，但与历史上金属货币体系中，将主币与辅币铸造发行权分别授予不同部门比较，更多的是具有象征意义。

（4）银行券和纸币是贵金属储量以及相应的金银货币不能满足商品经济发展扩大的需要而出现的产物。银行券是由银行发行、以商业信用为基础的信用货币。早期银行券流通的前提和背景是持券人可随时向发行银行兑换金属货币。1929—1933年世界经济危机之后，西方各国中央银行发行的银行券停止兑现，其流通不再依靠银行信用，而是依靠国家政权的强制力量，使银行券转化为纸币。

4.货币铸造

货币发行准备制度分为两种情况：一种是在金属货币与银行券同时流通的条件下，为了避免银行券过多发行、保证银行券信誉，发行机构按照银行券的实际规模保持一定数量的黄金和外汇资产；另一种是在纸币流通的条件下，发行纸币的金融机构（中央银行或者商业银行）维持一定规模的黄金和外汇资产。

黄金储备制度是指发行货币机构按照一定的要求与规则持有黄金，它是货币制度的一项重要内容，也是一国货币稳定的基础。多数国家的黄金储备都集中由中央银行或国家财政部门管理。

在金属货币流通的条件下，黄金储备主要有三项用途：第一，作为国际支付手段的准备金，也就是作为世界货币的准备金；第二，作为时而扩大、时而收缩的国内金属流通的准备金；第三，作为支付存款和兑换银行券的准备金。在当代各国已无金属货币流通的情况下，纸币不再兑换黄金，黄金准备的后两项用途已经消失，但黄金作为国际支付的准备金这一作用仍继续存在，各国也都储备一定量的黄金作为准备金。

各国中央银行为了保证有充足的国际支付手段，除了持有黄金之外，还可以选择储备外汇资产。具体选择何种外汇资产，取决于该外汇资产所对应的外国货币作为国际支付手段的可接受性，还要考虑国际金融市场上的汇率变动以及各种不确定性因素。由于面临汇率风险，中央银行外汇储备应考虑持有适当的外汇资产组合，而不是单一的外汇资产。

5. 货币偿付

（1）规定货币材料。规定货币材料就是规定币材的性质，确定不同的货币材料就形成了不同的货币制度。但是，哪种物品可以作为货币材料不是国家随心所欲指定的，而是对已经形成的客观现实在法律上加以肯定，即根据现实通过法律规定来决定哪种材料作为本位币，这种规定实际上是商品经济发展的客观要求，是由生产水平与发展程度决定的。从历史上来看，货币制度经历了从银本位制、金银复本位制到金本位制，再到不兑现本位制的过程。目前，各国都实行不兑现的信用货币制度，对货币材料不再作明确规定。

（2）规定货币单位。货币单位是货币本身的计量单位，规定货币单位包括两个方面的内容：一是规定货币单位的名称；二是规定货币单位的价值。在金属货币制度下，货币单位的价值是每个货币单位包含的货币金属重量和成色；在信用货币尚未脱离金属货币制度的条件下，货币单位的价值是每个货币单位的含金量；在黄金非货币化后，货币单位的价值表现为确定或维持本币的汇率。

（3）规定流通中货币的种类。它主要指规定主币和辅币，主币是一国的基本通货和法定价格标准，辅币是主币的等分，是小面额货币，主要用于小额交易的支付。在金属货币制度下，主币是用国家规定的货币材料和货币单位铸造的货币；辅币用贱金属铸造，并由国家垄断铸造。在信用货币制度下，主币和辅币的发行权都集中于中央银行或政府指定机构。

6. 支付偿还

（1）规定货币法定支付偿还能力。货币法定支付偿还能力分为无限法偿和有限法偿两种。无限法偿是指不论用于何种支付，不论支付数额有多大，对方均不得拒绝接受。有限法偿是指在一次支付中有法定支付限额的限制，若超过限额，对方可以拒绝接受。一般而言，在金属货币制度下，主币具有无限法偿能力，辅币则具有有限法偿能力；在信用货币制度下，各国对货币支付偿还能力的规定并不十分明确和绝对。

（2）规定货币铸造发行的流通程序。货币铸造发行的流通程序主要分为金属货币的自由铸造与限制铸造、信用货币的分散发行与集中垄断发行。自由铸造是指公民有权用国家规定的货币材料和货币单位在国家造币厂铸造货币。一般而言，主币可以自由铸造。限制铸造是指只能由国家铸造，辅币是限制铸造的。信用货币分散发行是指各商业银行可以自主发行，早期信用货币是分散发行，当今各国信用货币的发行权都集中于中央银行或政府指定机构。

7. 发行准备

货币发行准备制度是为了约束货币发行规模、维护货币信用而制定的，要求货币发行者在发行货币时必须以某种金属或资产作为发行准备，即国家规定中央银行或政府指定机构，为保证货币的稳定要储备一定的贵金属和外汇资产。20世纪30年代以后，各国逐渐取消金本位制。第二次世界大战后，资本主义国家普遍实行以美元为主要储备货币的金汇兑本位制。目前，各国实行不兑现的信用货币制度，即不兑现本位制。

　　在金属货币制度下，货币发行以法律规定的贵金属作为发行准备。

　　在信用货币制度下，各国货币发行准备制度的内容比较复杂，一般包括现金准备和证券准备两大类。

　　为了稳定货币，各国都建立了准备金制度，这是货币制度的一项重要内容。准备金的用途有：作为国际收支的手段；调节国内金属货币流通；支付存款或兑换银行券。

二、货币制度的演变

　　人类历史上的货币制度经历了由金属货币制度到纸币制度的演变。金属货币制度历经了几个世纪，直到20世纪30年代才被纸币制度替代。货币制度的演变如图9-1所示。

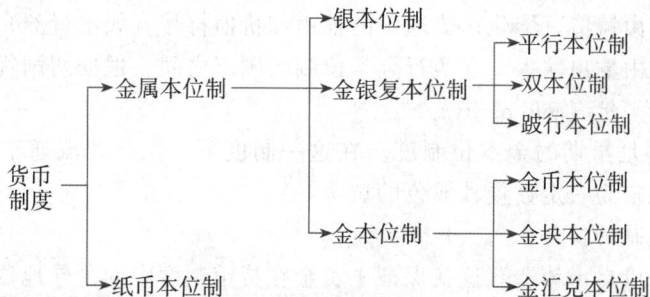

图9-1　货币制度的演变

（一）金属本位制

　　金属在公元前就已作为货币使用，但由法律确定为一种货币制度是在15世纪末期之后。金属货币制度先后经历了银本位制、金银复本位制、金本位制。典型的金属货币制度有以下共同特点：一是以贵金属作为本位币币材，本位币具有无限法偿能力；二是本位币的名义价值与实际价值相等，是足值的货币，可自由铸造和熔化；三是银行券可自由兑换等量金属货币；四是金属和金属货币可以自由输出输入。

　　1.银本位制

　　银本位制是指以白银作为本位币的货币制度。在货币制度的演变过程中，银本位的历史要早于金本位。银本位制的运行原理类似于金本位制，主要不同点在于以白银作为本位币币材。银币具有无限法偿能力，其名义价值与实际含有的白银价值一致。银本位分为银两本位与银币本位。

　　2.金银复本位制

　　金银复本位制是指一国同时规定金与银作为本位币。在金银复本位制下，金币与银币都可以自由铸造和熔化、自由输出输入。

　　从表面上来看，金银复本位制能够使本位币金属有更充足的来源，使货币数量更好地满足商品生产与交换不断扩大的需要，但实际上是一种具有内在不稳定性的货币制度。

　　"劣币驱逐良币"的现象，即当金银两种金属中市场价值高于官方确定比价的一方不断被人们收藏时，金银中的"贵"金属最终会退出流通，使金银复本位制无法实现，这一现象被称为"格雷欣法则"。因此，有人称这种"双本位制"为"跛行本位制"。"劣币驱逐良币"的根本原因在于金银复本位与货币作为一般等价物具有排他性、独占性的矛盾。

18世纪末期至19世纪初期，多数资本主义国家的货币制度都逐渐地从金银复本位制向金本位制过渡。在20世纪初期，多数资本主义国家的货币制度都已实行金本位制。

3.金本位制

金本位制是指以黄金作为本位币的货币制度。金本位制的主要形式有金币本位制、金块本位制和金汇兑本位制。

（1）金币本位制。它是以黄金作为货币金属的一种典型的金本位制。其主要特点有：金币可以自由铸造、熔化；流通中的辅币和价值符号（如银行券）可以自由兑换金币；黄金可以自由输出输入。在实行金本位制的国家之间，根据两国货币的黄金含量计算汇率，即黄金平价（gold parity）。

金币本位制是早期的金本位制度。在这一制度下，发行并流通于市场的货币是金币，单位货币规定为一定数量和成色的黄金。

①金币本位制的特点。

一是金币可以自由铸造。这就保证了黄金在货币制度中的主导地位，并避免了复本位制下金银频繁交替地执行价值尺度职能所造成的混乱现象。同时，金币实行自由铸造，使金币名义价值与实际价值保持一致，满足商品流通的需要，可以代表一定数量的黄金进行流通，且有一定的比价。

二是辅币与银行券可以自由兑换金币。辅币和银行券可按其面额价值自由兑换金币，从而避免了价值符号对黄金的贬值现象。

三是黄金可以自由输出输入。在金币本位制下，各国政府以法律形式规定货币的含金量，两国货币含金量的对比就是决定汇率基础的铸币平价。黄金可以自由地输出或输入国境，并在此过程中形成铸币物价流动机制，对汇率起到自动调节作用。因此，汇率因铸币平价的作用和受黄金输送点的限制，波动幅度不大。这就保证了全球市场有统一的价值尺度和外汇行市的相对稳定。

四是用黄金来规定货币所代表的价值，每一货币单位都有法定的含金量，各国货币按其所含黄金量而有一定的比价。

②金币本位制的作用。

从上述金币本位制的特点可知，金币本位制是一种具有相对稳定性的货币制度，它对资本主义经济发展起到了积极的作用。

第一，金币的"自由铸造和熔化"，使得金本位货币与其所含的一定量的黄金的价值保持了等值关系，从而起到了对一国的物价水平与国际收支进行自动调节的作用，维持了物价稳定和国际收支平衡。先看物价水平，在金币本位制下，当物价水平上涨时，单位货币所能买到的黄金数量也就减少了，这表明币值下跌，黄金价格上涨，此时人们就会将金币熔化成黄金出售，于是流通中的金币数量减少，币值回升以至与黄金平价；相反，当物价水平下跌时，币值上升，人们又会将黄金铸造成为金币，造成流通中的金币数量增加，物价上涨和币值的下跌，最终达到金币与黄金平价。再看国际收支，当一国的国际收支出现逆差时，说明该国的出口小于进口，国内的金币流向国外，导致国内金币数量减少，国内物价水平下降，而物价水平的下降会使进口减少、出口增加，从而使国际收支逆差得到调整并逐渐消失；相反，当一国的国际收支出现顺差时，说明该国的出口大于进口，金币从国外流入国内，导致国内金币数量增加，国内物价水平上涨，而物价水平的上涨会使出口减少、进口增加，从而使国际收支顺差得到调整并逐渐消失。总之，金币本位制具有维持物价稳定和国际收支平衡的作用。

第二，黄金与金币的自由输出输入，使得金本位货币的对外汇率保持了稳定。在金币本位制下，汇率是以各国货币的含金量为基础的。比如，1914 年以前，1 英镑含金113.006 格令，1 美元含金 23.22 格令，于是英镑对美元的基本汇率为 1 英镑=4.8665 美元。但是，实际汇率是由外汇供求决定的，不一定与基本汇率相一致。一旦实际汇率发生变动，偏离了基本汇率，那么通过黄金的输出或输入，便可对汇率进行自动调节，使实际汇率偏离基本汇率的程度不会超过输出或输入黄金所需的费用，从而维持了汇率的稳定。比如，在纽约与伦敦之间输送 1 英镑黄金需要花费 2 美分（0.02 美元），那么在纽约英镑的实际汇率不应超过 4.8865 美元，因为如果汇率超过这一数字，美国债务人与其高价买入英镑用以清偿债务，不如向伦敦直接输出黄金（将黄金从纽约运往伦敦）以清偿债务。这种汇率上涨的限度，称为黄金输出点。同时，纽约的英镑汇率也不应低于4.8465 美元，因为如果汇率低于这一数字，美国债权人与其低价出售英镑购买美元，不如直接从伦敦输入黄金（将黄金从伦敦运往纽约）来收回债权。这种汇率下跌的限度，称为黄金输入点。正是由于黄金和金币可以自由输出输入，才使得本位币的对外汇率得以稳定。

③金币本位制的缺点。

一是金币自由铸造与自由流通的基础受到削弱。在帝国主义阶段，资本主义各国发展不平衡的加剧，引起世界黄金存量的分配极端不平衡。1913 年年末，美、英、法、德、俄五国占有世界黄金存量的 2/3。世界黄金存量的大部分掌握在少数几个国家手中，其他国家的黄金储备和流通中的金币量自然就相应减少，动摇了这些国家的金币本位制的基础。同时，在少数强大的资本主义国家中，金币流通也相对地缩减了，大量黄金集中于中央银行和国库。例如，1913 年世界黄金储备已有 60% 集中于中央银行和国库。所以，这些国家除加强对外掠夺黄金外，在国内也设法从流通领域吸收黄金。当黄金从主要由民间分散储存变为中央银行与国库集中储存时，金币自由铸造和流通的基础就被严重地削弱了，从而金币流通规模和范围大大缩小，金币本位制的稳定性受到威胁。

二是价值符号（主要是银行券）对金币的自由兑现受到削弱。要保证价值符号能够自由兑换黄金或金币，不仅需要有充足的黄金准备，而且价值符号的发行数量也不能过度地超过流通中对货币的需要量。19 世纪末期至 20 世纪初期，中小国家因黄金储备不足，所发行的银行券难以自由兑换金币。少数帝国主义列强为瓜分世界，准备战争，大量增加军费开支，引起国家财政支出急剧增长，为了解决财政上的困难，这些国家都开动印钞机，大肆增加价值符号的发行，从而导致价值符号难以保持自由兑现。

三是黄金在国家间的自由转移受到很大限制。在帝国主义阶段，资本主义国家为了本国垄断资本的利益，经常通过很高的关税来限制外国商品的输入，遭受限制的国家由于难以出口商品换取外汇收入，有时就被迫输出大量黄金以支付对外债务。但是，黄金大量外流又会削弱黄金准备，影响价值符号随时兑现的可能性，于是，这些国家就采取措施，阻止黄金的自由输出。另外，在危机时期，商品输出困难以及货币资本流向国外等均会引起黄金大量流出，这也会迫使资本主义国家限制黄金自由输出，甚至完全禁止输出。

（2）金块本位制。它是指由中央银行发行、以金块作为准备的纸币流通的货币制度。它与金币本位制的区别有：一是金块本位制以纸币或银行券作为流通货币，不再铸造、流通金币，但规定纸币或银行券的含金量，纸币或银行券可以兑换为黄金；二是规定政府集中黄金储备，允许居民当其持有本位币的含金量达到一定数额后兑换金块。

金块本位制的特点有：①虽然金币是本位币，但是在国内不流通，只有纸币流通；②黄金集中存储于政府，金币不能自由铸造；③规定纸币的含金量，纸币具有无限法偿能力；④纸币兑换黄金有数量限制。金块本位制的这些特点减少了黄金向国外输出，同时加强了货币管理当局对货币的管理力量。

（3）金汇兑本位制。它是指以银行券作为流通货币，通过外汇间接兑换黄金的货币制度。金汇兑本位制与金块本位制的相同之处是：规定货币单位的含金量，国内流通银行券，没有铸币流通。但金汇兑本位制规定银行券可以换取外汇，不能兑换黄金。本国中央银行将黄金与外汇存于另一个实行金本位制的国家，允许以外汇间接兑换黄金，并规定本国货币与外国货币的法定汇率，从而稳定本币币值。

在布雷顿森林体系中，各国政府将本币与美元挂钩制定兑换汇率，这样使各国货币与黄金间接挂钩。在这种国际货币制度下，美元相对于其他货币处在等价于黄金的关键地位。所以，这种制度又称以美元为中心的国际货币制度。

金汇兑本位制实际上是一种虚金本位制。虽然金汇兑本位制规定金币为本位币，但不铸造和流通金币，而是发行和流通纸币，并将本国货币与另一个金本位制国家的货币保持固定的比价关系。在纸币的发行上，还要以存入本国或外国的中央银行的黄金和外汇作为发行准备，以供国际支付中的兑换之用。在兑换时，或给以黄金，或给以外汇，公众无权选择。一般来说，本国货币不能直接兑换黄金，只有先兑换成外汇，才能用外汇在国外兑换黄金。

金汇兑本位制比金块本位制更能节省黄金，但金汇兑本位制对经济的自动调节作用较弱，必须通过较大程度的人为管理，才能促进国际收支及国内货币供应量的平衡。

金块本位制和金汇兑本位制都是残缺不全的、极不稳定的货币制度，原因是：①金块本位制和金汇兑本位制都没有金币的流通，金本位制所具备的自发调节货币流通量、保持币值相对稳定的机制不复存在。②银行券不能自由兑换黄金，多种限制削弱了货币制度的基础。③采用金汇兑本位制的国家，使本国货币依附于其他国家的货币，一旦其依附的国家币制混乱，则本国币制也必然受到严重影响，无法独立自主地保持本国货币币值的稳定；反之，如果实行金汇兑本位制的国家大量提取外汇储备兑换黄金，则又会威胁挂钩国家币值的稳定。这两种货币制度由于本身的不稳定性，实行了没几年就暴露出了缺点。1929—1933年世界经济危机很快地摧毁了这种残缺不全的货币制度，使资本主义国家先后转向不兑现的信用货币制度。

（二）不兑现的信用货币制度

纸币是由国家强制发行、不兑换金银的货币符号。不兑现的信用货币制度是以纸币作为流通手段而产生的。金本位制崩溃后，流通中的银行券丧失了直接地或间接地与黄金兑换的条件，从而蜕化为不兑现的纸币。纸币的发行权属于国家，国家授权中央银行发行纸币。黄金不再是确定货币币值和各国汇率的标准。货币制度进入了不兑现的信用货币制度阶段。

不兑现的信用货币制度取代金本位制，是货币制度演进的质的飞跃，它突破了商品形态的桎梏，而以本身没有价值的信用货币作为流通中的一般等价物。当然，透过历史演变的表象，也能看到其深刻的历史必然性。

从黄金充当本位币来看，在第一次世界大战及20世纪30年代的经济危机中，黄金受到了巨大的冲击。第一，随着社会生产力的发展、生产规模的不断扩大，商品交换的规模也相应扩大，迫切要求有一个灵活的有弹性的货币供给制度。但是，这种货币供给受到黄金开采能力的制约，从而限制了生产力的扩张。第二，黄金充当货币，执行一般等价物职能，是社会财富的极大浪费，特别是在黄金广泛应用于高科技工业时，情况就更是如此。正如马克思所说："金币和银币本身也有价值，但是这些价值充当流通手段，就是对现有财富的扣除。"第三，由于资本主义经济发展的不平衡，在第一次世界大战的冲击下，黄金分配极不平衡，主要集中于美国，多数国家黄金不足，使其难以维持黄金对外的自由铸造和熔化以满足流通的需要，也难以维持黄金对外的自由输出以保证固定汇率制。金本位制逐步地走向尽头，货币实体非商品化就成为现代社会的必然要求。

从信用货币的角度来看，货币商品自身的使用价值和社会价值同货币的一般使用价值和社会价值的排斥与分离，为信用货币代替商品货币、发挥货币职能提供了可能。银行券和早期的纸币便是这方面的表现；而信用关系的深化和国家职能的扩充，为信用货币完全取代商品货币提供了条件。特别是经过战争的洗礼，纸币在战争期间一般不可兑现，检验了政府的信用，也培植了人们对政府的信心，加上人们对货币与经济关系理解的深化，信用货币逐步地取代了黄金，最终取得独立行使货币职能的地位。

信用货币制度具有以下特点：一是国家授权中央银行垄断发行纸币，且具有无限法偿能力。二是货币由现钞和银行存款构成。三是货币主要通过银行信贷渠道投放。四是货币供应在客观上受国民经济发展水平的制约。货币供应过多，必然危及国民经济正常运行。一方面，货币发行数量由国家法定最高限额或以金银、外汇和有价证券作为发行准备；另一方面，国家授权中央银行或货币管理当局，通过货币政策对货币供应实施管理。五是货币供应量不受贵金属数量的约束，具有一定的伸缩弹性。通过货币供应管理，可以使货币流通数量与经济发展需要相适应。

第三节　我国的货币制度

一、人民币制度

（一）人民币制度的建立

人民币制度开始于解放战争即将胜利之时。1948年12月1日，中国人民银行在石家庄正式成立，同时发行人民银行券，即人民币。当时，由于中国还未彻底解放，仍有国民党政府发行的货币和中国共产党领导的各解放区的各种货币在流通，而在广东，港币则占主导地位。人民币发行后，随着大片国土的解放，中国人民银行迅速收兑了旧经济制度下的法币、金圆券和银圆券，同时逐步统一了各解放区的货币，实现了当时提出的建立起人民的、统一的、独立自主的新货币制度——人民币制度的目标。

（二）人民币制度的性质

人民币制度是信用货币制度，具有信用货币制度的一切特征。但是，由于中华人民共和国成立以来实行高度集中的计划经济体制，货币的发行与财政经常联系在一起，财政出现赤字就向中央银行透支，若中央银行无资金来源，则被迫发行货币，因此货币发行成了弥补财政赤字的手段。《中华人民共和国中国人民银行法》于1995年3月18日第八届全国人民代表大会第三次会议通过，根据2003年12月27日第十届全国人民代表大会常务委员会第六次会议《关于修改〈中华人民共和国中国人民银行法〉的决定》修正，明确规定禁止财政向中国人民银行透支货币的发行摆脱了财政干扰，真正依靠经济发展的需要，通过银行信用渠道在市场上流通，人民币制度成为真正的信用货币制度。

（三）人民币制度的内容

（1）人民币是我国唯一法定货币。以人民币支付我国境内的一切公共债务和私人债务，任何单位或者个人都不得拒收。为了保证人民币的唯一合法地位，国家规定：严禁金银计价流通，严禁外币计价流通，严禁伪造、变造人民币，严禁任何单位或者个人印制、发售代币和票券代表人民币在市场上流通。

（2）人民币的单位为元，人民币的辅币单位为角、分。1元等于10角，1角等于10分。人民币的符号为"￥"。

（3）人民币是由中国人民银行统一印制、发行的钞票，采取的是不兑现的银行券形式。人民币没有法定含金量，不能兑换黄金，也不与任何外币确定正式联系。人民币的发行实行高度集中统一的原则，中国人民银行是唯一的发行机关，在中国人民银行内部，发行权集中于总行。为了管理货币发行，中国人民银行设立了人民币发行库，在其分支机构设立分支库。分支库调拨人民币发行基金，必须按照上级库的调拨命令办理。

（4）国家对货币流通还分不同情况规定了不同的管理制度。国家针对现金流通规定了其使用范围：现金主要用于工资、劳务支付，服务于消费品分配；国有企事业单位、机关部队团体和集体经济单位相互之间的货币支付，小额的可以使用现金，大额的必须由银行转账。国家针对非现金流通（存款货币流通）主要规定了银行办理转账结算的原则和具体办法。

（5）我国建立的金银储备和外汇储备都作为国际支付的准备，不作为货币发行的准备或保证，但对稳定国内货币流通也能发挥作用。这两项储备由中国人民银行集中掌管，储备情况定期公布。

二、"一国两制"条件下的区域性货币制度

1997年7月1日与1999年12月20日，中国相继对香港和澳门地区恢复行使主权，但按照现行法规，在香港与澳门两个特别行政区内，港币与澳门币分别是其区内唯一流通货币。这意味着在中国境内存在多种货币。同时，按照我国现行的外汇管理规定，港币、澳门币仍属于外汇，在香港和澳门地区之外的中国境内是不能直接流通的。

（一）中国香港的货币制度

香港特别行政区的法定货币是港币，港币缩写为HKD，是不兑现的信用纸币，具有无限法偿能力。港币由汇丰银行、渣打银行、中国银行（香港）负责发行。港币的发行需要有100%的外汇储备支持，发钞银行必须按1美元=7.8港元的固定汇率，向香港金融管理局交付等值的美元换取无息负债证明书，作为发钞的法定储备。在100%的储备支持下，香港金融管理局保证港币对储备货币（美元）的完全兑换。港币的基本单位是元；采取十进制，1元=10角；纸币的面额有6种，分别为10元、20元、50元、100元、500元和1 000元，硬币有7种，分别为1角、2角、5角、1元、2元、5元和10元。

（二）中国澳门的货币制度

澳门特别行政区的法定货币是澳门币，澳门币缩写为MOP，是不兑现的信用纸币，具有无限法偿能力。澳门币由大西洋银行和中国银行（澳门）负责发行。澳门币的发行需要有100%的外汇储备支持，发钞银行必须按1港元=1.03澳门元的固定汇率，向澳门金融管理局交付等值的港元换取无息负债证明书，作为发钞的法定储备。在100%的储备支持下，澳门金融管理局保证澳门币对储备货币（港币）的完全兑换，澳门币与港币的联系汇率也因此确立。由于港币与美元挂钩，因此澳门币与美元间接挂钩。

澳门币的基本单位是元，纸币面额有6种，分别为10元、20元、50元、100元、500元和1 000元；硬币有7种，分别为1毫、2毫、5毫、1元、2元、5元和10元。在澳门售卖的货品和所提供的服务收费一律以澳门币计算，但也可使用港币或其他流通货币。兑换率按市场浮动汇率确定。

第四节　货币流通规律

一、货币流通规律

货币的流通手段职能是充当交换的媒介，即实现所交换商品的价格。商品的价格是在商品未实际进入流通以前就有的，进入流通的商品价格总额大，要求实现商品价格的货币就多；进入流通的商品价格总额小，要求实现商品价格的货币就少。因此，流通中所需要的货币量首先是由商品价格总额决定的，排除货币流通速度的因素，流通中的货币总量应与进入流通中的商品价格总额相等。

在金属货币制度下，流通中的货币量以若干单位的金属量表现。在等价交换且金属货币的流通速度为1的条件下，这若干单位的金属量所包含的价值量应等于待实现的商品价格总额所反映的价值总量。因为金属货币本身是人类的劳动成果，具有内在价值，是直接的一般等价物，所以若生产金属的劳动生产率变动，则单位金属的价值量也随之变动。如果流通中待实现的商品价格总额所反映的价值总量不变，则流通中所需要的金属货币量与单位金属货币的价值成反向变动，即单位金属货币的价值越大，流通中所需要的货币数量越少；反之，则所需要的货币数量就越多。

上述分析未考虑货币流通的速度，但事实上货币流通是有速度的，这一速度就是同一枚货币在一定时间、空间变换的次数。由于在一定时间、空间同一枚货币能在多次交换中发挥作用，实现多倍的商品价格，因此货币的流通速度越快，实现既定的商品价格所需要的货币数量越少；反之，则需要的货币数量越多。

综上所述，决定执行流通手段的金属货币数量与商品有以下关系：

流通中金属货币的必要量=商品价格总额÷货币流通速度

由于流通中金属货币总量的价值除以单位金属货币的价值量等于流通中金属数量，上式可变为：

流通中金属货币量的价值=商品价格总额所反映的总价值量÷货币流通速度

由此可知，流通中金属货币的必要量受到三个因素的影响：商品价格总额、货币流通速度和金属货币本身的价值。流通中金属货币的必要量与待实现的商品价格总额成正比，与货币流通速度成反比，与货币本身的单位价值成反比。这就是金属货币的流通规律。

二、纸币流通规律

由于流通中的货币转瞬即逝，人们并不十分关心货币本身的价值，加上金属货币沉重和不易运输，纸币得以代替金属货币执行流通手段职能。这时纸币是代用货币，其流通规律完全与金属货币一致。尽管现在的纸币已完全超出了代用货币的范畴，但是其流通规律仍然与金属货币流通相联系。马克思很早就为我们揭示了这一规律。

马克思明确指出："纸币流通的特殊规律只能从纸币是金的代表这种关系中产生。这一规律简单说来就是：纸币的发行限于它象征性地代表金（或银）的实际流通的数量。"换言之，纸币流通规律体现的是纸币和货币金属之间的比例关系，用公式表示为：

单位纸币所代表的货币金属=流通中所需的金属货币量÷流通中的纸币总量

所谓纸币流通规律，就是纸币发行数量取决于流通中所需要的金属货币量。当一个时期社会需要的金属货币量确定之后，客观上要求纸币发行量必须与流通中对金属货币量的需要相一致。只有这样，一个单位的纸币才能代表一定的金属货币量而流通。比如，流通中需要10亿元金币，则可以发行10亿元纸币，每1元纸币代表1元金币流通。由于纸币无储藏手段职能，也不能兑换黄金或输出国外，因此无论纸币发行量有多大，它所能代表的只是流通所必需的金属货币量，如果超出了这个商品的内在规律所决定的金属货币量，纸币就要贬值。如上例，若纸币发行额达到了20亿元，而流通中所需要的金币量不变，仍为10亿元金币，则每元纸币所代表的就是0.5元金币。

由此可知，国家固然可以用强制力将任意数量的纸币投入流通，但无法改变纸币的流通规律。若倒行逆施，必将导致货币制度的崩溃。

货币制度的历史发展过程表明，在货币流通中用贵金属代替贱金属货币、用价值符号代替金属货币，是货币制度发展的历史必然。这种发展趋势一方面意味着社会流通费用在更大程度上的节约，另一方面也隐伏着货币制度的稳定性日益丧失的危机。国家如何强化对货币制度的管理和对货币流通的调控，已成为各国普遍关注的问题。

三、电子时代的货币流通

由于网络技术的发展，金融机构在经营业务中广泛使用电子计算机（电脑），于是便开发出一种新的支付工具——电子货币，这种货币表现为很多种类的价值贮藏卡，即电子钱包。这种电子货币与过去的信用卡相比，完全是一个开放式系统。对消费者而言，可以用个人电脑或电话从支票账户把资金转到卡里，而在购买商品时，通过售货点终端机刷卡，不用信用验证，也不用签字，资金就会从卡中直接扣除并转到卖方的电脑终端，商家可以在任何时候用电话通知系统把资金转入银行账户。虽然电子货币的使用远未普及，但是可以预见，未来由电子货币取代纸币、支票等已是大势所趋。在货币由有形转化为无形，由实实在在的物质转化为电子计算机中贮存的信息时，货币流通又会有什么变化呢？虽然电子货币是无形的货币，或者说已成为一种虚拟货币，但是它毕竟还是货币，其根本性质并没有改变，改变的只是它的形态，正如纸币（货币符号）替代金属货币一样。电子货币仍可以执行价值尺度、流通手段、支付手段和储藏手段的货币职能。因此，电子货币的流通依然遵循货币流通的一般规律：流通中的货币量与待实现的商品价格总额成正比，与货币的流通速度成反比。

红色故事9-1　　　　　中国红色政权的经济生命线：红色货币

红色货币，是中华人民共和国成立前红色政权发行货币的统称。中华人民共和国成立前，中国共产党先后建立过400多个货币发行机构，发行过500多种货币。这些红色货币，是中国共产党与敌人在政治、经济、金融方面斗争的产物，是红色政权的经济生命线。

1926年成立的湖南省衡山县柴山洲特别区第一农民银行，是中国共产党组织成立最早的农民银行，它发行的壹元白竹布币也是最早的红色货币。发行货币后，农民银行以当时最低利率借款给农民，支持农业生产，发展乡村经济。

土地革命时期，为冲破敌人的经济封锁，活跃农村经济，巩固革命政权，各革命根据地先后建立银行等新型金融机构，并发行货币。井冈山造币厂是革命根据地创办的第一个金属铸币厂，它发行的银元取"工农苏维埃"之意，在币面隐蔽位置加盖了一个"工"字标记，被称为"工字银元"。

1932年2月1日，中华苏维埃共和国国家银行在瑞金成立，当年发行了首批国币，很快赢得社会各界信任，中央苏区货币和财政渐趋统一。

抗日战争爆发后，中国共产党领导建立了大片敌后根据地和抗日民主政权。为发展农业生产，防止和抵制敌伪钞的侵入和流通，保护根据地人民的财富，这些根据地都设立了银行并发行货币，这些货币一般被称为"抗币"或"边币"。1937年，抗日根据地第一家银行——陕甘宁边区银行改组成立。1941年发行货币，流通于陕甘宁边区。

1945年，华中银行由五家地区银行合并成立，发行"华中币"，"华中币"使用的毛主席肖像居于右侧的货币制式，奠定了人民币的基础样式。

1948年秋，各解放区连成一片，全国胜利在望。1948年12月1日，中国人民银行正式成立，发行了第一套人民币，并陆续收回各解放区地方性货币。1951年10月统一新疆银行币，人民币从此成为全国唯一合法货币。

虽然红色货币的发行与使用只有短短二十余年，但是它诞生于硝烟弥漫的战争年代，见证了中国共产党对于构建红色金融体系的不懈探索，为缔造红色共和国打下了坚实的经济根基。

资料来源　苗苏. 中国红色政权的经济生命线：红色货币　党史中的经济档案［EB/OL］.［2021-06-28］. http://news.hnr.cn/rmrtt/article/1/1409401577051131904.

■ 案例讨论

案例一　解密央行数字货币

数字货币的发展与支付工具的创新密切相关。根据国际货币基金组织（IMF）的研究，按照支付工具的不同属性，可以将数字货币区分为五种类型：

一是央行数字货币。央行数字货币由中央银行发行，是基于央行信用的数字货币，被赋予本地计价单位，也可以理解为现金的数字化形式。

二是加密数字货币。加密数字货币是基于某种加密算法创建的数字货币，按发行机构（通常为非银行机构）自行创设的记账单位计价。加密货币相对于法币的价值能否保持稳定完全依靠加密算法，此类算法的有效性尚未得到广泛证实。

三是银行发行的支付工具（B-money），通常是指银行存款。B-money可以借助支付工具在境内外不同银行间实现转移，转账通常以集中式技术处理，如借记卡和支票等。B-money可按面值赎回，且由政府担保。

四是电子货币（E-money）。电子货币由私人部门发行，相对于加密数字货币，其最大的创新之处在于按照货币票面价值兑付，但其安全性依赖发行机构的审慎管理和相关法律的保护，因此具有不稳定性，如支付宝和微信、USDCoin等。

五是投资类货币（I-money）。它与电子货币的区别在于投资类货币按照浮动价格兑付，其债权对应的是黄金、一揽子货币、股票投资组合等价值浮动资产，虽然它也具有天然不稳定性，但是可按现值计价自由兑换为对应的资产份额，而无需任何价格担保。

国际货币基金组织指出，央行数字货币是央行以数字化形式发行的新型法定货币，与传统的央行货币有着明显区别，具有以下特征：一是数字化形式。央行数字货币不具备现金的实体形态。二是由公众持有。不同于商业银行存款准备金仅限于银行持有，央行数字货币由公众持有。三是交易方式多样，且不受额度限制。不同于现金一般用于小额支付，商业银行存款准备金用于大额支付，央行数字货币不受额度限制，可用于个人对个人、个人对企业或者企业间交易。

按照支付方式的不同，央行数字货币可基于账户（account-based）或基于标的（token-based）。基于账户模式下，求偿权的转让需验证支付双方身份的真实性。以转账为例，银行需判断付款人、收款人账户的真实性，该模式涉及商业银行与央行结算，对于基础设施的要求较高。基于标的模式下，用户可采取直接转移货币的支付方式，该模式无需验证支付双方身份，但需判断标的本身的真实性。以现金交易为例，收款人只需判断现金是否为伪钞即可。因此，基于账户模式下的数字货币流转一般相对安全，具有可追溯性；基于标的模式下的数字货币交易将提供结算的最终性，即支付即结算，已付出款项属于收款人，且无法撤销。

从数字货币的研究发展来看，国内外对央行数字货币概念的研究不断推陈出新，目前的趋势是：内涵上更加集中体现电子形式、央行负债和支付工具的属性，"数字"和"电子"的区分正慢慢淡化，且不再局限于将区块链和分布式账本作为必选技术。

资料来源　佚名. 解密央行数字货币，其概念究竟是什么？[EB/OL].［2021-12-17］. https://baijiahao.baidu.com/s? id=1719398739876350640&wfr=spider&for=pc.

讨论：（1）结合上文，谈谈你对电子货币的认识。（2）你在现实中使用过电子货币吗？使用的是哪一种电子货币？

案例二　买卖银行卡虚拟货币跑分　洗钱的"坑"千万不要踩

"宝妈在家不用工作年薪百万""在家就能做的兼职，拿钱到手软""19岁室友实现财富自由，躺着赚钱，日进斗金"……诸如此类的广告、推送消息充斥着各类网站。不知是否真的有人相信，但天下绝没有白吃的午餐。

跑分，是一种早已有之的传统洗钱方法。在支付宝、微信等尚不能提供支付服务的年代，跑分洗钱用的最多的就是银行卡，俗称"跑卡"。"跑卡"的原理并不复杂，需要经过三个阶段：

一是搭建资金池阶段：由上游洗钱者非法搭建一个跑分平台（支付管理后台），为境外赌博网站等平台提供资金支付通道服务。

二是推广运营阶段：犯罪分子在论坛、贴吧、群组、各种网站等社交发达、流量较大的平台，以发推广、打广告的方式寻找有非法资金结算需求的境外网络赌博、诈骗等犯罪团伙，以及相信只要出借自己的银行卡就能躺着赚钱的跑分人员。

三是跑分洗钱阶段：跑分参与者首先须向平台交纳一定数额的保证金，随后就可以在平台上接单。接单后平台直接扣除跑分人员之前交纳的等额保证金，并将相应的银行卡卡号提供给赌客，随后赌客将与保证金等额的货币转账至跑分人员的账户，最终实现洗钱的目的。

事实上，利用 USTD（泰达币）洗钱的行为与传统"跑卡"并无太大区别，USDT 洗钱依然需要经过搭建资金池、推广运营和跑分洗钱这三个阶段，最主要的区别无非是利用了虚拟货币去中心化、难以监管、全球流通等优点将"跑卡"环节中使用到的"押金"更换为泰达币而已。

2020 年 12 月，外号"小宝"（身份不详）邀被告人孙某某提供银行卡为赌博资金通过买卖泰达币"跑分"洗钱，承诺以每天下午 2 点的价格购买泰达币金额的 4% 给孙某某计提非法获利。孙某某等人邀被告人邢某某提供银行账户参与买卖泰达币"跑分"非法牟利，邢某某相继找到被告人李某某和庞某某（在逃）、曾某（在逃）提供银行卡、绑定的手机卡、微信支付和支付宝账户参与"跑分"，孙某某、邢某某等用李某某等人提供的银行卡对信息网络犯罪活动进行资金结算。

截至案发，孙某某牟利 8 000 元，邢某某牟利 24 000 元左右，李某某牟利 1 100 元，李某某提供的 7 张银行卡共计转入 236 万余元。其中，中国民生银行卡账户转入资金 422 112 元，中国工商银行卡账户转入资金 43 万余元，中国兴业银行卡账户转入资金 16 万余元，中国邮政储蓄银行卡账户转入资金 353 746 元，南京银行卡账户转入资金 54 000 元，中国农业银行卡账户转入资金 50 000 元；招商银行卡账户转入资金 895 465 元。

资料来源 佚名. 虚拟货币跑分洗钱可能会构成哪些犯罪？[EB/OL].[2021-10-19]. https://view.inews.qq.com/a/20211019A0BXJB00.

讨论：（1）虚拟货币是否影响经济生活？（2）虚拟货币和电子货币的区别是什么？

📖 阅读材料

[1] 米什金. 货币金融学 [M]. 5 版. 蒋先玲，等译. 北京：机械工业出版社，2020.

[2] 沈悦. 金融市场学 [M]. 4 版. 北京：科学出版社，2021.

[3] 李小玲，魏守道. 国家金融弯道超车 [M]. 广州：中山大学出版社，2021.

[4] 马霞．天下货币：美元霸权的突破与终结 [M]．北京：中国财富出版社，2021.

综合训练

随堂测9

一、单项选择题

1.当货币执行（   ）职能时，只需有观念上的货币就可以了。

A.支付手段 B.世界货币 C.价值尺度 D.储藏手段

2.最早出现的货币形式是（   ）。

A.金属货币 B.实物货币 C.电子货币 D.纸币

3.最先进的货币形式是（   ）。

A.金属货币 B.实物货币 C.电子货币 D.纸币

4.在货币执行（   ）职能时，持有者并不十分关心货币本身的价值。

A.储藏手段 B.流通手段 C.价值尺度 D.支付手段

5.最早实行金本位制的国家是（   ）。

A.法国 B.中国 C.英国 D.意大利

6.我国首次发行新版人民币是在（   ）。

A.中华人民共和国成立初期 B.20世纪50年代

C.中华人民共和国成立之前 D.20世纪60年代

7.流通中所需的金属货币量与（   ）成反比。

A.商品价格总额 B.货币流通速度 C.商品的价值 D.人们持币的愿望

8.在货币流通速度不变的条件下，如果商品的数量增加，而纸币的数量增加更快，则（   ）。

A.纸币贬值 B.纸币升值

C.纸币价值不变 D.纸币价值与纸币数量同比例增加

9.以下选项中，足值货币的是（   ）。

A.金属货币的主币 B.金属货币的辅币

C.纸币 D.银行券

10.如果金属货币本身的单位价值下降，而其他条件不变，则流通中所需要的金属货币数量会（   ）。

A.上升 B.下降 C.无影响 D.无法判断

二、多项选择题

1.金属货币较之实物货币，其优点是（   ）。

A.易分割 B.质地均匀 C.携带方便

D.制作容易 E.用途广泛

2.所谓一般等价物，是指（   ）。

A.一般人都需要 B.能表现其他商品的价值

C.与一切商品相交换 D.价格均等

E.能表现商品的使用价值

3.金本位制的特点有（　　　）。

A.金币可自由铸造和熔化　　　　　　　B.其他金属可自由兑换黄金

C.其他货币可自由兑换金币　　　　　　D.黄金在国际上可自由输出输入

E.金币可以是不足值的货币

4.以下关于人民币制度的说法，正确的有（　　　）。

A.人民币是信用货币

B.人民币的发行有黄金作为保证

C.特殊时期，金银可同时作为货币使用

D.人民币是中央银行的债务

E.人民币中所有的纸币都是主币，所有的金属币都是辅币

5.纸币的发行数量受到（　　　）等因素的制约。

A.商品价格总额　　　　　　　　　　　B.货币流通速度

C.流通中金属货币的必要量　　　　　　D.金属货币的生产率

E.商品交换的次数

三、判断题

1.纸币是依赖于人们对发行人的信任而流通的货币。　　　　　　　　　　　（　　　）

2.用一定的人民币可以买到金银制品，因此人民币可兑换金银。　　　　　　（　　　）

3.货币是伴随商品交换而产生的，也因商品经济的发展而不断演变。　　　　（　　　）

4.在一定时期内，货币的流通速度越快，货币的存有量越大。　　　　　　　（　　　）

5.纸币流通的必要量与流通所需的金属货币必要量同增同减。　　　　　　　（　　　）

6.我国人民币的流通在于人们对国家银行的信赖，并非国家规定的强制流通。

（　　　）

7.用本位币支付的金额不管有多大，债权人都必须接受。　　　　　　　　　（　　　）

8.用辅币支付的金额不管有多大，债权人都必须接受。　　　　　　　　　　（　　　）

9.纸币流通的数量要依赖金属货币的必要量，因此金属货币要比纸币更优良。

（　　　）

四、简答题

1.为什么说货币制度的演变具有历史必然性？

2.货币有哪几种基本职能？

3.什么是纸币流通规律？它与金属货币流通规律有什么联系？

4.人民币制度有哪些规定？

五、案例分析题

2021年6月9日下午，南美国家萨尔瓦多以62票对22票的"绝对多数"投票正式通过法案，使比特币在该国成为法定货币。萨尔瓦多成为世界上第一个赋予数字货币法定地位的国家。因受此消息影响，比特币价格大涨超4 000美元，最高触及了3.7万美元。

2021年6月21日，中国人民银行发布公告，约谈了工商银行、农业银行、建设银

行、邮储银行、兴业银行和支付宝（中国）网络技术有限公司等部分银行和支付机构。随后各大银行和支付宝纷纷响应并表示"坚决不开展、不参与任何与虚拟货币相关的业务活动"。比特币一度跌至29 000美元/枚以下，24小时累跌约12%，随后持续反弹，站上33 000美元/枚。

资料来源　佚名.比特币2021年大事记［EB/OL］.［2021-06-25］.https://new.qq.com/omn/20210626/20210626A02KO800.html.

请问：（1）说说比特币是怎样产生的？

（2）比特币能成为现实的货币吗？

第十章

信用与信贷资金运动

内容提要

信用是借贷活动的总称，信用关系即债权债务关系，付息和按期归还是信用的两个特征。本章将介绍信用及信用形式的变迁，利息率的决定及其计算方法，信用活动的载体和凭证——信用工具的种类，以及银行信贷资金的运行规律，并揭示信贷活动与社会再生产的内在联系。

第一节 信用概述

一、信用的概念

日常生活中，"信用"一词使用广泛，通常是指说到做到的一种承诺。在经济学中，信用不是普通意义上的信用，而是借贷行为的总称。所谓借贷，就是商品或货币的所有者将商品赊销或将货币贷放出去，借者按约定时间偿付货款或归还借贷本金并支付一定利息的行为。无论是以赊销形式进行的商品信贷还是货币的直接借贷，在借贷活动中，贷方都是债权人，借方都是债务人，借贷双方构成的债权债务关系就是一种信用关系。

信用是一种特殊的价值运动形式。说它特殊，是因为信用关系不同于普通的商品交易关系。在商品买卖中，商品所有者卖出商品、换回货币，买者则付出货币、换回商品，买和卖同时进行，商品的所有权通过交换而发生转移。信用是借和贷相结合的价值运动，贷者让渡的是商品或货币的使用权而不是所有权。当借贷的商品和货币在借者和贷者之间转移时，其所有权和使用权相分离。由于这种分离要求有借必有还，因此信用活动是以偿还为条件的。此外，在普通商品交易中，遵循等价交换的原则，商品的价值与支付的货币价值是相等的。在信用交易中，借者必须付出一定的利息，以作为取得商品或货币使用权的代价。可见，信用是一种特殊的价值运动形式，偿还性和支付利息是其两个基本特征。

180

二、信用的产生和存在基础

人类最早的信用活动，起始于原始社会末期。社会分工促进了商品生产和交换，加速了原始社会公有制的瓦解和私有制的产生。私有制的出现，造成了财富占有的不均匀和分化，从而出现了贫富差别。这样，贫困家庭在难以维持生产和生活时，被迫向富裕者告贷，信用便随之产生了。可见，私有制是信用产生的基础之一。

最早的信用是实物信用，实物信用的基础是物物交换。这种信用不可避免地会遇到物物交换时所遇到的重重困难，从而使得信用关系难以获得广泛的发展。货币的产生克服了物物交换的困难，并逐渐成为信用领域主要的借贷工具。随着货币支付手段的发展，实物借贷已局限在极其狭小的范围内。目前，几乎所有的信用关系都是以货币为对象建立的。所以，货币的产生是信用产生和广泛存在的第二个基础。

商品流通和商品经济的发展也是信用存在和发展的基础。由于各种商品的生产季节差异、生产周期长短不一、购销地点距离远近不同等，商品的买卖与货币的支付常常无法同时进行，因此只有通过赊销、延期支付等信用活动来进行调节，促进商品交换的实现。商品流通量越大，与商品相关联的信用活动就越多。

三、信用的发展

（一）高利贷信用

高利贷信用以贷款利息高为特征。高利贷信用产生于原始社会末期，在奴隶社会和封建社会得到了广泛的发展，是与小生产者、自耕农户和小手工业主占优势的自然经济相适应的。小生产者拥有少量的财产作保证，而他们的经济基础又十分薄弱，极不稳定，遇到天灾人祸就无法维持生计，为了获得货币以换取必需的生产资料和生活资料，他们不得不求助于高利贷。高利贷的需求者还包括一些奴隶主和封建主。奴隶主和封建主借贷是为了满足其穷奢极欲的生活需要或政治上的需要，如购买昂贵的装饰品、建造宫殿和贿赂官吏等。

高利贷的年息率一般都在30%以上，100%～200%的年息率也是常见的。利息如此之高，原因有两个：一是借款人借贷不是用于追加资本、获取利润，而是为了取得生活资料和必需的生产资料；二是在自然经济占统治地位、商品货币经济尚不十分发达的情况下，人们不容易获得货币，而小生产者和奴隶主、封建主对货币的需求又很大，这就为高利贷的形成创造了条件。

高利贷高昂的利息不仅侵吞了小生产者的剩余劳动，还吞噬了他们的部分必要劳动，甚至是生产资料，从而使生产难以为继。同时，借贷的奴隶主、封建主为了偿还高利贷，会更加残酷地压榨奴隶和农奴，使生产条件日益恶化，造成生产力的逐渐萎缩。所以，高利贷对生产力起阻碍和破坏作用。在资本主义大生产的生产方式下，高利贷信用已不再适应其需要，最终被资本主义信用所取代。

（二）资本主义信用

资本主义信用是借贷资本的运动。所谓借贷资本，是货币资本家为了获取剩余价值而暂时贷给职能资本家使用的货币资本，是生息资本的一种形式。贷者把闲置的货币作为资本贷放出去，借者借入货币用以扩大资本规模，生产更多的剩余价值，贷者和借者共同瓜分剩余价值。资本主义信用的实质是银行信用，是信用的基本形式。资本主义生产关系确立以后，为了发展资本主义经济，以资本主义再生产为基础的资本主义信用便取代了高利贷信用，从而获得了垄断地位。

资本主义信用分为两类：商业信用和银行信用。商业信用是以赊账方式出售商品或提供劳务时买卖双方之间相互提供的信用。赊销的商品价格一般高于现金买卖商品的价格，其差额就是利息。银行信用是银行或货币资本家向职能资本家提供贷款而形成的借贷关系，银行利润的来源是产业工人在生产中创造的剩余价值。

信用对资本主义的作用具有两重性。

一方面，信用促进了资本主义经济的发展。这表现在：

（1）信用促进了利润率的平均化。利润率的平均化以资本在各部门之间的自由转移为条件，但只有货币形态的资本才能在各部门之间自由转移。信用的发展为职能资本家提供了大量的货币资本，为实现资本转移提供了条件，从而促进了利润率的平均化。

（2）信用能够节省流通费用，缩短流通时间。由于信用的发展，商品买卖可以采用赊账方式，这大大加快了商品流通，缩短了资本周转时间，并节省了与商品流通有关的费用，促进了利润率的平均化。利润率的平均化以资本在各部门之间的自由转移为条件，但只有货币形态的资本才能在各部门之间自由转移。

（3）信用可以促进资本集中。首先，信用是股份公司发展的前提，而股份公司是资本集中和生产集中的重要形式；其次，大资本利用信用机构的有力支持，提高了竞争能力，从而加速了吞并中小资本的资本集中过程。

另一方面，资本主义信用的发展又会加剧资本主义基本矛盾，促使经济危机的爆发。这是因为：

（1）信用制度的发展，使资本主义的生产规模可以不受资本家自有资本的限制而不断扩大，促进了生产的社会化。

（2）信用加速资本集中，使生产资料和产品日益集中到少数大资本家手里，这就使资本主义社会的内在矛盾进一步尖锐化。

（3）信用造成了对商品的虚假需求，加剧了各生产部门之间发展的不平衡性，从而促进和加深了资本主义经济危机。

（三）社会主义信用

社会主义信用就是在社会主义的商品货币经济基础上产生和发展的借贷资金运动。社会主义借贷资金运动与资本主义借贷资本运动的根本区别是不存在资本剥削关系。如果抛开借贷资本运动所包含的资本属性，就价值运动的形式而言，社会主义借贷资金的运动过程或运动形式与借贷资本是相同的；就借贷资金的运动来说，则是货币资金的双重付出和双重归流，即 $G—G—G'—G'$。

社会主义信用不同于资本主义信用，除了性质上不存在资本剥削外，相比资本主义信用更具有集中性、计划性和生产性。当然，对于集中性和计划性的范围、内容、形式和方法，要随着商品货币经济的发展、改革开放的推进、经济管理体制和经济调控手段的完善而相应地发生变化，使之逐渐趋于完善，并不断提高效能。

四、信用的地位和作用

信用在现代经济中占有十分重要的地位，这不仅因为建立在信用基础上的金融业已经成为现代产业的重要组成部分，而且因为信用关系已经像一个巨大的网络，延伸到了每一个经济组织和个人，在经济运行中起着不可替代的作用。这些作用具体表现在以下方面：

（一）资金积聚作用

信用还本付息的特点，可以广泛动员社会闲置资金和个人暂时不用的货币收入，积少成多，续短为长，变消费资金为积累资金，投入生产经营活动，支持生产和流通的扩大。此外，企业运用各种信用工具，可以突破个别资本积累的限制，借助其他资本来增加资本总额，实现规模经济效益。

（二）资金配置作用

信用对资源的配置是通过对资金的占有权和使用权的分配来实现的。信用改变了货币资金原有的存在布局，对资源实现重新组合，以达到充分合理运用的目的。信用配置资源的作用可通过两条途径完成：一是通过银行信用的存款业务完成，即银行吸纳盈余单位的闲置资金形成存款，再以贷款形式发放给短缺单位；二是资金短缺单位在金融市场上创造信用工具（如债券），卖给盈余单位而获得其闲置资金。

（三）加速商品流转、节省商品流通费用

现代信用制度的存在，使采用转账结算来清算债权债务成为可能。这种不动用现金的转账结算，既方便，又可大大节约使用现金的各种耗费（如制造、保管、点数、运输等流通费用）。随着计算机等高科技手段在金融领域的使用，货币的巨额结算将在瞬间完成。这种以信用为基础的结算制度，加速了商品流转，并减少了商品储存以及有关的各种经营费用。

（四）宏观调控国民经济的作用

信用与国民经济各部门、各地区、各单位的经济活动息息相关，能够及时、准确、全面地反映宏观经济的运行和企业单位的生产经营状况。因此，对信用活动的调节和控制，能够对宏观经济活动起到一定的调控作用。信用的调控一般从规模和结构两个方面进行。

第二节　信用形式

一、商业信用

商业信用是企业之间相互提供的、与商业交易相联系的信用活动，其主要表现形式是赊销商品、延期付款。

（一）商业信用的特点

（1）信用的借贷双方都是企业，反映的是不同的商品生产企业或商品流通企业之间因商品交易而引起的债权债务关系。

（2）商业信用主要是以商品形态提供的信用，其资金来源是企业资金循环过程中的商品资金，是企业生产经营资金的一部分，而不是从生产过程游离出来的暂时闲置的货币资金。

（3）商业信用是一种直接信用。企业之间进行商品交易的同时，达成了延期付款或预付货款的协议。延期付款是卖方向买方提供的信用，而预付货款则是买方向卖方提供的信用，资金供求双方直接达成协议建立信用关系，无须信用中介机构的介入。

（二）商业信用的局限性

（1）商业信用的规模受到提供信用的企业所拥有的资金数额的限制，企业能赊销的商品只能是商品资金的一部分。

（2）商业信用有严格的方向性，受到商品流向的限制，因为商业信用的客体是商品资本，所以它只能向需要该种商品的企业提供。

（3）商业信用的范围受到限制，因为商业信用是直接信用，借贷双方只有在相互了解对方的信誉和偿还能力的基础上，才可能确立商业信用关系。

（4）因为商业信用所提供的资本未退出再生产过程，属于生产过程中的资本，所以只适用于短期融资，长期信用一般不适用于这种形式。

（三）商业信用的优点

商业信用的优点在于方便和及时。在找到商品的买主或卖主的同时，既解决了资金融通的困难，也解决了商品买卖的矛盾，从而缩短了融资时间和交易时间。另外，商业票据一般都可以到商业银行贴现或经背书后转让给第三者，持票人可以通过这种方式获得部分资金或抵偿部分债务。

商业信用是直接与商品生产和流通过程相联系的、直接为商品的买卖融通资金的一种信用形式，对促进商品交换和商品价值的实现，加速企业资金周转，保证再生产过程顺利进行起到了积极作用。但是，它也带来了一定的消极影响。首先，商业信用是在企业之间分散、自发进行的，带有一定的盲目性。如果对商业信用的规模、范围不加引导和限制，就有可能打乱国家的物资和资金分配计划，影响国家重点建设项目对资金和物资集中使用的要求，影响涉及国计民生的重要商品的统一安排。其次，由于商业信用使钱货脱节，即商品转移和货款支付的时间不同，容易掩盖企业经营管理上的问题，一旦债务企业资金周转不顺畅，发生偿债困难，就会对债权企业产生连锁影响，甚至可能使一系列企业都陷入债务危机之中。

二、银行信用

银行信用是银行及其他金融机构以货币形式提供的信用。银行信用包括两个方面：一是通过吸收存款，集中社会各方面的闲置资金；二是通过发放贷款及证券投资，对集中起来的闲置资金加以运用。

（一）银行信用的特点

银行信用是在商业信用的基础上产生的一种信用形式，它克服了商业信用的局限性，具有以下特点：

（1）银行信用所分配的是通过信用形式集中起来的、从企业资金循环过程中游离出来的暂时闲置的货币资金，以及社会各阶层的货币收入。信用资金来源广泛，不受个别企业资金规模的限制，因此银行信用的规模远远超过商业信用。

（2）银行信用贷放出去的资金是处于再生产过程以外的借贷资金，并且一般是以货币形式提供的。货币作为价值的独立形态，不受商品的流向限制，能向任何生产部门提供信用，克服了商业信用在提供信用方向上的局限性。

（3）银行信用的资金来源主要依靠吸收存款，各项存款的存取时间不一致，存取款交错在一起形成银行账户上的稳定余额，为银行发放长期贷款提供了资金来源，所以银行信用的期限比商业信用灵活，可以提供短期信用，也可以提供长期信用。

银行信用在信用规模、信用方向和范围、信用期限等方面都优于商业信用，更适应现代社会化大生产的需要，更加满足商品经济发展的需要。随着现代银行制度越来越发达，银行信用也得到了广泛发展，在社会化大生产和现代商品经济社会中，银行信用处于信用体系的主导地位。

（二）银行信用的优点

（1）在信用数量上，银行信用不受工商企业资本量的限制。银行借贷资本的来源广泛，包括工商企业资本循环中暂时闲置的货币资本、财政性存款、社会各阶层的货币收入和储蓄等。

（2）在使用方向上，银行信用不受商品使用价值的局限。由于银行信用是货币形态的资本，因此可以在任何方向上把货币资本分配到各个生产、流通等部门中去。

（3）在期限上不受限制。银行信用可根据客户的要求，开展短期、中期、长期的货币资金借贷活动。

虽然银行信用克服了商业信用的缺点，但是银行信用不能取代商业信用。商业信用和银行信用是两种基本的信用形式，它们是构成信用制度的基石。在实际的经济生活中，商业信用和银行信用往往互为补充、共同发展。比如，在工商企业的批发贸易和合同贸易中，一般是由卖方或买方提供商业信用，交易双方都可凭持有的未到期的商业票据到银行申请办理贴现或票据抵押贷款，从而获得银行信用。这样，商业信用的提供者在银行信用的支持下，可以突破自身闲置资金额的限制，促进商品的销售。银行信用克服了商业信用的局限性，成为现代信用的主要形式。20世纪以来，银行信用发生了巨大的变化，得到迅速发展，表现为：越来越多的借贷资本集中到少数大银行手中；银行规模越来越大；贷款数额不断增加，贷款期限不断延长；银行资本与产业资本的结合日益紧密；银行信用提供的范围不断扩大。

三、国家信用

国家信用是国家作为债务人向社会筹集资金的一种信用形式，国家信用的实质是国家借债，主要形式有发行政府债券（包括中央政府的国债、国库券和地方政府债券）和向银行透支等。

（一）国家信用的特点

（1）国家信用的主体是政府，政府以债务人的身份出现，债权人是全社会的经济实体和个人。

（2）国家信用的形式主要是发行政府债券（包括公债和国库券）和向中央银行短期借款。

（3）公债多用于弥补政府预算赤字，所筹措的资金大多用于基础设施、公用事业建设等生产性支出，还有军费开支和社会福利支出等。国库券多用于弥补财政短期失衡，以及用作中央银行在公开市场上调节货币供应量的工具。

（二）国家信用与银行信用的联系与区别

（1）国家信用与银行信用的联系。

国家信用与银行信用之间有着密切的联系，在分配或动员的资源为既定的条件下，二者在量上有着此消彼长的关系，国家信用增加，就要求银行信用相应地收缩，否则就会造成社会信用总量的膨胀。由于二者存在彼此替代的关系，能否认为国家信用是一种可有可无的信用形式呢？当然不能，因为这两种信用形式毕竟是有区别的。

（2）国家信用与银行信用的区别。

第一，国家信用可以动员银行信用难以动员的资金，如在特殊条件（如战争、动乱、恶性通货膨胀等）下发行的强制性公债，这种特殊的动员作用是显而易见的。在正常时期，也可以通过自愿认购公债，以其优惠的条件（比银行信用的利率高）诱使货币所有者减少自身的消费，扩大可融通资金的总量。第二，长期公债的偿还期长，由此筹集的资金比较稳定，可用于解决国家长期资金不足的问题；而银行存款，即使是定期存款客户也可随时支取，其稳定性相对较差。第三，二者的利息负担不同。国家债券的利息由纳税人承担；银行借款的利息由借款人承担。公债利息是财政的支出，而银行的利差则是财政的收入。用两种不同的信用形式筹集资金，对财政的负担具有不同的意义。

此外，利用国家信用必须注意防止以下问题：①防止造成收入再分配的不公平。②防止出现赤字货币化。赤字货币化是指政府发行国债弥补赤字。③防止国债收入使用不当，造成财政更加困难。

四、消费信用

消费信用是工商企业、银行或其他金融机构以商品、货币或劳务的形式向消费者个人提供的信用。消费信用的主要形式有：

（1）信用卡透支。这是发卡银行向持卡人提供的短期消费信用。持卡人在一定限额内允许透支消费，并有一定的免息期，超过免息期后一般按日支付利息。

（2）分期付款。它主要用于购买耐用消费品，如汽车、房屋、家具等，并由商品经销商或制造商提供消费信用。

（3）消费贷款。这是由银行或其他金融机构对购买耐用消费品的个人或分期付款销售耐用品的工商企业发放的贷款。这种消费贷款分为信用贷款和抵押贷款两种。信用贷款仅凭借款人的信誉，不必提供抵押品；抵押贷款则要求借款人以固定资产、金融资产或其他财产作为贷款的抵押品。

消费信用是在商品货币经济发展的基础上，为促进商品价值的实现而产生的一种信用形式，它在资本主义社会得到广泛发展。消费信用的形式也在不断增加和改变。消费信用在一定程度上可以缓和有限的购买力与现代生活需求之间的矛盾，缓和由生产过剩导致的经济危机。随着我国短缺经济时代的结束，需求不足的矛盾逐步显现，消费信贷对于促进消费有着积极作用。目前，我国的消费信贷主要用于购置住房、汽车、耐用消费品，教育方面的消费信贷也有一定的发展。

消费信用的积极作用包括：①消费信用在一定条件下可以促进消费品的生产与销售，甚至在某种条件下可以促进经济的增长。居民购买力的大小决定了消费市场的大小，消费信用的增加促进了消费市场的发展，推动了一国经济增长。②消费信用对于促进新技术的应用、新产品的推销以及产品的更新换代，也具有不可低估的作用。③消费信用可提高人们的消费水平，改变消费结构。

消费信用在一定情况下会对经济发展产生消极作用。消费信用形成的购买力具有一定的虚假性和盲目性，如果消费需求过高，生产扩张能力有限，消费信用则会加剧市场供求紧张状态，促使物价上涨，为经济发展增加了不稳定因素。因此，开展消费信用会受到一定条件的制约：①受生产力发展水平的制约；②受生产与消费、供给与需求关系的制约。

我国改革开放以来，逐步拓展消费信贷领域，刺激消费，推动经济增长。自1998年以来，为了应对国内外经济形势的变化，适当扩大货币供应量，扩大内需，促进经济增长，中国人民银行采取了一系列政策措施，如发布的《个人住房贷款管理办法》《汽车消费贷款管理办法》《关于开展个人消费信贷的指导意见》《关于做好当前农村信贷工作的指导意见》《关于完善信贷政策支持再贷款管理政策支持扩大"三农"、小微企业信贷投放的通知》《关于进一步完善差别化住房信贷政策有关问题的通知》《关于加大对新消费领域金融支持的指导意见》《关于加大小微企业信用贷款支持力度的通知》《关于金融支持深度贫困地区脱贫攻坚的意见》等。所以，我国消费信贷的前景十分广阔，其对经济生活的影响也将日益突出。

五、民间信用

民间信用是民间个人之间的借贷活动，其产生、发展的经济基础是个体经济和多种经营方式的存在。我国自经济体制改革以来，随着乡镇企业和个体经济的发展，民间信用也有较大的发展。

民间信用的参加对象主要是农村居民、农村集体生产单位和个体经营的乡镇小企业。借贷形式有直接的货币借贷或实物借贷。借贷的方法有信用借贷，也有由中介人担保的借贷。借贷利率是由资金供求双方议定的，贷方往往根据借方可能接受的程度尽量抬高利率。

民间信用对我国社会主义市场经济体制的建设有一定的积极作用，但也有消极作用。一方面，民间信用对于搞活城乡经济、疏通资金渠道有一定的作用，尤其是在弥补国家银行和其他银行信贷资金的不足、支持乡镇小企业和私营经济的生产发展方面起了积极的作用；另一方面，民间信贷自发性、盲目性的特点对经济的健康发展、金融市场的稳定又有一定的消极作用。中国人民银行于2002年2月发布了《关于取缔地下钱庄及打击高利贷行为的通知》，2009年3月中国人民银行、中国银行业监督管理委员会联合发布的《关于进一步加强信贷结构调整促进国民经济平稳较快发展的指导意见》对我国民间借贷及其利息率进行了规范。

六、租赁信用

租赁信用是以出租物品、收取租金的形式提供的信用。在物品出租期间，物品的所有权仍归出租人所有，承租人只有使用权。租赁期满时，承租人可以归还所租物品，也可以作价承购，取得物品的所有权。租赁信用是一种融资与融物相结合的信用形式。对贷款方（租赁公司）来说，以实物形式提供信用，有利于降低信贷风险；对借款方（承租人）来说，以租赁形式添置设备，既可以更新设备，又可以避免一次性的大笔金额的支出。租赁信用既有利于加速设备更新，促进科学技术尽快转化为生产力，又能减少通货膨胀的影响，减少信贷风险。因此，租赁信用自产生以来发展迅速，在西方国家，甚至可以租赁整个完整的工厂。我国在经济体制改革中，利用租赁业务将大企业退下来的设备转租给中小企业、乡镇企业使用，提高了设备利用率；还通过租赁形式从国外引进成套设备、大型运输工具等，拓宽了外资的利用渠道。租赁信用又有金融租赁、经营租赁、维修租赁和杠杆租赁等形式。

金融租赁又称财务租赁，是设备租赁的基本形式，以融通资金为主要目的。金融租赁先由承租人选好所需机器设备，由租赁公司出资购买并出租给承租人。

经营租赁又称服务性租赁，属于短期租赁，是一种不完全付清的租赁。这种租赁方式，出租人除提供资金外，还提供特别的维修和保险等服务。这种租赁方式主要适用于租赁专业性较强、技术较先进、需特殊保管和维修、承租人自行维修保养有困难的物品，所以租金一般较高。这种方式租赁的物品始终归出租人所有，出租人享有和承担所有权的一切利益和风险。

维修租赁是金融租赁的一种形式，它同一般金融租赁的区别是在租金中要加上维修、保养和保险等费用，因此租金也较高。这种租赁方式主要适用于汽车、火车及其他运输工具的租赁。

杠杆租赁又称平衡租赁，比金融租赁复杂，是将投资与信贷两种方法结合起来。其做法是：出租人自筹20%～40%的资金，其余部分向银行借入，然后将购买的设备租给承租人，出租人以出租的设备和租金作担保向银行取得贷款。

租赁信用有利于加速设备更新，促进科学技术尽快转化为生产力，而且能减少通货膨胀的影响，因此被越来越多的企业所运用。西方经济学家把租赁业称为"未来的产业"，并在西方各国得以迅速发展。

七、国际信用

国际信用是不同国家（或地区）间发生的借贷行为。国际信用是国际经济关系的重要组成部分，直接影响国际经济贸易的发展，是各国扩大利用外资、加速国内建设的有效途径。国际信用的主要形式有出口信贷、银行信贷、发行债券、租赁信用、补偿贸易、政府信贷、国际金融机构贷款等。

我国自经济体制改革以来，充分利用国际信用，积极引进外资，引进国外先进的技术、设备和管理方法，缓解了国内资金的不足，加快了经济建设的速度，促进了社会生产力水平的提高，极大地促进了社会主义经济的发展。

第三节　利息和利息率

一、利息的本质

利息是与信用相伴的一个有机范畴。从表面上来看，它产生于借贷关系。例如，某企业向银行借款 100 万元，一年后归还 105 万元，其中 5 万元就是利息。这 5 万元的利息是企业为了取得货币使用权而付出的代价，即银行让渡了 100 万元的资金使用权而应得的"报酬"。但是，更进一步的分析表明，如果借款人不把这 100 万元资金投入生产经营活动，就无法产生资金的增值，即无法支付利息。因此，借款方之所以愿意借款并支付利息，是因为借款方可以将借款资金转化为生产经营资金，在生产经营过程中产生超过利息的利润。在这里利润被分割成两个部分：一部分为利息，支付给借贷资金的所有者；另一部分为利润，归资金的使用者。由此可知，虽然利息产生于借贷关系，但是实质上来源于利润，是利润的一部分。利润是劳动者劳动创造的剩余产品的价值表现形式。所以，利息是剩余产品价值的转化形式，体现了借贷双方共同分配劳动者创造的剩余产品的关系。这种分配关系在不同的生产方式条件下反映了不同的生产关系。

二、利率的定义和种类

利率又称利息率，是一定时期内利息额与借贷本金的比率。利率通常用年利率、月利率和日利率表示，也称年息、月息和日息。利率的种类很多，从不同的角度划分，主要有以下类型：

（一）市场利率、官定利率和公定利率

根据利率是否按市场规律自由变动，可分为市场利率、官定利率、公定利率。市场利率是指在借贷货币市场上由借贷双方通过竞争而形成的利息率，包括借贷双方直接融通资金时商定的利率和在金融市场上买卖各种有价证券时的利率。市场利率是借贷资金供求状况变化的指示器。当资金供给超过需求时，利率呈下跌趋势；反之，当资金需求超过供给时，利率呈上升趋势。由于影响资金供求状况的因素十分复杂，因此市场利率变动非常频繁、灵敏。

官定利率是指一国政府通过中央银行确定的各种利息率。例如，中央银行对商业银行和其他金融机构的再贴现率和再贷款利率。在现代经济中，利率作为国家调节经济的重要经济杠杆，利率水平不再完全随资金供求状况自由波动，国家通过中央银行确定的利率调节资金供求状况，进而调节市场利率水平。

公定利率是指由非政府部门的金融民间组织如银行公会等确定的利率。它对会员银行有约束作用。

我国的利率以官定利率为主。利率由国务院统一制定，中国人民银行统一管理。1981年以后，由于经济管理体制改革的要求，各家银行被赋予在统一规定利率的上下一定范围内实行利率浮动的权利。发达的市场经济国家通常以市场利率为主，同时有官定利率、公定利率。

（二）固定利率和浮动利率

固定利率是指在整个借贷期间固定不变、不随借贷资金供求关系的变化而波动的利率。浮动利率是指在借贷期间，利率随市场利率的变化定期调整的利率，调整期限和调整依据由借贷双方在签订借贷协议时商定。例如，欧洲货币市场上的浮动利率一般以伦敦银行同业拆放利率为基础，半年调整一次。我国的利率多为固定利率。

（三）名义利率和实际利率

名义利率是借贷合同和有价证券上载明的利率，是借款人需向贷款人或投资人支付的利率。如果不发生货币贬值，则名义利率与实际利率一致；如果发生货币贬值，则名义利率与实际利率不一致。实际利率就是名义利率剔除通货膨胀以后的真实利率。

（四）贷款利率和存款利率

贷款利率是贷款利息额与贷款本金的比率。存款利率是存款利息额与存款本金的比率。从银行角度来看，存款利率是借入资金的"价格"，贷款利率是贷出资金的"价格"，存贷款利率之间应保持一定的差距，以保证金融企业有利可图；否则，金融企业也就失去了生存的基础。

此外，利率还可分为长期利率、短期利率、普通利率、差别利率和优惠利率等。

（五）差别利率和优惠利率

差别利率是指针对不同的贷款种类和借款对象实行不同的利息率，一般可按期限、行业、项目、地区设置不同的利息率。

由于利率水平的高低直接决定利润在借贷双方之间的分配比例，影响借款者的经济利益，对国家支持发展的行业、地区贷款实行低利率，而对国民经济发展中经济效益不好、经营管理水平差的企业实行高利率贷款，以有利于支持产业结构调整和经济协调发展，因此实行差别利率是运用利率杠杆调节经济的一个重要方面。

优惠利率是指国家通过金融机构对需要重点扶植或照顾的企业、行业或部门所提供的低于一般贷款利率水平的利率。在我国，优惠利率通常用于技术改造、重点行业的基本建设、贫困地区的经济建设、出口贸易、黄金开采等方面。

优惠利率对于推动实现国家的产业政策有重要作用。但是，它与银行自身的短期经营效益相矛盾，因此国家为了减少银行的经营损失可对某些贷款实行贴息贷款，财政部门也可以给银行一定的税收优惠或财政补贴。

三、决定和影响利率变化的因素

（一）决定利率的基本因素

平均利润率反映的是整个社会的平均利润水平，也是决定利率的基本因素。这是因为在现代经济社会里，借款人借入货币资金投入生产经营的最终目的是追求更高的利润，所以借款人只能将借入的货币投入生产，将所取得的利润的一部分以利息形式付给贷款人，作为让渡货币资金使用权的报酬。如果支付的利润高于平均利润，借款人就无利可图而不愿意借款，所以利率只能低于平均利润率。同时，贷款人放贷的目的是充分利用暂时闲置的货币资金获取一定的收益，因此利率不可能等于零；否则，货币资金的所有者也不会让渡货币资金的使用权。由此可见，利率只能在零和平均利润率之间波动。

（二）影响利率变化的其他因素

确定合理的利率水平是运用利率杠杆调节经济的关键环节。平均利润率是决定利率的基本因素，平均利润率和零是利率波动的经济区间，在这个区间里，利率的波动受各种因素的影响。下面分析几个主要的影响因素：

1.货币资金供求状况对利率的影响

利息是转让货币资金使用权的报酬，即取得货币使用权付出的代价，因而利息可视为借贷资金使用权的"价格"。借贷资金作为一种特殊的商品，同普通商品一样受价值规律的支配，其价格一样受供求关系的影响。当借贷资金供大于求时，利率下跌，借款人支付较低的利息；反之，则借款人支付较高的利息。所以，资金供求状况是影响利率变动的一个因素，它决定着某一时期利息率的高低。

2.通货膨胀对利率的影响

在现代纸币流通的条件下，通货膨胀是各国经济发展中的普遍现象。一方面，通货膨胀意味着纸币贬值，从而影响货币购买力。在借贷活动中，货币资金的所有者贷出货币必须考虑将来收回贷款时，借贷的本金是否会因为通货膨胀而贬值。在通货膨胀率较高的情况下，货币资金的所有者就得考虑提高利率来弥补纸币贬值的损失。所以，在确定利率水平时必须考虑通货膨胀的影响。另一方面，各国政府又常常将利率作为抑制通货膨胀、稳定物价的经济手段。政府通过调高或降低利率，影响货币资金的供求状况，从而达到调节货币流通量、控制需求、稳定物价的目的。

3.国家经济政策对利率的影响

由于利率的变动对经济发展有很大的影响，在各国普遍推行国家干预经济的政策背景下，利率成为国家对经济活动进行宏观调节的重要工具，利率不再是完全随借贷资金的供求状况自由波动，而是必须受到国家的控制和调节。各国政府根据本国经济发展状况和货币政策目标，通过中央银行制定的利率影响市场利率，调节资金供求、经济结构，促进经济发展。另外，国家各个时期制定的经济政策对经济发展速度、经济结构、资金流向、货币资金的供求状况都会产生直接的影响，也必然成为影响利率的重要因素。

4.国际市场利率水平对国内利率的影响

随着世界经济的发展，各国之间的经济联系日益密切，商品贸易、技术贸易、服务贸易的发展促进了资金在国家间的流动。国际市场利率对国内市场的影响就是通过资金在国家间的流动来实现的。在放松外汇管制、资金自由流动的条件下，国内利率高于国际市场利率水平时，会引起货币资本流入国内；反之，则会引起货币资本外流。资本的流动影响一国国际收支的平衡，进而影响本国货币的对外价值和本国的对外贸易。所以，一国政府在制定和调整本国利率时，需要考虑对国际市场利率的影响。

此外，影响利率变化的因素还有银行经营成本、利率管理体制、传统习惯、法律规定、国际协定等。总之，影响利率波动的原因很多，而且往往又是多种因素交错在一起综合影响利率的变化。

四、利息的计算

利息的计算应考虑本金、利率、时间、还款方式和计算方法五大因素。

（一）利率的表达方法

利率有年利率、月利率和日利率，分别用%、‰和‰表示。在我国，习惯上把年息、月息和日息都用"厘"做单位。例如，年息5厘，是指年利率为5%，即100元贷款（或存款）一年的利息为5元；月息4厘，是指月利率为4‰，1 000元贷款（或存款）一个月的利息为4元。利率之间可以换算，即：

月利率×12=年利率

年利率÷12=月利率

（二）利息的计算方法

这里只介绍两种最基本的利息计算方法。

1.单利计算法

单利计算法是指上一期的利息收入不作为下一期计算利息的基础，即不增加本金的计算方法。以 I 代表利息额，P 代表现金，T 代表期限，i 代表利息率，则单利计算公式为：

$$I=P \times T \times i$$

2.复利计算法

复利计算法是指上一期的利息额加入本金，并作为下一期计算利息的基础的方法，俗称"利滚利"。复利计息越到后期，作为计息基础的本金就越大。采用复利计算，则上述计算公式变为：

$$I=P \times (1+i)^T$$

复利计算法考虑了货币的时间价值，因而比较合理。国外通常采用这种方法，国内也有越来越多的信贷业务采用复利计算法进行计算。

五、我国的利率市场化

利率市场化实际上就是将利率的决策权交给金融机构，由金融机构自己根据资金状况和对金融市场动向的判断来自主调节利率水平，最终形成以中央银行基准利率为基础，以货币市场利率为中介，由市场供求决定金融机构存贷款利率的市场利率体系和利率形成机制。经过20多年的改革，我国已于2013年7月20日起全面放开金融机构贷款利率管制，2015年全面放开存款利率管制，商业银行存贷款利率可根据基准利率上下浮动。

六、影响我国利率的主要因素

马克思揭示的影响和决定利率变动的主要因素，随着我国社会主义市场经济体制的确立和发展，以及经济运行机制的转变，已越来越成为影响我国利率变化的主要因素。不过，我国的社会主义市场经济与马克思研究的资本主义市场经济有着时代的、本质的不同，因而影响和决定利率水平的因素也不尽相同。在我国，影响和决定利率的因素主要有以下五点：

（一）企业承受能力

利息是利润的转化形式，平均利润率直接影响利率，"利率只能在平均利润率与零之间摆动"。在我国，由于市场经济才刚刚发展，生产要素的流动还很不充分，不同行业、不同企业的定价机制也不一致，因此还不可能形成平均利润率，不同行业之间的资金利润率差别很大。在此条件下，如果按照平均资金利润率来确定利率水平，将有半数企业承受不了。此外，我国企业的利息支出是摊入成本中的，随着贷款规模增大和银行贷款利率水平调高，企业的利息成本必然增加，利息成本增加必然减少企业盈利，影响企业和职工的收益；在企业产品价格放开的条件下，利息成本增大必然推动物价上涨，影响企业产品销售和经济稳定增长。因此，国家在调整基准利率水平时必须考虑企业的承受能力。衡量企业的承受能力一般是观察利息支出占企业利润的比重和利息支出占企业成本的比重。

（二）市场资金供求状况

长期以来我国的货币资金分配主要通过国家信贷计划供给，资金供求状况对利率水平影响较小。随着社会主义市场经济体制的建立和发展，市场体系和市场机制逐渐完善，资金供求状况对利率水平的影响越来越大。一方面，随着商品市场变化，资金市场的供求状况必然变化；另一方面，中央银行要运用利率调节资金供求，必然以资金供求状况作为调整利率的依据。因此，市场资金供求状况越来越成为影响我国利率的重要因素。

（三）物价变动

在现代纸币流通条件下，实际利率等于名义利率减去物价上涨率。因此，物价变动直接影响利率水平。此外，引起物价上涨的一个重要原因是以货币表示的社会总需求大于总供给，即货币供应量过多。国家要稳定物价，必然要运用调高利率的手段来紧缩通货。因此，国家在调整利率时必须考虑物价变动的情况。

（四）银行利润

我国银行的利润状况不仅影响银行及其职工的经济利益，而且关系到银行资金的积累，以及中央和地方的经济利益。我国银行的资本金主要靠银行每年从利润中按规定提留，银行的利润状况直接影响其资金实力。调整银行存贷款利率既可调节银行获取利润的数量，又可影响企业的利息成本和盈利状况。由于我国企业按中央和地方划分财政收入归属，因此企业盈利状况的变动在中央和地方财政之间有不同的分布。此外，银行利润的绝大部分都要上缴给中央财政。因此，利率水平不仅影响银行利润，而且调节银行、企业、中央和地方财政的利益。

（五）经济发展状况和国家经济政策

由于利率已经日益成为国家调节经济的重要杠杆，因此经济发展状况和经济政策是决定利率的重要因素。当经济过热或物价涨幅过高需要紧缩信用和货币供应量时，国家就会调高利率；当经济滑坡，市场商品销售不畅，企业效益下降，需要增加货币投入刺激经济回升时，国家就会降低利率。

第四节　信用工具

一、短期信用工具

短期信用工具是用于短期资金融通的信用工具。换句话说，就是用于证明短期信用关系的书面凭证，其主要形式有商业票据、银行票据、银行存单、信用证、信用卡和短期政府债券等。下面介绍其中几种短期信用工具：

（一）商业票据

商业票据是在商品交易基础上产生的，用来证明交易双方债权债务关系的书面凭证。商业票据分为商业汇票和商业本票两种形式。

1.商业汇票

商业汇票是由债权人签发的要求债务人按约定的期限向指定的收款人或持票人支付一定金额的无条件支付命令，往往由商品交易的卖方签发。商业汇票是由债权人签发的，必须经过承兑才具有法律效力。所谓承兑，是指在票据到期前，付款人承诺在票据到期日支付票据金额的行为。其具体做法是：付款人在票据上注明"承兑"字样和承兑日期并签章。由债务人承兑的汇票称为商业承兑汇票；由银行受债务人委托承兑的汇票称为银行承兑汇票。

2.商业本票

商业本票是债务人向债权人签发的，承诺在约定的期限内支付一定款项的债务凭证。商业本票是由债务人本人签发的，因此无须承兑。商业本票往往由实力雄厚、信誉卓著的大公司签发。

商业票据经过背书可以转让流通。背书是票据持有人在票据背面作转让签字的一种票据行为，背书人对票据的支付负连带责任，经过背书的票据可充当流通手段和支付手段。但商业票据的流通范围有限，尤其是商业本票，只能在彼此相互信任和了解的企业之间进行流通。未到期的经过承兑的商业票据可以向银行申请贴现，提前获得现款，但获得的现款要低于票面金额。

（二）银行票据

银行票据是在银行信用基础上，由银行承担付款义务的信用凭证。银行票据包括银行汇票、银行本票和银行支票。

1.银行汇票

银行汇票是银行开出的汇款凭证，由银行签发，交由汇款人自带或寄给异地收款人，凭以向指定银行兑取款项。银行汇票不同于商业汇票：（1）商业汇票由商品交易引起，而银行汇票因款项汇兑而签发，不一定与商品交易有关；（2）商业汇票的出票人和受票人均为企业，而银行汇票的出票人和受票人都是银行；（3）银行汇票的信誉较商业汇票高，商业汇票必须经过承兑方能生效。

2.银行本票

银行本票是银行签发的，承诺自己在见票时无条件支付确定的金额给收款人或者持票人的票据。在实际操作中，一般由申请人将款项交存银行，由银行签发银行本票给申请人办理转账或支取现金。目前，我国的银行本票有定额银行本票和不定额银行本票两种。

3.银行支票

银行支票是活期存款户对其存款银行签发的，要求从其存款账户上支付一定金额给持票人或指定人的票据。支票的种类很多，常用的支票有：记载受款人姓名的记名支票和无受款人姓名的不记名支票；可支付现金的现金支票和不支付现金的转账支票；银行保证付款的保证支票等。存款人开出的票面金额超过其存款余额或透支限额的支票称为空头支票，空头支票无效。

由于银行票据在银行信用的基础上产生，付款人为银行，比商业票据有更强的信用保证，且付款金额和方式灵活，因此银行票据的流通范围比较广泛，常常作为流通手段和支付手段来使用，并可节约现金的流通。

（三）银行存单

银行存单，即存款单，是由银行发行，记载一定存款金额、存款期限和存款利率的信用凭证，是存款人的债权凭证。一般的存单，只代表银行与持有人的信用关系，不具有流通工具性质，即不可以作为支付手段转让。我国曾经发行过一种大额可转让定期存单，不记名，可转让，可作为流通工具使用。但是，随着存款实名制的实施，再加上信用工具日益多样化，支付的方式也变得多种多样，这种不记名的大额可转让定期存单已逐渐退出市场。

（四）信用证

信用证包括商业信用证和旅行信用证。商业信用证是商业银行受客户委托开出的证明客户有支付能力并保证支付的信用凭证。在国际贸易中，信用证被广泛用于货款的结算。虽然信用证在签发时银行实际上并没有给予货款，但是当商业银行承诺保证全额付款时，就已形成了潜在的债权债务关系。因此，信用证也被视为一种授信。

旅行信用证又称货币信用证，是银行为便利旅行者出国时在国外支取款项所发行的信用凭证。旅行者在出国前，将款项交存银行，银行开给旅行者旅行信用证，旅行者在旅途中就可凭信用证向指定银行领取款项。

二、长期信用工具

长期信用工具又称有价证券，包括股票和各种债券，即具有一定的票面金额，代表财产所有权或债权，并能取得一定收入的凭证。有价证券是一种虚拟资本，它本身没有价值，只是代表资本投资并凭以取得收益的投资凭证。由于有价证券能为持有者带来收益，因此它可以在金融市场上流通，充当信用工具。

（一）股票

股票是股份公司发给股东证明其投资并凭以领取股息的凭证，是金融市场上的长期投资工具。股票的投资者，即股份公司的股东，在法律上有参加企业管理的权利，有权分享企业的利益，同时要分担企业的责任和风险，但是无权向企业要求退回投资的股本。投资者购买股票后就不能退股，但可以通过股票市场转让股权，收回投资。

股票的种类很多，按股东权益的不同，可分为普通股和优先股；按股息是否可以积存下来，可分为累积性股票和非累积性股票；按是否记名，可分为记名股票和不记名股票；按股票是否标明金额，可分为有面额股票和无面额股票；按投资者的不同，可分为法人股、社会公众股和个人股等。

股票是代表财产所有权的有价证券，股票的收益除股息、红利外还有买卖股票的差价收益，股票的市场价格受多种因素的影响，不仅取决于预期的股息率，还受到股份公司的经营状况、国家的政治局势、政府的经济政策和投资者的心态等因素的影响。

（二）债券

债券是发行者为筹措资金向投资者出具的承诺按一定利率支付利息并到期偿还本金的债权债务凭证。按发行人不同，可分为政府债券、公司债券和金融债券。

政府债券是政府为筹集资金而发行的债务凭证。政府债券的债务人是一国政府，其资信高，是比较安全、风险较小的投资工具，常被称为"金边债券"。

公司债券是企业依照法定程序发行的，约定在一定期限还本付息的有价证券，是企业向外借债的一种债务凭证。

金融债券是银行或其他金融机构发行的债务凭证。通过发行债券增加信贷资金来源，是各国银行普遍采用的一种筹资方式。

债券与股票都是有价证券，能给投资者带来一定的收益，但它们又有所不同，主要区别是：

（1）性质不同。股票是股权凭证，代表资产的所有权，因此发行股票筹集的资金是企业的自有资金，不存在还本问题，持有者不能退股；而债券是借款凭证，代表债权，必须按约定期限偿还本金和支付利息。

（2）持有人权利不同。股票持有者是公司的股东，有权参加企业的经营管理；而债券的持有人无权参加企业的经营管理。

（3）权益和风险不同。股票的收益（如股息、红利）是随着企业的经营状况而变化的，而股票市场股价的波动可能使投资者取得高收益，也可能连股本也无法收回。股票是非固定收益的证券，风险较大，但如果企业的经营状况好、股息高，股票价格也会升高，投资者可获得较高的收益；债券是固定收益证券，无论企业的经营状况如何，都应按约定的利息率偿付利息。因此，债券与股票相比风险较小，收益也较低。

第五节 银行信贷资金运动

银行信贷资金是指银行通过信用手段获得，又通过信用的方式加以运用的资金。广义的信贷资金运动包括信贷资金的组织、分配、参与再生产、流回银行的全部过程。这里仅探讨信贷资金从银行流出，参与再生产后又回归银行的过程，其组织和分配将在其他章节讨论。

下面我们来分析信贷资金运动与社会再生产的关系。

一、社会再生产对信贷资金运动的决定作用

（一）生产的发展状况与规模决定信贷资金供求状况与规模

随着生产的发展，生产和交换的规模不断扩大，社会财富不断增多，这使信贷资金的供给来源日益多元化。同时，由于生产规模的扩大，对垫付资金的要求也日益扩大，即对信贷资金的需求增加，从而使信贷资金的规模日益扩大；反之，如果生产发展停滞，规模萎缩，信贷规模必然萎缩，必然影响到资金的周转。

（二）社会生产的结构决定信贷资金的结构

生产结构按不同的标准有多种分类，科学技术的发展又将带来新兴产业的出现，并引起产业结构的变化，从而带来信贷资金运动方向和结构的变化。一个地区的信贷资金分配结构必然与其产业结构存在高度的互动性。

二、信贷资金对社会再生产的反作用

（一）信贷资金已成为生产顺利进行的前提条件

现代经济生活中，企业单靠自有资金进行生产的情况基本上不复存在。厂房建设、固定资产的购买、原材料的采购等，处处都有银行信贷资金的支持，信贷成为筹措资金的主要手段之一。没有信贷资金的注入，企业生产和流通将发生困难，甚至寸步难行。

（二）信贷资金聚集和分配的规模对生产和流通有着重大影响

信贷资金分配合理、周转速度快，就会促进生产和流通的发展；反之，如果信贷资金减少供应规模、分配不当，就会对国民经济产生不利的影响。

（三）信贷资金的分配结构对产业结构的调整也有一定的影响

红色故事10-1 浙东银行抗币的秘密印刷

1945年1月，浙东各界临时代表大会召开，提出要迅速成立金融机构，发行抗币。经浙东行政公署筹组，报请中共华中局同意，决定成立浙东银行。1945年4月1日，浙

东银行正式对外营业，总行设在梁弄镇横坎头。4月6日，《新浙东报》公布《浙东银行条例》和《浙东行政区抗币条例》。

按照《浙东行政区抗币条例》的规定，浙东银行发行的货币简称"抗币"，是浙东行政区内的有偿本位币，以金库储存的金银和拨存的粮食为基础，发行额不得超过全部准备金的实际市价相等的价值；要使抗币币值稳定，即"抗币壹圆的币值，始终维持接近于食米壹市斤的价值"。

抗币的印刷是在极端保密的条件下进行的，印刷工作由新四军浙东纵队政治部印刷厂承担。印刷厂有一台石印机，主要用于印刷军用地图、布告等，要印刷钞票很不容易。浙东区党委积极组织力量到上海、宁波、余姚等地招聘技工，采购印刷物资。通过上海地下党采购到的两台石印机以及道林纸、彩色油墨、号码机等设备和材料，费尽周折才冲破敌伪封锁被运到浙东根据地。印刷厂用两台石印机印钞票的正反两面，一台圆盘机套印图章和号码，以多道工序来完成任务。

1945年初，浙东行政公署驻在上虞县章家埠一带。印刷厂负责印刷抗币的石印机设在离章家埠30里左右的杜徐岙深山沟里。杜徐岙是个只有六七户人家的穷山村，房屋破旧不堪，但群众基础好。印刷地点设在山腰里，上去要爬较陡的山坡，竹林茂盛，地方隐蔽，有利于保密。印刷人员自己搭建了3间草房做印刷车间，为了保密，机器、设备都是分批搬运进来的。行政公署财委专门派出干部负责印刷抗币，印刷厂安排了6名工人具体承担印刷任务，还有1名警卫员负责安全保密工作。抗币印好后，在武装保卫人员护送下，由民工挑到另一处隐蔽场地套印号码、图章。为了做好保卫和保密工作，由木工专门隔出一间小房间，装上门锁，进行隐蔽作业。浙东游击纵队政治部锄奸科派出保卫干部，宣传保密工作的重要性，提高大家的警惕性，加强各方面防范工作。抗币上的号码、图章套印好，抗币就可以正式发行了。这一道工序十分重要，专门有一名行政公署财委干部做监印工作。为了保证生产任务及时完成，工作十分紧张。抗币套印一批，立即送走一批。送出前仔细点好数字，先用纸包扎好，加盖监印图章，再用土布包扎结实，每捆有20斤左右，装在小麻袋里。一个民工挑2袋，由武装保卫人员护送到行政公署。抗币的面值本来只有5角和1元两种，后来又增加了5元、10元两种。为了防止抗币假冒，每种抗币上都做有暗号，暗号只有几个党员知道。

1945年4月1日，浙东地区正式发行浙东银行的抗币，《新浙东报》上发布了消息。当天，浙东行政公署召开了社会各界人士和党政军机关代表参加的盛大群众大会。会上，行政公署主任连柏生公布抗币1元折合法币50元、伪币300元的比率。当时抗币1元可以买1斤大米，而法币50元或伪币300元才能买1斤大米。群众中流传着一首歌谣："储备钞票多无比，千元万元不稀奇，几百一餐难充饥，一元只得几粒米，价值不如冥纸币。"这首歌谣体现了群众对伪币的怨恨。所以，一旦抗币发行，人们就会把手里的伪币兑换成抗币。抗币的发行和流通有效地控制了解放区物资大量低价外流和高价购入的局面，同时，对有效控制根据地的金融市场、稳定物价、发展生产、保证军需起着极为重要的作用。

1945年5月，因日文翻译员逃跑，为防机构被破坏，印刷厂搬迁到余姚白鹿乡梁湖庵。日军投降前夕，因形势好转，印钞车间随同印刷厂搬迁到余姚袁马村，原拟增印抗币，但因浙东游击纵队奉命北撤，抗币停止印刷，印钞车间的设备又搬迁到梁湖庵。北撤前夕，为使浙东人民不蒙受损失，浙东区党委和行政公署决定回收抗币，把浙东抗日根据地内各地的粮食、布匹等物资兑换给群众，并销毁收回的抗币。浙东银行和抗币完成了其历史使命。

资料来源　根据浙江省委党史学习教育领导小组办公室报送红色资料整理。

■ 案例讨论

案例一　民间信贷与非法集资

2015年至2020年11月，犯罪嫌疑人李某单独或先后伙同犯罪嫌疑人樊某等人以青岛福元运通公司从事民间借贷、经营资金等业务的名义向社会公众吸收资金，且声称借出资金有抵押、保证安全。

李某等人在没有任何资金保障及实际经营项目的情况下，通过报纸、广告及口头宣传等途径，以月息3.5%等高回报为诱饵，先后骗取尹某某等247人的投资款共计人民币5.2亿余元，造成损失共计人民币1.8亿余元。被告人樊某先后介绍徐某某等32人向李某处集资人民币1.08亿余元。2021年2月25日，青岛市中级人民法院以集资诈骗罪一审判处被告人李某无期徒刑，剥夺政治权利终身，并处没收个人全部财产；被告人樊某犯集资诈骗罪，判处无期徒刑，剥夺政治权利终身，并处没收个人全部财产。

讨论：（1）案例所述情况是高利贷吗？我国有关法律如何界定高利贷？（2）民间信贷是否受法律保护？民间信贷与非法集资有什么区别？

案例二　"注销校园贷"引人深思

中国消费者协会发布消费警示，提醒"擦亮"双眼，警惕各类不良"校园贷"陷阱。警示称，国家有关部门明令禁止互联网借贷平台以任何形式向大学生贷款。在国家严防严治的高压态势下，现实中仍存在"注销校园贷""套路贷""培训贷"等多种不良"校园贷"陷阱，继续坑害广大学生的合法权益。

2020年10月8日，江苏扬州的小陈突然接到一个自称是某贷款公司客服的电话，对方称小陈在大学期间借的一笔9 000元"校园贷"未还，现在国家正在大力整治校园贷款，如果小陈再不还，将影响到个人征信。

虽然小陈在上学期间并没有借过校园贷，但是对方提供的信息丝毫不差，这让小陈很惊讶。对方提出只要按其说的操作，小陈的贷款记录就会注销，个人征信也不会受影响。

在对方的指导下，小陈向多个App申请了贷款，最终申请到三笔总计65 000元的贷款。随后，按照对方的要求，将贷款分别转到三个陌生的个人账户里。小陈按要求操作后，对方又要他把下载的App都删除。此时，小陈才发觉事情不对劲，赶紧把之前贷款的App一一打开核对，结果发现一个下午就损失了6万多元。

2020年上半年，有关部门监测到有关网贷诈骗负面舆情信息共计28.8万余条，其中涉及"注销校园贷"的骗局接近9.3万条，占32.29%。"注销校园贷"诈骗手法主要分为两类：一是针对有注册网贷平台账号或有贷款记录的，骗子会声称"根据国家相关政策需要配合注销账号，否则会影响个人征信"；二是针对无注册网贷平台账号或无贷款记录的，骗子会声称"你的身份信息被盗用注册了网贷账号，需要配合注销，否则会影响个人征信"。

由于骗子能够准确说出对方的真实姓名、身份证号、学校名称，甚至是消费记录等隐私信息，容易让学生放松警惕，有的骗子还主动将自己的身份证件、工牌等信息向学生展示以获取信任，导致学生最终将从网贷平台提现的借款全部转入骗子提供的名为"清查账户"中，实为骗子的个人账户。根据银监会联合教育部、人力资源社会保障部发布的《关于进一步加强校园贷规范管理工作的通知》，要求"现阶段一律暂停网贷机构开展在校大学生网贷业务，并逐步消化存量业务"。2017年9月，教育部召开新闻发布会明确重申，根据规范校园贷管理文件，任何网络贷款机构都不允许向在校大学生发放贷款。

资料来源　根据相关资料整理所得。

讨论：（1）从信贷的本质分析校园贷这一产品。

（2）从个人的角度谈谈如何防范校园贷。

▓ 阅读材料

[1] 德赛. 生活中的金融学：哈佛金融通识课 [M]. 刘婉婷，张旭，译. 北京：北京联合出版公司，2020.

[2] 陆磊，刘学. 货币论：货币与货币循环（第一卷）[M]. 北京：中译出版社，2021.

[3] 陈思进. 看懂金融的第一本书 [M]. 广州：广东人民出版社，2020.

[4] 杨光瑶. 手机支付与信用 [M]. 北京：中国铁道出版社，2018.

[5] 金天，杨芳，张夏明. 数字金融：金融行业的智能化转型 [M]. 北京：电子工业出版社，2021.

▓ 综合训练

随堂测10

一、单项选择题

1.在现代信用中，最主要的信用形式是（　　　）。

　　A.商业信用　　　　　　　　B.银行信用

　　C.民间信用　　　　　　　　D.国家信用

2.利息率高低与（　　　）成反方向变化。

　　A.平均利润率　　　B.资金供求状况　　　C.通货膨胀　　　D.国际利率水平

3.必须经过承兑才具法律效力的信用工具是（　　　）。

　　A.银行本票　　　B.银行汇票　　　C.商业本票　　　D.商业汇票

4.在信贷资金的运行过程中，使信贷资金产生增值的阶段是（　　　）。

　　A.贷款发放阶段　　　B.贷款收回阶段　　　C.购买存货阶段　　　D.生产销售阶段

5.单利与复利计算的主要区别是（　　　）。

A.本金是否计息　　　B.利息是否计息　　　C.利率的高低　　　D.本息归还方式

6.商品交换的规模越大，则（　　　）。

A.信用规模越小

B.信用规模越大

C.商业信用规模越大，银行信用规模不变

D.信用规模无影响

7.以政府作为借款人的信用形式是（　　　）。

A.银行信用　　　B.商业信用　　　C.国家信用　　　D.国际信用

8.信用的资金积聚作用主要表现在（　　　）业务中。

A.存款　　　B.支付　　　C.贷款　　　D.转账

二、多项选择题

1.信用的特征有（　　　）。

A.资金使用权的暂时转让　　　　　　B.资金所有权的暂时转让

C.支付手段　　　　　　D.有一定期限

E.无期限的转让

2.利率下降时，通常与（　　　）相符合。

A.资金供应上升　　　　B.资金需求下降　　　　C.物价指数上升

D.平均利润率下降　　　E.国家抑制投资

3.高利贷的特征有（　　　）。

A.高额的利率　　　　　　B.较长的借贷期限

C.借款用于消费及维持生产　　　　D.借款用于扩大再生产

E.对生产起着破坏作用

4.在一定程度上可代替现金流通的短期信用工具有（　　　）。

A.商业汇票　　　　B.银行本票　　　　C.国库券

D.银行支票　　　E.银行汇票

5.用于区别债券和股票的主要特征有（　　　）。

A.有无投票权　　　　B.有无收益权　　　　C.有无还款期限

D.有无固定的收益率　　　E.风险大小有别

三、判断题

1.信用制度加快了商品的流转速度。　　　　　　　　　　　　（　　　）

2.商品赊销不用支付利息，因此不属于信用范畴。　　　　　　（　　　）

3.资本主义信用是与其大规模的生产方式相联系的。　　　　　（　　　）

4.当期限为一年时，采用单利和复利计算的本息，其结果都是一样的。（　　　）

5.当发行人为企业时，股票和债券的风险是一样的。　　　　　（　　　）

6.当信用的一方是国外法人或自然人时，就是国际信用。　　　（　　　）

7.信贷资金主要来源于企业利润的积累。　　　　　　　　　　（　　　）

8.如果信贷资金不投入再生产活动，就不可能产生利息。 （　　）

9.当国际利率水平上升时，国内的利率水平应下调。 （　　）

10.实物信用就是借物还物的信用方式。 （　　）

四、简答题

1.什么是消费信用？它有哪些形式？

2.银行信用较之商业信用有哪些优势？

3.国家制定基本利率时，应考虑哪些因素？

4.信用在国民经济中有什么作用？

5.如何理解信贷资金运动的特征？

6.信贷资金运动与社会再生产有什么联系？

五、计算题

张某有 10 000 元闲置资金，现在他有两种投资方式可以选择：一是购买 3 年期的国债，年利率为 5%，单利计息；二是存入银行，3 年定期存款的年利率为 4%，复利计息。从收益的角度考虑，他应该选择哪一种投资方式？

第十一章

金融体系

■ 内容提要

　　金融活动依赖于金融体系的运行。金融体系是指各类金融机构所形成的相互联系、相互作用的统一体。金融机构是专门从事各种金融活动的组织实体。构成金融体系的金融机构有很多种，一般分为银行金融机构和非银行金融机构两大类。金融体系中最基本的构成单位是银行。银行是商品经济的产物，随着银行的产生和发展，其他非银行金融机构也得到了发展，从而促成了金融体系的形成、发展和完善。本章在介绍以银行为主的金融体系建立的基础上，着重阐述我国的金融体系，特别是现行金融体系的构建及特点。

第一节　银行的产生和发展

一、银行的产生

　　银行是伴随商品经济的发展而产生和发展的。在社会生产力不断发展的过程中，以货币保管、货币兑换为起点，出现了货币的结算和汇兑，进而有了货币的贷放，早期的银行便产生了。

　　在金属货币出现的初期，人们不仅将它作为流通手段，而且将它作为财富的储藏手段，为了避免动荡带来的风险，人们把自己的财物托付给那些最受尊敬、最不易受损害的机构代为保管，这些机构主要是寺院。在金属货币大量集中以后，寺院利用保管的货币进行需要还息的贷放，但这只是银行发展史上的一个萌芽阶段（主要存在于古罗马帝国）。

　　由于封建统治的割据，货币铸造分散，各种铸币的成色、重量、形状不统一，为适应商品交换发展的需要，逐渐从商人中分离出一些专门从事铸币兑换技术业务的兑换商，他们从中收取一些手续费，形成了专门的货币兑换业。货币兑换业既可对不同的铸币进行兑换，又可满足零钱与整钱之间兑换的需要。例如，一些商贩在出售商品后，得到的一般都是零钱，要储藏或到外地进行新的采购很不方便，这就需要把零钱换成贵金属货币。

随着地区或国家间贸易的进一步发展和扩大，为了避免长途携带和保管的风险，人们把货币交给兑换商代为保管，并委托他们办理支付、结算和汇兑业务。兑换商的业务范围逐渐扩大，于是货币兑换业发展成了货币经营业。

货币经营业为商品经济的发展提供了极大的便利，得到发展的商品经济又促进了货币经营业的扩大，货币经营业者手中聚集的货币资金也因此不断增加。为了适应不断发展的经济需要，也为了获取更多的利润，货币经营业者把手中的大量货币贷放出去，同时用支付存款利息的办法，广泛吸收社会上暂时闲置的资金，以扩展贷放业务，开始了信贷业务的经营。

二、银行的发展

（一）近代银行的形成

早期银行的贷款大部分是借给政府的，而且贷款利息高、来源有限，不能满足新兴的以私有制为基础的资本主义经济发展对信贷资金的需求。为了抵制高利贷，资本主义企业利用了商业信用，但商业信用在使用规模、方向、期限等方面均存在较大的局限性，不能满足资本主义工商业发展对信用的需要。于是，新兴的资产阶级在反对高利贷的斗争中，建立了符合资本主义经济发展需要的近代银行，为再生产提供合理利率的贷款，即低于平均利润率水平的贷款。资本主义银行是通过两条途径产生和发展起来的：一是新兴的资产阶级按照资本主义经营原则组织股份制银行；二是高利贷性质的早期银行逐渐适应新的条件转化为资本主义银行。1694年，在国家的帮助下，英国资产阶级建立了英格兰银行，这是一家按股份制原则建立的商业银行，其贴现率为4.5%~6%，大大低于同期高利贷银行20%~30%的贷款利率，被认为是近代资本主义银行诞生的标志。

股份制银行资本雄厚、经营规模大、利率低，能够提供大量的信用资本，极大地推动了资本主义经济的发展，在欧洲各国得到广泛推广，逐渐成为资本主义银行的主要形式。

（二）现代银行的发展

19世纪末期，资本主义从自由竞争阶段发展到垄断阶段，银行也发展成现代资本主义银行。现代银行能以信贷调节企业的经营方向和经营规模，最后达到完全决定企业的命运，进而控制整个国家的经济命脉。现代银行是现代商品经济发展的产物，随着现代商品经济的发展，现代银行朝着组织集团化、业务多样化、机构全能化、资本国际化的方向发展。

银行间的吞并，促成了银行组织集团化。在生产集中和垄断的基础上形成了银行的集中和垄断，激烈的竞争导致了银行间的相互吞并，最为典型的是通过收购大部分的股权，以银行持股公司的方式形成的银行组织集团化，这种银行集团资本雄厚，富有竞争力。

　　垄断和集团化加剧了银行间的进一步竞争，银行和银行、银行金融机构和非银行金融机构分业经营的界限纷纷被打破，业务相互交织。为争取更多的资金来源，各银行积极创新金融工具，提供更多、更新的服务，新的金融商品不断涌现。为了顺应商品经济的要求，金融管制进一步放松，金融业务对整个社会生活的渗透越来越深入。

　　国际经济的发展带动了跨国银行的发展，跨国银行成为银行国际资本化的主要趋势。

第二节　各国的金融体系

一、中央银行

　　中央银行是随着银行发展，从商业银行中独立出来的特殊银行，是一国金融机构体系的中心环节，处于特殊的地位，经营专门的业务，具有对全国金融活动进行宏观调控的特殊职能。多数国家对中央银行实行国有化，它是国家的货币发行银行、银行的银行和政府的银行。

　　中央银行的机构组织在现代工业化国家也不尽相同：绝大部分国家实行单元制中央银行，即一国只设一家中央银行；有些联邦制国家则实行多元制中央银行，一国设有多家中央银行，如美国的中央银行，由分布于12个州的12家银行组成，为联邦储备体系；有些国家不设中央银行，而由相应的机构来充当其职能。虽然各国中央银行的具体组织形式有或多或少的区别，但是它们都发挥了中央银行的作用，在性质上是相同的。

二、商业银行

　　商业银行是以营利为目的、以吸收社会公众的存款和发放贷款为主要业务活动的综合性和多功能的金融企业。

　　商业银行是金融体系中较传统的组织，面向社会公众是其区别于其他金融机构的主要标志。商业银行具有信用中介、支付中介、信用创造、金融服务等功能，可在资金的供给者与需求者之间融通资金；可通过存款在账户上的转移，代理客户支付，在存款的基础上为客户办理兑付业务；可为客户提供多种金融服务；可在客户原始存款的基础上创造派生存款，扩大信用规模。这些都是商业银行的重要特征，因此国际货币基金组织称其为存款货币银行。

　　在当代资本主义金融体系中，商业银行以其业务量大、范围广而居于其他金融机构不能取代的重要地位。20世纪90年代初期，在直接融资工具十分发达的美国，由商业银行分配的社会资金占全部资金流量分配的50%以上。

　　商业银行的组织形式大体上可分为五类：

　　（1）分支行制，是指在大城市设立总行，在各地根据需要设立分支机构的制度。这是目前各国（包括我国）普遍采用的一种银行制度。分支行制下机构多，有利于采用现代化设备，提供多层次服务，分散风险，获取规模效益，增强竞争力，但易形成垄断，不利于同业间的公平竞争，也因其层次多而给内部管理带来了困难。

（2）单元制又称单一银行制，是指银行业务由各自独立的商业银行经营，不设立分支机构的制度。在美国最为典型，这是由美国的特殊历史背景和政治制度所决定的。

（3）持股公司制，是指由某一集团成立股权公司，再由该公司控制或收购若干银行的组织形式。在法律形式上，被控股银行仍保持各自独立的地位，但业务经营都由同一家股权公司控制。

（4）连锁银行制，是指由某个人或某集团通过购买两家以上银行的多数股票或以其他法律允许的方式，获得银行的控制权而又不以股份公司的形式出现的一种银行组织形式。

（5）跨国联合制又称国际财团制，是指由不同国家的商业银行联合成立银行投资财团的银行组织形式。从事大规模国际资本投资活动的跨国联合制商业银行正随着各国经济往来的日益加强而逐渐增多。

三、专业银行

专业银行是指具有特定业务范围，提供专门性金融服务的银行。常见的专业银行有以下几种：

（1）投资银行。它是专门从事对工商企业进行证券投资、对证券进行包销代理和为企业提供长期信贷业务的银行，又称证券公司、投资公司。

（2）储蓄银行。它是以设立存折储蓄账户吸收居民储蓄为主要资金来源，并将资金用于发放各种抵押贷款的专业银行。

（3）农业银行。它是专门向农业部门或农场主提供优惠信贷的银行。

（4）进出口银行。它是为支持本国对外贸易而提供金额大、期限较长、风险较大的优惠信贷的专业银行。

（5）抵押银行。它是专门从事以土地、房屋及其他不动产作为抵押办理长期贷款业务的专业银行，又称不动产抵押银行。

（6）开发银行。它是专门为经济开发项目提供中长期投资贷款的银行。

四、非银行金融机构

非银行金融机构，是指经营各种金融业务但又不被称为银行的金融机构。

（1）保险公司。它是指经保险监督管理机构批准设立，并依法登记注册的商业保险公司，包括直接保险公司和再保险公司。保险公司是采用公司组织形式的保险人，经营保险业务。

（2）信用合作社。它是指由个人集资联合组成，以互助为主要宗旨的合作金融组织。其基本的经营目标是以简便的手续和较低的利率，向社员提供信贷服务，帮助经济力量薄弱的个人克服资金困难，以免遭受高利贷盘剥。

（3）投资公司。它是一种金融中介机构，将个人投资者的资金集中起来，投资于众多证券或其他资产。"集中资产"是证券投资公司的隐含意义。在投资公司建立起来的证券组合之中，每个投资者按照投资数额比例享有对资产组合的要求权。这些投资公司为小型投资者们提供了这样一种机制：他们可以组织起来，以获得大规模投资所带来的好处。

（4）养老基金组织。它是一种为面向参加养老金计划的人提供退休收入（以年金形式）的金融机构。

（5）金融公司。它是指通过发行商业票据、债券、股票获得资金，并将资金主要用于特定消费者贷款和工商企业贷款（一般为贴现贷款）的金融企业，又称财务公司。

（6）邮政储蓄所。它是指与人民生活有紧密关系的邮政机构，在办理各种邮件投递的同时，办理以个人为主要对象的储蓄存款业务。其资金来源为人们的小额汇款储蓄，业务主要是向个人和公司提供支付和转账服务。

第三节　我国的金融体系

我国的金融机构体系按地位和功能大致可分为四大类：第一类是货币当局，也称中央银行，即中国人民银行。第二类是银行，包括商业银行和政策性银行。商业银行又可分为国有独资商业银行、股份制商业银行、城市商业银行。第三类是非银行金融机构，主要包括国有保险公司、股份制保险公司、城市信用合作社、农村信用合作社、信托投资公司、证券公司及其他非银行金融机构。第四类是在我国境内开办的外资、侨资、中外合资金融机构，包括外资、侨资、中外合资的银行、财务公司、保险机构，以及在我国境内设立的业务分支机构和驻华代表处。

一、中国人民银行

中国人民银行是1948年12月1日在华北银行、北海银行、西北农民银行的基础上合并成立的。1983年9月，国务院决定由中国人民银行专门行使国家中央银行职能。1995年3月18日，第八届全国人民代表大会第三次会议通过了《中华人民共和国中国人民银行法》，标志着中国人民银行作为中央银行以法律形式被确定下来。

二、商业银行

商业银行在金融机构体系中居主体地位，是最早出现的金融机构，以经营工商业存贷款为主要业务，并为顾客提供多种服务。商业银行通过办理转账结算实现了国民经济中绝大部分的货币周转，同时起着创造存款货币的作用。1979年以来，日本输出入银行首先在北京设立代表处，随后海外多个国家与地区的金融机构纷纷在我国的大中城市先后设立分支机构与代表处，主要分布在北京、上海、深圳、广州等城市，包括外资独立开办、外资与国内资本合作开办的银行金融机构和非银行金融机构。

下面将介绍我国的商业银行体系。

1.大型国有控股商业银行

（1）中国工商银行：1984年成立，承接中国人民银行原先办理的工商信贷和储蓄业务。2005年整体改制为股份有限公司，2006年10月在上海和香港同步上市。

（2）中国农业银行：1979年恢复，2010年7月15日在上交所挂牌交易。

（3）中国银行：1912年成立，2004年8月整体改制为股份有限公司，2006年6月在香港上市，同年7月在上海上市。

（4）中国建设银行：1954年成立，2004年9月整体改制为股份有限公司，2005年10月在香港上市。

（5）交通银行：1987年重建，是第一家全国性股份制商业银行。2005年6月在香港上市，2007年5月在上海上市。

2.全国性股份制商业银行

全国性股份制商业银行包括中信银行、招商银行、中国光大银行、华夏银行、上海浦东发展银行、中国民生银行、平安银行、广发银行、兴业银行、恒丰银行、浙商银行、渤海银行12家银行。

3.地方性股份制商业银行

地方性股份制商业银行，即城市商业银行。2021年上半年的城市商业银行变动数据显示，全国城市商业银行数量由133家缩减至118家。

4.农村金融机构

农村金融机构包括农村信用社、农村商业银行、农村合作银行、村镇银行和农村资金互助社。

5.中国邮政储蓄银行

中国邮政储蓄银行于2007年3月20日正式挂牌成立，是在改革邮政储蓄管理体制的基础上组建的商业银行，其资产规模在中国商业银行中位列第六名。

6.民营银行

民营银行是由民间资本控制与经营，权、责、利统一的现代金融企业。民营银行在一定程度上可以改变国有银行一统天下的局面，形成国有金融与民营金融、大型金融机构与众多中小型金融机构竞争共存的新局面。

自1996年成立第一家民营银行——中国民生银行后，我国对民营银行的设立一直没有放开。2014年，国务院办公厅下发了《关于金融支持经济结构调整和转型升级的指导意见》，明确提出"扩大民间资本进入金融业""尝试由民间资本发起设立自担风险的民营银行、金融租赁公司和消费金融公司等金融机构"。

截至2020年5月，全国已有19家民营银行开业运营。

7.外资银行

在华外资银行包括：

（1）外国银行代表处。它只能从事非经营性活动，如市场调查和咨询等。

（2）外资独资银行。它可以经营部分或全部外汇业务和人民币业务；经中国人民银行批准，也可经营结汇和售汇业务。

（3）中外合资银行。它的业务与外资独资银行相同。

（4）外国银行分行。它可以经营部分或全部外汇业务，人民币业务不能针对中国境内的公民；经中国人民银行批准，也可经营结汇和售汇业务。

三、政策性银行

政策性银行是由政府投资设立的，根据政府的决策和意向，专门从事政策性金融业务的银行。政策性银行的活动不以营利为目的，并且根据分工的不同，服务于特定领域。在我国，政策性银行有国家开发银行、中国进出口银行和中国农业发展银行。

四、非银行金融机构

商业银行、中央银行及其他专业银行以外的金融机构，统称为非银行金融机构。非银行金融机构筹集资金发行的金融工具并不是对货币的要求权，而是其他某种权利，如保险公司发行的保险单只代表索赔的权利。从本质上来看，非银行金融机构仍是以信用方式聚集资金，并投放出去，以达到营利的目的，因此与商业银行及其他专业银行并无本质区别，如保险公司、投资公司等。

五、金融监管机构

金融监管机构是根据法律规定对一国的金融体系进行监督管理的机构。其职责包括：按照规定监督管理金融市场；发布有关金融监督管理工作的命令和规章；监督管理金融机构合法合规运作等。2018年4月8日，中国银行保险监督管理委员会正式挂牌。目前，我国的金融监管机构包括"一行两会"，即中国人民银行、中国银行保险监督管理委员会、中国证券监督管理委员会。

第四节　国际金融机构体系

一、国际金融机构体系概述

为适应国际经济发展的需要，曾先后出现各种进行国际金融业务的政府间国际金融机构。其发端可以追溯到1930年5月在瑞士巴塞尔成立的国际清算银行。第二次世界大战后，布雷顿森林体系成立，并相应地建立了几个全球性的国际金融机构，作为实施这一国际货币体系的组织机构。1957年到20世纪70年代，欧洲、亚洲、非洲、拉丁美洲、中东地区的国家为发展本地区经济，通过互助合作方式，先后建立起区域性的国际金融机构，如泛美开发银行、亚洲开发银行、非洲开发银行等。

二、国际货币基金组织

国际货币基金组织（IMF）是根据1944年联合国国际货币金融会议通过的《国际货币基金协定》建立的。IMF于1945年2月正式成立，1947年成为联合国的一个专门机构。其宗旨是：通过成员方共同探讨和协商国际货币问题，促进国际货币合作；促进国际贸易的扩大和平衡发展，开发成员方的生产资源；促进汇率稳定和成员方汇率有条不索的安排，避免竞争性的货币贬值；协助成员方建立多边支付制度，消除妨碍世界贸易增长的外汇管制；协助成员方克服国际收支困难。

成员方交纳的基金份额，是 IMF 最主要的资金来源。IMF 的主要业务活动包括对成员方的汇率政策进行监督，与成员方就经济、金融形势进行磋商和协调，向成员方提供借款和各种培训、咨询服务。

三、世界银行集团

世界银行集团包括世界银行、国际开发协会和国际金融公司。世界银行的资金来源有成员方缴纳的股金、向国际金融市场借款、出让债权、经营中的利润收入。其主要业务是向发展中国家提供长期贷款。

国际开发协会是专门向发展中国家发放条件优惠的长期贷款的金融机构，成立于1960年9月。

国际金融公司成立于1956年7月，申请加入该组织的国家必须是世界银行的成员方。其主要任务是向属于发展中国家成员方的私人企业所新建、改建和扩建的项目提供资金。

多边投资保证机构是1988年成立的世界银行附属机构，共有151个成员方。其宗旨是为发展中国家的外国私人企业的投资提供政治风险和非商业风险的保险，并帮助发展中国家制定吸引外国资本直接投资的战略。

四、区域性国际金融机构

（一）亚洲开发银行

亚洲开发银行于1966年在东京成立，行址设在菲律宾的首都马尼拉。其宗旨是通过发放贷款、投资、技术援助来促进本地区的经济发展与合作。我国在亚洲开发银行的合法席位于1986年恢复，是亚洲开发银行的第三大认股国。

（二）非洲开发银行

非洲开发银行于1963年成立，行址设在科特迪瓦的首都阿比让，我国于1985年加入该行，成为正式成员方。其宗旨是为成员方的经济和社会发展服务，提供资金支持；协助非洲大陆制定发展规划，协调各国的发展计划，以期实现非洲经济一体化的目标。

（三）加勒比开发银行

加勒比开发银行是地区性多边开发银行，1969年10月18日，16个加勒比地区成员方和2个非本地区成员方在牙买加的首都金斯敦签署协议，成立加勒比开发银行（Caribbean Development Bank，CDB）。1970年1月26日，协议生效，1月30日，理事会成立大会在拿骚举行。加勒比开发银行总部设在西印度群岛的巴巴多斯的首都布里奇顿。其宗旨是促进加勒比地区成员方经济的协调增长和发展，推进经济合作及本地区的经济一体化，为本地区的发展中国家提供贷款援助。

（四）欧洲复兴开发银行

欧洲复兴开发银行（European Bank for Reconstruction and Development，EBRD）简

称欧银，成立于1991年，建立欧洲复兴开发银行的设想是由法国总统密特朗于1989年10月首先提出来的。他的设想得到欧洲共同体各国和其他国家的积极响应。1991年，欧银拥有100亿欧洲货币单位（约合120亿美元）的资本。欧盟委员会（前欧洲共同体委员会）、欧洲投资银行和39个国家在银行中拥有股权。最大股份拥有者是美国，占10%，其次是法国、德国、意大利、日本和英国各占8.5%。欧银的宗旨是在考虑加强民主、尊重人权、保护环境等因素下，帮助和支持东欧、中欧国家向市场经济转化，以调动上述国家中个人及企业的积极性，促使其向民主政体和市场经济过渡。欧银投资的主要对象是东欧和中欧国家的私营企业及这些国家的基础设施。

（五）欧洲投资银行

欧洲投资银行是欧洲经济共同体成员方合资经营的金融机构。根据1957年《建立欧洲经济共同体条约》（又称《罗马条约》）的规定，欧洲投资银行于1958年1月1日成立，1959年正式营业，总行设在卢森堡。《罗马条约》第130条规定，欧洲投资银行不以营利为目的，其业务重点是对在共同体内落后地区兴建的项目、对有助于促进工业现代化的结构改革的计划和有利于共同体或几个成员方的项目提供长期贷款或保证；也对共同体以外的地区输出资本，但贷款兴建的项目要对共同体有特殊意义（如改善能源供应），并须经该行总裁委员会特别批准；对与共同体有联合或订有合作协定的国家和地区，一般按协定的最高额度提供资金。

（六）美洲开发银行

美洲开发银行（Inter-American Development Bank，IDB）成立于1959年12月30日，是世界上成立最早的、最大的区域性多边开发银行，总行设在华盛顿，是美洲国家组织的专门机构，其他地区的国家也可加入，但非拉美国家不能利用该行资金，只能参加该行组织的项目投标。其宗旨是集中各成员方的力量，对拉丁美洲国家的经济、社会发展计划提供资金和技术援助，并协助它们单独地或集体地为加速经济发展和社会进步作出贡献。

（七）亚洲基础设施投资银行

亚洲基础设施投资银行（Asian Infrastructure Investment Bank）简称亚投行，是一个政府间性质的亚洲区域多边开发机构，重点支持基础设施建设，法定资本为1 000亿美元，总部设在北京。亚投行于2014年10月24日在北京成立，首批意向创始成员方包括中国、印度、新加坡等21个国家。截至2015年4月1日，法国、德国、意大利、卢森堡、瑞士、韩国、巴西、俄罗斯、荷兰、格鲁吉亚、丹麦等已同意加入亚投行，这使亚投行扩展至51个国家，其中31个国家已成为正式的意向创始成员方。

五、国际清算银行与巴塞尔银行监管委员会

（一）国际清算银行

国际清算银行（BIS）于1930年成立于瑞士的巴塞尔，主要是处理第一次世界大战后德国赔款的支付和解决德国国际清算问题。此后，其宗旨改为促进各国中央银行间的合作，为国际金融往来提供额外的便利，以及接受委托或作为代理人办理国际清算业务等。该行建立时只有7个成员方，现已发展到45个国家和地区。

（二）巴塞尔银行监管委员会

巴塞尔银行监管委员会是在1974年由十国集团的中央银行行长倡议建立的。1988年7月，巴塞尔银行监管委员会通过《巴塞尔协议》（全称为《关于统一国际银行的资本计算和资本标准的协议》），成为国际银行监管方面代表性的文件。

红色故事11-1　　　　冀南银行——烽火硝烟中的"马背银行""挎包银行"

1938年8月，冀南行政主任公署内部设立冀南经济委员会，负责组织与领导冀南区的经济建设工作。冀南经济委员会成立后，制定抗日游击区经济建设大纲，发行冀南本位币。

冀南银行刚开始筹备时，便遭到国民党顽固派的阻挠破坏，蒋介石多次电令冀南行政主任公署停止筹组银行和发行冀南币。河北省政府主席鹿钟麟、国民革命军第39集团军司令石友三发出威胁通告，"凡使用冀南币者枪决"。

为避免直接冲突，八路军129师的首长邓小平直接指示，筹建银行的工作由129师供给部徐林领导，银行由冀南向晋东南根据地转移。1938年11月，银行筹建组突破敌人封锁，由河北南宫出发，路经山东、河南境内的冠县、莘县、濮阳、汤阴、林县等地，跨越18个县，穿过敌人占领的平汉铁路，夜间赶路，白天隐蔽，行军月余，陆续到达晋东南根据地黎城西井镇周围，继续筹建工作。在西井镇，八路军专门成立了冀南财经学校，由杨秀峰兼任校长，为开办银行储备专业人才。129师还从抗日军政大学调来一批学过、做过金融工作的骨干，如胡景沄、李绍禹等人，共同筹建银行。129师想方设法从敌占区山西太原、河北邯郸等地买回大量纸张、油墨、石版等造币材料。所有这些工作，为冀南银行的成立做好人、财、物的准备。

1939年9月16日，冀南行政主任公署以财字17号令正式宣布冀南银行成立，发行冀南币，要求冀南银行成为"培养抗战经济的摇篮""保护人民利益的堡垒"，任命高捷成为首任行长。冀南银行山西黎城县小寨村旧址，如图11-1所示。

图11-1　冀南银行山西黎城县小寨村旧址

自 1941 年起，侵华日军疯狂地向华北地区发起"扫荡"，"铁壁合围"切断根据地与外面的联系，企图困死根据地军民。国民党反动派加紧反共步伐，掀起反共高潮。这一时期，晋东南抗日根据地又遭遇大旱蝗灾，天灾人祸接踵而至，生存环境日趋恶劣，根据地进入了一段最艰苦、最困难的时期。

到 1942 年，太行区、太岳区的根据地逐渐缩小，冀南区成为抗日游击根据地。冀南银行的工作人员经常处于紧张备战状态，白天工作，夜间行军，跟着部队同敌人周旋，账款平常都由马驮，战况紧急时则用挎包随身背，在烽火硝烟中辗转坚持开展业务，因此冀南银行被群众赞誉为"马背银行""挎包银行"。1943 年 5 月 14 日，冀南银行行长高捷成在河北省内邱县白鹿角村遭遇敌人袭击，他不顾个人安危，坚持让随行人员携带重要文件先行撤退，自己组织力量进行掩护，在突围时壮烈牺牲，年仅 34 岁。高捷成牺牲后，冀南军区后勤部部长赖勤接任冀南银行行长。

全面抗战时期，冀南银行总行驻地有两次大的迁移：1942 年 5 月，在反"扫荡"过后，由山西黎城县迁往河北涉县索堡村；1945 年 11 月，从涉县迁往河北武安县城。1948 年 8 月，冀南银行与晋察冀边区银行合组为华北银行，随后又与北海银行、晋西北农民银行、陕甘宁边区银行合并，成立中国人民银行。

资料来源　中国金融思想政治工作研究会红色金融史编写组. 红色金融史（四十五）冀南银行：烽火硝烟中的"马背银行""挎包银行"［EB/OL］. ［2021-08-17］. https://www.sohu.com/a/483835407_120952186.

■ 案例讨论

案例一　美国的政策性金融机构概况

美国的政策性金融机构主要包括政府的农业信贷机构、住房信贷机构、美国进出口银行和中小企业管理局等。如果说美国的联邦储备委员会、商业银行与其他国家的中央银行、商业银行有较大差异，那么美国的政策性金融机构与其他国家的政策性金融机构则呈现出较大的一致性。例如，美国的政策性金融机构由政府创立，不以营利为目的，服务于农业、住房、进出口贸易等领域及中小企业。可见，即使是在高度发达的经济金融环境下，仍然需要政策性金融机构。

讨论：（1）美国的政策性金融机构和我国的政策性银行有什么不同？

（2）我国的政策性银行地位如何？

案例二　泡沫要破了？美联储"鹰歌嘹亮"，美国"垃圾债"创一年最大跌幅

2021 年 11 月，由 Ice Data Services 汇编的高收益债券指数下跌超过 1%，这是该指数 2021 年第 2 个月出现负的总回报率，也是自 2020 年 9 月以来表现最差的一个月。EPFR Global 的数据显示，投资者上周从高收益债券市场撤资 28 亿美元，这是自 2021 年 3 月中旬通胀担忧以来规模最大的单周撤资。大规模的抛售使得高收益债券与低风险国债的收益率之差从 11 月早些时候的 3.03 个百分点升至 3.67 个百分点，是 3 月以来的最高水平。这是由于债券价格下跌，抹去了其提供的利息收益。这反映了奥密克戎病毒的出现加剧了全球投资者对经济的担忧，推动他们从那些最容易受到打击的公司中撤资。

11月30日，美联储主席鲍威尔出席美国国会参议院银行委员会的季度听证会，就顽固高通胀、奥密克戎病毒对经济的影响、美国债务上限等关键议题发表观点。在问答环节，鲍威尔表示，通胀进一步上升的风险增加，通胀持续高企的威胁也在增加，物价上涨与新冠肺炎疫情造成的供应链中断有关，"现在是时候放弃关于通胀'暂时性'这个词了"。随着通胀上升速度更快，经济复苏强劲，市场对流动性需求降低，美联储可能会更快地完成缩减购债（taper）。"在我看来，或许提前几个月结束资产购买计划是适当的，我希望能在即将举行的议息会议上讨论这个问题。"鲍威尔说。

这使得美股当日跌幅迅速扩大，市场加息预期急剧升温，加剧了对"泡沫破灭"的不安情绪。尽管出现抛售，但是"垃圾债"的收益率仍与去年同期水平一致。这表明对许多借款人来说，借贷成本仍接近历史低点。

资料来源　根据相关资料整理所得.

讨论：（1）结合美国金融体系，分析上述情况对未来美国金融的影响。

（2）探讨中国的利率政策及其对中国金融体系的影响。

📖 阅读材料

[1] 金淑彬，崔炳玮. 新编财政与金融 [M]. 5版. 成都：西南财经大学出版社，2019.

[2] 凌江怀，张勇，姚雪松. 金融学概论 [M]. 4版. 北京：高等教育出版社，2020.

[3] 周莉. 投资银行学 [M]. 5版. 北京：高等教育出版社，2021.

📖 综合训练

随堂测11

一、单项选择题

1.在我国的金融体系中处于主体地位的是（　　）。

A.中央银行　　　　　　　　B.专业银行

C.商业银行　　　　　　　　D.政策性银行

2.信贷规模最大的银行是（　　）。

A.中国银行　　　　B.中国建设银行　　　　C.中国农业银行　　　D.中国工商银行

3.1694年，（　　）的建立标志着资本主义近代银行制度的确立。

A.威尼斯银行　　　B.鹿特丹银行　　　　　C.米兰银行　　　　　D.英格兰银行

4.在大多数国家的金融体系中占据主导地位，而且有向综合性银行发展的趋势的是（　　）。

A.商业银行　　　　　　B.专业银行　　　　　C.中央银行　　　　　D.投资银行

5.中国自办的第一家银行——中国通商银行是（　　）成立的。

A.1845年　　　　　　B.1897年　　　　　　C.1904年　　　　　　D.1907年

6.（　　）的设立标志着中国现代银行信用事业的开始。

A.户部银行　　　　　　B.交通银行　　　　　C.中国通商银行　　　D.大清银行

7.在我国，执行中央银行职能的是（　　　）。

A.中国银行　　　　　　B.中国人民银行　　　C.中国建设银行　　　D.政策性银行

8.（　　　）曾经是我国财政部的拨款机构。

A.中国人民银行　　　B.中国建设银行　　　C.中国工商银行　　　D.中国农业银行

二、多项选择题

1.我国的金融体系（　　　）。

A.以中央银行为主体　　　　　　　　B.以国有专业银行为主体

C.以国有商业银行为主体　　　　　　D.以国有商业银行为核心

E.以中央银行为核心

2.下列选项中，属于政策性银行的有（　　　）。

A.国家开发银行　　　　B.中国进出口银行　　　C.中国农业发展银行

D.交通银行　　　　　　E.中国光大银行

3.各国商业银行所采用的组织形式主要有（　　　）。

A.分支行制　　　　　　B.单一银行制　　　　　C.连锁银行制

D.持股公司制　　　　　E.集团制

4.非银行金融机构的构成十分庞杂，包括（　　　）。

A.保险公司　　　　　　B.投资公司　　　　　　C.信用合作社

D.基金公司　　　　　　E.财务公司

5.资本主义银行是通过两条途径产生和发展的，即（　　　）。

A.高利贷银行的逐渐转化　　B.按资本主义经营原则建立的股份制银行

C.资本的积聚　　　　　D.生产的集中　　　　　E.斗争的结果

6.我国指定的经营外汇业务的银行有（　　　）。

A.中国银行　　　　　　B.中国建设银行　　　　C.中国工商银行

D.中国农业银行　　　　E.交通银行

7.目前，我国股份制银行可以上市的有（　　　）。

A.平安银行　　　　　　B.上海浦东发展银行　　　C.广发银行

D.中国民生银行　　　　E.招商银行

8.我国四大国有商业银行有（　　　）。

A.中国工商银行　　　　B.中国建设银行　　　　C.中国银行

D.国家开发银行　　　　E.中国农业银行

9.在我国的政策性银行中，（　　　）均无分支机构。

A.中国农业发展银行　　B.国家开发银行　　　　C.中国进出口银行

D.中国新技术开发银行　E.中国农业银行

三、判断题

1.商业银行有着其他金融机构所不能代替的重要地位，所以我国新型金融体系的核心是国有商业银行。　　　　　　　　　　　　　　　　　　　　　　　（　　　）

2.专业银行是商业银行的特殊形式。　　　　　　　　　　　　　　　（　　　）

3.储蓄银行是专业银行的一种，专门办理居民储蓄业务，并将吸收的储蓄存款作为主要资金来源。 （　　）

4.我国的商业银行全都是国有的或由国家参股的银行。 （　　）

5.综合性和多功能是商业银行的重要特征。 （　　）

6.资本主义银行的主要形式是高利贷银行。 （　　）

7.信用合作社是各国最重要的非银行金融机构。 （　　）

8.中国农业发展银行是农业银行的附属业务机构。 （　　）

9.商业银行是专门融通短期商业资金的银行。 （　　）

10.我国境内的外资银行须经中国人民银行批准，才可经营人民币业务。 （　　）

11.目前，在我国的国有商业银行中，只有中国银行可以经营外汇业务。 （　　）

12.最早、最典型的金融机构是保险公司。 （　　）

四、简答题

1.试述银行的产生和发展。

2.我国的金融机构体系可分为几类？

3.简述国际金融机构体系的发展。

第十二章

商业银行业务

■ 内容提要

本章主要介绍商业银行负债、资产业务和中间业务以及三者之间的业务关系，银行的资金运动过程及其对宏观、微观经济的影响。通过学习，应掌握商业银行各项基本业务，掌握向商业银行融通资金的基本方法和途径，掌握票据结算和非票据结算的各种方式和业务操作程序，为企业单位寻求更快捷、更安全的资金清算方式，以提高资金使用效率。

第一节　商业银行负债业务

一、商业银行资本金

（一）商业银行资本金的构成

商业银行资本金是指投资者为达到一定经济目的而投入商业银行的货币资金和保留在商业银行中的收益。资本金代表投资者对商业银行的所有权。我国商业银行的资本金由核心资本和附属资本构成。

1.核心资本

核心资本包括实收资本、资本公积金、盈余公积金、未分配利润。

（1）实收资本。实收资本是商业银行设立时按股票面值筹措的资金。例如，商业银行发行股票1 000万股，每股面值1元，实收资本为1 000万元。实收资本按来源不同分为国家资本金、法人资本金、个人资本金和外商资本金等。

（2）资本公积金。资本公积金是商业银行在筹措和运用资本金过程中所产生的收益，包括资本溢价差额、接受捐赠财产和法定资产重估增值等。资本溢价是商业银行在筹措资本金活动中，投资者缴付的出资额超过其认缴资本金的差额。例如，商业银行发行股票1 000万股，每股面值1元，发行价每股10元，实收资本为1 000万元，资本公积金为9 000万元。

（3）盈余公积金。盈余公积金是商业银行按照规定从税后利润中提取的积累资金，包括法定盈余公积金、任意盈余公积金。盈余公积金属于商业银行全体股东共同利益。

（4）未分配利润。未分配利润是商业银行按规定分配利润后的余额。未分配利润可以留待下一年分配给投资者，也可以留待亏损年度补亏。

2.附属资本

我国商业银行的附属资本包括商业银行的贷款呆账准备金、坏账准备金、投资风险准备金、5年期及5年期以上的长期债券。

（1）贷款呆账准备金：商业银行在从事放款业务过程中，按规定以贷款余额的一定比例提取，用于补偿可能发生的贷款呆账损失的准备金。

（2）坏账准备金：按照年末应收账款余额的3‰提取，用于核销商业银行的应收账款损失的准备金。

（3）投资风险准备金：按照规定，商业银行每年可按上年年末投资余额的3‰提取，用于补偿可能发生的投资风险损失的准备金。

（4）5年期及5年期以上的长期债券：它属于金融债券的一种，是由商业银行发行并还本付息的资本性债券，用于弥补商业银行的资本金不足。

此外，根据《巴塞尔协议》的要求与商业银行的具体情况，我国还规定了商业银行资本金的扣除项目，形成资本净额：①在其他银行资本中的投资；②已对非银行金融机构资本中的投资；③已对工商企业的参股投资；④已对非自用不动产的投资；⑤呆账损失尚未冲减的部分。

（二）商业银行资本金的职能

1.经营职能

经营职能包括：①为其购置房屋、设备及其他营业所需设施提供资金，为正常开展业务提供必要的物质条件；②在银行资金短缺、负债经营困难的情况下，银行资本可以缓解资金压力，稳定经营成本。

2.保障职能

保障职能有两层含义：一是承担日常经营的信贷风险；二是在银行破产清算时对存款者权益起保障作用。商业银行的资金（80%以上）来自存款，因受内外因素的影响，银行的资金运用（如放款）不可避免地存在风险。如果一家银行资本金比较充足，可弥补资产亏损并维持银行对债权人的偿债能力，那么存款人对银行的信心就不会受挫，也就不会出现挤兑现象，银行可稳健经营；反之，当一家银行资金实力不能保证对所有存款履行还本付息的义务时，根据"时间优先原则"，即谁先来提款，银行就为谁付款，就可能出现挤兑现象。当银行资产遭受损失时，先用银行收益进行抵补，如果不够，银行就要动用资本进行抵补，作为承担损失的缓冲器。

3.管理职能

管理职能是指金融管理部门通过对商业银行资本作出一些规定或提出一些要求来实现对商业银行的监控，一般对各种业务活动规定有不同的资本比率，如资本充足率、最低资本额、资本资产比率等，金融管理部门通过执行这些规定，对银行业务活动进行约束，运用这些比率进行检查和调节，实现监控。

二、存款负债

商业银行存款负债主要包括储蓄存款和对公存款。

（一）储蓄存款

储蓄存款是指居民个人将其货币收入中的待用、节余部分存入银行所形成的存款。对商业银行来说，储蓄存款是银行的主要负债业务；对存款人来说，储蓄存款是其选择的金融资产之一。商业银行的储蓄存款业务包括：

（1）活期储蓄存款。它是一种不规定期限可以随时存取的储蓄形式。其特点是随时可存，随时可取；存取金额和存取次数均不受限制。活期储蓄存款除了活期存折储蓄外，还有活期支票储蓄、储蓄旅行支票、信用卡储蓄、定活两便储蓄等。

（2）定期储蓄存款。它是储户与银行约定存款期限的一种存款，是银行储蓄的主要形式，包括整存整取、存本取息、零存整取、大额可转让定期存单、华侨人民币定期储蓄等。

（3）外币储蓄存款（丙种存款）。它是吸收外国货币或汇款存入本国银行的储蓄业务。我国境内居民也可参加这种储蓄存款业务。

商业银行的储蓄存款业务应坚持"存款自愿、取款自由、存款有息、为储户保密"的原则。

（二）对公存款

对公存款是相对储蓄存款而言的，是指企业、事业、机关、团体、学校等单位把暂时闲置的货币资金存入银行而形成的存款。

（1）单位活期结算存款。根据现行规定，所有企业、事业、机关、团体、学校等单位，都可以在某一家商业银行开立活期结算存款账户，办理各项货币收付业务。企业申请开立的结算存款账户包括基本结算账户和专项存款账户；事业、机关、团体、学校等单位可申请开立经费限额支出账户、预算存款账户、其他存款账户等。

（2）单位定期存款。凡企业、事业、机关、团体、学校等单位闲置的可自由支配的资金，均可参加定期存款，期限有3个月、6个月、9个月、1年、2年、3年、5年等档次。

（3）单位通知存款。通知存款的金额起点为人民币1万元。存款单位一次存入本金，由银行签发存折，存款单位可凭存折一次或分次提取存款。当存款单位增加存款时，由银行另行签发存折。当存款单位用款时，必须提前7天以书面形式通知银行才能取款。单位通知存款的利率高于活期存款利率，低于定期存款利率。

（4）单位大额可转让定期存单。它是一种面额固定和存期档次灵活的存款。其发行对象是企业、事业单位，存单面额起点为5万元，存期分为1个月、3个月、6个月、9个月和12个月五档，存款不得提前支取，但可以转让。

三、借入资金

借入资金是商业银行负债业务之一，也是商业银行资金来源之一，借入资金在满足商业银行流动性需要和增加信贷资金来源等方面有着极为重要的意义。商业银行借入资金主要包括中央银行借款、同业拆借、金融债券等。

（一）中央银行借款

我国商业银行向中央银行借款主要有直接贷款和再贴现两种形式。

（1）直接贷款。中央银行是银行的银行，负有最后贷款者的职责。商业银行在资金营运过程中由于资金周转短缺，可以根据需要和规定向中央银行申请一定数量的借款，这是商业银行从中央银行取得资金融通的主要渠道，也是商业银行信贷资金来源之一。其借款方式主要有年度性借款、临时借款、周转金借款和下贷上转借款四种。

（2）再贴现。它是商业银行以贴现所获得的未到期票据向中央银行转让而取得资金融通的行为。商业银行因向客户办理票据贴现而引起资金不足，可以以未到期的票据向中央银行申请再贴现取得资金。再贴现的金额，按贴现票据的票面金额扣除再贴现利息计算，贴现期限从再贴现之日起至票据到期日止，一般为6个月内。

一般来说，再贴现是一种最终贴现，票据经再贴现后由中央银行持有，不再流通，票据到期时，由中央银行向申请再贴现银行收回票面金额。再贴现业务既是中央银行对商业银行的一项授信业务，也是中央银行进行宏观调控、推行货币政策的重要手段。

（二）同业拆借

同业拆借是金融机构之间进行相互借贷，即金融机构之间利用资金融通的地区差、时间差调剂资金余缺，由资金富余的金融机构对临时资金不足的金融机构进行短期放款。

（三）金融债券

金融债券是商业银行为筹集信贷资金而向社会举债的债务凭证。按照《中华人民共和国商业银行法》（以下简称《商业银行法》）的规定，商业银行发行金融债券或到境外借款，必须依照法律、法规的规定报经中央银行批准。商业银行发行金融债券筹措的资金主要用于发放特种贷款，如一些经济效益高的企业的资金需要、在建项目的"扫尾"工程的资金需要。商业银行通过发行金融债券，遵循"高来高去"的原则，即以高成本筹集资金，以较高利率发放贷款。特种贷款的利率幅度由中国人民银行总行统一规定，各商业银行在此幅度内决定贷款利率。

四、其他负债

（一）结算资金

结算资金是指商业银行在办理结算业务过程中暂时可利用的资金。商业银行在办理转账结算业务时，实行"先收后付"的原则，即先由付款单位将应付的资金交存银行，然后银行再将资金转给收款单位。由于付款单位和收款单位往往不在同一地，或虽在同一地但不在同一银行开户，银行收到付款单位的款项，或从付款单位存款账户划出的资金，必须经过联行划转或经过票据交换中心才能进入收款单位的账户，因此从银行收到款项到划出款项，再到款项进入收款单位的账户，就有一段间隔时间，在这段间隔时间里，结算资金就停留在银行或在途。商业银行每天都要办理大量的转账结算业务，也就相应地经常占用一定数量的结算在途资金，从而构成商业银行的负债（资金来源）业务。

（二）回购协议

回购协议是指按交易双方达成的协议，由卖方将一定数额的证券临时出售给买方，并承诺在日后将该证券如数购回的一种短期资金融通行为。回购协议是一种以证券为担保的短期融资方式。

回购协议可以以多种方式进行，最常见的有两种：一是证券的卖出与回购采用相同的价格，协议到期时以约定的收益率在本金以外再支付费用；二是回购证券的价格高于卖出时的价格，其差额就是合理收益率。

回购协议市场一般为无形市场，交易双方通过电话进行。商业银行、证券交易商、实力雄厚的非银行金融机构和企业都是回购市场的主要参与者。买卖的对象一般是国债。

（三）转贴现与转抵押

转贴现与转抵押也是商业银行在遇到资金临时短缺、周转困难时筹集资金的途径。转贴现是指商业银行将其贴现收进的未到期票据向其他商业银行或贴现机构进行贴现以融通资金的行为。转抵押是指商业银行把自己对客户的抵押贷款转让给其他银行以融通资金的行为。这两种方式的手续和涉及的关系都比较复杂，受金融法规的约束也比较大，过多使用这类方式会使公众对其形成经营不稳定的印象，使银行承担一定风险，因此必须有限制地合理运用。

（四）国际金融市场借款

商业银行除了在国内货币市场取得借款以外，还经常从国际金融市场借款来弥补资金的不足。目前，最具规模和影响的国际金融市场是欧洲美元市场，商业银行的国外借款主要来自这个市场。所谓欧洲美元，是指存放在美国境外各银行的美元存款，或者这些银行借到的美元贷款。

（五）其他应付款项

其他应付款项主要是指应交未交税金、应上缴的银行收益等。从上缴利润来看，商业银行按每季收取的贷款利息来计算收益，一般是在第二年年初将上年银行的纯利润上划给总行，上缴国家财政。当盈利已实现而未上缴时，就构成商业银行的负债，成为其信贷资金的来源。

第二节　商业银行资产业务

商业银行的资产业务是指商业银行运用资金的业务，是商业银行业务中最核心、最重要的业务，通过资产业务的开展，银行不仅获得了自身生存和发展的根本条件，而且对国民经济产生了举足轻重的影响。

一、现金资产

现金资产是指商业银行随时可以用来应付各种需要而变现支付现金的资产。

（一）库存现金

库存现金是商业银行办理资金业务收付的备用金。库存现金主要用于存款客户取现和商业银行日常开支。商业银行库存现金的多少与生产和流通的季节性波动、社会支付制度和结算制度、银行离市中心距离，以及商业银行办理业务的电子自动化程度等因素有关。

（二）中央银行存款

（1）法定存款准备金。它是指商业银行根据吸收各项存款的余额，按规定的存款准备率计算并向中央银行缴存的准备金。法定存款准备金制度具有调控货币供应量、保证商业银行存款支付和其他资金清偿的作用。

（2）一般性存款。它也称备付金存款，是指商业银行为满足客户提取存款的需要而存放在中央银行并随时可以提取的活期存款。商业银行为了适应资金营运的需要，保证存款支付和资金清算，按规定应在中央银行开立存款账户，一切现金和资金收付必须通过存款账户办理。

（3）存放同业款项。商业银行为了便于同业间收付有关款项（如委托收付款项），往往在其他商业银行开立活期存款账户。由于同业间所开立的存款账户都属于活期性质，随时可以支用，因此存放同业款项被视为现金资产。

（4）托收未达款。它是指银行通过对方银行向外地付款单位或个人收取的票据款项。它在托收未达之前是一笔被占用的资金，收妥后成为存放同业款项。这部分款项只是在途占用，时间比较短，因此也被视为现金资产。

二、商业银行贷款

（一）商业银行贷款的原则

1.安全性原则

商业银行贷款必须按时、按质、按值收回，以保证银行贷款的安全性。为此，商业银行必须做到：贷款前，要求借款人提供相应的保证归还贷款的措施，如提供担保人或财产担保等，只有少数经银行审查、评估，确认借款人能偿还贷款的，商业银行才能发放信用贷款；贷款后，加强监督检查，加强信息和市场预测，支持企业生产适销对路的产品；贷款到期时，依法收回贷款本息。

2.效益性原则

商业银行经营管理的目标就是谋求效益最大化，而贷款的效益又是商业银行整体效益的重要组成部分，因此发放贷款必须讲求效益性原则。

3.流动性原则

流动性是指商业银行资产在无损状态下迅速变现的能力，主要表现为以现金资产来保证必要支付的能力。流动性原则是商业银行经营管理的重要原则。

（二）借款人资格

1.借款人的概念

借款人是指从商业银行取得贷款的当事人，包括经市场监督管理机关（主管机关）核准登记的企事业法人、合伙企业、个体工商户，或具有中华人民共和国国籍的具有完全民事行为能力的自然人。

2.借款人的条件

借款人申请贷款应具备以下条件：①有按期还本付息的能力；②原应付贷款利息和到期贷款已按期还清；③除自然人外，借款人应当经过市场监督管理部门办理年检手续；④已开立基本存款账户或一般存款账户；⑤企业对外的股本权益性投资总额不得超过其资产净值的50%；⑥申请中长期贷款，新建项目企业法人的所有者权益一般不得低于项目所需的总投资的25%，在具体执行时，加工业应高一些，商业可以低一些，盈利水平低的应高一些，盈利水平高的可以低一些；⑦申请短期贷款，企业法人的新增流动资产一般不得小于新增流动负债。

3.对借款人的限制性条件

对借款人的限制性条件包括：①借款人不得在一个商业银行同一辖区的两个或两个以上同级分支机构取得贷款；②借款人不得向银行提供虚假的或者隐瞒重要事实的资产负债表、利润表等；③借款人不得用贷款从事股本权益性投资；④借款人不得用贷款买卖有价证券、期货和房地产；⑤借款人不得套用贷款、相互借贷牟取非法收入；⑥借款人不得把外币贷款换成人民币使用。

（三）商业银行贷款的种类

1.按期限划分

商业银行贷款按期限可以划分为短期贷款、中期贷款和长期贷款。短期贷款，即贷款期限在1年以内的贷款。中期贷款，即贷款期限在1年以上（含1年）5年以下的贷款。长期贷款，即贷款期限在5年以上（含5年）的贷款。

2.按责任划分

商业银行贷款按责任可以划分为自营贷款、委托贷款和特定贷款。自营贷款是指商业银行以合法方式筹集的资金（商业银行吸收存款）自主发放的贷款，其风险、经营责任由商业银行承担，并由商业银行收取贷款本息。自营贷款期限一般不得超过10年，超过10年应当报中国人民银行备案。委托贷款是指为政府部门、企事业单位及个人等委托人提供资金，由商业银行（即受托人）根据委托人确定的贷款对象、用途、金额、期限、利率等代理发放、监督使用并协助收回的贷款，其风险、经营责任由委托人承担，商业银行只收取手续费，不代垫资金，也不承担责任。特定贷款是指经国务院批准并对贷款可能造成的损失采取相应补救措施后责成国有股份为主的商业银行发放的贷款。

3.按保障划分

商业银行贷款按保障可以划分为信用贷款、担保贷款和票据贴现。信用贷款是指商业银行以借款人的信誉为前提而发放的贷款。其特征是借款人无须提供抵押品或者由第三人担保，仅凭借款人的信誉就能取得银行贷款。对商业银行来说，信用贷款是一种风险最大、还款最没有保障的贷款方式。因此，只有经商业银行审查、评估，确认借款人资信良好、确能按期偿还贷款的，才能取得信用贷款。

担保贷款有以下三种方式：

（1）保证贷款。它是指商业银行按《中华人民共和国民典法》（以下简称《民典法》）规定的保证方式，以第三人承诺在借款人不能偿还贷款时按约定承担一般保证责任或者连带责任为前提而发放的贷款。

（2）抵押贷款。它是指商业银行按《民典法》规定的抵押方式，以借款人或第三人的财产作为抵押物而发放的贷款。

（3）质押贷款。它是指商业银行按《民典法》规定的质押方式，以借款人或第三人的动产或权利作为质押物而发放的贷款。

票据贴现是指商业银行用信贷资金购买未到期商业汇票的行为。当汇票到期被拒绝付款时，商业银行有权对背书人、出票人以及汇票的其他债务人行使追索权。

4.按贷款的质量或占用形态划分

根据此分类方法，商业银行贷款可分为正常贷款、关注贷款、次级贷款、可疑贷款和损失贷款。正常贷款是借款人能够履行合同，有充分把握按时足额偿还本息。关注贷款是借款人目前有能力偿还贷款本息，但是存在一些可能对偿还产生不利影响的因素。次级贷款是借款人的还款出现明显问题，依靠其正常经营收入已无法保证足额偿还本息。可疑贷款是借款人无法足额偿还本息，即使执行抵押或担保，也肯定要造成一部分损失。损失贷款是在采取所有可能的措施和一切必要的法律程序后，本息仍然无法收回，或只能收回极少部分。次级贷款、可疑贷款和损失贷款都是不良贷款。

（四）商业银行贷款的程序

1.贷款申请

借款人必须填写包括借款用途、偿还能力、还款方式等主要内容的"借款申请书"，并向银行提供有关证明材料。

2.对借款人的信用等级评估

商业银行应根据借款人的经济实力、资金结构、经济效益和发展前景等因素，评定借款人的信用等级（包括AAA级、AA级、A级、BBB级、BB级）。信用等级高的企业，优先取得贷款；信用等级低的企业，应当限制贷款。对借款人的信用等级评估可由商业银行独立评审，内部掌握，也可由社会合法评审机构评审。

3.贷款调查

商业银行接到借款人申请后，必须对借款人的信用等级以及借款的合法性、安全性等情况进行调查，核实抵押物、质押物、保证人的情况，测定贷款的风险度。

4.贷款审批

商业银行在调查的基础上，必须按照审贷分离、分级审批的贷款管理制度进行贷款审批。审查人员应当对调查人员提供的情况进行核实、评定、复测贷款风险度，提出贷款意见，按规定权限报送审批人员批准。

5.签订借款合同

商业银行的所有贷款都必须与借款人签订借款合同，以法律形式确定借贷双方的权利和义务关系。借款合同的内容一般包括贷款种类、用途、金额、利率、还款期限、还款方式、违约责任和双方认为需要约定的其他事项等。

保证贷款必须由保证人与银行签订保证合同或保证人在借款合同上写明担保条款，并签名盖章。抵押贷款、质押贷款必须由抵押人、出质人与银行签订抵押合同、质押合同，并依法办理登记。

6.贷款发放

商业银行与借款人签订借款合同后，必须按照合同的规定按期发放贷款；否则，商业银行应按规定向借款人偿付违约金。

7.贷后检查

贷款发放后，商业银行必须对借款人履行借款合同的情况和借款人的资信情况进行追踪调查和检查。

8.贷款归还

借款人必须按照借款合同的规定按时足额归还商业银行贷款本息；否则，借款人必须承担违约责任，并加付利息。

三、商业银行的投资业务

（一）商业银行的投资对象

一般来说，一国的投资活动包括两个方面：一是实业投资，即开办企业经济实体，如工厂、公司等；二是证券投资，即投资于股票、债券等。根据《商业银行法》的规定，商业银行的投资业务只能是债券中的政府债券和金融债券，而其他投资活动是被禁止的。

国债投资是指商业银行为了达到一定目的而运用信贷资金购买国债的经营行为。

（二）商业银行投资国债的目的

1.获取收益

获取国债投资收益是商业银行投资的主要目的。商业银行从事投资活动可使全部资金得以充分利用，避免资金闲置，以获取利润。同时，在借款需求发生变化的情况下，通过投资国债业务可以灵活运用资金，利用资金的时间差增加收益。商业银行投资业务的收益主要来自利息收入。利息收入是指商业银行购买一定有价证券后，依国债确定的利率获得的国债利息收入。

2.分散风险

商业银行在经营中面临信用、市场、利率、通货膨胀等多种风险。降低风险的重要途径之一，就是使资产分散化，即不把资金运用在一种或者少数几种资产上，而是尽可能地运用到多种资产上。商业银行开展投资业务有利于资产分散、降低风险。

3.保持流动性

商业银行进行经营的资金主要来源于其负债中的客户存款，银行所投资的国债在公开市场上容易出售而获得现金，以便满足客户提取存款的需要；而银行的大部分资产，一般不具备随时转让的性质，只有国债投资可以随时在市场上买卖转让，保持较高的流动性。

第三节　商业银行中间业务

中间业务是商业银行在办理存贷款业务的基础上面向社会开展的服务性业务。

一、支付结算业务

（一）基本概述

1.支付结算的概念

支付结算是指银行通过一定结算方式结清企业、单位或者个人之间因商品交易、劳务供应等所发生的债权、债务和资金清算的行为。它分为票据结算和非票据结算。

2.办理支付结算的基本原则

办理支付结算的基本原则包括：①诚实信用，履约付款；②谁的钱进谁的账，由谁支配；③银行不垫款。

3.结算账户管理

（1）基本存款账户是存款人办理日常转账结算和现金收付的账户。存款人的工资、奖金等现金的支取，只能通过基本存款账户办理。

（2）一般存款账户是存款人在基本存款账户以外的银行借款转存，与基本存款账户的存款人不在同一地点的附属非独立核算单位开立的账户。存款人可以通过一般存款账户办理转账结算和现金缴存，但不能办理现金支取。

（3）临时存款账户是存款人的外地临时机构或因临时经营活动需要而向银行申请开立的账户。存款人可以通过临时存款账户办理转账结算或根据国家现金管理规定办理现金收付。

（4）专用存款账户是存款人因特定用途需要开立的账户。存款人申请开立专用存款账户，仅限于下列资金：基本建设资金、更新改造资金和其他特定用途资金。

（二）票据结算

1.银行汇票结算

银行汇票是出票银行签发的，由其在见票时按照实际结算金额无条件支付给收款人或者持票人的票据。在实际操作中，一般由汇款人（开户单位或个人）将款项交存开户（或当地）银行，由银行签发银行汇票给汇款人持往外地办理转账或支取现金。银行汇票可分为转账银行汇票和现金银行汇票。银行汇票具有票随人到、见票即付、使用灵活的特点。无论单位或者个人是否在银行开立存款账户，当需要支付异地的各种款项时，均可使用银行汇票。

2.商业汇票结算

商业汇票是出票人签发的，委托付款人在指定日期无条件支付确定的金额给收款人或者持票人的票据。商业汇票的付款人为承兑人，按承兑人不同，商业汇票分为商业承兑汇票和银行承兑汇票。当银行开立存款账户的法人以及其他组织之间具有真实的交易关系或债权债务关系时，均可使用商业汇票。

3.银行本票结算

银行本票是银行签发的，承诺自己在见票时无条件支付确定的金额给收款人或者持票人的票据。在实际操作中，一般由申请人将款项交存银行，由银行签发银行本票给申请人办理转账或支取现金。目前，我国的银行本票有定额银行本票和不定额银行本票。银行本票具有保证付款、信用可靠、应用广泛、方便灵活的特点。根据《支付结算管理办法》，当单位或者个人在同一票据交换区域需要支付各种款项时，均可使用银行本票。

4.支票结算

支票是出票人签发的，委托办理支票存款业务的银行在见票时无条件支付确定的金额给收款人或持票人的票据。目前，我国普遍使用的支票有现金支票、转账支票和普通支票。单位或者个人在同一票据交换区域的各种款项结算，均可使用支票。支票具有通用性强、使用量大、讲究信用、见票即付、使用面广、手续简便、在途时间短、进账快等特点。

（三）非票据结算

1.汇兑结算

汇兑结算是汇款人委托银行将其款项支付给收款人的结算方式。按照凭证传递的方向不同，汇兑结算分为信汇、电汇两种。在汇兑结算中一般涉及四个当事人，即汇款人、收款人、汇出银行和汇入银行。单位或者个人的各种款项的结算均可采用汇兑结算，由汇款人选择使用。汇兑结算一般适用于异地款项结算。

2.托收承付结算

托收承付是根据购销合同由收款人发货后委托银行向异地付款人收取款项，由付款人向银行承认付款的结算方式。使用托收承付结算方式的收款单位和付款单位，必须都是国有企业、供销合作社，以及经营管理较好并经开户银行审查同意的城乡集体所有制企业。

3.委托收款结算

委托收款是收款人委托银行向付款人收取款项的结算方式。单位或者个人凭已承兑商业汇票、债券、存单等付款人的债务证明办理款项结算的，均可以使用委托收款结算方式。委托收款在同城、异地均可以使用。委托收款结算款项的划回方式分为邮寄和电报两种，由收款人选用。

二、金融信托业务

（一）金融信托的概念与特点

信托的概念可以表述为，财产（包括资金、动产、不动产、有价证券和债权）所有者（法人或者个人）为了达到一定的目的，通过签订合同，将其指定的财产委托信托机构（或其信任的单位或个人）全权代为管理或处理的行为。金融信托是指经营金融委托代理业务的信托行为。它以代理他人运用资金、买卖证券、发行债券或股票、管理财产等为主要业务。金融信托、银行信贷和保险是现代金融业的三大支柱。国际上办理信托业务的机构有信托投资公司、信托银行和商业银行设立的信托部。

金融信托有一个基本前提，即委托人必须拥有该财产的所有权，受托人才能承诺这项信托。金融信托涉及的关系人有委托人、受托人和受益人。

金融信托具有财产所有权的转移性、资产核算的他主性、收益分配的实际性等特点。

（二）金融信托的形式

1.信托存款

信托存款是金融信托机构收受的存款，也称"资金信托"，即根据客户的存款申请吸收并代为管理和运用的资金。信托存款分为普通信托存款和特约信托存款两种。普通信托存款是存款人不指定存款用途，由金融信托机构负责管理运用，存款人根据存款期限长短，除得到一般定期存款的利息外，还可以得到一定的红利。特约信托存款是存款人指定投资或贷款的范围、对象以及收益的方法，金融信托机构除收取约定的信托费用外，所有权益、责任则由存款人自负。信托存款的资金来源、范围、期限、档次和利率，均由中国人民银行规定、公布和调整。

根据中国人民银行1986年的规定，金融信托机构可以吸收下列1年期（含1年）以上的信托存款：财政部门委托投资或贷款的信托资金；企业主管部门委托投资或贷款的信托资金；劳动保护机构的劳保基金；科研单位的科研基金；各种学会、基金会的基金。

2.信托贷款

信托贷款是金融信托机构运用吸收的信托存款、自有资金和筹集的其他资金发放的贷款。由于金融信托机构吸收的资金是社会闲散和机动的资金，加上信托机构都是独立核算、自负盈亏，在经营上自主性较强，因此信托贷款选择的对象比较广泛。信托贷款对象应符合下列条件：具有法人资格和合法经营手续；内部管理制度和财会制度健全；拥有一定比例的自有资金，并具有一定的承担经营风险的能力；生产经营正常，具有还款能力；在银行已开立账户。信托贷款按其资金性质可分为临时周转信托贷款和固定资产信托贷款两种。

3.信托投资

信托投资是信托机构运用信托存款、自有资金、发行债券所得资金，以投资者身份直接为生产、经营企业进行投资。其主要方式有：股份投资，即由信托机构通过购买企业一定的股份，成为企业的股东，并由信托机构委派代表参与对投资企业的领导，按投资比例承担风险和分配红利；合作投资，即以资金给予投资项目支持，信托机构按商定的比例分配投资收益，不参与经营管理，不承担亏损责任。股份投资有一定风险，一般适用于投资少、见效快、经济效益高的项目；合作投资则相对比较稳妥，但对支持项目的可行性及效益必须做深入了解，准确判断。

4.委托贷款

委托贷款，也称特定资金信托，是指金融信托机构接受委托人的委托，在委托人存入的委托存款额度内，按其指定的对象、用途、期限、利率、金额等发放贷款，并负责到期收回贷款本息的一项金融信托业务。委托贷款业务的委托人，可以是中央各部委、企业主管部门、各大公司、各级财政部门、劳动保险机构、科研机构等单位，也可以是个人。但是，委托贷款的资金必须来源正当，自主支配，用途合理。

5.委托投资

委托投资是委托人将资金事先存入金融信托机构作为委托投资基金，委托金融信托机构向其指定的联营或投资单位进行投资，并对投资的使用情况、投资单位的经营状况及利润分红等进行管理和监督的一种金融信托业务。委托投资一般有两种形式：一是信托机构根据投资和被投资双方签订的投资协议，办理委托投资中的有关事项；二是信托机构与委托人签订委托投资协议，委托人提出投资意向，由信托机构寻找投资对象，并负责审查被投资方的经营管理能力，然后提交委托人由其决定是否投资。

6.财产信托

财产信托分为动产信托和不动产信托两种。动产是指可以移动的财产，如交通工具、设备、原材料等一切可以搬运、移动的财产。不动产是指不能移动的财产，如土地、建筑物等。动产信托和不动产信托都是在动产和不动产的买卖过程中，在买方资金不足或卖方对买方信用不够了解的情况下，将财产所有权转移给受托人，并从受托人处获得融资或信用担保，最终实现动产和不动产买卖业务。

7.个人特约信托

个人特约信托是金融信托机构接受个人委托，代为管理、经营或处理其财产，以达到其指定目的的业务。个人特约信托的种类是根据委托人的目的划分的，大致有监督信托、遗嘱执行信托、赡养信托、抚恤信托、捐赠和资助信托以及其他个人特约信托等。

三、融资租赁业务

（一）融资租赁的概念与特点

融资租赁是一种信用方式，是指金融机构以财产所有者的身份作为出租人，将拥有的生产设备、交通运输工具、厂房、仓库等财产定期出租给客户使用，客户按期支付租金即可获得财产使用权的一种经济行为。对金融机构来说，融资租赁是一种资金运用业务，是由金融机构出资，购买由承租人指定的财产（如生产设备等）出租给承租人，然后通过租金形式收回资金和利息，并获得一定收益。融资租赁是一种以融资与融物相结合为特征的信用方式，充分保证了金融资产运用的安全性和效益性。对承租人来说，在资金缺少的情况下，可以通过租赁方式从金融机构取得生产设备的使用权，满足生产的需要，租赁期满，经金融机构同意，可以留置、续租设备。

融资租赁具有所有权与使用权分离、融资与融物相结合、租金分期归流、至少涉及三个方面关系、包括两个或两个以上合同、承租人对设备和供货商具有选择权等特点。

（二）融资租赁的形式

1.直接租赁

直接租赁又称自营租赁，是融资租赁业务中比较普遍的一种形式。租赁公司根据承租人的申请，以自有资金或筹措的资金向国内外厂商购进用户所需设备，租给承租人使用，租期一般在3年以上。租赁期间，产权属于出租人；租赁期满，承租人有廉价购买其租赁设备的特权。承租人用租入设备所产生的新增利润来支付租金，租赁设备的维修、保养和保险由承租人负担。

2.转租赁

转租赁是租赁公司同时兼备承租人和出租人双重身份的一种租赁形式。当用户向租赁公司提出申请时，租赁公司由于资金或设备等原因，可先作为承租人向国内外其他租赁公司或厂家租进用户所需的设备，再转租给用户使用。实际上，转租赁是一个项目做两笔业务，签订两个租赁合同，分别建立租赁关系。中间租赁公司作为承租人向出租公司支付租金，又以出租人身份向用户收取租金。设备的所有者与使用者之间没有直接的经济或法律关系。

3.回租租赁

回租租赁是在企业急需筹措资金用于新的设备投资时，可以先把自己拥有的设备按现值（净值）卖给租赁公司（需要签订销售或购买合同），再作为承租人向租赁公司租回原设备继续使用，并按期向租赁公司交付租金。实际上，回租租赁是一种紧急融资方式。作为租赁物体的设备就是企业在用设备，未作任何转移，其销售只是形式。承租人既保持了原有设备的使用权，又能使这些设备所占用的资金转化为增加其他设备投资的资金。企业固定资产的流动性，可以提高资金利用率，便于企业转移投资，调整产品结构。

4.杠杆租赁

杠杆租赁又称"平衡租赁"，是在出租人不能单独承担资金密集型项目（如飞机、船舶、勘探和开采设备等）的巨额投资时，以待购设备作为借款抵押，以转让收取租金的权利作为贷款的额外保证，从银行、保险公司、信托公司等金融机构获得购买设备60%～80%的货款，由出租人自筹解决20%～40%的货款，出租人购进设备后，租给承租人使用，以租金偿还贷款。这种业务一般涉及多个当事人和若干协议，情况复杂，手续烦琐。

5.综合租赁

综合租赁是租赁与合资经营、补偿贸易、来料加工和产品返销等贸易方式相结合，承租人以产品偿付租金的租赁形式。

（三）融资租赁项目的条件

融资租赁主要是为企业更新设备、添置固定资产服务的。租赁项目一般都是固定资产投资项目，包括基本建设（新建）和技术改造项目（扩建、更新设备）。由于我国的固定资产投资项目由中央和地方分级管理审定，企业增加项目投资受到国家宏观调控，因此带有投资性质的租赁项目必须具备下列特定条件：①有独立的法人资格；②有经有关机关批准的项目投资计划文件；③有较高的经济效益；④有可靠的租金来源；⑤有一定比例的自有资金；⑥有必要的经济担保。

（四）融资租赁业务的程序

1.租赁准备阶段

当承租人决定进行固定资产投资，在完成新建项目或技术改造项目的可行性研究，并报经有关机关批准立项后，应做好以下三个方面的选择：

（1）选择以购买方式还是以租赁方式来添置设备。在企业缺少资金的情况下，选择租赁方式比较适当。

（2）选择国产设备还是进口设备。如果企业是以提高产品竞争力为目的，则应采用先进设备，当国产设备确实不能替代进口设备时，应选择进口设备为宜。

（3）选择租赁公司和租赁条件。在租赁业务中，承租人一般采用招标方式对出租人的经营能力、经营范围、资信情况、租赁条件、租赁期限、租金高低等方面进行全面了解、比较，以选择最好的租赁公司和最为优惠的租赁条件。

2.委托租赁阶段

承租企业选定租赁公司后，应向该租赁公司提出办理租赁业务的申请，提交租赁委托书等有关资料，出租人审核同意受理后，双方正式建立委托关系。

3.设备选择、询价和谈判阶段

承租人要根据自己的需要，选择一个信誉好、产品质量优良、售价低廉和售后服务周到的供货商作为购进和引进设备的对象，选定租赁设备。出租人要根据承租人的要求向供货厂商询价。为承租人争取物美价廉的先进技术设备，出租人往往要向多家厂商询价，进行比较，作出最有利的选择。通过询价确定所购的设备后，就要组织技术交流、技术谈判和商务谈判。通过谈判，弄清所购设备的技术问题后，经承租人确认，就可以签订购货合同。

4.签订合同和引进设备阶段

办理融资租赁业务一般要签订两份合同，即购货合同和租赁合同。这是租赁程序的中心环节。出租人与厂商签订购买技术设备的购货合同，作为保证承租人对所订设备的确定依据，也可要求承租人在购货合同上联合签字。同时，出租人与承租人签订租赁合同。购货合同与租赁合同是租赁业务不可分割的、具有法律效力的两个主要文件。一旦合同签妥，则立即办理设备引进和付款手续。

5.交付租金阶段

从起租日开始，承租人就要按租赁合同的规定，分期向出租人交付租金。租赁期满后，按租赁合同规定的处理方式处理：需退回的，办理退回手续；需续租的，重新签订租赁合同；由承租人留购的，承租人应在租赁期满后向出租人支付留购价款，由出租人开具付清租金、留购价款、转让设备产权的证明，原来的租赁设备即归承租人所有。至此，租赁合同终止，租赁业务结束。

四、金融咨询业务

（一）金融咨询的含义

金融咨询是金融专家或专门金融机构利用自己的知识、技术、信息和经验，运用科学方法和先进手段进行调查、分析和预测，客观公正地提供一种或多种可供选择的优化方案，是有偿的智能服务。金融咨询是一门应用性的软科学。

（二）金融咨询的形式

1.评审类信息咨询

这类咨询主要包括企业信用等级评估和验证企业注册资金。为向市场监督管理部门准确提供新老企业注册资金的真实性和合法性，银行信息咨询部门可办理验证企业注册资金业务。

2.委托中介类信息咨询

这类咨询主要包括：

（1）资信咨询。开办此项业务，主要是适应商品购销双方在交易中及时了解对方信用、支付能力和交货情况的要求。其业务范围包括先货后款资信咨询、先款后货资信咨询和签订合同等其他资信咨询。按资信承担的经济责任可分为一般资信咨询和风险性咨询。

（2）融资咨询。融资咨询的主要内容是：企业资信调查和项目概况审查；市场和规模分析；技术选择评价和设计方案；财务预测和成本效益分析；评价报告的编制。

3.综合类信息咨询

这类咨询主要包括：

（1）管理咨询。企业管理咨询是由专门人员根据企业的要求，运用科学方式，经过调查研究，对企业经营管理过程中存在的问题进行定性和定量分析，提出切合实际的改善企业管理状况的建议，并在实施中进行指导的活动。其内容可分为综合管理咨询和专门管理咨询。

（2）经济信息咨询。为了及时、准确地向社会各方面提供金融、经济信息，更好地为经济建设服务，许多银行都开设经济信息咨询业务。其内容可分为综合金融信息、宏观经济信息和行业产品信息等。

五、其他业务

（一）代理融通业务

代理融通又称代收账款，是由商业银行或专业代理融通公司代顾客收取应收款项，并向顾客提供资金融通的一种业务方式。

代理融通业务一般涉及的当事人有：一是商业银行或经营代理融通业务的公司；二是出售应收账款、取得资金融通的工商企业；三是取得商业信用及赊欠工商企业贷款的顾客。三者的关系是，工商企业对顾客赊销货物或劳务，然后把应收的赊销账款转让给银行或代理融通公司，由后者向企业提供资金并到期向顾客收账。

（二）银行卡业务

银行卡包括信用卡、支票卡、自动出纳机卡、灵光卡等。

（1）信用卡。信用卡种类很多，除银行发行的信用卡外，还有商业和其他服务业发行的零售信用卡、旅游信用卡等。

（2）支票卡又称保证卡，是供客户签发支票时证明其身份的卡片，卡片上载明客户的账户、签名和有效期限。

（3）自动出纳机卡，是一种印有磁条、专供在自动出纳机上使用的塑料卡。卡上除标明发行银行、卡片号码外，还记录客户的存款户账号、密码和余额。

（4）灵光卡又称记忆卡、方便卡，是一种带微型集成电路的塑料卡片，具有自动进行数据处理和储存的功能，可以记录客户的每笔收支和存款余额。

（三）商业银行理财产品

理财产品，一般是指人民币理财产品，是由商业银行自行设计并发行，将募集到的资金根据合同约定投入相关金融市场及购买相关金融产品，获取投资收益后，根据合同约定分配给投资人的一类产品。

各家商业银行推出的个人人民币理财产品在投资期限、产品收益和产品性质等方面都存在一定差异。可以说，这些差异正是为适应不同投资者的需求应运而生的，投资者应当根据资产的流动性、个人的风险偏好和资产总量等因素，合理选择适当的人民币理财产品进行投资。

理财产品的主要种类：

（1）根据个人理财产品的投资期限不同，人民币理财产品可分为短期理财产品、中期理财产品和长期理财产品三种。

短期理财产品为1年以内的人民币理财产品，中期理财产品为1年（含1年）到3年以下的人民币理财产品，长期理财产品为3年（含3年）至5年以下的理财产品。

（2）按照产品设计思路和运用金融工具的不同，人民币理财产品可分为债券型理财产品、信托型理财产品、结构型理财产品和QDII理财产品四种。

债券型理财产品是银行将募集的资金投资于央行票据与企业短期融资券等收益稳定的市场，经过一定期限后投资者可获得收益，并收回原额本金的产品。对商业银行来说，债券型理财产品的操作和管理难度较低，但资金的投资渠道有限，影响了收益率。

信托型理财产品又称银信联结理财产品，投资于商业银行或其他信用等级较高的金融机构担保或回购的信托产品，也可投资于商业银行有优良信贷资产受益权的信托产品。

从严格意义上来讲，结构型理财产品是一种投资组合，是将固定收益产品与选择权产品相结合的投资方式，是传统的投资方式与金融衍生品的组合。结构型理财产品又分为股票挂钩型、利率挂钩型、汇率挂钩型、指数挂钩型和信用挂钩型等理财产品。

QDII理财产品，是指合格的境内投资机构代客境外理财，即取得代客境外理财业务资格的商业银行，将客户手中的人民币资金兑换成美元，直接在境外投资，到期后将美元收益及本金结汇成人民币后分配给客户的理财产品。

红色故事12-1　　　　　　　抗战时期，淮南银行为何还发行兑换券？

在抗日战争期间，中国共产党领导的新四军在安徽境内建立了淮北、淮南、皖江三块抗日根据地。为了促进根据地经济发展，新四军采取灵活策略，与日军展开了激烈的货币斗争，保护人民财产，发展抗战经济，保障军需民用，安徽三块抗日革命根据地均筹备组建了银行，发行抗币。当时的淮南抗日根据地成立了淮南银行，发行抗币——淮南币。

抗日战争是一场持久战，需要人力、物力、财力的支援。抗日根据地处于恶劣的环境中，敌人采取金融措施，掠夺物资。只有抗日根据地建立自己的银行，发行货币，发展生产，才能做到自力更生。在这样的背景下，1942年2月，淮南银行在津浦路东的盱眙县葛家巷（今安徽天长市张铺乡）成立，与淮南行署总金库合署办公，属淮南行署财经处领导，首任行长是龚意农，行内下设会计、营业、出纳三课。1942年5月淮南银行成立印制课，1944年改为淮南印钞厂。1945年8月，淮南银行并入华中银行，成为华中银行第三分行。淮南银行发行的货币简称淮南币。淮南币的价值很高，初发行时每元相当于法币3元。据史料记载，淮南币流通时间从1942年2月到1945年10月25日结束，前后不到4年时间。

那么淮南币总共发行过多少金额呢？它主要在哪些地区流通呢？至抗战胜利，淮南银行先后3期印制发行淮南币1角、5角、1元、5元、10元、100元6种面额24种版别，累计发行总额为38 827 457.27元，主要流通于安徽的来安、天长、嘉山、盱眙、定远、凤阳、滁县、全椒、和县、含山、合肥、巢县、寿县等地，以及江苏的江浦、六合、仪征、扬州、宝应、高邮等地。与此同时，淮南币具有防伪性质。日军为破坏抗日根据地的经济，掠夺物资，开始大量伪造假币，为此淮南银行在淮南币印刷过程中印上精美的底纹，在背面图案的花纹中刻有"淮南银行"四个极小的字，散藏在图案之中，还采取多种不同的颜色印刷，正反两套色和四套色，使防伪性能大大提高。值得一提的是，淮南银行组织、宣传群众，积极开展反假币斗争。首先，动员广大群众提高警惕，识别假币，由淮南银行、公营商店等把假币张贴出来，让群众识别；其次，对坚决揭发制造、使用假币的人员给予奖励，并对有意带进假币者严惩。

资料来源　余育红，李雪梅，何芳芳. 抗战时期，淮南银行为何还发行兑换券？［EB/OL］. ［2020-12-14］. http://ls.anhuinews.com/lszdjm/ymjm2020/202011/t20201124_4975442.html.

■ 案例讨论

案例一　派生存款的紧缩过程

在银行系统没有超额准备金或超额准备金不能削减的情况下，若客户提取现金或某家商业银行归还中央银行的贷款，则会出现准备金减少的情况。在此种情况下，银行必须通过收回贷款来补充准备金，从而引发连锁反应，使存款货币出现多倍的收缩。

举例：假设银行体系中各银行没有超额准备金，法定准备金率为20%。某银行归还央行借款100元，相应地，准备金减少100元。为了弥补准备金的不足（100元），收回100元的贷款（归还央行借款，减少向央行借款，减少准备金，由于借款的减少不是吸收存款的减少，所需的准备金并不会减少，因此要收回100元贷款，补充100元准备金），这笔贷款是用甲客户交来的以A银行为付款人的支票偿还的；A银行因其客户签发支票给他人，存款减少100元，准备金通过央行清算划到了某银行账户上，A银行的准备金也减少了100元，显然A银行准备金不足，不足数额为80元（因为存款减少了100元，需要上缴的准备金也减少了20元），要补足差额，A银行收回80元的贷款，支票来自B银行，依此类推，得到表12-1。

表12-1　　　　　　　　　　　　存款货币多倍收缩　　　　　　　　　　　　单位：元

银行	存款	准备金	贷款
A	-100	-20（-100+80）	-80
B	-80	-16（-80+64）	-64
C	-64	-12.8（-64+51.2）	-51.2
⋮	⋮	⋮	⋮
合计	-500	-100	-400

资料来源　根据相关资料整理所得.

讨论：（1）你在现实生活中，知道商业银行有派生存款这回事吗？

（2）通过上述例子，说说你对派生存款紧缩过程的理解。

案例二　交通银行宁夏区分行与中卫市云计算和大数据发展局签订协议

2021年12月20日，交通银行宁夏区分行与中卫市云计算和大数据发展局在中卫市签订框架合作协议，成为中卫市云计算和大数据发展局首家签约合作银行。

数据技术引领社会发展，作为自治区引进的第一家全国性股份制银行业金融机构，交通银行宁夏区分行始终坚持把服务实体经济作为履行国有大行责任与担当的出发点和落脚点，积极探索符合现代商业银行要求的新模式和新机制。

中卫市云计算和大数据发展局是全国首家地级市大数据管理机构，目前中卫市已建成亚马逊、美利云等6个大数据中心，服务器装机能力达到60万台，成为全国一体化大数据中心重要枢纽节点。

此次合作协议签订后，双方将依托云计算和大数据战略，充分利用各自在金融科技、资源配置等方面的优势，在中小企业融资平台、惠民就医、个人消费贷款、市民生活缴费等领域开展深入合作，通过金融授信模式，激活数据价值，合力推动地方数字经济高质量发展，培育经济增长新动能。

资料来源　根据相关资料整理所得.

讨论：（1）此项金融服务对交通银行有怎样的利弊？

（2）大数据、人工智能时代的到来对商业银行的冲击有哪些？

阅读材料

[1] 张桥云. 商业银行经营管理 [M]. 北京：机械工业出版社，2021.

[2] 高顺芝，丁宁. 商业银行经营管理学 [M]. 3版. 大连：东北财经大学出版社，2021.

[3] 王常柏. 金融学概论 [M]. 3版. 北京：中国人民大学出版社，2021.

综合训练

随堂测12

一、单项选择题

1.商业银行生存和发展的前提和基础是（　　）。

A.资本金　　　　　　　　B.存款

C.借入资金　　　　　　　D.其他负债

2.商业银行业务营运的起点和基础是（　　）。

A.资本金　　　　B.存款　　　　C.借入资金　　　　D.其他负债

3.回购协议买卖的对象目前一般是（　　）。

A.股票　　　　B.企业债券　　　　C.金融债券　　　　D.国债

4.在商业银行业务中，最核心、最重要的业务是（　　）。

A.资本金　　　　B.存款　　　　C.资产　　　　D.结算

5.担保贷款除了保证贷款、抵押贷款两种方式外，还包括（　　）。

A.票据贴现　　　　B.票据贷款　　　　C.转抵押贷款　　　　D.质押贷款

6.现代金融业的三大支柱除了银行信贷、保险外，还有（　　）。

A.证券　　　　B.投资基金　　　　C.金融信托　　　　D.融资租赁

二、多项选择题

1.商业银行的资本金由（　　）构成。

A.储备资本　　　　　　B.核心资本　　　　　　C.附属资本

D.公开资本　　　　　　E.优先股本

2.商业银行资本金的职能包括（　　）。

A.经营职能　　　　　　B.保障职能　　　　　　C.管理职能

D.调控职能　　　　　　E.政府职能

3.商业银行储蓄存款时，应坚持（　　）原则。

A.存款自愿　　　　　　B.取款自由　　　　　　C.存款有息

D.为存款人保密　　　　E.保证安全

4.回购协议的参与者主要有（　　）。

A.个人　　　　　　B.大型商业银行　　　　　　C.证券交易商

D.实力雄厚的非银行金融机构　　　　E.企业集团

5.除了存款外，商业银行的负债业务还有（　　）。

A.同业拆借　　　　　　B.金融债券　　　　　　C.结算资金

D.回购业务　　　　　　E.转贴现

6.商业银行的现金资产一般包括（　　）。

A.库存现金　　　　　　B.中央银行存款　　　　　　C.存放同业款项

D.在途资金　　　　　　E.备用金

7.商业银行贷款的基本原则有（　　）。

A.高效性原则　　　　　　B.稳定性原则　　　　　　C.安全性原则

D.效益性原则　　　　　　　E.流动性原则

8.商业银行贷款按保障程度可分为（　　　）。

A.再贷款　　　　　　B.政策性贷款　　　　　C.信用贷款

D.担保贷款　　　　　E.票据贴现

9.商业银行的投资对象包括（　　　）。

A.股票　　　　　　　B.企业债券　　　　　　C.政府债券

D.金融债券　　　　　E.实业投资

10.根据规定，存款人可以开立的存款账户有（　　　）。

A.基本存款账户　　　B.一般存款账户　　　　C.临时存款账户

D.信用存款账户　　　E.长期存款账户

11.目前，我国普遍使用的支票有（　　　）。

A.现金支票　　　　　B.转账支票　　　　　　C.普通支票

D.空头支票　　　　　E.划线支票

12.融资租赁通常包括（　　　）。

A.赊销租赁　　　　　B.直接租赁　　　　　　C.转租赁

D.回租租赁　　　　　E.杠杆租赁

三、判断题

1.再贴现是中央银行以贴现所获得的未到期票据向商业银行转让而取得资金融通的行为。　　　　　　　　　　　　　　　　　　　　　　　　　　　　　　（　　　）

2.实际上，回购是一种以证券为担保的短期融资方式。　　　　　　　（　　　）

3.商业银行为保证利润最大化，应将吸收的存款全部用于发放贷款。（　　　）

4.所有具有偿还能力的单位或者个人均可向银行申请并取得借款。（　　　）

5.借款人不得在一个商业银行同一辖区的两个或两个以上同级分支机构取得贷款。
　　　　　　　　　　　　　　　　　　　　　　　　　　　　　　　　（　　　）

6.借款人可以用贷款从事股本权益性投资。　　　　　　　　　　　（　　　）

7.借款人不得用贷款买卖有价证券、期货和房地产。　　　　　　　（　　　）

8.一般保证是指商业银行与保证人在保证合同中约定，当借款人没有偿还借款时，由保证人承担偿还责任的担保行为。　　　　　　　　　　　　　　　　　（　　　）

9.连带责任保证是指借款人在借款期限届满没有偿还借款时，商业银行作为债权人有权要求借款人偿还借款，也有权要求保证人在保证范围内承担偿还责任的担保行为。
　　　　　　　　　　　　　　　　　　　　　　　　　　　　　　　　（　　　）

10.根据《商业银行法》的规定，商业银行的投资业务只能是债券中的政府债券和金融债券，而其他投资活动都是被禁止的。　　　　　　　　　　　　　　　（　　　）

11.融资租赁至少涉及三个方面的关系，包括两份或两份以上合同。　（　　　）

四、简答题

1.借款人向银行申请贷款时应具备哪些条件？

2.简述商业银行的贷款程序。

3.商业银行为何投资国债？

4.办理支付结算应坚持哪些基本原则？

5.简述融资租赁的业务程序。

五、案例分析题

农民蔡美然半年前在银行存入4万元，前段时间取了2.98万元，现在手里就剩下一张借条了。蔡美然说："我想把剩下的钱全部取出来，但银行和保险公司相互推诿，先说取不出来，后说如果真想取，得先还给保险公司3.4万元。"

"我的钱在银行存了半年，不仅没有利息，而且倒亏5 000多元。"蔡美然说，"我以前认为钱存在银行里比较保险，没想到这么不保险。"

原来，蔡美然存钱时，买的是一份某人寿公司6年期的分红保险。一个多月后，因儿子买房缺钱，蔡美然去银行取钱，银行与保险公司收走了她的保单，并以此作抵押，以5.6%的年息向她放贷2.98万元。

无独有偶，东关村二组村民何晨光2018年去银行存款时，也被银行员工说服购买了一份5万元的国寿鸿富两全保险，说是收益比存定期高。可是在2019年他去取款时，只获得了2 100元的利息，收益仅相当于年息的1%左右。

在当地农村，被银行将"存单"变"保单"的不在少数人。听说记者前来调查这一问题，许多村民赶来，争相反映情况。

东关村二组村民黄金花说，2017年11月准备存一年定期，到期后取钱买房，经银行员工推销，稀里糊涂地买了份5年期的保险。当天下午，黄金花又去了一趟银行，想要"退保"，结果银行员工劝她不要退，说是一年后可以取，没关系。

另一位村民孙金霞说，她的存款也变成了保险产品。"在附近，随便问一下，都能找到和我一样上当受骗的人。"她说。

资料来源　佚名.一些银行为何屡屡"骗保"——湖北部分农民"存单"变"保单"问题追踪[EB/OL].〔2020-06-23〕. https://www.163.com/news/article/9NAQQUL700014JB5.html.

请问：（1）请分析银行员工在推销银行产品时存在什么问题？

（2）你认为银行员工在推销银行产品时应注意些什么？

第十三章

金融市场

内容提要

金融市场的存在和发展，为政府、金融机构、企业单位和个人的长短期资金相互转化和融通提供了媒介和场所，为投资者提供了各种可供选择的金融资产，便于回避和分散风险，也为中央银行根据金融市场的资金变化制定相应的货币政策，正确引导资金流向提供了依据。本章主要阐述了金融市场的各种类型和融资工具、融资方式、融资技巧，为企业单位寻求更有效的融资渠道与策略。

第一节　金融市场概述

一、金融市场的概念与特点

金融市场是实现货币借贷、办理各种票据和有价证券买卖的场所。由于金融市场所交易的是一种特殊商品，即货币与各种证券，因此金融市场可以是具体的固定交易场地，如证券交易所、商业银行等，也可以是观念上的市场，即没有具体的固定交易场地，主要是双方通过电话、电报、电传、计算机等通信工具进行金融商品交易的市场，如拆借市场、贴现市场等。金融市场与其他市场一样，也是交易市场，但金融市场具有以下特点：

（一）市场商品具有单一性

一般商品市场所交易的是具有不同使用价值的商品，而金融市场所交易的"商品"是资金或代表资金的各种票据和证券，而且这种"商品"的使用价值都是相同的，即交易"商品"的获利功能。

（二）交易价格具有特殊性

一般商品的价格是由商品的价值决定的，而金融商品的价格则表现为利率，即在资金供求关系下，形成市场利率，各种金融商品都按市场利率进行交易。

（三）交易目的具有多重性

一般商品的交易目的比较单纯，卖者的目的是实现商品的价值，买者的目的是获得商品的使用价值。金融商品的交易目的则比较复杂：在发行市场，发行者的目的是筹集资金用于生产经营活动，购买者的目的主要是投资获利；在交易市场，金融商品交易的目的主要表现为获取投资回报而购买证券、急需现金或回避风险而卖出证券、进行"投机"获利而买卖证券。

二、金融市场的构成要素

市场必须具备交易对象、交易主体、交易工具和交易价格四个要素，金融市场也是如此。

（一）交易对象

金融市场的交易对象是货币资金。无论是银行的存贷款，还是证券市场上的证券买卖，最终要达到的目的都是货币资金的转移，或贷者向借者的转移，或贷者向贷者的转移，或借者向借者的转移。与商品市场上商品的买卖不同，金融交易大多只是表现为货币资金使用权的转移，而商品交易则表现为商品所有权和使用权的同时转移。

（二）交易主体

金融市场上的交易主体包括参与交易的个人、企业、各级政府部门和金融机构等。按是否专门从事金融活动划分，交易主体可分为不专门从事金融活动的主体和专门从事金融活动的主体两大类。不专门从事金融活动的主体主要由个人、企业和政府部门构成，它们不以金融交易为业，参与交易是为了自身在资金供求方面的需要，在它们之间发生的金融交易是直接金融，即资金从盈余部门向赤字部门的直接转移。直接金融借助直接金融工具的买卖完成。专门从事金融活动的主体则主要由以金融活动为业的机构或个人构成，包括各类银行、保险公司、财务公司等，通过它们实现的金融交易，称为间接金融，即资金从盈余部门向赤字部门的转移是通过它们才得以实现的。由作为金融媒介的机构发行的金融工具，称为间接金融工具。

（三）交易工具

金融市场上的交易工具是各种信用工具。这是借贷资本在金融市场上交易的对象，如各种债券、股票、可转让存单、借款合同、抵押契约等，是金融市场上实现投资、融资活动必须依赖的标的。

（四）交易价格

金融市场的交易"价格"是利率。各种金融市场均有自己的利率，如贴现市场利率、国库券市场利率、银行同业拆借市场利率等，不同的利率之间有着密切的联系。通过市场机制作用，各种利率在一般情况下都有同方向变化的趋势。

三、金融市场的分类

（一）按交易对象分类

按交易对象分类，即以金融市场交易的具体"商品"的性质特点为标准，金融市场可分为货币市场、资本市场、外汇市场、黄金市场、衍生品市场和保险市场等。

（二）按期限分类

按期限划分，金融市场可分为短期金融市场和长期金融市场。短期金融市场是指融资期限在1年以内的金融市场，其融通的资金偿还期比较短，流动性比较高，风险较小，与货币的差别不大，而且这些金融商品往往被当作货币的代用品，如商业票据、银行票据等，所以短期金融市场又称货币市场。长期金融市场是指融资期限在1年以上的金融市场，其交易的金融商品主要是股票和长期债券等，由于融资期限比较长、风险比较大，而且能够给购买者带来一定的收入，因此长期金融市场又称资本市场。

（三）按市场功能分类

按市场功能划分，金融市场可分为发行市场和流通市场。发行市场又称初级市场或一级市场，是指发行者将其发行的票据或证券等金融商品最初出售给投资者的市场。流通市场又称次级市场、二级市场、交易市场或转让市场，是指对已发行票据或证券等金融商品进行转让、买卖的市场。

（四）按交易场所分类

按交易场所划分，金融市场可分为有形市场和无形市场。有形市场是指有固定的交易场地，有专门的组织机构、人员、设施的市场，如证券交易所。无形市场是指没有固定的交易场地，可进行分散的非组织化交易，交易双方通过电话、电报、电传、计算机等通信工具进行交易的市场，如拆借市场、贴现市场等。

（五）按交割时间分类

按交割时间划分，金融市场可分为现货市场和期货市场。现货市场是指交易双方在成交后即时（5日内）交割和清算（交货付款）的市场。期货市场是指交易双方在成交后不立即交割，而是在一定时间（如1个月、2个月、3个月或6个月）后，按合同规定的数量和价格进行交割和清算的市场。

（六）按地域分类

按地域划分，金融市场可分为区域性金融市场、全国性金融市场和国际金融市场。

第二节　货币市场

货币市场是专门融通短期资金、实现短期资金借贷的市场。在这个市场上交易的金融商品，因为其偿还期短（1年以内）、变现能力强、风险小、与货币差别不大，往往被当作货币的替代品，即"准货币"，所以短期金融市场又称货币市场。

一、票据市场

票据市场是以票据作为交易对象，通过票据承兑、票据贴现、票据转让和票据抵押进行融资活动的货币市场。根据《中华人民共和国票据法》和《支付结算管理办法》的规定，我国目前使用的票据有三种，即汇票、银行本票和支票。其中，汇票分为银行汇票和商业汇票两种。由于银行汇票、银行本票、支票三种票据都是即期票据，见票即付，不必承兑，更不必办理贴现，因此票据市场上交易的对象一般是商业汇票。票据市场的参与者有票据的债权债务人、商业银行、中央银行等。

（一）商业汇票承兑

商业汇票是出票人签发的，委托付款人在指定日期无条件支付确定的金额给收款人或者持票人的票据。商业汇票的付款人为承兑人，按承兑人不同，商业汇票分为商业承兑汇票和银行承兑汇票两种。

（二）商业汇票贴现

1.商业汇票贴现的概念

商业汇票贴现，是指商业汇票的持票人将未到期商业汇票的债权转让给商业银行而获得资金的一种票据转让行为。如果办理贴现的商业银行资金周转紧张，可以把收进的贴现票据向另一商业银行贴现，称为"转贴现"，也可以持票向中央银行贴现，称为"再贴现"。这些贴现业务，统称为票据贴现市场。

2.商业汇票贴现的规定

（1）除法律另有规定外，商业汇票的贴现银行必须是贴现申请人的开户银行。

（2）银行承兑汇票的贴现银行必须是参加全国联行和省辖联行的银行机构，非银行金融机构不准办理银行承兑汇票的贴现。

3.持票人办理贴现的条件

商业汇票的持票人向银行办理贴现必须具备下列条件：①在银行开立存款账户的企业法人及其他组织；②与出票人或者直接前手之间具有真实的商品交易关系；③提供与直接前手之间的增值税发票和商品发运单据复印件。

4.商业汇票贴现金额

贴现金额和贴现利息的计算方法如下：

（1）贴现金额是指贴现银行按汇票的票面金额扣除贴现利息后，实际支付给贴现申请人的金额。其计算公式为：

贴现金额=汇票金额−贴现利息

（2）贴现利息是指汇票持有人向银行申请贴现时所支付的利息。其计算公式为：

贴现利息=汇票金额×实际贴现天数×（月贴现率÷30）

实际贴现天数是指贴现银行向持票人支付贴现金额之日至汇票到期前一日的期限。

5.商业汇票抵押放款

商业汇票抵押放款是以经过承兑的商业汇票为抵押品，向商业银行取得贷款的融资方式。这种方式与票据贴现的区别是：贴现是票据债权的转移，票据到期银行应向票面债务人收款；票据抵押放款是票据到期前，原持票人向银行归还贷款并赎回抵押票据，再由持票人向票面债务人收款。

二、同业拆借市场

（一）同业拆借市场的概念和特点

同业拆借市场是金融机构之间进行相互借贷的场所，即金融机构之间利用资金融通的地区差、时间差调剂资金余缺，由资金富余的金融机构对临时资金不足的金融机构进行短期放款的市场。同业拆借市场的主要特点如下：

（1）同业性。参加同业拆借的成员，都是经中国人民银行批准经营金融业务的银行金融机构或非银行金融机构。

（2）短期性。同业拆借市场属于短期金融市场，是一种临时性的资金拆借，主要用于调剂资金的临时余缺。同业拆借按期限分为7天（含7天）以内同业头寸拆借和7天以上、4个月（含4个月）以内的同业短期拆借。

（3）无担保性。同业拆借完全凭借借款人的信用进行，无须向放款人提供担保品。

（4）大额交易。同业拆借依据银行间的需要，每笔交易一般数量很大。

（5）不提交准备金。银行吸收的存款要按一定比例上缴中央银行存款准备金，而通过同业拆借市场拆借的资金按规定可以免缴存款准备金。

（二）同业拆借市场的种类和运作程序

1.头寸拆借

"头寸"是指资金或款项的意思。头寸拆借是指金融机构之间为了补足存款准备金，弥补票据结算、联行汇差头寸不足而进行的短期资金融通活动。头寸拆借的时间比较短，一般为1~2天。

头寸拆借的运作方式，一般是拆出银行开出支票交给拆入银行，并通过中央银行的票据交换将资金转入拆入银行的中央银行账户，增加备付金存款，补足资金差额；同时，拆入银行开出一张同等金额并加利息的支票交给拆出银行，并写明兑付日期（即归还资金的时间）。拆借资金到期时，拆出银行将支票通过中央银行的票据交换收回本息，整个拆借过程即告完成。

2.同业借贷

同业借贷是指金融机构之间为了满足经营过程中的临时性和季节性的资金需要而相互融通资金的行为。同业借贷的运作程序，一般是由拆入银行填写一份借据交给拆出银行，拆出银行审核无误后向拆入银行提供贷款，即将其账户上的资金划转到拆入银行账户。拆借资金到期时，拆出银行向拆入银行收回贷款本息，拆借过程即告完成。

三、其他货币市场

（一）可转让大额定期存单市场

可转让大额定期存单市场，简称CD市场，是可转让大额定期存单的发行与转让的市场。CD是可转让大额定期存单的英文简称。CD是银行为吸收资金而开出的按一定期限和利率支付本息的存款单据，是具有转让性质的定期存款凭证，固定面额，固定期限，到期时持有人可向银行提取本息。CD有记名式和不记名式两种。在到期前，持有人如需现金，可以转让CD。不记名式CD在一般情况下可自由交付转让；记名式CD在转让时必须到当地人民银行批准的机构办理过户手续。CD是一种兼具活期存款流动性强和定期存款收益性高的优点的新型存款形式。

CD的利率一般都高于同档次定期存款利率，不办理提前支取，不分段计算利息。

（二）回购协议市场

回购协议是指按交易双方的协议，由卖方将一定数额的证券临时出售给买方，并承诺在日后将该证券如数购回的一种短期资金融通行为。它是一种以证券为担保的短期融资方式。

回购协议可以以多种方式进行，最常见的有两种：一是证券的卖出与回购采用相同的价格，协议到期时以约定的收益率在本金以外再支付费用；二是回购证券的价格高于卖出时的价格，其差额就是合理收益。

（三）短期国债市场

短期国债市场是通过买卖短期政府债券而进行短期资金融通的场所。由于短期政府债券具有安全性好、流动性强、收益高等特点，因此短期国债成为各商业银行、非银行金融机构、企业和社会公众投资的首选品种。

第三节　资本市场

资本市场即长期金融市场，是以长期金融工具为直接交易对象，专门融通期限在1年以上的长期资金的场所。资本市场的主要活动是发行和买卖各种债券、股票，满足政府和企业对长期资金的需要。资本市场具有期限长、风险大、收益高的特点，是金融市场的重要组成部分。

一、证券市场的构成要素

证券市场主要由交易主体、交易对象和交易场所组成。证券市场的交易主体有公司、金融机构、政府和个人；证券市场的交易对象主要是债券和股票；证券交易场所的规范组织形式是证券交易所。证券市场常见的三种分类是：①按证券性质不同，证券市场可分为股票市场和债券市场；②按组织形式不同，证券市场可分为场内市场和场外市场；③按交易性质不同，证券市场可分为证券发行市场和证券流通市场。

二、证券发行市场

（一）证券发行市场的主体

证券发行市场的主体，即市场参与者，包括发行者、投资者和承销商。发行者是指通过发行证券筹集资金的资金需求者，是原始证券的供应者，一般包括政府或其所属机构、银行金融机构和企业等；投资者是指为了获得收益而投资于证券的资金供给者，包括各类企业、银行及其他金融机构和个人等；承销商是指代理证券发行的中介人，包括证券公司、投资银行、信托投资公司等。承销商起着发行者与投资者之间桥梁的作用。

（二）证券发行的主要方式

证券发行方式就是发行者采用什么方法、通过何种渠道或途径将证券投入市场，并为广大投资者所接受。从不同的角度划分，证券发行方式一般有：

1.公募发行与私募发行

公募发行是指公开向社会非特定的投资者广泛募集资金的证券发行方式。私募发行是指向特定的发行者发行，一般是以少数与发行者业务联系密切的投资者为对象来募集资金的证券发行方式。

2.公开发行与内部发行

公开发行是指企业经中国证券监督管理委员会批准公开向社会招股、筹集资金的证券发行方式，其股票经批准后可以在证券交易所公开挂牌交易。内部发行是企业经批准后向其内部职工发行证券的发行方式，其股票不能公开上市交易，只能在内部职工之间转让。

3.直接发行与间接发行

直接发行是指不委托中介机构，由证券发行者自己组织销售的证券发行方式。间接发行是指委托中介机构代理出售的证券发行方式，又称委托代理发行。

4.平价发行、溢价发行和折价发行

平价发行又称"面额发行"或"等价发行"，即按照证券面值确定发行价格的证券发行方式。溢价发行是以高于证券面值的价格发行的证券发行方式。折价发行是以低于证券面值的价格发行的证券发行方式。

（三）证券发行的基本程序

证券发行的基本程序包括：①证券发行报批前的准备工作；证券发行前必须对筹资者进行资信评估；②资产评估；③提出发行证券的申请和向有关部门提交各种文件；④证券发行的审批；⑤选定发行机构，做好发行前的准备工作；⑥组织证券发行。

三、证券流通市场

证券发行后，如果持券人需要资金而要求变现，则证券须进入证券流通市场。证券流通市场主要是指证券交易所和场外交易市场。

（一）证券交易所

证券交易所是固定的、有组织的、专门进行证券交易的场所，是最重要、最典型的证券流通市场。证券交易所本身并不买卖有价证券，也不决定有价证券的价格，它主要为买卖有价证券提供场所和设施，为投资者提供服务，制定各种规则，维持交易秩序，提供发行者的财务状况等。

1.证券交易所的组织形式

我国证券交易所的组织形式为会员制形式，是由若干证券商自愿组成的非营利性的交易所。会员制证券交易所不以营利为目的，各证券商经过申请以会员身份加入交易所，并交纳一定的会费。会员必须遵守证券交易所的章程和有关细则，自治自律，互相约束。证券交易所中的一切费用由各会员分担，其收入主要来源于会费、证券上市费、收取的佣金和各种服务性收费。

从世界范围来看，早期成立的证券交易所多数采取公司制形式，而目前多数国家和地区逐渐采取了会员制形式。

2. 证券交易所的组织机构

（1）会员大会。证券交易所的会员主要是证券商。证券交易所对会员资格的要求比较严格，如对会员的能力、财力、从事业务的经验、学识和信誉等都有相应的标准。会员要向证券交易所交纳数额相当可观的会费，才能获得在证券交易所内自营买卖或代客买卖证券的权利。会员有权参加会员大会、监事会，选举或罢免理事和监事。

会员大会是证券交易所的最高权力机关。会员大会每年召开一次。会员大会的主要职责有：选举或罢免理事或监事；选举产生理事会、监事会；讨论有关经营管理的重大问题和利润分配的有关议案；审查财务预算、决算。

（2）理事会。理事会对会员大会负责，是证券交易所的日常事务决策机构。其职责是：选举理事长；聘任总经理；制定经营方针；审定业务和财务报告；拟订盈余分配方案；制定并维持会员纪律；决定证券上市的登记、变更和撤销；审核会员资格；批准新会员加入等。

（3）监事会。监事会对会员大会负责，监督证券交易所的业务和财务工作，保障会员的权益。其任务是审查年度决算报告、检查账目和监督交易情况。

（4）总经理。总经理由理事会聘任并对理事会负责，一般由具有业务水平和管理才能的专家担任。总经理负责指导证券交易所的一切日常业务，组织实施理事会的决议，主持证券交易所的日常工作。

3. 我国证券交易所概况

（1）上海证券交易所。上海证券交易所经国务院授权中国人民银行总行批准于1990年11月26日成立，并于1990年12月19日正式营业。上海证券交易所实行会员制，会员以证券经营机构为限，不吸收个人会员。上海证券交易所是不以营利为目的、实行自律性管理的事业法人，其宗旨是完善证券交易制度，加强证券市场管理，维护国家、企业和公众的权益。

上海证券交易所的最高权力机构是会员大会。会员大会选举产生理事会、监事会。由理事会聘任总经理，总经理下设法律部、交易管理部、财务部、总工程师办公室、内审部和产品创新中心等职能部门，负责日常业务工作。

（2）深圳证券交易所。深圳证券交易所从1989年11月开始筹建，1991年4月11日经中国人民银行总行正式批准成立，并于1991年7月3日正式营业。深圳证券交易所也是以会员制形式组建起来的事业法人，不以营利为目的，其宗旨是服务于证券市场，实行公开、公平、公正交易，保护投资者权益，促进证券市场健康发展。

深圳证券交易所的最高权力机构也是会员大会。会员大会选举产生理事会、监事会。其中，理事会由证券商、登记公司、主管机关和政府委派的人士共同组成。深圳证券交易所实行理事会领导下的总经理负责制，总经理下设上市推广部、市场监察部、信息管理部、综合研究所、电脑工程部、办公室等职能部门，负责日常业务工作。

（二）场外交易市场

场外交易市场一般没有集中的、固定的交易场所，是一个在证券交易所之外进行证券交易活动的分散的无形市场。同时，场外交易市场又是一个开放型市场，投资者可直接与证券经纪商进行交易。场外交易市场上的证券种类繁多，除了少数上市证券外，主要是各种非上市证券。

1.店头市场

店头市场又称柜台市场，是由分布广泛的证券中介机构（如证券公司）组成的交易市场。店头市场上交易的证券主要是依照证券法规公开发行但未在证券交易所上市的证券，交易价格按议价方式确定，且仅限于现货交易。

2.第三市场

第三市场是在店头市场上从事已在证券交易所挂牌上市的证券交易的市场，是已上市证券的场外交易市场。第三市场的出现主要是为了降低交易成本，逃避证券交易所佣金制的约束。

3.第四市场

第四市场是通过计算机网络相联系的投资者直接进行证券交易的市场。其特点是交易活动不通过证券中介机构，由买卖双方直接协商进行交易，可以降低交易成本，保持交易的秘密性，通过直接谈判获得双方满意的价格。

（三）证券经纪人

1.证券经纪人的概念

证券经纪人是指在证券市场专为证券买卖双方充当中介，代理买卖而收取佣金的中间商。证券经纪人作为证券交易双方的中介，是证券市场的中坚力量，起着重要作用。我国的证券经纪人主要是指证券公司、信托投资公司等，这些证券中介机构不仅办理代理委托业务，也做自营买卖，而且充当证券承销商，包揽证券发行业务。这些证券中介机构大都是证券交易所的会员单位，在交易所充当经纪人的出市代表（即由这些机构委派的），同时办理柜台业务，进行场外交易。

2.投资者与证券经纪人的关系

普通投资者在流通市场上买卖证券须经过证券经纪人进行。对投资者来说，影响其投资成功与否的因素有很多，选择合适的证券经纪人是其中之一。选择证券经纪人时，主要考虑证券经纪人的信誉情况、资金状况、规模大小、专长如何等。在选择了合适的证券经纪人后，投资者要到证券经纪人那里开户，再行委托。

投资者与证券经纪人的关系主要是授权与代理关系。投资者在办理委托时应当注意，证券经纪人并不是专门的投资顾问或投资分析家，它们只是接受委托代其买卖证券。对于证券的买进或卖出，必须由投资者自己作出决定。

四、证券交易的程序和价格

（一）证券交易的程序

1.登记

投资者须到当地证券登记公司进行合法身份或合法资格登记。登记时，个人投资者需要提供身份证件，单位投资者需要提供营业执照等证件。

2.开立账户

投资者进行登记后，应到选定的证券经纪人处开立证券交易账户，并在资金账户中存入保证金。因为普通股的投资者不能直接进入证券交易所进行交易，而是必须委托在场内有代表人的证券经纪人代为买卖，所以投资者需要在证券经纪人那里开立委托买卖账户。开户时要签署买卖契约，其内容大体包括投资者的姓名、地址、职业、单位、联系电话、主要经历、委托交易方式以及其他应遵循的细则等。

3.委托交易

开户后，投资者可以随时采取书面、电话、电报、电传等形式，委托证券经纪人代为买卖证券。委托的内容包括证券名称、买卖数量、价格、交易方式、有效期限等。证券经纪人在接受委托后，应当将委托的内容及时通知其在证券交易所中的驻场人员，由驻场人员负责执行委托。

4.竞价成交

驻场人员——红马甲在接到客户的指令后，将其输入计算机终端进行撮合成交。竞价成交要按照成交的竞争规则进行，其核心内容是价格优先原则、时间优先原则和数量优先原则。价格优先原则是在买进时较高的买进价格申报优先满足于较低的买进价格申报，卖出时较低的卖出价格申报优先满足于较高的卖出价格申报。时间优先原则是指存在若干相同价格申报时应以最早提出该价格申报的一方成交。数量优先原则是指在申报价格相同且申报时间相同的情况下，申报交易数量较大者优先于申报数量较小者。

申报竞价成交后，买卖即告成立，任何一方不得反悔或拒不承认成交的价格和数量。

5.交割与过户

交割是指证券交易成交后，买卖双方通过证券交易所和证券商结算并收付应收应付款项和证券的行为。过户是指股票持有者变更名称。

（二）证券交易的价格

证券交易的价格是在证券流通市场上由买卖双方供求关系决定的价格。

1.股票交易价格

股票交易价格又称股票转让价格、股票市场价格，是在流通市场上买卖股票时，由买卖双方共同决定的实际成交价格。股票交易价格具体分为开盘价、收盘价、最高价、最低价、平均价等。开盘价是指在证券交易所每个营业日开市后，某种股票第一笔成交的价格。如果某种股票在开市后一段时间（一般为半小时）内没有成交，则将上一个营业日的收盘价作为本日的开盘价。收盘价是指在证券交易所每个营业日闭市前，某种股票最后一笔成交的价格。最高价与最低价分别是指在证券交易所每个营业日内，某种股票最高与最低的成交价格。平均价是指每个营业日内某种股票最高价和最低价的简单平均的价格。股票交易价格的最大特点是其不确定性，即随着交易的进行而不断变化。

2.债券交易价格

债券交易价格又称债券行市，即债券的市场价格、实际成交价格，是债券发行后在流通市场上买卖双方实际成交的价格。

由于债券在流通市场上的交易价格受各种因素的影响，因此债券的交易价格与股票的交易价格一样，也是难以事先确定的，且随着流通市场上的供求关系而变化，但其波动幅度要比股票交易价格小得多，很少出现股票市场上的那种大起大落的行情变化。

五、证券交易的方式

金融市场的交易方式是在金融市场上买卖各种金融商品的方法和形式。

（一）现货交易

现货交易是指在成交后交易双方即时交割的交易方式。这里的"即时"，并不是一定要在成交的同一时间和空间一手交钱一手交货，可以是当天或者次日，但一般以5天为限。

现货交易是各种交易方式中最基本、最普通的交易方式，也是历史上最早出现的交易方式，其他各种交易方式都是在现货交易的基础上逐渐发展完善起来的。现代证券交易中最普遍采取的也是现货交易，而且场外交易市场只能采取现货交易方式。目前，我国的证券交易都属于此种类型。

（二）信用交易

信用交易又称保证金交易或垫头交易，是指由投资者按照规定的比例向经纪人支付部分证券或价款，不足部分由经纪人垫付而进行的证券交易方式。在证券市场上，当某种证券的行情看涨，投资者想买进该证券，但资金不足时，或当某种证券的行情看跌，投资者欲卖出该证券，但手中没有该证券或持有量较少时，即使对行情把握得很准，但受到以上两个方面的限制，也达不到预期的收益。利用信用交易方式则可以解决这个问题。在信用交易方式下，投资者可凭自己的信誉，在交纳了一定的保证金后就可进行金额超过自己手头持有的资金或证券的买卖。

信用交易是商品经济和现代信用制度高度发达的产物，是证券和借贷制度相结合形成的新型交易方式。其特征首先是要以投资者和经纪人之间的特殊信用关系为前提；其次是投资者须事先交付证券交易所需的部分价款作为保证金。这里的保证金又称"垫头"，保证金在交易价款中所占比例，即保证金比率，一般由中央银行来确定。

信用交易是投机性最强的交易方式，具体分为保证金多头交易和保证金空头交易两种。

保证金多头交易又称保证金买涨交易，是指投资者预期某证券价格看涨，在交纳规定的保证金后，从证券经纪人那里取得部分贷款，购入证券，一定时间后再以较高的价格售出，并归还贷款，从买卖差价中获得利润的交易方式。证券经纪人向投资者垫付的款项是对投资者的融资，要收取相应的利息作为补偿。

保证金空头交易又称保证金卖空交易，是指投资者预期某证券价格将下跌，从证券经纪人处借入部分证券出售，待一定时间后价格下跌时再以较低的价格买回，并将其归还证券经纪人，从买卖差价中获得利润的交易方式。

（三）期货交易

期货交易又称定期交易，是指交易双方在证券成交后，商定按照契约规定的数量和价格，在将来的某一特定日期（如30天、60天或90天后）进行清算交割的证券交易方式。期货交易是相对现货交易而言的，现货交易要求在成交后，即时交割；期货交易是在现时完成，却在未来某个时间进行交割，即预约成交、定期交割。

期货交易的目的有：一是保值。期货交易可在一定程度上避免证券价格变动带来的风险。其基本做法是首先在证券市场上买进或卖出某种证券，随后又以期货方式卖出或买进该种证券，防止该证券价格变动造成的损失。二是投机。由于期货交易和现货交易的价格往往不一致，因此投资者可以利用多头交易和空头交易进行证券投机活动。多头交易又称买空，即预期某种证券的价格将要上涨，先以期货合同预约买进，等交割时再以高价卖出，从中获利。空头交易又称卖空，即预期某种证券的价格将要下跌，先订立期货合同按现有的价格卖出，等该证券价格下跌以后买进，从而获取高卖低买之间的差价。

期货合同签订后，在成交日到交割日的期间，买卖双方都可以不断地进行转手，但在交割日，最后的购买者必须按原定价格和数量买入证券，出售者也必须按原定价格和数量交出所卖的证券，且不管当时的证券行情如何变化，这是双方的义务。

（四）期权交易

期权又称选择权，是指赋予购买者在规定期限内按交易双方约定的价格买进或卖出一定数量证券的权利。期权交易就是对这种证券买进权利或卖出权利进行买卖的活动。这种交易的直接对象不是证券，而是买卖证券的权利。购买期权的人在支付给出售期权的人一定期权费之后，就有权按照事先达成的协议，在一定时期内按规定的价格买进或卖出一定数量的证券。购买期权者在规定期限内可以行使这一权利，也可以不行使这一权利，即不买卖证券而任其作废。也就是说，期权购买者以付出期权费为代价，获得了对期权是否执行的选择权，所以期权交易又称选择权交易。相反，期权出售者由于收取了期权费，因此在协议规定的有效期间内，无论市场行情如何变化，都有按协议规定执行交易的义务，直到期权过期为止。

第四节　外汇市场与黄金市场

一、外汇市场

（一）外汇市场的概念

外汇市场是以外汇银行为中心，由外汇需求者和外汇供给者组成的买卖外汇的场所或交易网络。外汇市场按经营范围分为国际外汇市场和国内外汇市场；按交易形式分为有形市场和无形市场。

（二）外汇市场的参与者及其动机

1.银行

参与外汇市场的银行主要是外汇银行和中央银行。外汇银行是指经过中央银行批准可以经营外汇业务的商业银行或其他金融机构。商业银行参与外汇买卖的主要目的有：一是代客户买卖，尽可能提供全面服务。有的客户要买入外币现钞或电汇，或开信用证，或办理外币存款，有的客户要卖出外币或进行贴现，一般都要通过商业银行进行，商业银行提供服务的同时可获得外汇买卖利润。二是自行买卖。有不少商业银行设有专门的外汇部门，买卖外汇以调整其外汇头寸，将外汇存贷保持在合理水平，有的商业银行在外汇市场上进行投机以赚取利润。中央银行买卖外汇主要是出于调控宏观经济的目的，通过干预汇率的变动来维持预期的汇率水平。

2.外汇经纪人

外汇经纪人是指在外汇市场上从事介绍外汇买卖成交的中间人，为客户的买卖接洽撮合，从中赚取佣金。外汇经纪人熟悉外汇供求行市，与外汇银行关系密切。

3.买卖外汇的客户

进出口贸易公司要付出和收进外汇，是主要的外汇需求者和供给者。运输、旅游、汇出或收入侨汇等，也都会形成对外汇的需求和供应，而进行这些行为的企业或个人也都是外汇市场的参与者。这些客户的外汇买卖一般都通过商业银行和外汇经纪人进行。

4.外汇投资者或投机者

外汇投资者或投机者买卖外汇的主要目的是利用外汇交易的时间差、空间差和汇率变动来获取利润。这些投资者或投机者也许是公司，也许是个人。

（三）外汇交易的种类

1.即期外汇交易

即期外汇交易又称现汇交易或现货交易，是指买卖双方以当时外汇市场的价格成交，在两个营业日内进行交割的外汇买卖。在外汇市场的各类交易中，即期外汇交易的交易量居首位。

2.远期外汇交易

远期外汇交易又称期汇交易，是指外汇买卖双方先签订合同，规定买卖外汇的币种、数额、汇率和将来交割的时间，到规定的交割日期，再按合同规定的币种、数额和汇率，由卖方交汇、买方付款的一种外汇交易。简言之，远期外汇交易是指预约购买或出售外汇的一种外汇交易。

远期外汇交易使用远期外汇汇率。远期外汇汇率是在即期汇率的基础上用加减升水和贴水的方式来计算的。若远期汇率高于即期汇率，则高的那部分差额称为"升水（premium）"；若远期汇率低于即期汇率，则低的那部分差额称为"贴水（discount）"；若远期汇率等于即期汇率，则称其为"平价（at par）"。两种货币的远期汇率究竟是升水还是贴水，主要取决于两种货币的利率水平。利率高的国家的货币相对利率低的国家的货币，通常会远期贴水。

3.套汇、套利和掉期交易

套汇是指利用不同的外汇市场在同一时点的汇率差异贱买贵卖，从而赚取利润的外汇交易活动。20世纪70年代后，各国普遍实行浮动汇率制度，外汇市场上汇率波动频繁，不同的外汇市场在同一时点上往往会出现明显的汇率差异，使投机者有机会利用汇率差异赚取差价利润。

套利又称利息套汇，是指利用两个不同国家金融市场短期利率差异，将资金从利率较低的国家调往利率较高的国家，以赚取利率差异的外汇交易。

掉期交易又称时间套汇，是指利用外汇市场上不同时间的汇率差异，买入或卖出某种货币的同时，卖出或买入交割时间不同的等额同种货币的交易。掉期交易往往用于：（1）各国中央银行稳定汇价；（2）银行同业间、银行与其他金融机构之间、银行与客户之间的保值避险或套期图利。比如，美国公司需要10万英镑进行投资，并在1个月后收回，但据预测1个月后英镑对美元将贬值，为了保证投资盈利，又避免汇率变动的风险，美国公司在买进即期英镑的同时，卖出同样数额的1个月远期英镑。

4.外汇期货交易和期权交易

外汇期货交易是指外汇交易双方在外汇期货交易所以公开叫价的方式成交后，承诺在未来某一特定日期，以约定的价格交割某种特定的标准量货币的交易活动。

外汇期权交易是指外汇期权购买者通过付给期权卖出者一定费用，取得在期权有效期内履行或放弃按约定汇率和金额买卖某种外汇的权利。外汇期权是一种权利，不是一种义务。因此，期权的购买者可以根据形势对这个权利进行执行、转让或者放弃。期权交易的出现突破了过去金融期货交易必须实施的限制，避免了交易带来的风险。

二、黄金市场

黄金市场是集中进行黄金买卖的交易场所，是国际金融市场的重要组成部分。黄金市场是历史原因形成的，它与黄金作为货币金属的历史有着密切联系。

黄金市场的参与者主要有产金国的采金企业、拥有黄金的集团和个人、做"空头"或"多头"的投机者、各国的外汇银行或中央银行、为保值和投资的购买者、以黄金作为工业用途和首饰用金的工商企业以及黄金经纪人。黄金经纪人是黄金市场的主要参与者，处于交易活动的中心地位。黄金现货市场是以黄金现货交易为主的市场，一般是在成交后2日内交割。一般由交易双方先签订合同，交付押金，在预约的日期办理交割。黄金现货交易可分为保值交易和投机交易。保值交易是人们为了避免货币贬值或政局动荡而购买黄金，或者避免金价波动造成损失而进行黄金买卖。投机交易是利用金价的波动，估计金价在未来时期的涨跌趋势，买空或卖空从中牟取投机利润。实际上，保值交易和投机交易经常交织在一起，很难区分。伦敦和苏黎世是目前世界排名前两位的黄金现货交易市场，纽约、芝加哥和香港是世界上最主要的黄金期货市场。

红色故事13-1　　　　　　　　　抗战时期胶东的"黄金保卫战"

抗日战争时期，为解决所需经费问题，中共中央提出要重点筹措"硬通货"——黄金和外汇。胶东招远历来享有"金城天府"的美誉，分布着2 000多条可供开采的金矿脉和1 000多个古老的矿洞，尤其是玲珑金矿，享有"华北第一大金矿"和"亚洲金矿之冠"的盛名，所以中共胶东特委和英雄的招远儿女承担了这一历史使命，与侵占招远城的日军展开了一场黄金保卫战。胶东直接或间接向党中央秘密运送13万余两黄金，为支援抗日战争作出了重要贡献。

日军为实现所谓的"产金报国之实效"，在玲珑金矿驻扎了1个武器精良的日军中队和4个伪军中队，在山顶上设碉堡，在半山腰围上铁蒺藜和电网，在金矿周围设立了伪军据点，把玲珑金矿变成了集中营。日军在金矿区实施法西斯统治，实行"以华治华"政策，在矿区周围农村，搜罗社会渣滓，实行保甲制，建立伪政权，抽丁派夫，征税征粮。从农村征抽壮丁千余人，为其修工事，筑道路，打矿洞，盖厂房。矿工们在刺刀和皮鞭的威胁下，在掺杂着像雾一样粉尘的巷道里赤脚作业，稍不如意就会被杀害。

1938年，中共胶东特委开创了蓬黄掖抗日根据地。特委机关和部队移住玲珑山北麓一带，通过相继建立的采金委员会、工会、玲珑采金局、玲珑武工队、敌工站等组织，组织金矿工人开展反掠夺的任务。胶东抗日主力部队不断袭扰日军的黄金物资运输线。在党组织和矿工不断提供情报的配合下，胶东抗日主力部队先后在日军运输线沿线的沙埠村、小李家、张华山头、槐树庄、黄山馆等地，多次伏击玲珑金矿的运输车队，缴获了大批物资。

党的地下组织和敌工站、武工队等也各显其能。从1939年到1945年日本投降，共瓦解敌军180余人，伪军投诚者158人。当年在玲珑金矿任选矿课长的日本人山本市朗回忆说："到了1944年下半年和1945年上半年，玲珑矿区内外几乎成了八路的天下，连我的助手姜选也是八路（地下党员）……在矿内只要一集合队伍，工人中的八路就出去送信，所以日军每次出去扫荡，总是遭伏击。"

1945年8月16日，在玲珑解放前夕，刘子欣投诚，拔掉了据点，为解放玲珑打开了大门。到抗战胜利，驻扎在玲珑金矿的4个伪军中队中有3个伪军中队长，三四十个班排长和敌工站建立了关系，表示争取立功赎罪。1945年8月21日，周恩来通过延安新华广播电台向全世界宣布："华北第一大金矿——玲珑金矿解放！"

至此，日军撤出玲珑金矿，华北第一大金矿完整回归。玲珑金矿及附近矿区也迅速恢复生产，继续支援全国的解放事业。

资料来源　根据山东省档案馆《胶东红色故事》整理所得.

案例讨论

案例一　金融产品

金融市场中的资金融通是通过金融产品的买卖实现的。金融产品又称金融工具或信用工具，是证明信用关系存在及条件有效的一种合法凭证。从发行者的角度来看，金融产品是金融负债；从购买者的角度来看，金融产品是金融资产；从金融交易的角度来看，金融产品是金融商品。金融产品是金融市场的交易对象，是金融市场的构成要素之一。一个活跃的有效率的金融市场，必须有足够的优秀的金融产品。

资料来源　根据相关资料整理所得.

讨论：（1）金融产品与工业产品有什么不同？

（2）你在现实生活中接触过哪些金融产品？你喜欢哪些金融产品？请举例说明。

案例二　"碎片化"理财需求催生互联网金融超市

2015年11月，以白领工薪族为目标客户群体的在线理财平台——"沪薪宝"，在上海正式上线。不同于经营网贷业务的P2P平台，"沪薪宝"用信息而非项目实现投融资双方的对接。

平台运营方上海数融资产管理有限公司的董事长邹培杰介绍说，"沪薪宝"将金融、类金融机构的金融产品信息发布在平台上，有闲散资金理财需求的普通百姓可以登录平台，像"逛超市"一样选择合适自己的产品。所有理财产品都有真实可靠的对应债权作为投资标的，以保证其透明度和安全性。

上海金融学院教授徐学锋等多位业内专家表示，互联网金融已经告别了以"暴利"吸引眼球的发展初级阶段，普通百姓对于互联网理财的预期收益也逐渐回归理性。在这一背景下，着眼于"碎片化"理财需求、立足于金融信息对接的"超市化"互联网平台，未来有望在互联网金融产业链中占据一席之地。

资料来源　根据相关资料整理所得.

讨论：（1）什么是绿色金融？

（2）分析"碎片化"理财产品出现的原因。

阅读材料

［1］金淑彬，崔炳玮. 新编财政与金融［M］. 5版. 成都：西南财经大学出版社，2019.

［2］王常柏. 金融学概论［M］. 3版. 北京：中国人民大学出版社，2021.

［3］周莉. 投资银行学［M］. 5版. 北京：高等教育出版社，2021.

综合训练

随堂测13

一、单项选择题

1.按（　）不同，商业汇票分为商业承兑汇票和银行承兑汇票两种。

A.出票人　　　　B.承兑人　　　　C.付款人　　　　D.背书人

2.票面金额为100万元的银行承兑汇票，剩余日期为4个月，持票人向银行申请贴现，银行贴现利率为6%，则贴现金额应为（　　　）。

A.76万元　　　　B.98万元　　　　C.90万元　　　　D.99万元

3.已贴现的商业承兑汇票到期时，贴现银行首先向（　）收取票款。

A.出票人　　　　B.付款人　　　　C.承兑人　　　　D.贴现申请人

4.贴现银行在收取票款时,如遇到拒付,则应从(　　)账户收取票款。

A.出票人　　　　　　B.付款人　　　　　　C.承兑人　　　　　　D.贴现申请人

5.我国证券交易所的组织形式为(　　)。

A.股份制　　　　　　B.有限责任制　　　　C.合伙制　　　　　　D.会员制

6.证券交易所的最高权力机构是(　　)。

A.会员大会　　　　　B.理事会　　　　　　C.监事会　　　　　　D.总经理

7.证券流通市场上,证券交易的价格是由(　　)决定的。

A.证券交易所　　　　　　　　　　　　B.证券公司

C.买卖双方供求关系　　　　　　　　　D.管理层

8.在各种证券交易方式中,最基本、最普通的交易方式是(　　)。

A.现货交易　　　　　B.信用交易　　　　　C.期货交易　　　　　D.期权交易

9.目前,我国证券交易中普遍采取的交易方式是(　　)。

A.现货交易　　　　　B.信用交易　　　　　C.期货交易　　　　　D.期权交易

10.在各种证券交易方式中,投机性最强的交易方式是(　　)。

A.现货交易　　　　　B.信用交易　　　　　C.期货交易　　　　　D.期权交易

二、多项选择题

1.金融市场由多种要素构成,其基本要素包括(　　)。

A.资金供给者　　　　B.资金需求者　　　　C.中介机构

D.金融商品　　　　　E.管理者

2.根据《中华人民共和国票据法》和《支付结算管理办法》的规定,我国目前使用的票据有(　　)。

A.汇票　　　　　　　B.银行本票　　　　　C.支票

D.商业本票　　　　　E.银行期票

3.同业拆借市场一般包括(　　)。

A.CD市场　　　　　　B.外汇市场　　　　　C.再贴现市场

D.头寸拆借　　　　　E.同业借贷

4.下列属于货币市场的有(　　)。

A.同业拆借市场　　　B.票据市场　　　　　C.回购协议市场

D.短期国债市场　　　E.CD市场

5.我国股票市场的参与者包括(　　)。

A.商业银行　　　　　B.中央银行　　　　　C.企业

D.投资者　　　　　　E.证券商

6.证券交易方式一般有(　　)。

A.现货交易　　　　　B.信用交易　　　　　C.期货交易

D.期权交易　　　　　E.掉期交易

7.外汇市场的参与者一般有(　　)。

A.外汇银行　　　　　B.中央银行　　　　　C.外汇经纪人

D.买卖外汇的客户　　　　E.外汇投资者或投机者

8.外汇交易的种类有（　　　）。

A.即期外汇交易　　　　B.远期外汇交易　　　　C.套汇、套利和掉期交易

D.外汇期货交易　　　　E.外汇期权交易

三、判断题

1.政府也是金融市场的供求者。　　　　　　　　　　　　　　　　　　　　（　　）

2.金融商品又称金融工具或信用工具，是证明信用关系存在及条件有效的一种合法凭证。　　　　　　　　　　　　　　　　　　　　　　　　　　　　　　　　　　（　　）

3.银行汇票、银行本票和支票三种票据都是即期票据，见票即付，不必承兑。
　　　　　　　　　　　　　　　　　　　　　　　　　　　　　　　　　　（　　）

4.商业汇票出票后即具有法律效力，承兑人必须承担到期向持票人无条件支付票面金额的责任。　　　　　　　　　　　　　　　　　　　　　　　　　　　　　　　（　　）

5.商业汇票必须经承兑人承兑后才能背书转让。　　　　　　　　　　　　　（　　）

6.贴现利息=贴现金额×实际贴现天数×（月贴现率÷30）。　　　　　　　（　　）

7.证券交易所本身并不买卖有价证券，也不决定有价证券的价格。　　　　（　　）

8.证券交易所为买卖有价证券提供场所和设施，并指导证券交易价格。　　（　　）

9.各证券商经过申请以会员身份加入证券交易所，并交纳一定的会费，但这类会员制证券交易所不以营利为目的。　　　　　　　　　　　　　　　　　　　　　　（　　）

10.证券经纪人作为证券交易双方的中介，是证券市场的中坚力量，发挥着重要作用。这些证券中介机构不仅办理代理委托业务、自营买卖，而且充当证券承销商，包揽证券发行业务。　　　　　　　　　　　　　　　　　　　　　　　　　　　　　（　　）

11.现货交易是交易双方在成交后即时交割和清算的交易方式。这里的"即时"，可以是当天，也可以是次日。　　　　　　　　　　　　　　　　　　　　　　　　（　　）

四、简答题

1.金融市场有哪些特点？

2.简述货币市场的作用。

3.同业拆借市场有哪些特点？

4.简述证券发行的基本程序。

5.简述保证金多头交易和保证金空头交易。

6.人们进行期货交易的目的是什么？

7.你是怎样理解期权交易的？

五、案例分析题

1.2020年7月5日，A纺织厂（以下简称A厂）与B棉麻公司（以下简称B公司）签订了一份购销合同。该合同约定：B公司向A厂供应50吨一级皮棉，总价款为人民币130万元；在合同签订之后的30日内，A厂以银行承兑汇票的方式预付货款人民币30万元；B公司在2020年10月上旬一次性向A厂交货；A厂收到货物并验收合格后30日内一次性向B公司付清余款。同时，为了保证该购销合同的履行，B公司要求A厂的上级

公司，即C纺织工业总公司（以下简称C公司）就A厂依约履行付款义务提供担保，A厂表示由C公司提供担保较为困难，但可以找C公司在B公司所在城市的分公司提供担保，B公司表示同意。于是，该分公司便与B公司签订了保证合同。保证合同约定，该分公司保证A厂履行与B公司签订的购销合同约定的付款义务，如果A厂不履行义务，该分公司保证履行。

2020年8月1日，A厂为履行预付货款的义务，向B公司开出一张人民币30万元见票后定期付款的银行承兑汇票。B公司收到该汇票后于2020年8月8日向承兑行提示承兑，承兑行对该汇票审查后，在汇票正面加盖"承兑"字样，写明了承兑日期（2020年11月28日）和付款期限。B公司为支付D建筑公司（以下简称D公司）的工程费，于2020年8月20日，将该汇票背书转让给了D公司。

2020年10月上旬，B公司依照上述购销合同的约定向A厂一次性交付货物，并经A厂验收；2020年11月上旬，A厂向B公司提出其交付的货物质量不符，要求退货；B公司声称其货物不存在质量问题，不同意退货，并要求A厂严格履行购销合同，按时向B公司支付货款。随后，A厂以B公司交付的货物质量不符为由，要求承兑行停止支付由其开出的人民币30万元的银行承兑汇票。D公司在该汇票到期日请求承兑行付款时，该行拒绝付款，A厂拒绝向B公司支付货款。

经调查证实：B公司交付A厂的货物不存在质量问题，A厂之所以要求退货，主要是因其生产的产品不适应市场的需要，积压过多，销售发生困难，因此决定停止生产经营，以便择机转产。

请问：（1）承兑行能否拒绝支付D公司所持银行承兑汇票的款项？为什么？

（2）D公司在其所持银行承兑汇票遭到拒付后，可以向谁行使追索权？

2.A公司从B公司购买一批医疗器械，总价款为人民币150万元。依据双方的约定：5月28日，A公司向B公司支付定金人民币30万元；B公司于7月8日交货，A公司在收货后10日内付清余款。5月28日，A公司向B公司开出一张金额为人民币30万元的转账支票（同城使用，下同）。6月10日，B公司向付款人H提示付款，付款人H拒绝付款。B公司在遭到拒绝付款后，遂向A公司要求其重新出票，在A公司重新出票后，B公司获得款项。7月8日，B公司按时交货。7月12日，A公司将从C公司背书的一张金额为人民币150万元的银行汇票背书转让给B公司。7月13日，B公司因偿还债务，又将该汇票背书转让给D公司。7月15日，A公司发现B公司交付的货物为伪劣产品，随即通知付款人W拒绝向上述银行汇票的持票人付款，但D公司于7月16日向付款人W提示该汇票请求其付款时，付款人W仍然按票面金额向D公司支付了全部票款。7月18日，A公司将货物退还给了B公司，要求B公司返还货款并承担担保责任；B公司同意退还货款，但拒绝承担担保责任。A公司遂向人民法院提起诉讼。

请问：（1）付款人H拒绝支付B公司所持转账支票的款项是否正确？为什么？

（2）付款人W支付D公司所持银行汇票的款项是否正确？为什么？

第十四章

国际金融

内容提要

随着各国间往来的增加，金融也在向国际化方向发展，国际金融已成为国际经济交往不可缺少的一部分。本章在阐述国际金融基础知识中，着重讲解了外汇、汇率与国际结算，尤其是信用证结算方式，介绍了不仅影响一国的国内经济，同时也对世界经济产生影响的国际收支以及据其编制的国际收支平衡表。

第一节　外汇与汇率

一、外汇

（一）外汇的含义

外汇具有动态和静态两方面的含义。动态意义上的外汇，是指人们将一种货币兑换成另一种货币，用以清偿国际债权债务关系的行为。在这一意义上，外汇是国际汇兑的意思。然而，人们日常所说的外汇含义为其静态含义。静态外汇的含义又有广义和狭义之分。

1.广义的静态外汇含义

广义的静态外汇，泛指以外币表示的可作为一国外汇储备的一切金融资产。它包括外国货币、以外币表示的各种存款凭证、在国外能够得到偿付的外币债权凭证，以及最终能兑换成外国货币的其他金融资产。我国《外汇管理条例》中所指的外汇就是这种广义的静态外汇概念。

2.狭义的静态外汇含义

狭义的静态外汇，是指以可兑换外币表示的可直接用于国际非现金结算的支付工具。它包括以外币表示的银行存款及以外币表示的支付凭证，如票据等。这些外汇凭证在需要时均可通过银行转账，用于办理国际债权债务结算。这是具有实务意义的外汇概念，它对于涉外经济实体办理各种外汇交易具有现实意义。按照这一定义，以外币表示的有价证券由于不能直接用于国际支付，不属于外汇；同样，外国钞票也不能算作外汇，外钞只有先带回发行国，并贷记在银行账户上，才能算作外汇。

由此可见，狭义的静态外汇具备两个特征：一是外汇必须具备可接受性。对于涉外经济实体而言，它所能获得的外汇应该能根据需要兑换成其他国家的货币，并能为其他国家所接受，否则，就不能视为外汇。二是必须是以外币表示的资产。这是现代国际结算的要求。由于国际结算均为银行间的转账结算（外钞是不能直接用于结算的），这就要求有结算需要的各国在国外必须拥有不同形式的外汇存款，以便利用外币票据，通过贷记或借记各方银行存款账户的方式办理外币的收付。

具体来看，狭义的静态外汇主要是指以外币表示的银行票据、银行存款等，银行存款是狭义静态外汇概念的主体，人们通常就是在这一意义上使用外汇的概念。

广义外汇的主体是狭义外汇，两者在一定条件下可以相互转化。如可兑换外钞或外国债券经转化成现钞存入银行，取得的存款凭证即是狭义外汇；外币债券和股票在市场上变现后也可转化为狭义外汇。为取得更多的收益，闲置的狭义外汇可用于购买外国债券、股票等金融资产，从而转化为广义的外汇。这一章所提及的外汇，均指狭义的静态外汇。

（二）外汇的种类

外汇按不同的标准可以分为不同的类别。这里我们按可否自由兑换来区分，将外汇分为自由外汇和非自由外汇。

1.自由外汇

自由外汇是指在市场上不受任何限制就可兑换成任何一种货币的外汇。它具有完全的可兑换性和可接受性。通常在国际贸易、国际信贷中使用的大多是自由外汇。自由外汇一般都是发达国家的货币，如美元、英镑、日元、欧元等。

2.非自由外汇

非自由外汇是指不能在市场上自由兑换成其他国家货币的外汇，这种外汇是有条件可兑换的外汇。记账外汇是非自由外汇中的一个特例，它是指两国政府支付协定项下只能用于双边结算的外汇，故又称协定外汇或清算外汇。例如，我国对某些发展中国家的进出口贸易，双方为了节省自由外汇，签订双方支付协定，采用记账外汇办理清算。与这些国家发生的所有进出口货款，只在双方国家银行开立的专门账户记载，年度终了，发生的顺差或逆差，则按支付协定的规定处理，即可结转下一年度使用；可用相应的商品支付；也可按规定兑换成第三国货币。这种在双方银行账户上记载的外汇，不能转给第三者使用，也不能在市场上兑换成自由外汇。

外汇作为国际结算计价手段和支付工具，是国际政治、经济、文化交流中必不可少的工具，对于促进国际贸易的发展、扩大各国经济的交往与合作、调节国际资金供求的不平衡发挥着积极的作用。

二、汇率

（一）概念

国际贸易往来与非贸易往来所引起的货币收支和债权债务要在各国间办理国际结

算。因此，任何一个国家的货币对其他国家的货币，都要有一个兑换比例，这个比率就是汇率。所以，汇率就是一个国家的货币折算成另一个国家货币的比率，也可以说是一国货币用另一国货币表示的价格。

（二）标价方法

确定两种不同货币之间的比价，先要确定以哪个国家的货币作为标准。由于确定的标准不同，便产生了不同的外汇汇率标价方法。

1.直接标价法

直接标价法是以一定单位的外国货币为标准，折算为相当数量的本国货币来表示其汇率的一种方法。因为这种标价方式是以外国货币为标准来计算应付多少本国货币的，所以又称应付标价法。

在直接标价法下，外国货币的数额是固定不变的，本币数额的增减表示外汇汇率的变化。一定单位的外币折算的本币数量增多，说明外汇汇率上涨，本币汇率下跌；反之，一定单位的外币换得的本币数量减少，则说明外汇汇率下降，本币汇率上升。目前，绝大多数国家都采用直接标价法，包括我国的人民币对外报价。

2.间接标价法

间接标价法是指以一定单位的本国货币为标准，折算为相当数额外国货币来表示其汇率的一种方法。因这种标价法以本国货币为标准来计算应收多少外国货币，所以又称应收标价法。目前，只有英国、美国使用。在间接标价法下，本国货币的数额固定不变，本币汇率的升降以外币数额的变化来表示。一定单位的本币兑换的外币的数量增多，说明本币汇率上升，外汇汇率下跌；反之，则说明本币汇率下降，外汇汇率上升。

需要注意的是，本币与外币的区分是相对的，一般把外汇市场所在地国家的货币视为本币，其他国家的货币则视为外币。

（三）汇率的种类

1.买入汇率、卖出汇率与中间汇率、现钞汇率

买入汇率又称买价，卖出汇率又称卖价，是买卖外汇的价格，它们都是站在银行的角度来说的，买价与卖价之间的差额，是银行买卖现汇的收益。

中间汇率是指买入汇率与卖出汇率的平均数，又称中间价，不是外汇买卖的执行价格，通常用于报刊和统计报表对外报道汇率消息以及汇率的综合分析。

现钞汇率是指买卖外币现钞所使用的汇率，也有买入价和卖出价之分。一般来讲，外币现钞买入价比现汇买入价要低一些，由于银行买入外币现钞不能在本国流通使用，需要把它们运送到货币发行国才能作为支付手段，在此期间，银行要承受一定的利息损失、支付运费等，所以，银行要进行相应的扣除。外币现钞的卖出汇率则与外汇卖出汇率相同。

2.基本汇率与套算汇率

基本汇率是本国货币与某一关键货币的比价。这是从汇率制度的角度来考虑的。由于外国货币种类繁多，要制定本国货币与每一种外国货币之间的汇率，既没有必要，成本也太高。因而一般就选定某一种在本国对外经济交往中最常使用的外国货币，制定出

本国货币与其之间的汇率，作为基本汇率。大多数国家选用本国货币与美元之间的汇率作为基本汇率。至于其他外国货币与本国货币之间的汇率，则可以根据基本汇率套算出来。

根据基本汇率套算出来的汇率就是套算汇率，也叫交叉汇率。

3.电汇汇率、信汇汇率、票汇汇率

这是按外汇交易的支付工具来划分的。电汇汇率是以电报、电传等方式买卖外汇时所使用的汇率。在使用电汇汇率进行交易时，买卖成交后，银行立即用电报通知国外分支行或代理行将款项支付给收款人。由于电汇方式具有快速高效的特点，因而在国际结算中被广泛采用，并使其汇率成为外汇市场的基本汇率。

信汇汇率是以信函解付方式买卖外汇时所使用的汇率。信汇是由经营外汇业务的银行开具付款委托书，用信函方式寄给国外分支机构或代理行付款给指定收款人的汇款方式。由于使用信函解付外汇，银行可以占用在途资金，所以，信汇汇率比较低。

票汇汇率是指银行以票汇方式卖出外汇时所使用的汇率。票汇是汇出行应汇款人的申请，开立以汇入行为付款人的汇票，交由汇款人自行寄送给收款人或亲自携带出国，凭票取款的一种汇款方式。票汇期间，银行也可以占用客户资金，所以，票汇汇率也比较低。

4.即期汇率与远期汇率

这是从外汇买卖交割期限角度考虑的。即期汇率又称现汇汇率，是指外汇买卖成交后在两个营业日内完成交割时使用的汇率。远期汇率又称期汇汇率，是外汇买卖双方事先约定的，在未来某一特定日期进行交割的汇率。

对于即期汇率，银行一般都直接报出，但对于远期汇率报价，各国银行的做法有所不同：一是直接报出价格；二是报出远期差价，远期汇率则是在即期汇率的基础上加上或减去一定的远期差价而算出的。

此外，汇率还有其他不同的分类标准。按汇率制度分，可分为固定汇率和浮动汇率；按外汇管制的宽严程度分，可分为官方汇率和市场汇率；按营业时间分，可分为开盘汇率和收盘汇率；按汇率的内涵分，可分为名义汇率、实际汇率和有效汇率等。

三、人民币汇率

人民币对外币的汇率，是在贯彻执行独立自主的方针下，根据我国各个时期的政策和经济建设的要求，并参照各国货币汇率的变化情况制定的。

人民币汇率与其他各国货币汇率一样，实行买卖双价制。就是说，对一种外国货币的汇率分为买入汇率和卖出汇率。此外，人民币挂牌汇率分为现汇汇率和现钞汇率两种。电汇、票汇均使用现汇汇率。银行买卖外币现钞使用现钞汇率。现钞汇率是根据国际市场买入外币现钞汇率套算出来的。外钞买价一般比外汇买入价低2%~3%，银行卖出外币现钞与卖出外汇牌价相同。人民币兑换外汇的远期汇率，按不同期限，在即期汇率的基础上加收一定比例计费。远期外汇买卖交割期限有1个月、2个月、3个月、4个月、5个月、6个月6种。远期费用由我国的外汇指定银行根据西方国家主要货币汇率变动趋势和我国对外经贸的需要随时调整。

中国银行信息中心提供的人民币外汇汇率举例见表14-1。

表14-1　2022年1月21日中国银行外汇牌价汇率表（人民币/100外币）货币名称

	代 码	现汇买入价	现钞买入价	现汇卖出价	现钞卖出价	中行折算价
欧元	EUR	715.85	693.61	721.13	723.45	718.04
美元	USD	632.71	627.56	635.39	635.39	634.92
英镑	GBP	858.4	831.72	864.72	868.54	863.14
港币	HKD	81.23	80.58	81.55	81.55	81.52
日元	JPY	5.5496	5.3772	5.5904	5.5991	5.5722

第二节　国际结算

一、国际结算概述

（一）含义

国际结算是指在国家间办理货币收付以清算国家间债权债务关系的业务活动。国际债权债务产生的原因是多方面的，有国际贸易、国际劳务往来、国际资本流动、国际借贷、侨民汇款以及政府外事往来等。凡是由国家间商品交换而产生的结算称为贸易结算；凡是由国家间其他活动而引起的结算称为非贸易结算。国际贸易结算在国际结算中占首要地位。

国际结算的演变经历了现金结算和非现金结算两个阶段。非现金结算迅速、简便，有利于国际贸易的发展，成为现代国际结算方式。

（二）国际结算的特点

国际结算作为一种清算国际债权债务关系的有效方式，在任何国家的应用过程中，都表现出一些共有的特点。

1.银行是国际结算的中介

在国际结算中，由于买方和卖方位于两个不同的国家，使用不同的货币，因此不可能办理面对面的买卖双方一手交钱一手交货的直接结算，这就需要通过银行办理国际结算。因为银行可以在国外广设网点，并通过代理行关系使业务触角遍布世界各地。银行通常在业务规模大的国家或地区设置分支机构，此外还建立国外代理行网络。这些国外代理行有两种：一种是有业务关系的代理行，与其业务往来中的收付大都通过互相开立的账户直接办理；另一种是没有相互关系的代理行，与其业务往来中的资金收付，则需要通过双方银行均有账户的第三家银行来办理。

2.结算各方受国际惯例的约束

由于国际结算在不同国家之间进行，为了减少法律管辖权的分割对国际结算造成的困难，国际商会对国际结算确定了一系列指导性惯例，如《跟单信用证统一惯例》《托收统一规则》等。这些国际惯例、规章不是法律，但已经得到国际贸易结算各方当事人的广泛承认，在国际结算实践中普遍使用，已成为国际结算业务的共同语言。这些国际惯例、规则的执行，可减少纠纷，有利于国际结算业务的顺利进行。

3.货物单据化

在国际结算中最常使用的单据是海运提单，它具有物权凭证的作用，交单等于交货，持有单据即持有货物所有权。货物单据化促使国际结算与融资相结合。银行一方面可凭单据垫款给买方，另一方面可凭单据向买方收回资金。因此，货物单据化是国际结算的一大基本特征。

（三）国际结算制度

国际结算制度是指国与国之间进行债权债务清算所遵循的原则和行为规范。国际结算制度有两种，即多边结算制度和双边结算制度。

多边结算制度是通过经营国际业务的银行按照债权债务当事人的指示以账户转账的方式抵销和清算彼此间的债权和债务的结算制度。在这种制度下，一个国家对另一个国家的债权可以用来抵销对任何国家的债务。目前，大多数国家都采用这种结算制度。

双边国际结算制度是指两国政府签订支付协定，开立清算账户，用集中抵销债权债务的办法，清算两国之间由于贸易和非贸易往来所产生的债权债务的一种制度。20世纪60年代，大多数发展中国家为摆脱外汇严重短缺的困境，都采用这一结算制度。但是双边结算制度只适用于协定国，有碍全球性贸易的发展，而且当两国贸易往来不均衡时，其差额意味着一方被迫为另一方提供信用。正因为这种结算制度具有消极作用，所以现在仅有少数国家采用。

（四）国际结算工具

国际结算业务中使用的结算工具有两大类：一类是票据；另一类是单据。在非现金结算条件下，国际结算使用支付工具，通过银行间划账冲抵来结算国际债权债务关系，这种支付工具就是票据。票据是具有一定格式，由出票人签发，无条件约定自己或要求付款人支付一定金额，并经背书可以转让的书面支付凭证。票据分为汇票、本票和支票，其中汇票在国际结算中应用范围最广。汇票的开立以汇票项目的齐全和合格为前提。汇票必须具备以下几项内容：写明"汇票"字样；无条件支付命令；明确的金额；付款人名称、地址；收款人名称、地址；出票日期和出票地点；付款期限。

国际结算中涉及的单据有许多种，包括货物单据、货物运输单据、货物运输保险单据、货物检验单据。单据在国际贸易中占据十分重要的地位，它是"单证一致、单单一致"条件下进口商付款的依据，也是出口商收款的保障。货物单据主要包括商业发票、装箱单和重量单；货物运输单据主要有海运提单、铁路运单、航空运单和邮包收据。在国际贸易中，海洋运输约占70%，所以，海运提单是一种主要的货物运输单据。货物运输保险单据是保险人为被保险人承保其货物运输风险的证明文件。另外，货物检验凭证，比如商品检验证书等，这些单据也很重要，不可忽视。

二、国际汇款

（一）汇款的种类及程序

汇款是由付款人委托银行用某种信用工具将款项汇交收款人的结算方式。汇款一般分为电汇、信汇和票汇三种。

1.电汇

电汇是汇出行应汇款人的要求，用电报或电传、电子划拨系统通知汇入行解付一定金额给收款人的汇款方式。采用电汇方式，收款人收到款项较快，但费用也较高，汇款人必须负担电报费用，所以通常只有金额较大或急用汇款时，采用电汇方式。

电汇的基本程序如下：①汇款人填写电汇申请书，在申请书上填写汇款金额，收款人和汇款人的姓名、地址等，将申请书连同汇款款项和应交的汇款费用交与汇出行。②汇出行接受申请，汇款人取得电汇收据。③汇出行将汇款内容加注密押后用电报和电传、电子划转系统通知汇入行解付。④汇入行核对无误后，缮制电汇通知书，通知收款人取款。⑤收款人凭电汇通知书到汇入行取款，在汇入行的"收款人收据"上签字或盖章。⑥汇入行支付汇款。⑦汇入行借记汇出行账户，将"付讫借记通知书"寄给汇出行。至此，完成了一笔电汇汇款，资金由债务人流向了债权人。

电汇的基本程序如图14-1所示。

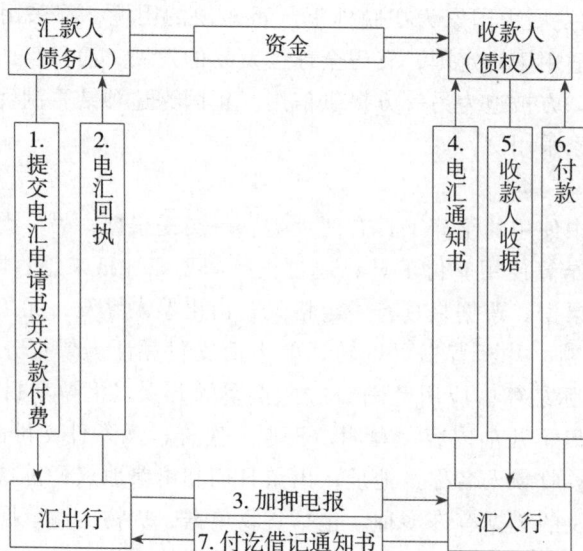

图14-1　电汇的基本程序

2.信汇

信汇是汇出行应汇款人的申请，将信汇委托书寄给汇入行，授权解付一定金额给收款人的一种汇款方式。

信汇费用低廉，但因邮递关系，收款时间比较长。信汇业务程序同电汇大致相同，区别仅在于：汇出行通知汇入行的手段不是电报，而是信汇委托书。信汇委托书不加密押，只需汇出行有权签字人在上面签字即可。

3.票汇

票汇是汇款人委托汇出行开出以汇入行为付款人的银行汇票，由汇款人自行寄给收款人或亲自携带出国交给收款人取款的一种汇款方式。票汇的业务程序如下：①汇款人填写票汇申请书并向银行付款缴费；②汇出行开出银行即期汇票交给汇款人；③汇款人将汇票亲自带到国外或自行寄给收款人；④汇出行将汇票通知书或票根邮寄给汇入行；⑤收款人持汇票向汇入行取款；⑥汇入行将汇票与汇票通知书核对无误后，解付票款给收款人；⑦汇入行将"付讫借记通知书"寄给汇出行。

票汇的基本程序如图14-2所示。

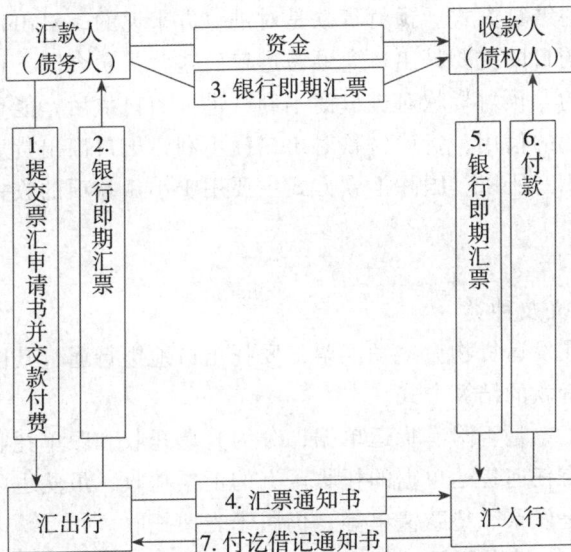

图14-2　票汇基本程序

（二）汇款的偿付

汇款的偿付是指汇出行在办理汇款业务时，应及时将所汇款项拨交给其委托解付的汇入行，也称为"拨头寸"。

1.汇出行和汇入行间存在往来账户关系

可以分为两种情况：一是汇出行在汇入行开立往来账户，汇出行在进行支付委托时，应在委托书上注明"请将这笔款项借记我行在你行的账户"；二是汇入行在汇出行开立往来账户，在这种情况下，汇出行的支付委托书应注明"我行已将这笔款项贷记你方账户"。汇入行接到支付委托书后，按照汇出行的指示进行解付。

2.双方在同一代理行开立往来账户

这样，汇款的偿付可通过该代理行拨交头寸即可，即汇出行在汇出汇款时，主动通知代理行将款项拨付汇入行在该代理行的账户，并在支付委托书上注明"我行已委托A银行将款项借记我方账户并贷记你方账户"，汇入行在接到汇出行的支付委托和A银行寄来的贷记报告单后便可将款项解付给收款人。

3.双方在不同银行开立往来账户

汇出行在汇出汇款时，通知其代理行将款项拨付给汇入行在其他代理行开立的账户，并在支付委托书上注明"我们已通知 A 银行拨付款项给你方在 B 银行的账户"。银行在完成头寸的拨付后，应给对方寄出借（贷）记报告单。

（三）汇款在国际贸易中的具体运用

在国际贸易中，以汇款方式结算买卖双方债权债务时，根据汇款交付和货物运送先后时间的不同，可分为先收款后交货和先交货后收款两种形式，前者为预付货款，后者为货后付款。

预付货款是进口商先将货款的一部分或全部汇交出口商，出口商收到货款后，在一定时间内发运货物的结算方式。预付货款是对进口方来说的，对出口方来说就是预收货款。预付部分货款的目的主要是出口商顾虑进口商违背买卖合同，预收部分货款作为担保，以防进口商毁约。预付货款对进口商不利，进口商付款后，能否拿到与合同相符的货物，取决于出口商的信用；货后付款对出口商不利，出口商出货后能否顺利拿到款项取决于进口商的信用。所以，国际汇款方式主要用于小额款项的收付。

三、国际托收

（一）托收的含义及种类

托收是出口商在发运货物后签发汇票，委托出口地银行通过其国外的分行或代理行向国外进口商收取货款的结算方式。

托收方式按照汇票是否附有货运单据，分为光票托收和跟单托收两种。光票托收是仅凭汇票，而不附有任何货运单据的托收。有的汇票托收，虽然也附有单据，但并不是整套货运单据，只是发票、垫款清单等，仍属于光票托收。

跟单托收，是出口商将汇票连同所附货运单据一起交给银行，委托银行代收货款的一种托收方式。在国际贸易中，提单代表货物所有权，在进口商付款前，出口商掌握着货物所有权。跟单托收相对地减少了出口商所承担的风险，因此使用比较普遍。

（二）交单条件和业务程序

跟单托收根据交单条件不同，可分为付款交单和承兑交单两种。

付款交单指代收行必须在付款人付清票款后才能将单据交给付款人。付款交单对出口商较为有利。付款交单又可分为即期付款交单和远期付款交单。即期付款交单是由出口商开具即期汇票，通过银行向进口商提示，进口商付清货款后取得货运单据。远期付款交单是出口商开具远期汇票，通过银行向进口商提示，由进口商承兑，到交单期限，付清货款后领取货运单据。

承兑交单是银行在进口商承兑远期汇票后，即将货运单据交进口商，到付款期限，再一次向进口商提示，要求履行付款义务。在承兑交单的情况下，货物所有权转移给进口商后，出口商在汇票到期时收回货款的唯一保障就是承兑人的信誉。如果进口商承兑汇票后在汇票到期日拒付，出口商就会面临货款全部落空的风险。因此，在国际贸易中，只有出口商对进口商资信很熟悉的情况下才能使用承兑交单。

在国际托收中，最常用的是即期付款交单。

（三）跟单托收的一般业务程序

由于使用的结算工具（托收指示书和汇票）的传送方向与资金的流动方向相反，所以，托收方式属于逆汇。跟单托收业务一般按照以下程序进行，如图14-3所示：

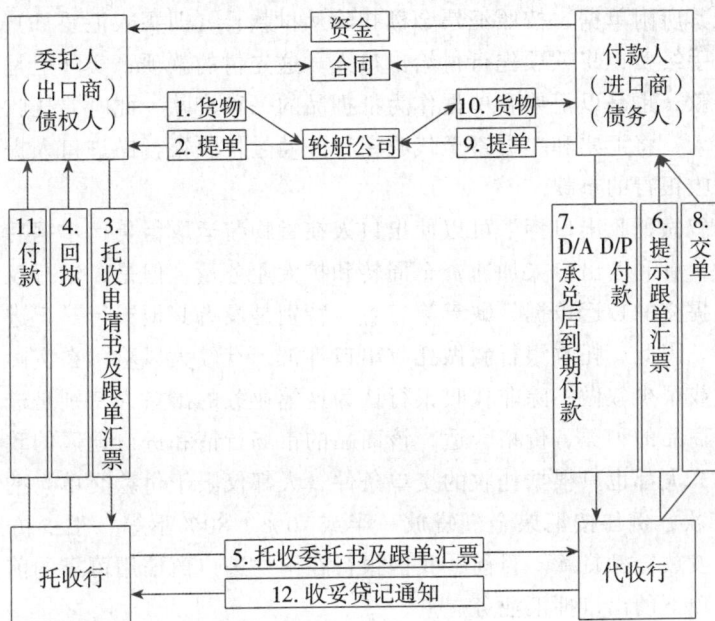

图14-3　跟单托收业务程序

（1）出口人按照合同规定发货后取得运输单据，即连同汇票及发票等商业单据，填写托收申请书一并送交托收行，委托托收行代收货款。

（2）托收行根据出口人的指示，向代收行发出托收委托书连同汇票、单据寄交代收行，要求按照申请书的指示代收货款。

（3）代收行收到汇票和单据后，应及时向进口人作付款或承兑提示。如为即期汇票，进口人应立即付清货款，取得货运单据；如为远期汇票，进口人应立即承兑汇票。倘属付款交单方式，代收行保留汇票及单据，待汇票到期再通知付款赎单；倘属承兑交单方式，则进口人在承兑汇票后即可从代收行取得全套单据。

（4）代收行收到货款后，应即将货款拨付托收行。

（5）托收行收到货款后应即转交出口人。

（四）跟单托收方式下的资金融通

在跟单托收方式下，出口人和进口人可采用出口押汇和凭信托收据借单方式向银行获得资金融通。

1.托收出口押汇

托收出口押汇是指由托收银行以买入出口人向进口人开立的跟单汇票的办法向出口人融通资金的一种方式。其实质是出口企业以代表货物所有权的单据作抵押品，由银行叙做的一种抵押贷款。在国外，出口人为了加速资金周转和扩大业务量，经常依靠银行的资金融通，在采用跟单托收方式进行出口结算时，叙做托收出口押汇则是偶有使用的一种融资方式。它的具体做法是出口人在按照出口合同规定发运货物后，开出以进口人为付款人的汇票，并将汇票及所附货运单据交托收银行委托收取货款时，由托收银行买入跟单汇票及其所附单据，按照汇票金额扣除从付款日（即买入汇票日）至预计收到票款日的利息及手续费，将款项先行付给出口人。这先付的款项，实际上是托收银行对出口人的一种垫款，也是以汇票和单据作为抵押品的一种贷款。此时，托收银行即作为汇票的善意持票人，将汇票和单据寄至代收银行并通过代收银行向进口人提示。票款收到后，即归还托收银行的垫款。

托收银行叙做托收出口押汇可以使出口人在货物装运取得货运单据后，立即得到银行的资金融通，有利于出口人加速资金周转和扩大业务量。但是，银行仅凭一张出口人开立的汇票和提交的货运单据，缺乏第三者，特别是没有其他银行对于进口人的付款做出的信用保证。因此，托收银行叙做托收出口押汇，有较大风险。在实际业务中，许多银行不愿叙做或很少叙做，除非托收银行认为这笔业务的出口人特别是进口人的资信可靠，有关出口商品的种类、价格合适，该商品的市场行情和进口地区的政治经济情况良好。在承做时，大都也只根据托收的交单条件（大都仅限于付款交单）酌情发放一部分汇票金额的贷款，例如按汇票金额贷放一半或70%、80%不等，很少仿照信用证项下出口押汇那样发放全额贷款。目前，我国银行在国外进口商信用可靠的前提下，也酌情叙做跟单托收项下的出口押汇业务。

2.凭信托收据借单

凭信托收据借单又称进口押汇，在托收业务中，是代收银行给予进口人凭信托收据（Trust Receipt，T/R）提货便利的一种向进口人融通资金的方式。在付款交单条件下，进口人为了不占用资金或减少占用资金的时间，或者为了抓住有利行市，不失时机地转售货物，而提前付款赎单又有困难，希望能在汇票到期前或在付款以前先行提货，就可以要求代收银行允许其借出单据。其具体做法是：由进口人在承兑汇票后出具信托收据，凭以向代收银行借取货运单据，并提取货物。信托收据是进口人借单时提供的一种书面信用担保文件，用以表示出据人愿意以代收银行的受托人身份代为提货、报关、存仓、保险、出售，同时承认货物的所有权仍属银行。货物售出后所得的货款在汇票到期日偿还代收银行，收回信托收据。这种做法纯粹是代收银行自己向进口人提供的信用便利，与出口人和托收银行无关。

所以对代收银行来说，有一定风险，为此，代收银行在接到叙做这种借单要求时，首先必须审查进口人的资信。只有资信较好的进口人，或者能提供足够的担保或抵押品的进口人，才予叙做。如果在借出货运单据后，发生汇票到期不能收到货款的情况，代收银行应对出口人和托收银行负全部责任。但是，如果凭信托收据借单提货的做法，是由出口人主动通过托收银行授权办理的，即通常称为"付款交单凭信托收据借单"（D/P·T/R）方式，则是另一种情形。这种做法是指出口人在办理托收申请时指示银行允许进口人在承兑汇票后可以凭信托收据先行借单提货，日后进口人如汇票到期不能付款时，则与银行无关，一切风险概由出口人自己承担。所以，这种做法的性质与承兑交单差不多。所不同的只是，由于代收银行握有进口人出具给代收银行的信托收据，在事先得到代收银行同意的条件下，出口人可以委托代收银行作为当事人的一方，径向进口人追偿，或向法院起诉。而在承兑交单情况下，如进口人不付款，则只能由出口人自己向进口人追偿。

以贸易全球化为首要内容的经济全球化，对我国经济和商务发展产生了深刻影响；加上国家"一带一路"倡议的持续推进，越来越多的中小企业投身于国际市场，这就需要更多掌握丰富专业知识和熟练技能的外贸从业人员。

四、信用证结算方式

（一）信用证结算方式的特点

信用证结算方式分为光票信用证和跟单信用证两大类。在国际贸易中主要使用跟单信用证。下面重点讲一下跟单信用证。

信用证是进口地银行应进口商要求向出口商开立的，凭规定的单据在一定期限内支付一定金额的书面保证文件。信用证结算方式是当前国际结算的主要方式。

信用证结算的特点如下：

（1）开证银行承担第一性付款责任。信用证是由开证行凭自己的信用做出的付款保证。根据出口商交来的符合信用证条款规定的单据，开证行必须无条件付款。

（2）信用证是一个独立的保证文件。信用证起源于贸易合同，但不依附于贸易合同，一经开证银行开出，开证行即对信用证负责，按信用证要求履行付款责任，不受贸易合同的约束。

（3）信用证业务处理以单据为准而不是以货物为准。只要出口商提供的单据符合信用证的要求，即表面上"单证一致"，银行就必须付款，对货物的真假、好坏，银行一概不管，也没有责任。

（二）跟单信用证的结算程序

1.申请开证

进口商根据贸易合同中以信用证为支付方式的要求，在合理期限内，向当地银行申请开立信用证：填写开证申请书，表明对信用证内容的具体要求和申请人对开证银行的声明和保障。开证申请书经申请人和开证行双方签字后生效，成为具有约束力的契约文件。

2.对外开立信用证

银行对外开立信用证通常采用三种方式：信开信用证、简电开证、全电开证。

（1）信开信用证：开证行根据开证申请人的要求，将信用证的全部内容用信函方式开出，邮寄到通知行，再通知受益人。开证行与通知行之间应事先建立代理行关系，互换签字样本和密押，以便通知行可凭签字样本核对信开信用证上开证行的签字。这种开证方式时间长，但费用较低。对于装运日期较长或金额较小的信用证通常以信开方式开出。

（2）简电开证：开证行根据开证申请人的要求，将信用证的主要内容发电预先通知受益人。这种简电信用证只供受益人备货订仓参考，不能凭以装运货物，它也不是有效的信用证文件，银行不能凭以付款/承兑/议付。发出简电通知的开证行必须毫不延迟地向通知行寄送有效信用证文件，受益人可凭以议付单据。

（3）全电开证：开证行根据开证申请人的要求，将信用证的全部内容以加注密押的电信方式通知受益人所在地的银行，请其通知受益人。目前，外汇指定银行大多用SWIFT电信方式开证。

3.出口地银行通知信用证受益人

出口地银行收到信用证后，首先要鉴别其真伪，函开核印鉴，电开核密押。如有疑问，应及时向开证行查询，没有疑问，即加注通知行参号，按开证行指示通知受益人，并将已通知的信用证复制一份留底备查。

4.受益人审证发货，提交单据

受益人接到信用证通知后，应先审核信用证是否与贸易合同内容一致，如有不符，应通知进口商修改信用证。在确认信用证后，根据其要求发货，取得相应的单据，包括货运单据、保险单据、检验证明等，备妥全部单据后，即可到信用证指定的银行送交单据，签发汇票。

5.出口地银行审单议付、索汇

议付行根据审单原则对信用证和全部单据进行核对，经确认后，按汇票金额扣除利息和手续费后的余额，议付给出口商（议付是有追索权的，付款无追索权）。议付行凭与信用证相符的单据向受益人垫款后，就可以向开证行寄出单据，进行索汇。

开证行收到寄来的单据后，与信用证条款相核对，如果单据与信用证相符，即无条件将款项偿还议付行。

6.申请人付款赎单

开证银行对议付行付款后，通知申请人前来付款赎单。申请人若发现单证不符，可提出拒付，这时，开证银行就要承担损失。进口商若提货后发现货物与贸易合同不符，就不能与开证行交涉，只能根据责任向有关当事人如出口商、承运人、保险公司等进行索赔。

信用证结算基本程序如图14-4所示。

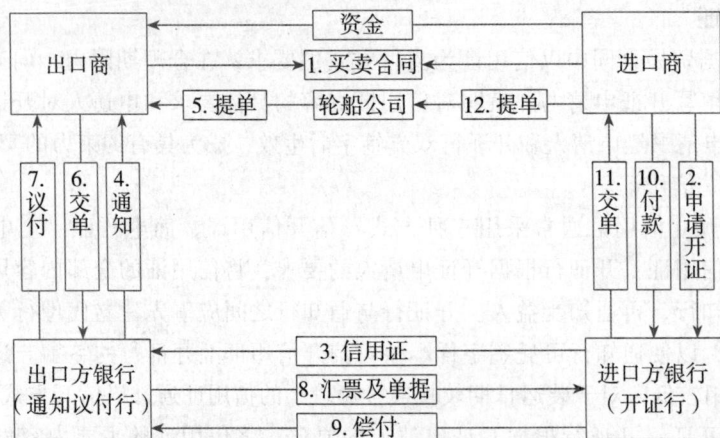

图14-4　信用证结算基本程序

（三）审核单据的原则

银行必须合理小心地审核一切以确定其是否符合信用证条款和条件要求。确定信用证中规定的单据表面上是否符合信用证条款要求的依据是《跟单信用证统一惯例》。

在信用证结算方式下，受益人提交的各项装运单据，必须符合信用证的规定，这是国际银行结算对单据普遍实行的"严格符合原则"。所谓严格符合，是指"单证一致"和"单单一致"，出口商交来的单据要与信用证条款一致，单据与单据之间内容要一致。只要单据严格符合，银行即可凭单付款、承兑、议付，开证行就要凭单偿付。因为货运单据代表货物的物权，货运单据的转移就代表了物权的转移，这就是在国际贸易上的货物单据化，卖方交付单据代表交付货物，买方取得单据代表收到货物。同样，在国际结算上单据商品化，银行购进的是单据，受益人出售的也是单据，有关各方都以单据作为依据。所以，银行在信用证结算业务中只管单据不管货物。

第三节　国际收支

一、国际收支概述

国际货币基金组织对国际收支的定义是：国际收支以统计报表方式，系统总结特定时期内一国的经济主体与他国的经济主体之间的各项经济交易。它包括货物、服务和收益、对世界其他地区的金融债权和债务的转移以及单项转移。概括地说，国际收支是一个国家在一定时期所有对外经济贸易往来以及对外债权债务的结算而引起的对外货币收支。

国际收支所涉及的内容相当广泛，几乎包含一国对外经济、金融的全部内容。它不仅反映该国的对外经济、贸易、金融活动水平和国际融资能力，而且反映该国的经济发展水平、经济实力和竞争能力。

把一国的国际收支，即在一定时期内的国际经济交往，按某种适合于经济分析的需要编制出来的报表称为国际收支平衡表。国际收支平衡表是经济分析的重要工具之一，它反映了一国的商品进出口、对外经济扩张和引进外资、货币币值走势等状况，有利于编表国制定宏观决策、采取相应的调节措施，对其他国家来说则有利于了解编表国的国际收支状况，进一步了解世界贸易的形势及货币汇率的走势等。

二、国际收支平衡表

由于各国的经济发展情况不一，国际收支平衡表的具体内容也有所不同，但大体上是一致的，一般包括：

（一）经常账户

经常账户是一国与另一国交往而经常发生的账户，在国际收支中是最基本、最重要的账户。它包括三部分：①货物和服务。该项目除货物部分外，还包括细分为12个子项的服务项目。②初次收入。具体包括雇员报酬、投资收益和其他初次收入三项。③二次收入。具体包括个人转移和其他二次收入两项。

（二）资本和金融账户

资本和金融项目由资本项目与金融项目两部分构成。

（1）资本项目。作为《国际收支手册》第五版修订的内容，资本项目主要包括以下两个方面：①资本的转移。②非生产、非金融资产的收买或放弃，主要包括不是由生产创造出来的有形资产（如土地和地下资产）与无形资产（专利、版权、商标、经销权等）的收买或放弃。对于无形资产，所涵盖的交易其实也涉及了经常项目与资本项目两项。经常项目服务项下记录的是无形资产的运用所引起的收支，资本项目的资本转移项下记录的则是无形资产所有权的买卖所引起的收支。

（2）金融项目。自第六版开始，《国际收支手册》对金融账户有了越来越细致的区分。因此，目前金融账户主要分为非储备性质的金融账户（直接投资、证券投资、金融衍生工具和其他投资）、储备资产。非储备性质的金融账户如下：①直接投资。直接投资反映某经济体的居民单位（直接投资者）对于另一经济体的居民单位（直接投资企业）的永久性权益，它包括直接投资者和直接投资企业之间的所有交易。直接投资项下包括股本资本、用于再投资的收益和其他资本。②证券投资。证券投资指有关债务或股本证券的跨境交易和头寸，包括股本证券和债务证券的交易。股本证券交易包括股票、参股或其他类似交易。债务证券包括长期债券、无抵押品的公司债券、中期债券等；还包括可转让的货币市场债务工具，如短期国库券、商业票据、银行承兑汇票、可转让的大额存单等。③金融衍生工具。金融衍生工具主要包括期权和远期合约，雇员认股权作为一种报酬形式，是向公司雇员提供的一种购买公司股权的期权。④其他投资。其他投资为剩余类别，包括没有列入直接投资、证券投资、金融衍生工具的头寸和交易，包括其他股权、贷款、非人寿保险技术准备金、人寿保险和年金权益、养老金权益、启动标准化担保的准备金、贸易信贷和预付款、货币和存款等。

储备资产指由货币当局控制，并随时可供货币当局用来满足国际收支资金需求，用以干预汇兑市场，影响货币汇率，以及用于其他相关目的的对外资产。涉及的项目包括货币化黄金、在国际货币基金组织的储备头寸、特别提款权、其他储备资产。

（三）净误差与遗漏

这是一个人为设置的平衡项目。该项目的设置是由于国际收支统计中经常会出现错误与遗漏。

国际收支的各个项目按复式记账原理进行编制，每个项目收入和支出的数据应相等，但国际收支平衡表中所列各个项目的数据，涉及的范围十分广泛而复杂，来源于各个方面，有海关的统计，有各个行政部门和各种机构、企业的报表，还有银行的报表等。统计数据和资料的不全面、不完整、不准确，是难以避免的。这样，就需要有一个"错误与遗漏"项目，设在国际收支平衡表中，使借方与贷方达到平衡。

国际收支平衡表是按照复式记账原则编制的。按照复式记账的原理，每一笔国际经济交易都要分别记录在国际收支平衡表的借方和贷方，分别反映一定时期内各项对外经济活动的发生额。

贷方称为正方项目。一国对外经济活动中，一切收入项目和对外负债增加、资产减少项目都记入国际收支平衡表的贷方。

借方称为负方项目。一国对外经济活动中，一切支出项目和资产增加、负债减少项目均记入国际收支平衡表的借方。

也就是说，凡是引起本国从国外获得货币收入的交易都记入贷方，凡是引起本国对国外货币支出的交易都记入借方。在这里，记入借方或贷方的基本尺度是，看国际经济交易带来的结果是资金的流入还是流出。如果是资金流入则记入贷方，如果是资金流出则记入借方。

三、我国的国际收支

中华人民共和国成立以后，由于受传统的高度集中的计划经济体制的影响，我国没有编制国际收支平衡表，只是编制外汇收支平衡表，并通过外汇收支平衡表反映我国的对外经济交易。外汇收支平衡的项目包括贸易收支、非贸易收支和对外援助收支，并以已结汇数为统计依据。当时我国强调自力更生，在外汇收支方面执行"以收定支，收支平衡，略有结余"的方针，努力实现既无外债，又无内债的目标，与西方国家很少发生资金借贷关系，对外贸易发展也很缓慢，其他国际交往也不多。

党的十一届三中全会以后开始执行的改革开放政策，使我国的对外经济交往获得了前所未有的发展。通过合营企业、合作经营、补偿贸易、来料加工和装配、租赁、装配信贷、出口信贷、各种存款，并通过政府间和国际金融组织吸收了一定数额的外汇，这使我国国际收支突破了贸易外汇收支的局限。此外，1980 年 4 月和 5 月国际货币基金组织和世界银行相继恢复我国的合法席位。1980 年我国编制了第一个国际收支平衡表，并在当年制定了我国的国际收支统计制度。当时的国际收支统计数据采集主要依赖国家各行政主管部门，包括海关、旅游局、财政部等，从行业统计角度收集有关数据，按季度报送有关报表，最后由国家外汇管理局进行逐级汇总，编制全国的国际收支平衡表。目前，国家外汇管理局会定期公布我国国际收支平衡表时间序列数据。

红色故事 14-1　红色金融史——抗战时期湘赣革命根据地金融机构发行公债

1932 年 1 月 30 日，中共苏区中央局做出关于"湘赣革命根据地的工农银行要成为国家银行湘赣边分行"的指示。命令是在湘赣省工农银行成立开业后不久下达的。受战争环境影响，湘赣省工农银行收到指示时已经完成群众股金的筹募工作，如果立马退还势必失去信誉。经过慎重考虑，湘赣省苏维埃政府决定暂以湘赣省工农银行名义开展业务，待到开业一周年分红派息，将群众股金退还后再更名为"中华苏维埃共和国国家银行湘赣省分行"，使其成为一家完全属于苏维埃政权的国家银行分行。

1932 年 12 月，为彻底粉碎国民党第四次"围剿"，湘赣省苏维埃政府颁布《革命战争短期公债条例》，发行8万元短期公债充实红军给养，面额有伍角、壹元、贰元三种，定半年还本付息，利率半年一分；革命公债还可以用作缴纳1933年的商业税、土地税等国家租税，可以作为买卖抵押的担保品。销售和还本付息由各级政府财政部、红军经理处负责。

中共湘赣省委对发行公债提出明确要求："党团员带头购买省苏发行的革命战争公债票，每个党员最低要购买1元，并领导广大劳苦群众自动购买，以充实红军给养，使主力红军顺利地担负目前革命战争。全省公债分配各县数目如下：永新26 000元，莲花13 000元，茶陵5 000元，安福8 000元，安吉8 000元，萍乡1 000元，攸县400元，分宜中心县委8 000元，鄞县800元，宁冈500元，遂川500元，河西2 000元。"苏区人民积极响应政府的号召，为支援革命战争，踊跃购买公债。如永新县各机关举行政治动员和公债购买竞赛，有的群众一人买三五十元至六十余元，工人购买几元至十几元的很多，莲花县一个贫民买20元。在根据地广大人民群众的拥护和支持下，分配给各县的集资销售任务仅用2个月即告完成。

1934年1月，湘赣省委、省苏维埃政府在湘赣全省发起"深刻认识二期公债在目前革命战争中的伟大政治意义"的政治动员运动，在这场经济突击运动中提出了以下几条口号：要充裕红军战费，发展国民经济，保障革命战争长期的物资供给，必须完成公债；要吃便宜盐，必须迅速推销公债，发展对外贸易；要使谷子价钱不贵不贱，必须拿谷子买公债以调剂粮食；要便利群众各种日常需用品的供给，必须推销公债，帮助合作社的发展。

到1934年8月，主力红军浴血奋战终不能打破国民党第五次"围剿"，任弼时、萧克、王震带领红六军撤出湘赣根据地，突围西征，湘赣省分行随即停办了各项业务。在以谭余保为书记的中共湘赣临时省委的领导下，湘赣根据地人民与国民党敌军展开了艰苦卓绝的游击战争。抗日战争爆发后，根据党中央指示，湘赣边游击队改编为新四军，走上了抗日救国的第一线。

资料来源　中国金融思想政治工作研究会. 中国红色金融史［M］. 中国财经出版传媒集团，中国财政经济出版社，2021.

案例讨论

案例一　国际结算

某公司出口服装到韩国，客户要求做付款交单托收，并且指定韩国工业银行作为代收行。由于买卖双方并非第一次开展业务，以前也通过韩国工业银行托收，所以此次业务还是重复过去的做法。但是这次单据寄到韩国工业银行之后，过了6个多月也没有收到货款，而客户却早就把货物提走卖掉了。原来是银行私自将提货单据放给了买方。该出口商非常着急，聘请律师专门飞到韩国，好不容易才把货款追回。后来该出口商仔细核对过去的收款记录，发现以前历次托收虽然都收到了货款，但事实上每次都是银行先将单据放给了客户，而客户则至少滞后一个星期才付款。

讨论：（1）根据以上案例，你认为国际结算的风险在哪里？

（2）如果你是出口商，应该怎样防范国际结算的风险？

案例二　国际收支

2020年，国际收支延续基本平衡的发展格局，外汇储备规模稳定在3.2万亿美元左右。经常账户顺差增加，与国内生产总值（GDP）之比为1.9%，继续处于合理均衡区间。其中，货物贸易顺差较2019年增长31%，呈现先抑后扬走势；服务贸易逆差收窄44%，主要是旅行支出萎缩。跨境双向投融资活跃。一方面，外资投资国内市场的信心依然较强，各类投资合计5 206亿美元，较2019年增长81%；另一方面，居民多元化配置境外资产的需求增加，我国对外各类投资5 983亿美元，增长1.1倍。2020年年末，我国对外金融资产和负债较2019年年末分别增长11%和18%，对外净资产2.2万亿美元。

2021年，预计经常账户顺差继续处于合理区间，跨境资本流动延续有进有出、总体均衡的态势。从国际环境看，全球新冠肺炎疫情仍然产生持续影响。

资料来源　根据国家外汇管理局网站相关内容编写.

讨论：（1）你认为国际收支"双顺差"影响你的生活吗？

（2）你认为我国国际储备资产增长越快越好吗？为什么？（请老师查阅即时外汇储备资产数据）

案例三　解构信用证欺诈案例

2020年5月，国内A银行收到俄罗斯B银行发送的MT710，通知其开证行为乌克兰C银行的延期付款信用证。该信用证的被指定银行和保兑行均为B银行，后该信用证修改，撤销保兑，并将单据寄送地址修改为C银行。经与受益人沟通得知，保兑的撤销为应受益人的要求。受益人按照信用证要求备货装船，并在规定时间内提交单据，A银行审核单据无不符点，按照信用证要求将单据寄至开证行地址。

A银行在合理时间内收到被指定银行B银行发送的承兑电文，确认收到相符单据，同意到期付款。信用证到期日前夕，A银行并未收到被指定银行的付款，而是收到一份声称"由于受益人未按日期装货，导致货物滞港"，买方需延迟付款的报文。A银行重新查询单据并无不符点，且承兑电文中并未提出货物迟装的问题，经与受益人证实，到期不付款为买方（开证行）单方面的行为，故A银行发送报文要求其立即付款。此后，A银行和受益人均无法联系开证行和开证申请人。

A银行查询DHL单据签收信息显示：在乌克兰当地单据未落地的情况下，有人自称收件人，直接在当地DHL派送中心签收了单据。经DHL核实，签收人并非银行地址，而是另一家公司名称。此时，A银行发现单据被冒领，要求当地DHL立即报警。受益人向船公司调查货物状况，发现货物已被提走。

乌克兰开证行回复电文证实：并未收到此份单据，且该银行并无签收单据的员工。A银行继续发送报文要求开证行付款，开证行"千呼万唤"后，终于回复报文，称其：从未开立此份信用证。此刻，A银行发现该份信用证为B银行一手炮制。与此同时，更多信息得以披露：买方是由别的客户向受益人介绍的；保兑的撤销是应受益人的主动要求，原因是出口信保不对保兑行承保；DHL单号由受益人直接向申请人提供，从而导致单据被冒领；申请人与受益人之间一直保持较好的联系，在开证前曾预付10%的货款，获得受益人信任。根据上述情况可以发现，受益人已经陷入由被指定银行和开证申请人精心炮制的骗局之中。

在此案例中，B银行和开证申请人通过以下几个途径取得受益人的信任：一是预付一部分货款来体现诚意；二是利用另外信誉较好的银行作为开证行，以获取客户的信任；三是在受益人要求撤销保兑时立即对信用证做了修改；四是在拿到单据后尽快做出承兑，以麻痹受益人。

资料来源　郭泳，梁异. 解构信用证欺诈案例［J］. 建行天地. 2020（1）：72-73.

讨论：（1）分析了解信用证欺诈的成因及主要形式。

（2）如何防范信用证欺诈？

阅读材料

［1］金淑彬，崔炳玮. 新编财政与金融［M］. 5版. 成都：西南财经大学出版社，2019.

［2］王伟，张一林. 国家金融国际参与［M］. 广州：中山大学出版社，2021.

［3］余庆瑜. 国际贸易原理与实务［M］. 北京：中国人民大学出版社，2021.

［4］李永波，刘丙泉，辛立秋. 国际结算实务教程［M］. 北京：科学出版社，2021.

［5］中国人民银行货币政策分析小组. 2019年第二季度中国货币政策执行报告［M］. 北京：中国金融出版社，2019.

综合训练

随堂测14

一、单项选择题

1.在外汇买卖中，一般使用的汇率是（　　　）。

A.电汇汇率　　　　　　　　　B.票汇汇率

C.信汇汇率　　　　　　　　　D.基准汇率

2.在下列汇率中，价格最低的是（　　　）。

A.买率　　　　　B.卖率　　　　　C.现钞买入价　　　　D.中间价

3.一个国家本国货币对关键货币的比价，我们称为（　　　）。

A.基本汇率　　　　B.基准汇率　　　　C.套算汇率　　　　D.交叉汇率

4.在国际结算方式中，各国都普遍采用的方式是（　　　）。

A.国际汇款　　　　B.国际托收　　　　C.信用证结算　　　　D.跟单托收

5.假定某日市场行情为：即期汇率1美元=人民币6.2600～6.2800元，3个月的远期差价为20/30，则3个月的远期买价为（　　　）元。

A.6.2620　　　　B.6.2820　　　　C.6.2630　　　　D.6.2830

6.在国际收支平衡表的项目中，占有最重要、最基本地位的是（　　　）。

A.经常项目　　　　B.资本项目　　　　C.平衡项目　　　　D.官方储备项目

7.当一国的国际收支不平衡时，能自发进行调节的是（　　　）。

A.汇率　　　　B.财政政策　　　　C.货币政策　　　　D.外汇缓冲政策

8.我国正式编制国际收支平衡表始于（　　）。

A.1979年　　　　　　B.1949年　　　　　　C.1981年　　　　　　D.1980年

9.人民币对外汇标价采用（　　）。

A.美元标价法　　　　B.直接标价法　　　　C.间接标价法　　　　D.人民币标价法

10.人民币远期汇率对外公布采用的标价方法是（　　）。

A.标出其远期差价

B.在即期汇率的基础上按一定比率计费

C.直接标出

D.在远期汇率的基础上按一定比率计费

11.目前，在国际金融市场上，普遍采用的标价方法是（　　）。

A.美元标价法　　　B.直接标价法　　　C.间接标价法　　　D.英镑标价法

12.在一般情况下，人们说的外汇往往指的是狭义的静态外汇含义，其主体为（　　）。

A.外国股票　　　　B.银行存款　　　　C.外国债券　　　　D.外汇现钞

二、多项选择题

1.下列货币对我国来说，属于外汇的有（　　）。

A.美元　　　　　　B.日元　　　　　　C.欧元

D.英镑　　　　　　E.人民币

2.在跟单信用证结算方式下，单据非常重要，银行在审核单据时，应遵循的原则有（　　）。

A.单证一致　　　　B.贸易合同与单证一致　　　C.单单一致

D.单据真实　　　　E.单证与贸易合同一致

3.国际结算中常用的票据有（　　）。

A.本票　　　　　　B.支票　　　　　　C.信用证

D.汇票　　　　　　E.旅行支票

4.在跟单信用证结算中，必须要使用单据，根据符合条件的单据进行结算。在所有的单据中，常用的有（　　）。

A.铁路运单　　　　B.航空运单　　　　C.邮包收据

D.海运提单　　　　E.商业发票

5.下列属于国际收支失衡原因的有（　　）。

A.结构性失衡　　　B.货币性失衡　　　C.所得性失衡

D.过度债务性失衡　　E.周期性失衡

6.国际收支平衡表中的经常项目包括（　　）。

A.贸易收支　　　　B.非贸易收支　　　C.短期资本

D.长期资本　　　　E.单方转移

7.自主性交易是衡量一个国家国际收支是否平衡的标准，包括（　　）。

A.资本项目　　　　B.经常项目　　　　C.短期资本项目

D.长期资本项目　　　　　E.官方储备项目

8.为了衡量一个国家的国际收支是否平衡，首先要将一个国家的国际收支按交易性质分成两大类，即（　　　）。

A.自主性交易　　　　　B.自由性交易　　　　　C.调节性交易

D.投资性交易　　　　　E.投机性交易

9.常见的外汇标价方法有（　　　）。

A.直接标价法　　　　　B.美元标价法　　　　　C.间接标价法

D.外汇标价法　　　　　E.本币标价法

10.在国际托收中，根据交单条件的不同，可分为（　　　）。

A.付款交单　　　　　B.承兑交单　　　　　C.即期承兑交单

D.延期付款交单　　　　　E.远期付款交单

三、判断题

1.美元是世界通用货币，所以对世界各国来说，美元都是外汇。（　　　）

2.假定某日市场行情为：100美元=627.0000～629.0000元人民币，则美元买价为627.0000，即银行买入100美元需付出627元人民币。（　　　）

3.在国际汇款中，如果汇出行在汇入行开立账户，在汇出某一笔国际汇款时，应借记汇出行在汇入行开立的账户。（　　　）

4.国际收支失衡是指一国的国际收支平衡表中借方项目与贷方项目不能够为0。（　　　）

5.当一国出现国际收支逆差时，会使该国的黄金外汇大量流失。（　　　）

6.当一国出现持续的国际收支顺差时，会给该国带来通货膨胀的压力。（　　　）

7.在一国的国际收支平衡表中，最基本的项目是官方储备。（　　　）

8.在1980年以前，我国的国际收支中主要是商品和劳务的外汇收支。（　　　）

9.在外汇交易当中，最常使用的汇率是票汇汇率。（　　　）

10.在信用证结算方式中，开证行可以等进口人付清款项以后，再与议付行结清款项。（　　　）

11.出口地银行在对出口商进行议付后，不能再对出口商进行索偿，如果单据遭开证行拒付，只能自己承担损失。（　　　）

12.信用证是根据贸易合同开出的，因此信用证在结算过程中一定受贸易合同的约束。（　　　）

13.记账外汇也可以根据实际需要，在市场上兑换成自由外汇。（　　　）

14.在信用证结算中，进口商付款赎单后，如发现货物与贸易合同不符，可以到开证行要求其退款。（　　　）

四、简答题

1.作为国际经济交往中的外汇，应具有哪些基本特征？

2.信用证结算方式具有哪些特点？

3.为什么在国际结算中，各国普遍采用信用证结算方式？

4.试述国际汇款中票汇的结算程序。

5.试述跟单托收的结算程序。

6.在国际汇款中，银行如何进行款项的拨付？

五、案例分析题

德国某银行来证规定：受益人于2020年4月6日议付交单，未明确规定议付有效地点，但该信用证附有有关合同并在条款中写明"所附合同为本信用证不可分割的一部分"。该合同第七条规定："提单日期后20天内在中国议付有效。"

受益人装运、备单、制单后于4月6日向中国银行广州市分行交单议付。4月18日议付行收到德国开证行的来电："我们确认已收到信用证项下的单据，金额为73 200欧元。但根据《UCP600》的规定，我们发现该项单据未在发货后21天内交单。已联系开证申请人，待答复后再告。"经议付行查留底单据，提单日期为3月18日，交单日期为4月6日，并未超过21天。从开证行来电的内容看，开证行显然把它所在的地方视为议付有效的地点，因而认为受益人拖延交单时间。议付行随即电告开证行："单据未在发货日21天内提交一事应请注意，你行来证虽未规定有效地点，但在有关条款中规定所附合同为信用证不可分割的一部分，而该合同明确规定在中国议付有效。今受益人于4月6日交单，没有超过21天，也符合合同中提单日后20天内在中国议付的规定。因此该不符点不能成立，请予确认，并即付款。"开证行接电后不再申辩，于4月25日电复："已付款。"

请问：该案例说明了哪些信用证结算的知识？

六、实务题

1.某公司委托银行办理托收，单据于7月2日到达代收行，同日向付款人提示。在D/P即期、D/P20天、D/A20天3种不同托收方式中，付款人应分别于何日付款？

2.某公司委托银行办理托收，托收行未发现单据中存在错误，最后单到国外，代收行提示付款时，付款人提出单据有误拒绝付款。银行是否有责任？

3.A公司委托银行办理托收，但在托收指示中没有明确规定是承兑交单还是付款交单。单到国外，代收行向付款人提示汇票，要求付款人付清款项才能交单。付款人坚持承兑交单。结果货到港后，付款人无法提货，货受损。其责任由谁承担？

4.审核单据时未发现单据中的错误而办理买单议付，单到开证行被拒付，议付行是否有责任？

5.信用证规定受益人交单议付的有效期为6月5日，最后装运期为5月25日，并规定提交单据的特定期限为运输单据签发后11天。后经各方同意，开证行对信用证进行修改，将装运期延迟到6月5日，交单议付有效期延至6月16日。实际于6月12日提交5月28日签发的提单向银行办理议付，是否可以？

6.某进出口公司欲出口一批商品，向外报价每吨USD5 000 FOB Guangzhou，现外商要求改报英镑价格，试根据下列牌价，进行折算，应报多少英镑？（保留整数，即期汇率：GBP1=USD1.4025～1.4045）

第十五章

中央银行

■ 内容提要

　　中央银行作为一个国家金融体系的中心环节，制定和执行国家货币金融政策，并通过其业务调节和控制全国的货币流通和信用活动，它是管理全国货币金融的最高机构。本章主要介绍中央银行的性质、职能及其调控宏观经济的手段，并介绍中央银行的资产、负债和清算业务。

第一节　中央银行的性质和职能

一、中央银行的性质

（一）中央银行是国家调节宏观经济的工具

　　中央银行处于一个国家金融体系的中心环节，是全国货币金融活动的最高权力机构，是全国货币信用制度的枢纽。中央银行可以根据国家经济发展情况，制定和执行货币政策，并利用其特殊的金融业务与金融监管职能，贯彻国家的金融政策意图，控制货币供应总量，并调节贷款的投向和投量，进而适时调节经济发展，把国家宏观经济决策和宏观经济调节的信息传递到国民经济各部门、各单位。

　　（二）中央银行是特殊的金融机构

　　（1）在业务经营目标上，商业银行经营具体的货币信用业务，以追求利润最大化为经营目标；中央银行不直接经营对工商企业的具体货币信用业务，不以营利为目标，它是为国家干预经济生活、实现经济政策目标服务的。

　　（2）在业务经营对象上，普通银行和其他金融机构业务经营的直接对象是工商企业、其他单位和居民等；而中央银行业务经营的直接对象是政府机构、商业银行及其他金融机构。中央银行通过与这些部门的业务往来，贯彻执行国家的货币政策和履行金融管理职能。中央银行能够代表国家参与国际金融组织和国际金融活动。

　　（3）中央银行享有发行货币的特权，这是普通银行和其他金融机构所不能享有的。

中央银行吸收存款不是为了扩大贷款规模，而是为了调控信贷规模和调节货币供应量。在业务经营中它不与普通银行和其他金融机构争业务。

综上所述，中央银行作为金融机构已不再是普通的信用中介人，而是能够制定和执行货币政策、控制社会信用规模、调节货币流通、进行金融调控的特殊金融机构。

（三）中央银行是管理金融事业的国家机关

（1）中央银行是全国金融事业的最高管理机构，是代表国家管理金融的部门。

（2）中央银行代表国家制定和执行统一的货币政策，监督全国金融机构的业务活动。

（3）中央银行的主要任务是代表国家运用货币政策对经济生活进行直接或间接的干预。

（4）中央银行代表国家参与国际金融组织和国际金融活动。

中央银行虽然是国家机关的组成部门，但不同于一般的国家机关。这是因为：第一，中央银行不是单凭行政权力行使其职能，而是通过运用经济、法律和行政等多种手段，如计划、信贷、利率、汇率、存款准备金以及有关法律和规定等，对商业银行和其他金融机构的业务进行引导和管理，以达到对整个国民经济的宏观调节和控制。第二，中央银行在行使管理职能时，大多是通过对各种银行和其他金融机构的存贷业务、发行业务、对政府办理国库券业务和对市场发行、买卖有价证券等业务而实现的。因此，中央银行在很大程度上是建立在它拥有的经济手段基础之上，并依托整个银行业务行使职能的。这与一般的行政管理机关有明显差别。

1995年3月18日公布并施行的《中华人民共和国中国人民银行法》（以下简称《中国人民银行法》）规定："中国人民银行是中华人民共和国的中央银行。中国人民银行在国务院领导下，制定和实施货币政策，对金融业实施监督管理。"根据此条规定，结合该法其他有关内容，应该说中国人民银行同样具备中央银行的一般属性，但也具有某些特殊性。其特殊性主要为：

（1）中国人民银行是建立在社会主义生产资料公有制基础上的中央银行，这种公有制性质的中央银行，决定了在我国进行社会主义市场经济建设中，中国人民银行的宏观调控和对金融业的监督管理等两项职能的发挥，将更具有优越性、广泛性与有效性。

（2）中国人民银行是国务院领导下的国家机关，因此我国的中央银行与政府的关系更加密切。

（3）根据《中国人民银行法》有关规定可以看出，中国人民银行作为政府的职能部门，其工作既要向政府负责，接受中央政府的领导与监督，同时也要就某些重大事项依法接受全国人民代表大会的监督与管理。这样的体制模式，将有利于中国人民银行更好地发挥职能作用。

二、中央银行的职能

中央银行的职能有两种划分依据：一种是按中央银行在经济生活中的地位划分；另一种是按中央银行的性质划分。

（一）按中央银行在经济生活中的地位划分

按照这种方法，中央银行的职能主要是作为货币发行的银行、银行的银行和政府的银行。

1.中央银行是货币发行的银行

中央银行的基本职能是负责全国统一的本位货币的发行，并通过其调节货币流通，稳定币值。最初，中央银行的货币发行必须有十足的准备金，早期大多是以黄金、商业票据作为发行准备，以后又扩展到外汇、国债、国库券。现在大多数西方国家已取消用黄金作为发行准备，而普遍以政府国债充当。这有利于政府推行赤字财政政策，但不利于通货的稳定。

2.中央银行是银行的银行

中央银行是商业银行和非银行金融机构的银行。中央银行为金融机构开立存款账户，集中法定存款准备金和支付准备金。中央银行通过改变法定存款准备金及缴存比例来影响金融机构现金准备数量，从而控制货币发行量。中央银行将吸收的存款和国库存款作为资金来源，并依靠货币发行向金融机构发放贷款。中央银行在吸收存款的基础上，办理各金融机构之间的转账结算，清算其债权债务。

3.中央银行是政府的银行

中央银行代表国家贯彻执行财政金融政策，代为管理财政收支，服务于国家。中央银行是政府干预经济的重要职能部门，是为政府管理金融和调节经济的银行。

（二）按中央银行的性质划分

中央银行是调节经济、管理金融的特殊银行，从这一点出发，它的职能分为服务职能、调控职能和管理职能。

1.服务职能

服务职能是指中央银行为政府、银行及非银行金融机构提供有关金融服务。首先，中央银行为政府提供金融服务，其服务内容主要有：代理国库、经办政府的财政预算收支划拨与清算业务；为政府代办国家债券的发行、销售及还本付息事宜；为政府提供贷款（贷款方式可以是无息或低息短期信贷或购买政府债券）；作为政府的金融代理人，代为管理金银、外汇储备等。此外，中央银行还代表政府从事国际金融活动，并充当政府的金融顾问和参谋。其次，中央银行为银行和非银行金融机构提供金融服务。其服务内容主要有：为银行及非银行金融机构提供贷款，并为其提供清算服务，即各银行及非银行金融机构相互间的应收应付票据都通过中央银行进行票据的清算，结清相互之间的债权债务。

2.调控职能

调控职能是指中央银行运用自身特有的金融手段，对货币与信用进行调节和控制，进而影响和干预国家宏观经济，实现预期的货币政策目标。中央银行是国家的最高金融管理机关，是一国唯一掌管货币发行与货币流通活动的机构，中央银行通过增减基础货币数量，对全社会的货币供给量实施调节，从而使社会总需求与总供给达到均衡，实现稳定币值、经济增长、充分就业等社会经济发展目标。可见中央银行调控职能的核心就是通过制定与社会经济发展相适应的货币政策，实现对货币供给量的调节与控制，进而实现社会经济发展目标。因而，调控职能又可以理解为政策职能。

3.管理职能

管理职能是指中央银行作为一国金融管理的最高当局，为维护金融体系的健全与稳定，防止金融紊乱对社会经济发展造成困难而对银行及非银行金融机构的设置、业务活动及经营情况进行检查监督，对金融市场实施管理控制的职能。中央银行的管理职能主要有以下几项内容：

（1）中央银行统一制定有关的金融政策、法令。为了进行宏观金融控制，中央银行除主要采取经济手段调节以外，还必须辅之以必要的法律手段。所以，中央银行要根据需要和客观情况，统一制定有关的金融管理法令、政策、基本制度，从而使金融管理有章可循。

（2）中央银行对各银行和非银行金融机构要进行管理。中央银行根据政策和法令，对在本国境内设置、撤并、迁移金融机构进行审查批准；审查注册登记，通过法律和行政手段，对金融机构的活动进行事前约束和管理。

（3）中央银行要及时检查、监督银行及非银行金融机构的活动。在上述事前管理的前提下，还应对银行及非银行金融机构的业务活动范围、清偿能力、资产负债结构、存款准备金交存等情况进行定期或不定期的检查监督。通过各种业务账表、报告的查对、稽核，分析了解情况，发现问题，以监督、指导银行及非银行金融机构的业务经营活动，使其遵守有关金融法令和规章制度。

综上所述，中央银行的服务职能、调控职能和管理职能是有一定独立性的，中央银行作为银行，需要提供业务服务；作为宏观金融调控者，需要独立执行货币政策；作为金融最高管理当局，需要对全国金融活动实行统一管理。但是，这些职能之间不是相互孤立的，三大职能之间还存在着相互依存、相互补充的关系。其中，服务贯穿于政策调节和管理过程，中央银行通过执行服务职能为其发挥调控和管理职能奠定基础。但是反过来，服务有时需要服从于调控和管理，否则中央银行就无法实现其宏观调控。调控和管理之间也是相辅相成的，管理必须伴随调控，无调控的管理是行不通的；调控又可以促进有效管理的实现。总之，中央银行只有正确处理三大职能之间的关系，才能真正发挥宏观调控的作用。

第二节 中央银行的货币政策及其对经济的宏观调控

一、货币政策目标

货币政策目标是指通过货币政策的制定和执行所要达到和实现的某些社会经济发展目标。

（一）稳定物价

稳定物价的含义是指社会一般物价水平在短期内不发生明显的波动。一般物价水平以物价指数来表现，物价的变动以物价涨跌率来表示。在社会正常的经济发展过程中，物价受各种因素如工资、税收、利润、原材料等影响，呈总体上升趋势，稳定物价并不要求物价一成不变，所以物价上涨率不可能为零。但物价上涨率过高则意味着通货膨胀。因此要确定一个适当的物价上涨率，作为稳定物价这项货币政策的目标定位。但是这种定位没有绝对的标准，在有些国家，人们对通货膨胀的承受能力较强，认为物价上涨率为5%甚至更高也可以接受，而有些国家的人们则认为物价上涨率应控制在2%甚至1%以内才算物价稳定。因此，中央银行应因时制宜、因地制宜，根据实际情况对该项目标加以定位。但近年来，根据一些国家的经验，物价上涨率应控制在5%以下为宜。

（二）经济增长

经济增长一般以剔除价格上涨因素以后的国民生产总值的增加来作为衡量指标。在一个国家的经济发展过程中，影响经济增长的因素有很多，其中有促进经济增长的因素，如科学技术的进步、劳动生产率的提高、投资的增加、资源的利用等；还有若干抵消经济增长的因素，如资源浪费、环境污染等。因此，经济增长是经济社会的一项综合发展目标，要求全社会共同努力去实现。中央银行将其纳入货币政策的目标之一，是因为可以通过中央银行对经济中投资规模的调控而对经济增长产生重要的影响。各国中央银行努力通过货币政策的松紧变动去影响经济、调节经济。对这一目标不能用量化的统一标准去衡量，只能根据本国的经济实际并以本国以往某一时期经济增长的经验数据为依据，合理确定本国的经济增长幅度。

（三）充分就业

充分就业反映劳动力的就业程度，是通过失业率高低来体现的，即全社会的失业人数与自愿就业的劳动力人数之比。按照传统的西方经济理论，一般情况下社会上存在三种失业：一是"摩擦失业"，这种失业是由于生产过程中生产的季节性变化、原材料短缺、机器故障等引起的局部的、暂时的劳动力供求失调；二是"自愿失业"，这种失业是劳动者自身不愿接受现有的工作条件而拒绝参加工作；三是"非自愿失业"，这种失业是劳动力愿意接受现有的工资、工作条件而仍找不到工作。传统的西方经济理论通常把前两种失业排斥在外，即它们的存在与充分就业本身是不矛盾的，只有第三种失业即"非自愿失业"才是充分就业的抵消因素，也就是说，只有消除"非自愿失业"，社会才能实现充分就业。因此，通常失业率中所指的失业人数是指"非自愿失业"的人数。充分就业所涉及的具体问题比较复杂，如在统计失业人数或分辨失业原因等方面都难以做到准确无误，因而各国对失业率的计算和评价也各有不同。但每一个国家中，即使是劳动力资源短缺的国家也不会出现失业率为零的情况，即充分就业不可能要求没有失业，那么究竟失业率为多少可称为充分就业呢？因为各国经济、文化、传统习惯的差异，加之对失业率的计算和评价标准各异，有的认为失业率应为3%，有的认为应在4%或5%以下。根据近些年来一些国家的经验，一般来说，中央银行把充分就业目标定位于失业率不超过4%为宜。

（四）国际收支平衡

国际收支平衡是指一国对其他国家的全部货币收入和支出相抵略有顺差或略有逆差。一国的国际货币收支是否平衡，对本国的货币供应量与物价有着较大的影响。如一国的国际收支顺差过大，外汇收入增加，必然要求增加国内货币的供应量；反之就会减少国内货币的供应量。

上述货币政策的四大目标，在市场经济条件下，各目标之间是相互矛盾的，往往不能同时兼顾。当今各国中央银行在货币政策目标选择中，主要围绕稳定货币和发展经济的关系，在目标本身或政策措施上进行调整和组合，以便最终保证社会总需求与社会总供给的平衡，促进经济协调稳定发展。

二、货币政策的中介目标

货币政策的中介目标是中央银行为实现货币政策目标而设置的可供观测和调整的中间性操作指标。

（一）存款准备金

存款准备金是中央银行创造的负债的一部分，它由商业银行的库存现金和在中央银行的存款两部分组成。存款准备金与货币政策目标具有相关性，在一定条件下，商业银行的存款准备金增加，意味着信贷规模缩减，货币供应量减少，这时如果经济正处在过度繁荣阶段，则可稳定经济，稳定物价；如经济正处于衰退时期，则会导致继续衰退。相反，如果商业银行存款准备金减少，则意味着货币供应量增加，对经济的影响恰好与上述情况相反。

（二）利率

利率是影响社会的货币供求、调节市场货币供应量的一个重要指标，利率与货币政策的目标具有高度的相关性。这是因为它作为经济的一个内在因素，总是随着社会经济的发展状况而变动的，当经济发展出现繁荣或有通货膨胀的可能时，市场利率趋于升高；反之，当经济衰退时，利率则呈下降的趋势。利率还具有可测性和可控性，中央银行可随时观察利率的动向并通过再贴现率和公开市场业务来间接调节市场利率。利率因具备上述条件而成为许多国家货币政策的中介目标。但利率的升降容易受一些非政策性因素的影响，往往无法真实地反映中央银行货币政策的松紧变化，因此，要结合其他中介目标共同观测。

（三）基础货币

基础货币是指流通中的现金与商业银行的准备金之和。中央银行对基础货币的可控性较强，因为现金可由中央银行直接掌握，商业银行的准备金由中央银行通过法定存款准备金等手段加以调控，而这两部分内容的可控性是显而易见的。与此同时，中央银行通过对基础货币的操纵，可调整商业银行及社会公众的资产结构，改变社会货币供应总量，从而影响利率、价格及整个社会经济活动。基础货币的投入和回流，构成了货币供应量数倍伸缩的基础，一般来说，如果基础货币减少，社会的货币供应总量就会减少，社会总需求缩减；反之，基础货币增加，则社会的货币供应总量也会随之增加，社会总需求加大。由此可见，基础货币是一项比较理想的货币政策中介目标。

（四）货币供应量

货币供应量是各国中央银行普遍采用的一项中介目标。货币供应量的每一层次都可由中央银行在不同程度上加以控制，如M0是直接由中央银行发行和管理的，其他几个层次的货币供应量虽然不是由中央银行直接控制的，但中央银行可通过对基础货币的调控去影响它们，而且这些指标都分别反映在中央银行和商业银行的资产负债表内，具有可测性。就其相关性来说，货币供应量的增减变化影响经济的增长和物价的稳定以及充分就业等目标，因此，货币供应量与货币政策目标的相关性较强。

三、货币政策工具

货币政策工具是中央银行为实现货币政策的目标而采取的具体手段和措施。

（一）一般性货币政策工具

1.再贴现率

再贴现率作为一种政策工具是指中央银行通过调整再贴现率来影响商业银行准备金和市场货币供求关系，从而调节利率和市场货币供应量的做法。当中央银行提高再贴现率时，商业银行的准备金就会相应缩减，使其收缩对客户的贷款和投资，并提高贷款利率，从而使整个市场的货币供应量缩减，银根抽紧，市场利率上升，社会对货币的需求也相应减少；反之，当中央银行降低再贴现率时，正好会出现与上述过程相反的结果。可见，如果中央银行观测到的情况是市场利率水平偏高、货币供应量偏少，不能满足总目标的实现，则可采取调低再贴现率的做法；反之，则可采取提高再贴现率的做法。

2.法定存款准备金率

法定存款准备金率作为一种政策工具是指中央银行通过调整法定存款准备金率控制商业银行的信用创造能力，从而间接调节市场利率和货币供应量的做法。当中央银行提高法定存款准备金率时，商业银行交存中央银行的法定存款准备金增加，超额准备金减少，从而使其放款及创造信用的能力降低。因为这时货币乘数变小，降低了整个商业银行体系创造信用、扩大信用规模的能力，结果必然是银根偏紧，市场货币供应量减少，利率上升；反之，当中央银行降低法定存款准备金率时则会出现与上述过程相反的结果。但是，由于法定存款准备金率的升降会使准备金直接减少或增加，从而通过乘数作用多倍地收缩或扩张货币供应量，导致市场货币供应量发生较剧烈的变化，所以中央银行一般很少使用这项货币政策工具。

3.公开市场操作

公开市场操作是指中央银行通过在公开市场上买卖各种有价证券从而使基础货币发生增减变化，进而调节市场货币量的做法。当金融市场资金数量偏多时，为了紧缩银根，中央银行就可以大量卖出有价证券，这些证券无论是被商业银行购买，还是被社会公众购买，都意味着有相应数量的基础货币流回中央银行，从而引起信用规模的收缩和货币供应量的减少。反之，当金融市场资金数量偏少时，为了放松银根，中央银行则可买进有价证券，等于向社会注入了一笔基础货币，如果这些证券的出售者是商业银行，则会直接增加其超额准备金,从而引起信用的扩张和货币供应量的多倍增加;如果出售者是社会公众,则意味着流通中的货币量直接增加。这两种情况的结果都会导致基础货币的增加,使信用扩张、货币供应量增加。

公开市场操作这项货币政策工具,可以使中央银行根据货币政策的需要,积极、主动地调节货币供应量,并且还可以通过买卖不同种类和数量的证券实现富有弹性的调控。另外,公开市场操作业务可以经常、连续地进行,操作灵活,不会使整个金融市场产生特别强烈的震动。因此,公开市场操作是许多国家中央银行积极推崇和经常使用的一项重要的货币政策工具。

（二）选择性货币政策工具

选择性货币政策工具不像一般性货币政策工具那样主要作用于信用总量和货币总量,它作用于某些特殊领域,可作为一般性货币政策工具的补充,根据需要选择运用。

1.证券市场信用控制

它是指中央银行对有关证券交易的各种贷款,规定贷款占证券交易额的比率,以控制流向证券市场的资金,抑制过度投机。其主要内容有:规定以信用方式购买股票或证券时,第一次付款的最低额度即法定保证金比率;根据金融市场状况,随时调高或调低法定保证金比率;控制对证券市场贷款的最高额度。最高额度计算方式如下:

证券市场贷款最高额度=（1-法定保证金比率）×交易总额

2.消费者信用控制

它是指中央银行对不动产以外的各种耐用消费品的销售融资予以控制,以抑制或刺激消费需求,进而影响经济。其主要内容有:规定分期付款购买耐用消费品第一次付款的最低比率;规定用消费信贷购买耐用消费品借款的最长期限;规定以消费信贷购买耐用消费品的种类及不同的信贷条件。

3.不动产信用控制

它是指中央银行就金融机构对客户购买房地产等方面放款的限制措施,目的是抑制房地产及其他不动产的交易投机。其主要内容有:规定金融机构的不动产贷款的最高限额和最长期限;规定分期付款购买不动产第一次付款的最低金额和分期还贷每次还贷的最低金额。

4.优惠利率

它是指中央银行对国家重点发展的经济部门和产业,如出口、工业、农业、能源、交通业等,所采取的鼓励措施。优惠利率多为发展中国家所采用,也为某些发达国家所采用。

（三）直接信用控制的货币政策工具

直接信用控制是指中央银行以行政命令或其他方式,直接对金融机构尤其是商业银行的信用活动进行的控制。这些货币政策工具包括:

（1）贷款限额,即中央银行可以对各商业银行规定贷款的最高限额,以控制信贷规模和货币供应量;也可以规定商业银行某类贷款的最高限额,以防止某些部门发展过快。

（2）利率限制，即中央银行规定存款利率的上限，规定贷款利率的上下限，以避免商业银行恶性竞争，造成金融秩序混乱、经营不善而破产倒闭，或牟取暴利。

（3）直接干预，即中央银行直接对商业银行的信贷业务进行合理干预，如限制放款的额度、放款的范围，干涉吸收活期存款，对经营管理不当者拒绝再贴现或采取较高的惩罚性利率等。

（四）间接信用控制的货币政策工具

间接信用控制是指中央银行用道义劝告、窗口指导等办法间接影响商业银行的信用创造的行为。

1.道义劝告

中央银行利用其在金融体系中的特殊地位和声望，以口头或书面的形式对商业银行和其他金融机构发出通告、指示，劝其遵守政策、主动合作，如在国际收支出现赤字时劝告金融机构减少海外贷款、在房地产与证券市场投机盛行时要求商业银行缩减对这两个市场的信贷等。

2.窗口指导

中央银行根据产业行情、物价趋势和金融市场动向，规定商业银行季度贷款的增减额，并"指导"执行。如果商业银行不接受"指导"进行贷款，中央银行可削减对其贷款的额度，甚至采取停止提供信用等制裁措施。第二次世界大战结束后，窗口指导曾一度是日本主要的货币政策工具。

四、货币政策传导机制

货币政策传导机制是指中央银行在确定了货币政策目标后，从选用一定的货币政策工具并付诸实施开始，到实现其最终目标之间，通过金融机构的经营活动和金融市场，传导至企业和居民，对其生产、投资和消费等行为产生影响的过程。货币政策调控过程如图15-1所示。

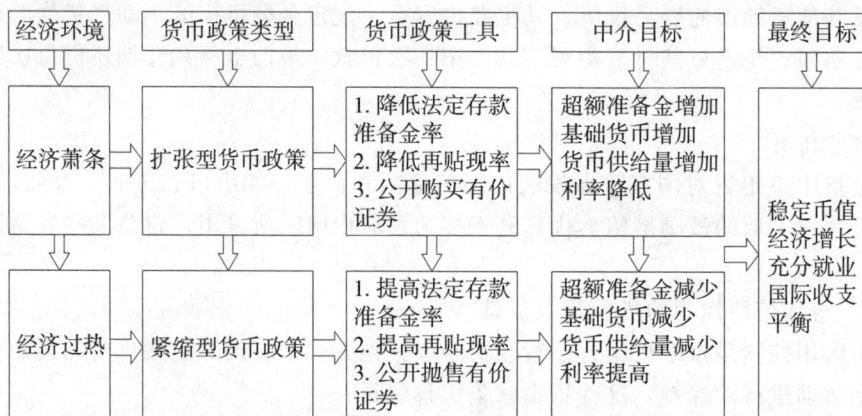

图15-1 货币政策调控过程

五、货币政策工具与财政政策工具的配合

货币政策与财政政策是国家宏观经济政策中的两大工具，货币政策的主要调控机制是货币供应的收缩与扩张，而财政政策的主要调控机制是财政的收入和支出。货币政策的核心是稳定通货、解决通货膨胀问题；而财政政策的核心是实现财政收支平衡、解决财政赤字问题。所以，如果因财政赤字而引发通货膨胀，则应着重从财政政策方面调节；如果因信用扩张而导致通货膨胀，则应着重从货币政策方面调节。但在现实经济中，通货膨胀往往不是由单纯的某一方面原因引发的，而是由财政和信用两方面因素共同作用而形成的。这就要求处理好财政和银行信用的关系，使货币政策和财政政策协调配合。所以，把货币政策工具和财政政策工具组合运用是当今世界各国实现政策目标的最佳选择。

货币政策和财政政策的组合搭配通常有两种模式，即双松双紧和松紧搭配。双松双紧都是指货币政策和财政政策沿着同一方向组合运动。双松即松的财政政策和松的货币政策并行，松的财政政策要实行减税、扩大支出、增加投资、增加补贴等财政政策工具，松的货币政策要实行降低准备金率、降低再贴现率、中央银行大量买进有价证券等货币政策工具以放松银根、增加货币供应量。双松政策可能出现一方面刺激投资、促进经济增长，但另一方面出现财政赤字、信用膨胀的结果。双紧即紧的财政政策和紧的货币政策并行。紧的财政政策要实行增税、削减开支、发行政府债券、减少补贴等财政政策工具；紧的货币政策要实行提高准备金率和再贴现率以及大量卖出有价证券等货币政策工具以抽紧银根、减少货币供应量。双紧政策可能出现一方面有效地控制总需求、使通货稳定，但另一方面降低经济的增长速度的结果。政策工具组合的第二种模式是松紧搭配，即或实行松的财政政策、紧的货币政策，或实行松的货币政策、紧的财政政策。如果财政政策松，实行减收增支出现赤字，则银行抽紧银根，实行紧缩的货币政策；如果财政政策紧，实行增收节支有了节余，则银行可放松银根，实行扩张的货币政策。反过来，如果货币政策松，出现贷大于存、货币发行过多等情况，则财政应实行紧缩政策，增收减支；如果货币政策紧，出现存大于贷、货币供应量少等情况，则财政可实行放松政策，适当扩大支出、刺激需求。

第三节　中央银行业务

一、中央银行业务活动的基本原则

（一）不以营利为目的

中央银行是调节经济、管理金融的特殊银行。它必须执行国家的宏观经济政策，肩负着维护正常的金融秩序、保证金融活动正常进行的任务。其业务活动的立足点放在宏观调控上，因此，它不以营利为目的。只有这样，才有利于行使中央银行的职能。

（二）不从事一般银行的业务活动

中央银行享有一般金融机构不能享有的特殊权利，如货币发行、管理国库、吸收各金融机构的存款准备金、从事金融管理等。中央银行从事一般银行的业务活动，势必与一般金融机构形成竞争。由于它具有上述特权，在竞争中必然处于绝对优势地位，这种竞争不仅是不合理的，而且直接影响中央银行的权威性，从而直接影响中央银行调控经济、管理金融的基本职能的实施。所以，中央银行原则上不从事一般银行的业务活动。

（三）不付存款利息

中央银行存款的主要来源有两个：一是财政存款，这是因中央银行代理国家金库而产生的，属于保管性质，中央银行不向财政部门支付利息。二是各金融机构缴纳的存款准备金和往来存款户的存款，其属于调节和服务性质，由于中央银行不以营利为目的，因此对此类存款一般不支付利息。

（四）保持资产的最大流动性

中央银行只有掌握数量相当并能及时利用的资金，才能有效地运用货币工具来调节市场资金的供求，从事宏观经济调控。这就要求中央银行的资产保持最大的流动性，这也是其顺利履行宏观经济调控的重要保障。

（五）业务活动公开化

中央银行为了方便社会各界了解中央银行的金融政策并以此影响企业界的经营方针、策略等，应定期向社会公布其资产负债情况和业务状况，并提供有关统计资料。

二、中央银行的负债业务

中央银行的负债业务是中央银行取得资金来源的业务。负债业务是中央银行运用经济手段对金融实施宏观调控的基础。

（一）流通中的货币

流通中的货币是中央银行通过货币发行所形成的流通领域的现金货币，因为中央银行是全国唯一合法的货币发行机构，所以流通中的货币也是中央银行的一项特有的资金来源。

流通中的货币在社会上的存在形态表现为城乡居民的手持现金、单位的库存现金以及银行业务库的库存现金。因为在信用货币流通的条件下，流通中的货币均属于信用货币，中央银行发行的现金属于一种价值符号。所以，流通中的货币对中央银行来说是一种债务，对持有者来说是一种债权。如果中央银行按经济发展和商品流通的需要以信用手段向社会发行货币，当持有者持币进行购买或支付时，这种债务关系也就可以自动得到清偿。可见，流通中的货币是中央银行通过货币发行方式代表国家向社会提供的流通和支付手段，同时也是筹集信贷资金的一种形式，这项负债是中央银行一项特有的、经常性的资金来源。

（二）政府部门存款

中央银行作为政府的银行，一般都由政府赋予代理国库的职责，财政的收入和支出都由中央银行代理。政府部门存款就是由于中央银行代理国库，在各级财政预算执行过程中因先收后支或收大于支而使财政资金暂时停留在中央银行账面上所形成的一种存款，此外，机关、团体、部队、事业单位的待用经费因先拨后用也形成一部分政府在中央银行的存款。前者称为金库存款，后者称为经费存款。

政府部门存款一般来说属于暂存形态的款项，形成中央银行的短期资金来源。但当财政收支出现结余时，则可作为中央银行的长期性资金来源。

（三）商业银行存款

中央银行作为银行的银行，要控制商业银行的信用活动规模，并为商业银行之间结清债权债务提供清算服务。为此，商业银行要在中央银行开立存款账户，商业银行存款是中央银行的重要资金来源。

商业银行存款由法定存款准备金和一般性存款两部分构成。法定存款准备金是商业银行将其所吸收的存款按一定比例转存中央银行的存款，其交存比例为法定存款准备金率，由中央银行确定并公布。中央银行这项负债业务，不仅可以吸收资金，更重要的是还可以通过调整法定存款准备金率来调控商业银行的信用规模，进而调节社会货币供应量。因此，法定存款准备金也是中央银行的货币政策工具之一。一般性存款是商业银行除法定存款准备金以外在中央银行的存款，一般性存款属商业银行的周转性资金。这部分存款一方面是中央银行的一项资金来源，另一方面，中央银行可以通过一般性存款账户为各商业银行办理清算业务。

三、中央银行的资产业务

中央银行的资产业务即中央银行将其资产加以运用并借此实施其宏观调控的业务。

（一）政府贷款

中央银行作为政府的银行，吸收财政存款，并在政府资金困难时为其提供贷款。中央银行为政府提供贷款的方式主要有短期贷款和购买政府债券两种。短期贷款是国家财政收支不平衡，出现赤字的时候中央银行向政府发放的期限较短的贷款，但这种贷款往往转成透支，会增加中央银行的货币发行量，所以一般情况下各国的中央银行很少开展这种方式的政府贷款。购买政府债券是中央银行对政府贷款的另一种方式，其中包括中央银行从一级市场和二级市场分别购买政府债券两种做法。前者是中央银行直接为政府融通资金，其实质与透支并无多少差别；后者即从二级市场购买政府债券的做法比较可取，这项业务是中央银行间接地为政府提供资金，中央银行承担的风险较小，并可借此对市场货币存量进行调控。

《中国人民银行法》规定，中国人民银行不得对政府财政透支，不得直接认购、包销国债和其他政府债券，不得向地方政府、各级政府部门提供贷款。

（二）商业银行贷款

中央银行作为银行的银行，一方面要控制商业银行的信用活动，同时也要在商业银行资金困难时为其提供贷款支持。中央银行对商业银行的贷款一般采取再贴现和再贷款两种方式。再贴现是中央银行买进商业银行已贴现的票据，即当商业银行资金周转困难时，把自己从客户手中贴现来的票据再拿到中央银行办理贴现。中央银行通过办理再贴现，一方面可以向商业银行提供资金，满足商业银行的资金需要；另一方面还可以根据需要决定是否给予贴现或调整再贴现率达到控制、引导资金流向和规模的目的，最终实现对国民经济的宏观调控。一般来说，再贴现是中央银行对商业银行贷款的主要方式。此外，中央银行对商业银行贷款的另一种方式是再贷款，即中央银行直接为商业银行提供贷款。为降低风险、防止失控，中央银行的再贷款一般以抵押贷款的形式发放给商业银行。

（三）黄金、外汇储备

黄金、外汇储备是各国进行国际支付和稳定国内货币币值的重要保证。中央银行为保证国际收支平衡、汇率稳定及本国货币币值的稳定，要统一掌握和负责管理国家的黄金、外汇储备。需要黄金、外汇者可向中央银行申请购买，中央银行也通过买卖黄金、外汇来集中储备，调节资金结构，保持汇率稳定。因此，中央银行将其一部分资产运用于黄金、外汇的储备，形成了这项特殊的资产业务。

（四）证券买卖

中央银行经营证券业务，即在金融市场买卖各种有价证券，主要是政府债券的活动，其目的不在于营利。因为中央银行负有调节和管理宏观金融的职责，需要视市场银根松紧调节资金供应，中央银行通过持有证券和视不同情况买进或卖出证券就可以达到调剂市场资金供求的目的。可见，证券买卖是中央银行的调控手段之一，也是一项经常性的资产业务。

四、中央银行的清算业务

中央银行的清算业务是指中央银行集中票据交换及办理全国资金清算的业务活动。中央银行的清算业务实现了银行之间债权债务的非现金结算，免除了现款支付的麻烦，方便了异地间的资金转移。

（一）票据交换

票据交换是在一个地区范围内（同城）将所有银行间的应收应付款项相互轧抵后，仅就其差额进行收付的清算方式。因为任一银行的应收总额，一定是其他银行的应付款项；任一银行的应付总额，一定是其他银行的应收款项，各行应收差额的总和一定等于各行应付差额的总和，因此，同城内票据交换后收付相抵，只收付差额即可实现这一地区的债权债务的清算。

票据交换的差额要在各个交换日的当天，交换结束后进行清算，通过交换单位在中央银行设立的存款账户直接办理转账。

通常办理票据交换的场所是票据交换所。由于各国票据清算制度的发展历史不同，票据交换所设立的形式也有所不同：一般来说是在中央银行中设立，属于中央银行业务部门的一个机构；还有的是中央银行领导下的机构，设立较为复杂。凡参加票据交换所的银行均为交换单位，要交存交换保证金，并在中央银行开立一般性存款往来账户，以供交换差额的转账结算。

（二）办理异地资金转移

同城或以该城为中心的一个地区的债权债务可通过票据交换清算。但各城市、各地区之间的资金往来最终形成了异地之间的资金转移问题，这就需要中央银行建立全国的清算网络，统一办理异地资金转移。办理异地资金转移的方式一般有两种：一是先由各金融机构内部自成联行系统，最后各金融机构的总行通过中央银行总行办理转账结算；二是将异地票据统一集中传递到中央银行总行办理轧差转账。目前中央银行清算的手段有自动化清算系统、手工操作的计算机处理等。

红色故事15-1　　中央革命根据地创建与中华苏维埃共和国国家银行诞生

1930年，蒋介石与阎锡山、冯玉祥、李宗仁等新军阀间爆发了参战兵力高达100多万人、时间长达7个月的中原大战和湘粤桂大战，50多万人战死，无数百姓家破人亡、流离失所。忙于征服地方军阀以实现独裁统治的蒋介石无暇他顾，主力尽调军阀混战。中原大战结束不久，对共产党充满忌惮的蒋介石自1930年年底到1931年7月间，依次调派10万、20万、30万地方"杂牌军"和嫡系部队，对中央苏区接连发动三次"围剿"。红一方面军在毛泽东、朱德的领导下，利用杂牌军和中央军的利益矛盾，灵活运用"十六字诀"游击战术，取得了三次反"围剿"的胜利，将长期被敌人分割的赣南、闽西两大块根据地连成一片。1931年11月7日至20日，中华苏维埃第一次全国代表大会在江西瑞金叶坪隆重召开，成立了以毛泽东为主席的中华苏维埃共和国临时中央政府，标志着中央革命根据地（中央苏区）成功创建。

1932年2月1日，在"敌军围困万千重"的残酷战争环境中，中华苏维埃共和国国家银行在瑞金叶坪宣告成立。中华苏维埃共和国国家银行是中国共产党在革命战争时期所创办的国家银行，是工农民主政权的第一家国家银行。中华苏维埃共和国国家银行的成立是建立全国性工农民主政权国家银行的伟大尝试，对中国新民主主义和社会主义金融事业都具有深远意义。

1932年，毛泽民担任中华苏维埃共和国国家银行首任行长，短短几个月，筹建国家银行、设立分支机构、造纸、铸币，创办中华钨矿公司、建立赤白间的贸易"特区"，大大增加了财政收入和提高了国家银行基金实力；在毛泽民的主持下，《中华苏维埃共和国国家银行暂行章程》（以下简称《章程》）很快制定出来。1932年8月24日，中央人民委员会第二十三次常委会修正并通过了《章程》，以临时中央政府人民委员会的名义正式颁布。《章程》对国家银行的性质、宗旨、隶属关系、业务范围、资本、收益分配及组织管理等做出简洁而明确的规定，创立红色金融史上首部国家银行法。

中央苏区中央局发出指示，要求各根据地省级苏维埃银行或工农银行改组为国家银行的分行，在各省设立分行，各县设立支行，各区设立代理处。

国家银行管理得法，经营有方，在短期内从无到有，从小到大，内部机构和分支机构不断健全和扩充，到1934年10月长征前，总行设有业务、总务2个处，共有营业、会计、出纳、管理、文书、券务、金库会计科7个科和1个总金库，工作人员增加到七八十名。

由于代理金库的职权，分支机构得以迅速延伸，总行下辖福建分行、江西分行、分金库，1个瑞金直属支行，在福建白沙、南阳，江西瑞金等地设立4个兑换处，在白沙、南阳、瑞金、兴国等地设立5个金银收买处，在各县苏维埃政府、红军部队经理机关设立几十个代兑处。与分布在中央苏区各地的农村信用社，形成了总行—省分行—县支行、直属支行、农村信用社的金融体系组织架构。

国家银行根据当时中央苏区的具体情况，发行了壹元、伍角、贰角、伍分等面值的银币券，正面印有"中华苏维埃共和国国家银行"字样，还印有中华苏维埃共和国财政部部长邓子恢和国家银行行长毛泽民的亲笔签字。据统计，1932年年底共印制发行壹元券 375 000 元、贰角券 103 000 元、壹角券 129 800 元、伍分券 48 375 元，总计 656 175元。1932年发行的货币主要用于财政支出，临时中央政府财政人民委员部支走发行的大部分货币，在国家银行总行透支总额 563 839 元。至1934年10月长征前，国家银行发行的纸币共有壹元券、伍角券、贰角券、壹角券、伍分券5种面额、8个版别，累计发行量 800 万元。流通范围扩大到赣东、闽北地区。

资料来源　中国金融思想政治工作研究会. 中国红色金融史［M］. 中国财经出版传媒集团，中国财政经济出版社，2021.

案例讨论

案例一　土耳其金融市场动荡

2021年9月前，1美元还能换到8里拉，而最近一度能换到17里拉。更糟糕的是，土耳其民众也许1个月前能用10里拉买到的面包，现在需要支付12里拉。

2017年，土耳其的经济增长率达到了7.4%，在G20国家中处于领先地位，但在政府的强刺激下，2003—2020年间，土耳其的广义货币（M2）增加超20倍，土耳其通胀率常年维持在10%左右的高位。隐患风险终于被引爆了。不足百日，里拉暴跌超50%，该国CPI上涨21%，股市四个交易日两日熔断。

土耳其央行分别于2021年9月23日、10月21日、11月18日及12月16日连续降息四次，基准利率由19%调降至14%。里拉接连贬值，美元对里拉汇率于12月17日跌至约17.15。

土耳其总统埃尔多安12月16日宣布的加薪举措，无异于给业已高企的通胀"火上浇油"。为了保护工人免受价格迅速飙升的影响，埃尔多安宣布将最低工资提高50%，至每月4 250里拉（约275美元）。在通货膨胀情况下提高工资直接形成货币净投放，使得需求爆棚，迅速导致通胀恶化。2021年以来，里拉对美元已贬值超66%。同时欧洲多国的购物者们大量前往土耳其。希腊、保加利亚等国国民涌入土耳其边境城市埃迪尔内市（Edirne）疯狂购物，甚至购入房产。购物中心"埃迪尔内市场"的经营者比伦特·赖索格鲁表示，自从货币贬值危机爆发以来，每周的消费者人数已经从5万人激增至15万人，"外国购物者的数量增加了4到5倍"。一边是保加利亚人涌入土耳其的商场"扫货"；另一边，许多土耳其本地人只能通过该市的面包补贴计划"公共面包"以较低的价格排队购买食物。土耳其国内居民苦不堪言。

资料来源　根据中信银行网站相关资料整理.

讨论：（1）你认为土耳其会爆发货币危机吗？

（2）你认为土耳其央行会采取什么样的货币政策？

案例二　央行再次降准：释放万亿资金

2021年12月6日，中国人民银行决定于2021年12月15日降低金融机构存款准备金率0.5%。此次降准为全面降准，除已执行5%存款准备金率的部分县域法人金融机构外，对其他金融机构普遍下调存款准备金率0.5个百分点，向市场释放流动性1.2万亿元。

资料来源　佚名. 央行全面降准！降准对楼市有什么影响？[EB/OL].［2021-12-15］. https：// baijiahao.baidu.com/s？id=1719207012615492237&wfr=spider&for=pc.

讨论：（1）在什么经济背景下央行运用法定存款准备金率政策？起到什么作用？

（2）此次央行运用"全面降准"的目的是什么？

阅读材料

［1］王广谦. 中央银行学［M］. 5版. 北京：高等教育出版社，2021.

［2］马勇. 中央银行学［M］. 北京：中国人民大学出版社，2020.

［3］刘肖原，李中山. 中央银行学教程［M］. 4版. 北京：中国人民大学出版社，2020.

［4］王广谦. 中央银行学［M］. 北京：高等教育出版社，2017.

综合训练

一、单项选择题

1.中央银行的性质是（　　）。

A.商业银行　　　　　　　　　　B.工商企业

C.行政机关　　　　　　　　　　D.金融管理机关

随堂测15

2.（　　）是中央银行为实现货币政策目标而采取的措施和手段。

A.货币政策　　　B.货币政策目标　　C.货币政策工具　　D.货币政策的依据

3.我国中央银行的货币政策目标是（　　）。

A.稳定物价和充分就业　　　　　B.维持国际收支平衡

C.促进经济增长　　　　　　　　D.稳定币值，发展经济

4.公开市场业务属于（　　）货币政策工具。

A.一般性　　　　B.选择性　　　　C.直接信用控制　　D.间接信用控制

5.货币政策中介目标与货币政策目标的相关性体现在（　　）的逆经济循环方面。

A.货币供应量　　　　　　　　　B.存款准备金

C.利率（市场利率）　　　　　　D.基础货币

6.中央银行负责制定并执行国家的（　　）。

A.经济政策　　　　B.货币政策　　　　C.外贸政策　　　　D.产业政策

7.货币政策和财政政策的共同调控对象是（　　　）。

A.金融市场　　　　B.货币供求　　　　C.通货膨胀　　　　D.政府收支

8.在需求膨胀、供给短缺、经济过热、通货膨胀严重的时期，应采用的财政政策和货币政策的配合形式是（　　　）。

A.松的财政政策和松的货币政策　　　　B.紧的财政政策和紧的货币政策

C.紧的财政政策和松的货币政策　　　　D.松的财政政策和紧的货币政策

9.中央银行在经济衰退时（　　　）法定存款准备金率。

A.调高　　　　B.降低　　　　C.不改变　　　　D.取消

10.中央银行以行政命令或其他方式，直接对金融机构尤其是商业银行的信用活动进行控制所采用的货币政策工具是（　　　）。

A.一般性货币政策工具　　　　B.选择性货币政策工具

C.直接信用控制的货币政策工具　　　　D.间接信用控制的货币政策工具

二、多项选择题

1.中央银行的职能包括（　　　）。

A.调控　　　　B.资源配置　　　　C.管理

D.分配　　　　E.服务

2.中央银行的负债业务主要有（　　　）。

A.流通中的货币　　　　B.政府部门存款　　　　C.商业银行贷款

D.票据交换　　　　E.商业银行存款

3.中央银行的资产业务主要有（　　　）。

A.政府贷款　　　　B.商业银行贷款　　　　C.办理异地资金转移

D.黄金外汇储备　　　　E.证券买卖

4.当代各国中央银行的货币政策目标一般包括（　　　）。

A.充分就业　　　　B.稳定物价　　　　C.财政收支平衡

D.国际收支平衡　　　　E.经济增长

5.一般来说，中央银行的货币政策工具主要有（　　　）。

A.一般性政策工具　　　　B.自动稳定器

C.选择性政策工具　　　　D.直接信用控制的货币政策工具

E.间接信用控制的货币政策工具

6.一般性政策工具是中央银行运用最多的传统工具，具体指（　　　）。

A.法定存款准备金率　　　　B.优惠利率政策　　　　C.消费信用控制

D.再贴现率　　　　E.公开市场操作

7.各国中央银行一般选定的货币政策中介目标包括（　　　）。

A.货币需求量　　　　B.存款准备金　　　　C.货币供给量

D.利率（市场利率）　　　　E.基础货币

8.对于1994年的金融体制改革，中央银行明确提出了我国的货币政策中介目标，具体包括（　　　）。

A.货币供应量　　　　　　　B.信用总量　　　　　　　C.利率

D.同业拆借利率　　　　　　E.银行备付金率

9.货币政策的构成要素有（　　　）。

A.货币政策工具　　　　　B.货币政策中介目标　　　　C.货币政策执行准则

D.货币政策目标　　　　　E.货币政策的调控机制

10.货币政策与财政政策的配合模式有（　　　）。

A.紧的财政政策和松的货币政策　　　　B.松的财政政策和紧的货币政策

C.紧的财政政策和紧的货币政策　　　　D.松的财政政策和松的货币政策

E.积极的财政政策和积极的货币政策

三、判断题

1.中央银行作为特殊的金融机构，不具有国家机关的性质。　　　　　　（　　　）

2.中央银行与一般金融机构相比，没有本质上的差别。　　　　　　　　（　　　）

3.商业银行存款是中央银行重要的资金来源。　　　　　　　　　　　　（　　　）

4.证券买卖既是中央银行的负债业务之一，又是一种有效的调控手段。　（　　　）

5.稳定物价就是固定物价。　　　　　　　　　　　　　　　　　　　　（　　　）

6.充分就业意味着所有的劳动力都有满意的固定工作。　　　　　　　　（　　　）

7.中央银行执行扩张性货币政策时，提高法定存款准备金率。　　　　　（　　　）

8.中央银行在执行紧缩性货币政策时，降低再贴现率。　　　　　　　　（　　　）

9.货币政策目标和国家宏观经济目标是矛盾的。　　　　　　　　　　　（　　　）

10.货币政策和财政政策只有合理搭配使用，才能更好地发挥效应。　　（　　　）

四、简答题

1.中央银行的性质如何表述？具体体现在哪些方面？

2.中央银行有哪些方面的职能？

3.货币政策目标包括哪些内容？

4.各国选择货币政策中介目标的指标有哪些？我国中央银行选择哪几项指标？

5.为了实现货币政策目标，可采用哪些政策工具？

6.中央银行有哪些业务？它与商业银行的业务有哪些不同？

7.货币政策和财政政策的配合模式如何实施？

第十六章

通货膨胀与通货紧缩

内容提要

通货膨胀是当今世界各国经济发展中普遍存在的问题。如何科学地界定和度量通货膨胀，正确地揭示通货膨胀的成因，全面分析通货膨胀效应，以及如何有效地防止和克服通货膨胀是本章所要介绍的内容。而被长期忽视的通货紧缩近几年也成为一个备受世界关注的经济问题，如何科学地界定通货紧缩的定义，分析其产生的影响及原因以及如何治理通货紧缩，也是本章要介绍的内容。

第一节 通货膨胀概述

一、通货膨胀的概念

通货膨胀是指在纸币流通条件下，货币流通量过多地超过货币必要量而引起的货币贬值、物价上涨的经济现象。

1.通货膨胀是纸币流通条件下特有的经济现象

在金属货币流通的条件下，不可能出现通货过多的现象。因为金属货币本身具有内在价值，它通过贮藏手段发挥蓄水池和排水池的作用，能自发地调节货币流通量，与商品流通相适应。因此，过多的金属货币会自动退出流通界而成为贮藏货币。此外，在金属货币流通的条件下，银行券和其他信用货币的发行量也不可能过多。因为过多的银行券和信用货币能通过与金属货币的兑换而保持币值的稳定。

但在纸币流通的条件下，一方面，纸币从制度上、技术上提供了无限供给的可能性；另一方面，纸币或纸币化的银行券本身没有内在价值，而且也不能与金属货币自由兑换。因此，当纸币的流通量超过金属货币的必要量时，过多的纸币既不会像金属货币那样退出流通界而形成储蓄，也不能与金属货币相兑换而流回银行，只能停留在流通界别无他路。结果，过多的价值符号只能以纸币贬值和物价上涨的形式强制性地使货币供求达到平衡。由此可见，通货膨胀是纸币流通条件下的产物。

虽然通货膨胀与纸币流通相联系，但并不是纸币流通必然产生通货膨胀。是否会产生通货膨胀，取决于纸币的发行数量、发行渠道及管理水平的高低。

2.通货膨胀表现为纸币贬值、物价全面持续上涨

由纸币流通的规律可知，单位纸币所代表的价值量，取决于商品流通所必需的货币数量和纸币流通总量。当纸币流通总量超过货币必要量时，单位纸币所代表的价值就会减少，其表现形式就是单位纸币的购买力下降。

货币的币值是指一般商品的购买力，而不是指购买某种、某类具体的商品。因而，通货膨胀只能与物价总水平相联系，也就是必须包括所有商品和劳务的价格在内。因国家的物价政策、某类商品的供求关系和劳动生产率提高的差异等非货币因素引起的个别商品价格的涨跌，不属于通货膨胀的范畴。

3.通货膨胀既可以是开放性的，也可以是隐蔽性的

开放性通货膨胀直接表现为一般物价水平的上涨，主要发生在物价不受管制的完全市场经济中。隐蔽性通货膨胀不直接表现为物价的上涨，而表现为商品紧缺、限量供应、票证货币化、储蓄骤升、黑市买卖、投机猖獗等现象。这些现象实质上是变相的物价上涨，主要发生在物价受到管制的经济中。一旦政府撤销物价管制，物价上涨就会公开暴露。因此，这种形式的通货膨胀也称"抑制性通货膨胀"。

4.在通货膨胀的不同阶段，物价上涨的速度与货币增加的速度是不一致的

在通货膨胀初期，物价上涨速度慢于货币增长速度；在通货膨胀中期，物价上涨速度逐步加快，随着通货膨胀的加剧，物价上涨的速度就会超过货币增加的速度，而且，通货膨胀越是严重，物价上涨的速度就越是快于货币增加的速度。造成物价上涨与货币增加之间速度差异的因素有很多，其中最主要的因素是人们对通货膨胀的预期以及由这种预期所决定的人们的经济行为。在通货膨胀初期，人们尚未意识到物价上涨的持续性和严重性，因而还乐于接受并储存纸币，但随着通货膨胀的日益严重，人们不仅会将到手的纸币尽快地转化为实物，从而使货币流通速度加快，而且对未来的物价上涨产生一种预期，这种预期又会影响人们的各种经济行为，从而使物价上涨的速度越来越快。通货膨胀会诱发通货膨胀的预期，通货膨胀的预期又使通货膨胀的速度加快。

5.通货膨胀具有非均衡性

在不同的商品之间，物价上涨的速度是不均衡的。一般来说，需求弹性小的商品（如生活必需品）价格上涨得快。在同一国家的不同地区之间，物价上涨的速度也是不均衡的。这是由纸币在各地区投放的不均衡及商品在地区间的自由流转造成的。一般来说，纸币集中投放的地区，物价上涨较快。某一地区物价上涨加速，会吸引其他地区的商品向该地区流入。商品的大量流入使该地区的物价上涨速度减慢，而其他地区却因商品流出而使物价上涨速度加快。

二、通货膨胀的衡量指标

（一）消费物价指数

消费物价指数是由各国政府或民间机构根据本国若干种主要商品，如食品、衣着和

其他日用消费品的零售价格以及水、电、住房、交通、医疗、文娱等费用支出编制而成的一种综合价格指数，用以测定一定时期居民生活费用水平的变化趋势和程度。该指数的优点是资料收集方便，可以经常向社会公布物价变动情况（通常为每月一次），因此能迅速反映与人民生活直接相关的商品和劳务的价格变化。其缺点是反映的范围有一定的局限性，且难以表示消费品与劳务的质量改善。

（二）批发物价指数

批发物价指数是根据若干种商品的批发价格编制而成，用以反映商品批发价格的变化速度和趋势的一种价格指数。该指数的优点是能反映大宗商品（包括原材料和中间产品以及最终产品等）第一次进入流通领域时价格的变动。其缺点是不能反映社会劳务价格的变化，因而应用面较窄。

（三）国民生产总值物价平均指数

这是一种较为特别的指数，是指按当年价格计算的国民生产总值与按不变价格计算的国民生产总值的比率。该指数的优点是包括的范围广，既有商品又有劳务，既有消费资料又有生产资料，因此能较全面、准确地反映一般物价水平的变化趋势。其缺点是资料难以收集，编制较费时，缺乏及时性，很难迅速地反映通货膨胀的程度和变化趋势。

上述三种物价指数虽然广泛被各国采用，但由于各国的情况不同，统计口径存在差异，因此，各国在衡量通货膨胀程度时，一定要结合本国实际，选用合适的物价指数作为衡量标准。其中，消费物价指数运用得最为普遍。

三、通货膨胀的成因

1.需求拉动

（1）财政赤字。改革开放以前，我国实行的是高度集中的计划经济体制，体现在分配领域，就是以财政手段分配为主，财政分配占整个国民收入的1/3以上。由于财政支出主要用于基本建设，而国家作为投资主体，对资金的使用缺乏约束机制，同时在赶超战略思想的指导下，基本建设规模的安排往往超过财政收入水平，因此就形成了财政赤字，而财政赤字的弥补往往又是通过货币发行和向银行透支的方式来解决的。

（2）信用膨胀。它是指银行贷款的规模超过了国民经济发展的实际需要，从而导致贷款的货币投入没有相应的产出。这就意味着在既定的供给条件下，货币的供应增加，从而造成需求过旺，物价上涨。

2.成本推动

自我国实行经济体制改革以来，打破了传统的几乎完全冻结的工资及物价模式，工资、物价的严格管制逐步放松。

（1）工资的上涨。企业管理者与企业职工在利益上是一致的，他们都以工资、奖金作为自己的合法收入。企业职工在个人收入方面有追求最大化的意愿，由于管理者的身份仅仅是经营者而非所有者，因此对企业职工的这种愿望会给予默许或公开赞同，这就促使企业工资水平不断提高。

（2）原材料价格的上涨。由于原有的价格体系不合理，在理顺价格体系的过程中，国家多次调整了原材料与制成品的不合理比价。原材料价格的上涨，直接增加了企业的生产经营成本，这种成本的增加又会转嫁到产品价格上去。

3.结构性因素

（1）供求关系变化导致的部门结构失衡。短缺的部门产品涨价，过剩的部门产品价格不下跌，导致失业和过剩的生产能力及物价上涨。

（2）开放部门和封闭部门。开放部门的产品随着世界市场的涨价而涨价，工资随之上涨，而非开放部门的产品也涨价，从而引起物价上涨。

（3）劳动生产率提高快的部门和劳动生产率提高慢的部门（如原先的制造业和服务业）。劳动生产率提高快的部门涨工资，而劳动生产率提高慢的部门也要求涨工资。

（4）基础工业与加工工业、农业与工业发展的失衡。这在我国也是一个重要的结构性通货膨胀因素。

4.综合因素

（1）体制性因素。它是指从现行经济体制上来分析、判断形成通货膨胀的原因。体制性因素包括银行信贷管理体制、企业制度、价格体系等。从一定意义上讲，这些因素是中国通货膨胀形成的真正根源。

（2）政策性因素。它是指宏观经济政策选择不当（如过松或过紧）给社会总供求均衡带来的不利影响。它包括财政预算规模的大小、赤字的大小、信贷规模的大小、银根松紧和一定时期货币政策方面的因素，以及国家产业政策方面的因素等。

（3）预期不当。在持续的通货膨胀情况下，公众对通货膨胀会产生预期，提前做出反应。例如，雇员要求增加工资时就会加入预期的通货膨胀率，而雇主则会按其预期的通货膨胀率提高产品价格。如果预期不当，通常是公众对未来通货膨胀的走势产生过于悲观的估计，以至于其预期的通货膨胀率往往高于实际将要发生的通货膨胀率，这样，物价就会以更快的速度上涨，形成实际上的本期通货膨胀，而实际上的通货膨胀又会对下一轮的公众预期产生不良影响。

四、通货膨胀的效应

（一）对经济的正效应

1.有利于动员闲置资源

通货膨胀表现为流通中的货币过多、商品价格的普遍上涨，这就必然促使商品销售加快，商业利润和企业利润增加。这种情况下企业就会扩大生产规模，增加就业，各种闲置的社会资源得以有效利用，从而促进社会再生产发展。

2.有利于扩大投资

通货膨胀有利于刺激投资，表现为：第一，政府可以利用通货膨胀的"新增收入"（即新增货币额）直接进行投资；第二，通过从发行货币到物价上涨的"时间差"来增加企业利润，企业利润的增加能够促使企业投资的增加；第三，通过发行货币改变各阶层的收入分配结构。通货膨胀对高收入阶层有利，对低收入阶层不利，而高收入阶层的投资率一般高于低收入阶层，因此收入分配结构改变的结果是使边际投资率提高。

3.有利于优化产业结构

在通货膨胀时期，畅销商品价格上升的幅度大，销路差的商品价格上升的幅度小甚至不上升。这就会使社会资金流向发生改变，社会资源得以重新配置，从而使产业结构和产品结构得到优化和调整。

在通货膨胀初期，适度的通货膨胀虽然会对经济产生正效应，但这些效应是有限的和递减的，随着通货膨胀的持续和加剧，其对经济的影响最终由促进转向破坏，由正效应变成负效应。

（二）对经济的负效应

1.影响生产的正常进行

第一，通货膨胀对扩大就业和增加生产只能暂时产生刺激作用，这种作用不可能持久，也不会形成健康的经济运行机制。利用通货膨胀来扩大就业和增加生产，只能出现一种表面的、暂时的繁荣。从长期来看，实际上是提前并快速地消耗有支付能力的需求，一旦市场上虚假的购买力消失，必然导致生产萎缩、失业增加。

第二，通货膨胀会使生产结构失衡并造成生产下降。通货膨胀期间，各部门、各地区价格涨跌幅度的不同、时间上的不一致，使得一些涨价幅度大的部门过度发展，而另一些部门相对萎缩，社会再生产的比例关系受到破坏，生产结构进一步失调。

第三，生产资金日趋短缺。生产领域因生产周期长，在频繁的物价上涨过程中，风险大、不易获利；而流通领域资金周转快、易获利，致使生产所需的资金被抽逃到流通领域，流向投机和短期资金市场，甚至流往国外，造成生产领域资金匮乏，从而使生产进一步衰退。

第四，通货膨胀造成技术进步缓慢。通货膨胀表现为经济过热和需求过旺，在市场供需矛盾突出的卖方市场中，企业用不着搞什么技术革新，只要增加产量，哪怕粗制滥造也能获得较高的收益，这样必然大大降低企业改进技术、提高产品质量的积极性。除此之外，通货膨胀会造成企业技术革新成本增加，使价格扭曲，导致企业不能正确评估和选择技术革新项目，其结果是降低了劳动生产率和经济增长率。

第五，通货膨胀不利于企业进行经济核算。通货膨胀时期，由于币值不稳，企业的经济核算、计量和统计缺乏稳定的价值尺度和核算工具，会给企业的经营管理和决策带来困难，影响其正常的生产经营。

2.对国民收入再分配的效应

首先，固定收入者是通货膨胀的受害者。通货膨胀使单位货币的购买力下降。如果每个社会成员的收入增长速度都一样，并且都与物价上涨幅度相等，那么通货膨胀不会改变收入分配结构。但是实际情况并非如此，社会成员之间的收入增长速度和幅度都有一定的差异，这就使其实际收入水平发生了变化，同时也改变了原有的收入分配结构。由于物价的上涨一般先于工资的增长，那些依靠固定工资生活的社会成员自然就减少了实际收入而成为受害者。而那些只需支付较少实际工资的企业、借款经营单位和发行国债的国家，则是通货膨胀的受益者。这种不公正的国民收入再分配，不可避免地会引起社会的不安定。

其次，低收入家庭受害最大。由于生活必需品需求弹性小，其价格上涨幅度要高于一般商品。和高收入家庭相比，低收入家庭生活必需品的支出所占比重大，因此，低收入家庭通常是通货膨胀最直接的受害者。

最后，通货膨胀影响财富分配。一个家庭或单位的财富或财产净值，是它的资产与债务相抵后价值的差额。财产可分为按固定金额计算的财产和按可变价格计算的财产，前者包括银行储蓄存款、公司债券、国债、现金以及以其他货币形式存在的资产；后者包括诸如房屋、机器设备等物质资产及股票等。由于货币购买力的下降，以货币形式存在并以固定金额计算的财产必然遭受损失；而以可变价格计算的财产，其价值则可随物价的上涨而上涨或保持原有价值。此外，家庭和单位按固定金额计算的资产与按固定金额偿还的债务相比，如果前者超过后者，则其资产将遭受贬值损失；反之，如果后者大于前者，则资产在通货膨胀中就处于有利的地位，可能有利可图。通货膨胀的这种财富再分配，不仅表现为家庭之间的分配，而且表现为家庭、企业和政府之间的分配。一般而言，家庭持有按固定金额计算的净资产，因而易遭受损失。企业和政府则是按固定金额计算的净负债部门，因而是通货膨胀的受益者。总之，这种来源于通货膨胀的财富再分配，是一种盲目的、不合理的也是不公正的再分配，为社会大众所厌弃。

3.对流通的扰乱效应

首先，通货膨胀破坏了正常的流通渠道。正常的商品流通应是从产地向销地运动，但在通货膨胀时期，由于地区间物价上涨的非均衡性，商品就会改变原有的正常流向，从涨价幅度低、时间迟的地区流向涨价幅度高、时间早的地区，甚至流向产地。商品的这种盲目逐利流转，破坏了正常的商路，加剧了通货膨胀。

其次，在通货膨胀持续时期，由于对通货膨胀的预期，人们普遍存在物价"看涨"心理。为寻求保值手段，人们就会抢购惜售、重物轻币、囤积居奇、哄抬物价，从而使商品供求关系扭曲变态，并进一步加剧商品流通混乱。

最后，如果一国通货膨胀率高于国际通货膨胀率，就会使原出口产品转为内销，并增加进口，导致国际贸易出现逆差。

4.对消费的负效应

首先，通货膨胀削弱了消费者的实际购买力，导致其生活水平普遍下降。

其次，消费者对通货膨胀的预期往往促使其提前消费或加速消费行为，从而加剧社会供需矛盾。

5.对财政金融的效应

通货膨胀初期，国家财政和金融部门可获得暂时的利益。因为通过发行债券或吸收存款增加的负债，在将来偿还时可获得减轻实际债务的好处。但随着通货膨胀的加剧，对财政和金融终究会产生不利影响。

首先，通货膨胀影响财政收支平衡。持续的通货膨胀，一方面使税源减少，举债困难，最终减少财政收入；另一方面，财政支出则因物价上涨必然相应增加，因而财政收支难以平衡。

其次，通货膨胀造成货币流通混乱。不断贬值的货币，极难执行价值尺度和流通手段的职能。当通货膨胀达到一定程度时，人们为避免损失，宁愿持有实物而不愿接受纸币，甚至出现排斥纸币、恢复物物交换的原始商品交换方式的现象。这样，纸币流通范围越来越窄，最终导致纸币流通制度的崩溃。

最后，通货膨胀破坏了正常的信用关系。因为通货膨胀对债权人不利，为了避免损失，商品交易中的现金交易增加，商品信用衰落。同时，银行信用也因来源减少而日趋萎缩。

第二节　通货紧缩概述

一、通货紧缩的含义

关于通货紧缩，经济学家们有着种种不同的说法，至今仍没有令各方完全认同的确切定义，甚至在较权威的经济学辞典上也不能找到这一词条。但总的来看，国内外目前对通货紧缩主要有以下三种观点：

第一种观点认为通货紧缩是物价普遍持续下降的现象。

第二种观点认为通货紧缩是指物价总水平持续下跌、货币供应量持续下降，与此相伴的是经济衰退现象。

第三种观点认为通货紧缩是经济衰退的货币表现，因而必须具有三个特征：一是物价持续下跌、货币供应量持续下降；二是有效需求不足、失业率高；三是经济全面衰退。

由于第一种定义抓住了它所要反映的经济现象最基本、最显著的特征，因此，在我国经济学界，大部分人倾向于第一种观点。我们认为通货紧缩是与通货膨胀相反的一种经济现象。通货膨胀是商品与劳务价格的普遍持续上升，通货紧缩则是商品和劳务价格的普遍持续下跌。价格是商品和劳务价值的货币表现，价格普遍持续下降，表明单位货币所反映的商品价值在增加。因而通货紧缩与通货膨胀一样，也是一种货币现象。通货紧缩所反映的物价下跌，必然是普遍的、持续的。个别商品和劳务价格的下跌，是由某些商品或劳务供应大于需求，或由技术进步、市场开放、生产效率提高、成本降低所致，这只反映了不同商品和劳务之间比价的变化，不是通货紧缩；受消费者偏好变化、季节性因素等某些非货币因素影响而引起的商品和劳务价格的暂时或偶然下跌与货币本身没有必然联系，也不是通货紧缩。

在经济实践中，判断某个时期的物价下跌是否为通货紧缩，一般来讲，既要看通货膨胀率是否由正转为负，也要看这种下降的持续时间是否超过了一定时限。目前世界各国的经济学者对这一时限具体应以多长为准尚未达成一致意见。有的国家以1年为准，有的国家以半年为准。

二、通货紧缩产生的原因

（一）财政与货币政策原因

从财政政策来看，政府为了预防通货膨胀或为了降低财政赤字，会采取紧缩性的财政政策，大量削减公共开支，减少转移支付，从而减少了社会总需求，加剧了商品和劳务市场的供求失衡，这样就有可能导致通货紧缩的形成。从货币政策来看，长期以来，经济学界曾一度认为通货紧缩对经济的威胁小于通货膨胀对经济构成的威胁，如米尔顿·弗里德曼认为"通货紧缩是世界上最容易避免的事情，只要印刷更多的钞票就可以了"。在这种思想的影响下，中央银行往往更多地关注通货膨胀问题，而忽视了通货紧缩问题。当通货膨胀问题得到解决以后，如果中央银行继续采取紧缩的货币政策，使大量商品流向货币，就可能产生物价的持续下跌，导致通货紧缩。

（二）科技创新的原因

科技进步与创新提高了生产力水平，科学的管理体制使生产成本下降，造成生产能力过剩。在供给大于需求的情况下，物价下跌不可避免。如果这种供给大于需求的情况不能得到及时调整而持续存在，则物价下跌的趋势也会相应持续下去，这样就会出现通货紧缩。

（三）汇率制度的原因

如果一国采取钉住强币的汇率制度，货币币值高估，就会导致出口下降，加剧国内企业的经营困难，使消费需求趋减，出现物价的持续下跌。同时，其他国家货币的大幅贬值，也会造成货币贬值国家的商品大量流入，进一步加剧国内物价的持续下跌态势。

（四）金融体系低效率的原因

如果金融机构不能对贷款项目进行风险识别，那么就可能滥放贷款，造成不良贷款比重提高，也可能不愿意贷款或片面提高贷款利率以作为承担风险的补偿，从而形成信贷萎缩，最终导致物价下跌，形成通货紧缩。

三、通货紧缩的类型

（一）按严重程度，通货紧缩可分为相对通货紧缩和绝对通货紧缩

1.相对通货紧缩

相对通货紧缩是指物价水平在零值以上、在适合一国经济发展和充分就业的物价区间以下。如果把物价水平年提高3%～9%看成是适应一个国家发展的物价水平，那么0～3%的物价水平所对应的通货状态，就是相对通货紧缩的状态。在这种状态下，物价虽然还有一些正增长，但它已经低于适合一国经济发展和充分就业的物价水平，因而使一国经济失去了正常发展所必需的动态平衡，通货处于相对不足的状态。这种情形对经济发展会造成一定的损害，但这种损害可能是轻微的。

2.绝对通货紧缩

绝对通货紧缩是指物价水平在零值以下，即物价负增长。这种状态说明一国通货处于绝对不足的状态，在这种状态下，极易造成一国经济衰退乃至萧条，因而绝对通货紧

缩又可细分为两种子状态，即衰退式通货紧缩和萧条式通货紧缩。

（1）衰退式通货紧缩。物价较长时间负增长，但负增长的幅度不大，不过已经或足以对一国经济造成一定的影响，使其处于衰退状态（或是与经济衰退相伴随，因为可能有其他经济的或非经济的因素致使经济衰退），这种绝对通货紧缩的状态，就称为衰退式通货紧缩。

（2）萧条式通货紧缩。物价较长时间负增长，且负增长的幅度较大，已经或足以对一国经济造成较大的损害，使其步入萧条，这种绝对通货紧缩的状态，就称为萧条式通货紧缩。

（二）按产生机理，通货紧缩可分为需求不足型通货紧缩和供给过剩型通货紧缩

1.需求不足型通货紧缩

总需求不足，使得正常的供给显得相对过剩，由此而引发的通货紧缩称为需求不足型通货紧缩。一个国家的需求不足可能由多种原因所引起，如消费抑制、投资抑制和国外需求抑制等，因此，需求不足型通货紧缩又可细分为消费抑制型通货紧缩、投资抑制型通货紧缩和国外需求不足型通货紧缩。

（1）消费抑制型通货紧缩。消费抑制，是指由于即期收入的减少或预期未来支出增多，以及对未来诸多不确定性的预期而采取的减少即期消费的一种预防性行为。如失业增加，将使失业者失去可靠的生活来源而不得不减少即期消费；在转轨时期，由于各种社会保障措施不尽完善，居民会抑制即期消费而为自己未来可能出现的失业、养老、医疗等一系列问题做一些预防性准备等。这种对即期消费的抑制，将使供给相对过剩，从而造成产品积压、生产能力闲置、企业开工不足、收入减少、物价下跌，通货紧缩由此引发。

（2）投资抑制型通货紧缩。投资是总需求的一个重要方面，在发展中国家，投资对经济增长的拉动起着举足轻重的作用。如果因为种种原因，投资被抑制，新建项目减少，生产资料和生活资料的需求都将减少，新增劳动力无从就业，同样会造成供给相对于需求的过剩，导致通货紧缩。

（3）国外需求不足型通货紧缩。国外需求主要表现为一国的出口，国外需求减少，出口不畅，也会减少国内的需求总量，造成出口企业开工不足、产品积压，引起通货紧缩。

2.供给过剩型通货紧缩

供给过剩，在这里不是指供给的相对过剩，而是指由于技术创新和生产效率的提高，产品绝对数量的过剩。这种状态，在某种程度上也就是当年马克思所梦想的那种"物质产品极大丰富"的状态，当然在现阶段不可能出现那种社会发展的终极状态，只是在一定的发展阶段中，某个层次的产品过剩了。当前，人类处于信息社会、知识经济时代，原有的一些物质产品，诸如钢铁和一些简单的日用品，由于生产能力的极大提高，供给大大过剩，人们在尽可能多地消费这些物质产品的同时，又悄悄地向更高的消费产品层次迈进，如信息产品等。这实际上是一件好事情，它预示着人类正在向更高的发展层次跨越。但这个过程同样可能造成通货紧缩的局面，只不过这种通货紧缩对一国

经济来说不见得是件坏事情，正如当前美国欢迎大量的廉价的初级产品涌入美国，致使通货水平下降，而美国自己则极力发展下一个时代的科技与产品，同时又鼓励其他国家用廉价的工业产品来换取它。

四、通货紧缩的效应

（一）通货紧缩对经济的影响

由于通货紧缩会增强货币的购买力，因此在通货紧缩时期，人们会推迟购买、增加储蓄，以等待将来更低的价格出现。这样，通货紧缩使个人消费支出受到抑制，同时也造成商业活动的萎缩。物价的持续下跌会提高实际利率水平。即使名义利率下降，资金成本一般仍比较高，致使企业投资成本高昂，投资项目变得越来越没有吸引力，企业因而减少投资支出。居民和企业的这些行为都会降低就业增长速度和经济增长速度，甚至可能导致经济衰退。

（二）通货紧缩对银行业的影响

通货紧缩可能导致银行业的危机。这是因为：

（1）通货紧缩加重了贷款者的实际负担，产品价格出现非预期下降，收益率也随之下降，使贷款者归还银行贷款的能力有所减弱，银行贷款面临的风险也随之增大。

（2）资产价格的持续下降也会产生负面的财富效应，降低资产的抵押或担保价值，银行被迫要求客户尽快偿还贷款余额。这又导致资产价格进一步下跌，贷款者的净资产进一步减少，从而加速其破产过程，最终导致银行遭受损失甚至破产。银行经营环境的恶化会使人们对银行产生一种不信任感，为了保护自己资金的安全，他们一方面将钱放在手里，不存入银行；另一方面会把钱从银行里提出来，而这又会加剧银行的流动性危机。

（3）如果人们预期通货紧缩还将继续，那么在任何名义利率下他们都不会愿意借款，否则他们最终偿还贷款的价值要高于现在的价格。同时，考虑到逆向选择的风险，如果银行预期资产或商品的价格会下降，它们就会惜贷。这就容易造成信贷供给和需求的萎缩。

第三节　通货膨胀和通货紧缩治理

一、治理通货膨胀的对策

（一）控制需求

1.紧缩性货币政策

为把过度的需求压下来，各国货币当局采取的手段主要有：①通过公开市场业务出售政府债券，以相应地减少货币存量。②提高法定存款准备金率，以缩小货币乘数。③提高利率。中央银行既可以通过减少货币供给而间接地使利率上升，也可以通过提高贴现贷款的利率而直接带动整个市场利率体系的上扬。在仍实行利率管制的国家，中央银行还可以直接提高金融机构的各项存贷款利率，利率的上升会促使人们减少消费需求而把更多的收入用于储蓄；同时，伴随着利率的提高，投资的成本也不断上升，这又会对投资需求起到抑制作用。④控制政府向银行的借款额度，适当减少或控制国际收支净收入，以控制基础货币的投放等。以上手段可以保证货币供应量增长率与经济增长率相适应。

2.紧缩性财政政策

紧缩性财政政策的基本内容是增加税收和减少政府支出。增加税收的通常做法是提高税率和增加税种，这样可以压缩企业和个人支配的货币收入，增加财政收入，减少财政赤字或财政向中央银行的借款量。减少政府支出的办法是削减财政投资的公共工程项目，减少政府转移支出、各种社会救济和补贴，使财政收支平衡。

3.紧缩性收入政策

紧缩性收入政策是应对成本推进型通货膨胀的有效方法。既然成本推进型的通货膨胀是由于工资、物价的提高导致的总供给曲线的上移，那么采取工资-价格政策（即收入政策）来干预、阻止工会和垄断企业这两大团体互相抬价所引起的工资、物价轮番上涨的趋势也是理所当然的。这样做的目的在于既控制通货膨胀而又不致引起失业增加。

4.指数化方案

指数化方案，是指将收入水平、利率水平同物价水平的变动直接挂钩，以抵消通货膨胀的影响。指数化的范围包括工资、政府债券和其他货币性收入。其实施办法是把各种收入同物价指数挂钩，使各种收入随物价指数而调整。这样会收到两个功效：一是借此剥夺政府从通货膨胀中新获得的收入，打消其制造通货膨胀的动机；二是可以借此抵消或缓解物价波动对个人收入水平的影响，克服分配不公，避免出现抢购商品、贮物保值等加剧通货膨胀的行为。

（二）改善供给

发展生产，增加有效供给，是稳定币值、消除通货膨胀的根本出路。在这方面，供应学派的政策主张可供借鉴。供应学派认为，通货膨胀和经济波动都是由产品供应不足引起的，因此，只要刺激生产，增加有效供给，就会遏制通货膨胀。改善供给的一般措施有：

1.实行有松有紧、区别对待的信贷政策

在压缩总需求的同时，货币当局实行产业倾斜政策，对国民经济中的"瓶颈"部门、事关国计民生的主要产业和产品实行比较优惠的信贷政策；而对那些产品积压，投入多、产出少的产业或产品，则紧缩信用。只有这样，产业结构、产品结构才能得到优化，社会资源才能得到合理配置，货币流通状况才能得到根本好转。

2.发展对外贸易，改善供给状况

通过对外贸易，不但可以调节供给总量，而且可以改善供给结构。当国内供求矛盾比较尖锐时，可动用黄金、外汇储备进口商品，增加供给总量。当国内市场上某种商品供给过多，而另一些商品供不应求时，通过进出口贸易，可以调节供给结构。

总之，引起通货膨胀的原因比较复杂，治理的办法也多种多样。在实际工作中，应抓住主要矛盾、对症下药，才能迅速有效地遏制通货膨胀，争取货币流通状况的根本好转。

二、治理通货紧缩的对策

（一）实行积极的财政政策

实行积极的财政政策不仅意味着扩大财政支出，而且意味着要优化财政支出结构，以增大财政支出的"乘数效应"。扩大财政支出，可以发挥财政支出在社会总支出中的调节作用，弥补个人消费需求不足造成的需求减缓，起到"稳定器"的作用。优化财政支出结构，可以使财政支出最大化地带动企业或私人部门的投资，以增加社会总需求。例如，可以适当缩小国家财政对公共基础设施的直接（全额）投资规模，抽出部分财政投资资金，通过财政贴息、财政参股、财政担保等多种途径，吸纳、带动社会资金参与公共基础设施建设，这可以放大财政政策的"乘数效应"。财政还可以通过调整投资方向，达到优化财政支出结构的目的。

（二）实行积极的货币政策

实行积极的货币政策要求中央银行及时做好货币政策的微调，适时增加货币供应量，降低实际利率，密切关注金融机构的信贷行为，通过灵活的货币政策促使金融机构增加有效贷款投放量，以增加货币供给，如实行积极进取的相机抉择的货币政策（因为灵活迅速、及时调整是货币政策的重要特征）。中央银行的作用和目标是稳定货币，这包括两方面的含义，既要防止高通货膨胀又要防止通货紧缩，使通货膨胀率既不加速也不减速，维持在较低的水平上，最好为2%~3%，至少应控制在5%以下，前者是一个理想目标，后者是一个可控目标。此外，中央银行还可以放松利率管制，加快利率市场化改革，即要在提高银行贷款利率浮动幅度的基础上，放开贷款的利率管制，让商业银行根据贷款对象的资信状况和贷款的风险大小自行确定贷款利率。

红色故事16-1　　抗战时期北海银行放贷北海币 支持建设独立自主经济体系

北海银行建立初期，办公场所无法固定，存取不便，利息低廉，除机关部队和企事业单位的往来性存款外，基本上没有其他类存款和群众储蓄。急难险重关头，北海银行将主攻任务放在发行货币，反击日伪货币，占领、巩固和扩大北海币的使用流通区域，以及发放贷款、代理金库、收购存续黄金、汇兑等业务上。

1941年之前，北海银行发行的北海币主要用于财政、军政开支，资金贷款发放很少。自1941年起，根据地开始开展自力更生、发展生产的运动，北海币开始较多地转投生产，发放较多的"低利贷款"，帮助群众恢复和改善生产条件及生活状况，支持解决粮荒和开展生产自救，积极为战争、生产建设提供经济后盾。

1940年，山东省临时参议会通过了《山东省战时施政纲领》，其中第三条明确要求发放低息借贷。蓬莱、黄县、掖县三县及莱芜、泰安等地县抗日政府纷纷成立低息贷款处，贷款以劳苦大众为重点对象，对贫苦的军工烈属给予优先照顾。由于利息低，群众争相来借贷。随后，北海银行主要发放春耕贷款、纺织贷款、掘井抗旱贷款、定民贷款、运输贷款以及棉区良种、纺织用棉、纺车等实物贷款，支援农、渔、盐业及副业。

1942年，山东省战时工作推行委员会召开扩大常委会，通过若干重要提案，对北海银行的贷款最低利率做出明确规定：农业贷款四至六厘，工业贷款六至八厘，合作贷款八厘至一分，商业贷款一分二厘。北海银行发放的贷款中，农业贷款要比工商贷款利息低很多。

1943年下半年后，日伪占领区的经济日渐衰退，日伪币开始一路贬值，敌占区内不断通货膨胀，生活用品奇缺，物价飞涨。与敌占区形成鲜明对照，山东抗日根据地日益巩固和扩大，生产不仅自给自足，还有富余货品用于贸易，从敌占区主动来根据地做生意的商户越来越多，他们除在根据地边缘地带开展货币兑换外，还与根据地建立了直接的汇兑关系。北海银行归财政部门领导，财政的上缴和下拨都通过银行办理，形成了银行代理金库的业务。1941年，山东省战时工作推行委员会财政处处长兼银行行长艾楚南曾代山东分局财委会起草电报给各地区，强调统一财政收支，严格建立金库制度，并要求充实机构，有银行机构的金库工作可由银行代理。1943年下半年，山东省战时工作推行委员会决定改变银行代理金库制度，将各级金库划归政府，从此各地银行不再代理金库工作。

资料来源　中国金融思想政治工作研究会. 中国红色金融史〔M〕. 北京：中国财政经济出版社，2021.

案例讨论

案例一　居民消费价格变动情况

来自国家统计局：2021年5月份，全国居民消费价格同比上涨1.3%。其中，城市上涨1.4%，农村上涨1.1%；食品价格上涨0.3%，非食品价格上涨1.6%；消费品价格上涨1.6%，服务价格上涨0.9%。1—5月，全国居民消费价格平均比上年同期上涨0.4%。

6月份，全国居民消费价格环比下降0.4%。其中，城市下降0.4%，农村下降0.5%；食品价格下降2.2%，非食品价格持平；消费品价格下降0.6%，服务价格下降0.1%。

讨论：（1）你关注通货膨胀吗？在生活中有什么感受？你能读懂上述统计数据的含义吗？

（2）政府可以采取哪些政策应对通货膨胀？

（3）在通货膨胀时期，居民个人应该如何实现财产保值增值？

案例二　政策转向难阻股市新高　通胀升温未定收水力度

尽管美联储决定加速taper和提早加息，尽管奥密克戎在欧美掀起新的感染高潮，但资金仍义无反顾地重回股市，当然多数基金经理在家放假，成交量清淡。支持美股向上的最大动力毫无疑问是流动性，同时之前出现的市场恐慌情绪也渐渐得到舒缓，VIX（恐慌指数）在上周下跌19%。（2021年）11月份核心PCE通货膨胀报4.7%（同比），制造出1989年以来的新高，远远高出美联储的中期通胀目标2%。美国10年期国债利率上周升了10点，两年期利率升了8点，不过恐慌情绪大致消失。美元指数在淡静的成交中回落到96边缘。布伦特和纽约WTI原油期货价格稳步回升，黄金现货和比特币价格双双走强。此外，乌克兰危机升温，荷兰天然气价格TTF暴涨并创下新纪录。

2021年全球金融市场的最大故事是通货膨胀，以及由此引发的货币政策变局。2021年的通货膨胀有几个不同的源头：一是供应链冲击。疫情造成生产停顿、交通阻滞，从化工原料到汽车芯片，生产中的一环出了问题，就会导致整条生产线停顿，供应出现短缺。船运无法清关，令货船、集装箱周转失灵。这些都导致成本的上涨。二是供需错位。例如，5月份解封社交距离限制后，美国开车出行人数暴涨，二手车需求大增，但是货源却跟不上，导致二手车价格飙升。这两个源头都由供应错位引致，一旦供应恢复正常，物价压力就会得到舒缓。这也是为什么美联储、欧洲央行在很长时间都坚持通胀是暂时性的、过渡性的。三是能源价格。新能源政策失误，使其库存量处于历史低位。欧洲、美国和中国先后出现了能源价格暴涨的局面。食品价格也出现了类似的上涨，欧美传统早餐的成本平均上涨了40%~50%。四是工资。食品、汽油、租金一起上涨，改变了人们对通胀的预期。"屋漏偏逢连雨天"，在美国偏偏难以招到低端工人。由于美国的劳工参与率结构性下降，在美国工资不涨30%~40%，服务业难招到工人，已有的工人也会跳槽。一旦工资上涨，服务业价格势必连环上涨，由此又带动通胀预期，形成连锁反应。前三个通胀源头，各国都有；第四个源头，只有美国比较明显。

通货膨胀不仅源头不同，对市场造成的冲击也不同。2021年上半年的通货膨胀，建立在疫情逐渐退却、经济开始重启的基础上，增长预期和通胀预期因此增强，对于资本市场这是"再通胀"故事，股市因盈利复苏而上涨，长端债券利率因增长前景改善而上扬。及至第四季度，通货膨胀是建立在通胀预期改变的基础上，工资上升触发通胀长期化、常态化的忧虑，美联储被迫改变通胀"过渡性"判断，对于资本市场这是政策转鹰的故事，短端利率突出上升，收益率曲线变得平坦，不过迄今为止股市对此并不惊慌，认为经济好，企业有加价能力，则利好股市。

资料来源 陶冬．政策转向难阻股市新高 通账升温未定收水浓墨重彩度［EB/OL］．［2021-12-26］．https://baijiabao.baidu.com/s?id=17202182145155264218 wfr=spider & PC.

讨论：（1）谈谈你对当下经济形势的预判。

（2）谈谈有关"抑制通货膨胀"的建设性意见。

阅读材料

［1］王常柏．金融学概论［M］．3版．北京：中国人民大学出版社，2021．

［2］陆前进．高级货币金融学［M］．上海：格致出版社，2021．

［3］郭红玉，徐佳，姜婷凤．现代货币银行学［M］．北京：北京对外经济贸易大学出版社，2021．

综合训练

一、单项选择题

1.通货膨胀与物价水平相联系，这里的物价水平是指（　　　）。

随堂测16

A.批发物价水平

B.生产资料价格水平

C.消费资料价格水平

D.物价总水平

2.通货膨胀是（　　）。

A.金属货币流通条件下经常发生的经济现象

B.纸币流通条件下特有的经济现象

C.金属货币流通条件下和纸币流通条件下都没有的经济现象

D.纸币流通条件下和金属货币流通条件下共有的经济现象

3.在商品和劳务供应不变的情况下，因生产成本提高而引起的通货膨胀叫作（　　）。

A.需求拉上型通货膨胀

B.成本推动型通货膨胀

C.结构失调型通货膨胀

D.抑制型通货膨胀

4.在经济运行过程中总需求过度增加，超过了既定价格水平下商品和劳务等方面的供给而引起的通货膨胀叫作（　　）。

A.隐蔽型通货膨胀

B.需求拉上型通货膨胀

C.成本推动型通货膨胀

D.结构失调型通货膨胀

5.改变社会成员原有收入和财富的占有比例，是指通货膨胀（　　）。

A.对生产的影响

B.对流通的影响

C.对再分配的影响

D.对消费的影响

6.一般来说，治理通货膨胀主要包括（　　）。

A.冻结物价和冻结工资两个基本方面

B.实行紧缩性财政政策和货币政策两个基本方面

C.控制投资需求和消费需求两个基本方面

D.控制需求和改善供给两个基本方面

7.由于总需求不足，正常的供给显得相对过剩，由此而引发的通货紧缩称为（　　）。

A.需求不足型通货紧缩

B.供给过剩型通货紧缩

C.相对通货紧缩

D.绝对通货紧缩

8.实行积极的财政政策意味着（　　）。

A.减少财政支出　　　B.减少财政收入　　　C.减少发行国债　　　D.调低税率

9.将收入水平、利率水平同物价水平的变动直接挂钩，以抵消通货膨胀影响指的是（　　）。

A.紧缩性财政政策

B.紧缩性收入政策

C.紧缩性货币政策

D.指数化方案

二、多项选择题

1.目前世界各国衡量通货膨胀的指数大多采用（　　）。

A.消费物价指数

B.批发物价指数

C.货币购买力指数

D.国民生产总值物价平均指数

E.商品结构指数

2.我国的通货膨胀成因主要表现在（　　）等方面。

A.基本建设投资膨胀　　　　　　　　B.社会公众对通货膨胀的预期

C.银行发行货币弥补财政赤字　　　　D.银行信用膨胀

E.国际收支长期大量顺差

3.治理通货膨胀的对策有（　　　）。

A.增加供给　　　　　　B.增加需求　　　　　　C.控制需求

D.控制供给　　　　　　E.改善供给

4.按物价上涨程度划分，通货膨胀可分为（　　　）。

A.爬行式通货膨胀　　　B.温和型通货膨胀　　　C.恶性通货膨胀

D.公开型通货膨胀　　　E.隐蔽型通货膨胀

5.就通货紧缩产生的一般性原因而言，主要有（　　　）。

A.财政政策　　　　　　B.货币政策　　　　　　C.科技创新

D.汇率制度　　　　　　E.金融体系低效率

6.通货膨胀对经济的影响具体表现在（　　　）等方面。

A.影响社会成员的财富占有比例　　　B.生产

C.流通　　　　　　　　　　　　　　D.消费

E.财政金融

7.从我国20世纪90年代末期所出现的通货紧缩实际情况看，其产生的原因有（　　　）。

A.全球性的通货紧缩　　　　　　　　B.人民币竞争力的下降

C.企业低效益　　　　　　　　　　　D.政府刺激居民消费的政策

E.高强度的积极财政政策的实施

8.治理通货膨胀时改善供给的措施一般包括（　　　）。

A.降低税率，促进生产发展　　　　　B.提高税率，增加国民收入

C.实行有松有紧、区别对待的信贷政策　D.发展对外贸易，改善供给状况

E.控制政府向银行的借款额度

三、判断题

1.通货膨胀是金属货币流通条件下和纸币流通条件下都会经常发生的经济现象。

（　　　）

2.在金属货币流通条件下，一般不会产生通货膨胀。　　　　　　　（　　　）

3.在纸币流通条件下，必然会出现通货膨胀。　　　　　　　　　　（　　　）

4.通货膨胀与物价总水平相关联，所以即使个别商品的价格上涨，也意味着出现了通货膨胀。　　　　　　　　　　　　　　　　　　　　　　　　　　（　　　）

5.通货膨胀在流通方面的影响主要是改变了社会成员原有收入和财富占有的比例。

（　　　）

6.在治理通货膨胀的过程中，增加供给主要依靠增加投资特别是固定资产投资。

（　　　）

7.人民币竞争力的下降是造成我国通货紧缩局面的一个重要因素。（　　　）

8.亏损企业不能及时退出生产领域是造成通货紧缩循环的主要原因。（　　　）

9.我国实施积极财政政策的手段主要包括增加财政支出和提高税率。　　　（　　）

10.在通货紧缩时期，货币购买力下降，个人消费支出受到抑制。　　　（　　）

四、简答题

1.如何完整地理解通货膨胀的内涵？

2.西方国家通货膨胀的成因理论有哪些？马克思是如何认为的？

3.我国通货膨胀的成因有哪些？

4.简述通货膨胀对社会经济的负效应。

5.如何理解通货紧缩的概念？

6.产生通货紧缩的一般性原因有哪些？请简要说明。

7.请简要阐述通货紧缩对经济的负效应。

8.我国治理通货膨胀的对策有哪些？

9.我国治理通货紧缩的对策有哪些？

五、案例分析题

2010年以来，国内大蒜、绿豆、生姜、食用油、白糖、蔬菜、棉花、煤炭等商品的价格涨势接连不断，居民消费价格指数持续上涨。2011年6月份，全国居民消费价格总水平同比上涨6.4%，创下了35个月以来的新高。从2011年上半年国内商品价格的变化趋势看，市场上已经形成了强烈的通胀预期，而且推动物价上涨的诸多因素依然存在：货币"超发"恐持续，劳动力成本将继续上升，输入型通胀压力和"热钱"流入不减，给我国之后的宏观调控带来了很大挑战。虽然中央定调2011年的货币政策向稳，但相比2010年的货币政策并不意味着有实质性的改变。因为货币政策还要支持经济发展方式转变和经济结构战略性调整，宏观调控既要控制物价持续上涨带来的通胀压力，又要防止货币、信贷、投资和工业下降过快引发经济衰退，还要兼顾经济结构调整。央行没有明确信贷额度和货币供应量增长目标，而是提出保持合理的社会融资规模，就充分说明了这一点。央行将稳定物价作为当前和今后一个时期的首要任务，将控制物价过快上涨的货币条件，但鉴于2011年上半年已经6次上调法定存款准备金率、2次上调金融机构人民币存贷款基准利率，又考虑到当时的经济现状和中美利差的持续扩大，上调利率和存款准备金率的空间将受到限制。今后几年，我国控制通胀的压力仍然很大，任重道远。

资料来源　作者根据相关资料整理.

请问：我国所出现的通货膨胀给我们什么启示？

第十七章

保险业务

内容提要

保险是集合社会多数单位和个人，以保险合同方式建立经济关系，通过收取保险费集中建立保险基金，对被保险人因自然灾害或意外事故所造成的经济损失或人身伤亡给予资金补偿，对其丧失工作能力给予物质保障的一种经济活动。本章在阐述保险概念与特征的基础上，着重介绍保险合同的基本内容与特征、保险理赔的基本方法和步骤，最后简述我国当前开办的主要险种。

第一节　保险概述

一、保险的基本含义

保险是集合社会多数单位和个人，以保险合同方式建立经济关系，通过收取保险费集中建立保险基金，对被保险人因自然灾害或意外事故所造成的经济损失或人身伤亡给予资金补偿，对其丧失工作能力给予物质保障的一种经济活动。

保险的含义有四个核心要点：①经济补偿是保险的本质特征；②经济补偿的基础是数理预测和合同关系；③经济补偿的费用来自于投保人缴纳的保险费所形成的保险基金；④经济补偿的结果是风险的转移和损失的共同分担。

保险所提供的基本服务是减少不确定性和当人们意识到他们对个人的未来无法预测时所产生的担忧。保险通过对平均损失成本的计算来减少人们所面临的风险损失。被保险人所缴纳的保费被假定为保险人所预期的每个被保险人的损失（加上公司的营业费用和利润）。例如，假定一家保险公司预测，在由1万个被保险人所组成的人群中，每年的车辆事故损失加上相关费用共计50万元。在这种情况下，每个被保险人就应当缴纳50元（50÷1）。正因为你尽了自己的义务（缴纳保险费），作为交换条件，你就可以在遭受损失的时候，按照保险合同的规定从保险人那里得到补偿。你用支付确定数量的、按规定需要缴纳的保费作为代价，换来平和的心境和转移风险的结果，这就是保险的目的。严格说来，保险并不能防止风险的发生，而只是可以减轻被保险人对不确定性的担忧和经济负担。

二、保险的基本特征

（一）经济补偿性

经济补偿性即对自然灾害或意外事故造成的损失给予一定的经济补偿。从起源来看，保险起源于对自然灾害和意外事故给人类生存带来的损害的防范。人类在生存过程中，遇到难以预料的自然灾害或意外事故而遭受财产损失或人身伤亡时，如不能及时得到经济上的补偿，人们的生产、生活就无法维持和继续下去。正是在这种情况下产生了保险，它就是为防范自然灾害和意外事故对人类生存造成损失而建立的一种经济补偿制度。

（二）社会互济性

社会互济性即一人损失，众人分摊。自然灾害和意外事故对人类生存造成的危险既有普遍性，又有偶然性。普遍性是指每一个人都有遭受自然灾害或意外事故的可能；偶然性是指自然灾害或意外事故的发生只是在某一空间的某一时点上，即遭受这种损失的只是某一地点或某一个人。正因为自然灾害和意外事故存在普遍性，因此才有大量的人愿意并要求参加保险，从而聚集众人之财力形成基金，以应对其中任何一个成员可能出现的意外进行补偿。同时，又由于自然灾害或意外事故存在着偶然性，一旦当危险发生于某一地点或某一个人时，则可用事先聚集起来的基金进行补偿，这就使危险分散，由更多的人去分担，充分体现了经济上的社会互济性。

（三）法律保障性

法律保障性即保险是以建立契约（保险合同）的方式确立保险人和被保险人之间的经济关系的。保险合同是具有法律效力的，合同双方都要按合同规定享受各自的权利并履行各自的义务，如其中任何一方违背合同，另一方有权诉诸法律进行裁决。

（四）融资性

保险之所以属金融经济范畴，正因为它具有融资性。这种融资性一方面体现在保险对于被保险人所进行的经济赔偿上（即经济补偿性）；另一方面体现在保险基金的聚集和运用上。保险可聚集大量的保险基金，除用于补偿以外，还可用于直接投资和间接投资，即购买企业股票、寻找经营伙伴、开办与保险相关的实体或存入银行获得利息收益等。这种融资活动能提高保险效益，促进保险业的经营和发展。

第二节　保险合同

一、保险合同的概念

保险合同是指投保人向保险人缴纳约定的保险费，保险人在双方约定的保险事故发生时或在保险期限届满时向投保人或被保险人或收益人支付保险赔偿金或保险金的一种权利义务协议。

二、保险合同的当事人、关系人、中间人

（一）保险合同的当事人：投保人和保险人

1.投保人

投保人，又称"要保人"、保单持有人，是对保险标的具有保险利益、向保险公司申请、与保险人订立保险合同并按约定向保险公司支付保险费的当事人。投保人是保险合同的基本当事人，没有投保人保险合同不能成立。投保人可以是公民，也可以是法人或其他社会组织，但必须具备以下条件：

（1）具有完全的权利能力和行为能力。未取得法人资格或其他合法资格的组织不能成为保险合同的投保人，无行为能力、限制行为能力的自然人也不能签订保险合同而成为保险合同的投保人。

（2）对保险标的必须具有保险利益。投保人如对保险标的不具有保险利益，则不能申请订立保险合同；已订立的合同为无效合同。

（3）负有缴纳保险费的义务。保险合同为有偿合同，投保人取得经济保障的代价就是支付保险费。不论保险合同是为自己的利益还是为他人的利益而订立，投保人均需承担缴纳保险费的义务。

2.保险人

保险人，又称承保人，是指与投保人订立保险合同，向投保人收取保险费，在保险事故发生时，对被保险人（受益人）承担保险责任的保险公司，如中国人民保险公司、中国人寿保险公司、中国平安保险公司、中国太平洋保险公司等。保险公司需依法定程序申请获准，才能取得经营保险业务的资格。如果保险人不具备法人资格，其所订保险合同无效。如果超越经营范围，合同效力则根据具体情况而定。

（二）保险合同的关系人：被保险人和受益人

1.被保险人

被保险人，是指其财产或人身受保险合同保障的人，又称"保户"。投保人可以为被保险人。在财产保险中，被保险人是保险标的所有人或具有利益的人。在人身保险中，被保险人是保险的对象。被保险人与投保人的关系表现为：投保人为自己的利益投保时，投保人即被保险人；投保人为他人利益投保时，投保人与被保险人分属两人。

2.受益人

受益人，又称"保险金领受人"，是指人身保险合同中由被保险人或投保人指定的享有保险金请求权的人，投保人、被保险人可以为受益人。在保险合同中已确定的受益人包括三种情况：①投保人既是被保险人，又是受益人；②投保人指定被保险人为受益人；③被保险人指定第三人为受益人。

（三）保险合同的中间人：保险代理人和经纪人

1.保险代理人

保险代理人，是根据保险人的委托，向保险人收取代理手续费，并在保险人授权范围内，代为办理保险业务的单位或个人。保险代理具有民事代理的基本特征，即保险代理人以保险人（被代理人）的名义，在保险人的授权范围内从事保险活动，其法律后果由保险人承担。保险代理人的代理行为必须在授权范围内行使方为有效，无权代理和滥用代理权的行为属于无效代理行为，其法律后果由保险代理人自己承担。

2.保险经纪人

保险经纪人，是基于投保人的利益，为投保人与保险人订立保险合同、提供中介服务，并依法收取佣金的单位或个人。保险经纪人是基于投保人的利益而从事经纪活动的。保险经纪与居间行为相似，即为委托人提供与签订合同有关的服务并收取酬劳。所不同的是，一般居间的报酬由委托人支付，而保险经纪人的报酬由保险人支付。保险经纪人以自己的名义开展保险经纪活动。保险经纪人自己承担因其过错造成的投保人、被保险人的损失。

三、保险合同的客体

（一）保险标的

保险标的是指保险合同的当事人享受权利和承担义务共同指向的事物。它是保险合同中所载明的投保对象，是保险事故发生所在的本体。保险标的涉及的范围很广，在不同的保险种类中，保险标的也有所不同，它可以是有形的物或人，也可以是无形的利益、责任、信用等。例如，财产保险的标的是物（具有经济价值的事物体）；责任保险的标的是责任（民事损害依法所承担的经济责任）；信用保险的标的是信用行为；人身保险的标的是被保险人的生命、健康、劳动能力。

（二）保险利益

保险利益是投保人或被保险人对保险标的具有的法律上承认的利益，即符合法律规定并受法律保护的某种权利义务关系。如投保人或被保险人对保险标的不具有保险利益，保险合同无效。如投保人对属于自己的财产具有保险利益，对自己的生命、身体和健康具有保险利益；雇主对于雇员具有保险利益等。

四、保险合同的基本条款

保险合同的条款是规定保险人与被保险人之间的基本权利和义务的条文，是保险公司对所承保的保险标的履行保险责任的依据。根据合同内容的不同，保险条款可以分为基本条款和附加条款。基本条款是关于保险合同当事人和关系人权利与义务的规定，以及按照其他法律一定要记载的事项；附加条款是保险人按照投保人的要求增加承保风险的条款。增加了附加条款，即意味着扩大了标准保险合同的承保范围。

保险合同的基本条款包括以下几项内容：

（一）当事人的姓名或名称和住所

明确当事人的姓名或名称和住所，为保险合同的履行提供了一个前提。因为在合同订立后，保费的缴纳、保险金额的赔偿均与当事人及其住所有关。由于保单是由保险人印制的，保险公司的名称及住所已在上面，因此保单上需要填写的只是投保人、被保险人或所有人的姓名和住所。

如果被保险人不止一个人，则需要在保险合同中列明；如果除了投保人以外，另有与投保人不是同一人的被保险人或受益人，也应在合同中将他们的姓名一一写明。

（二）保险标的

当事人在订立保险合同时，必须将保险标的明确记载于合同中，这样才能确定保险的种类，并据以判断投保人或被保险人是否对其具有保险利益。同一保险合同中并不限于单一的保险标的。在很多情况下，集合多数保险标的而订立一份保险合同也很常见，如集合保险合同和综合保险合同。

（三）保险责任和责任免除

该项目主要记载由保险人按照保险合同的约定所承担的经济赔偿或给付责任。下列情况下可免除保险人的责任：①战争、军事行动或暴乱及政府有关当局的没收、征用；②核反应、核辐射和放射性污染；③自然磨损、自然损耗、氧化、锈蚀；④当事人故意、过失和违法行为，如投保人故意隐瞒事实的情况，保险人不赔偿也不退还保险费；投保人过失的情况，保险人不赔偿，但可以退还保险费；投保人、被保险人、受益人谎称或故意制造保险事故，保险人不赔偿也不退还保险费，已支付的应当退回并解除保险合同。

（四）保险金额

保险金额是保险事故发生时保险人赔偿的最高金额。它是由保险合同的当事人确定，并在保单上载明的保险标的的金额，它也可以被看作保险人的责任限额。保险金额涉及保险人与投保人（被保险人、受益人）之间的权利与义务关系。对保险人来说，它既是收取保费的计算标准，也是补偿给付的最高限额；对投保人、被保险人和受益人来说，它既是缴纳保费的依据，也是索赔和获得保险保障的最高限额。因此，保险金额对正确计算保费、进行保险偿付、稳定合同关系，都具有非常重要的意义。

保险金额的确定应当既考虑到保险人的利益，又考虑到被保险人的保障程度和合理负担，具体来说，应当依据以下两个原则：

（1）不超过保险标的的价值。在财产保险中，以保险财产估价来核定保险价值。保险财产估价过低，保险金额会相应减少，保费也会减少，保障效果也将随之降低，被保险人在保险财产遭受损失时得不到充分保障；反之，保险财产估价过高，保险金额会相应提高，被保险人缴纳的保费也会相应增加。然而，当保险财产遭受损失时，保险人只能按照实际损失赔偿，因此，超过保险价值的保险金额就得不到赔付。在人身保险中，由于人的生命无法用价值来衡量，因此，不存在保险价值的问题。保险金额是在订立保险合同时由当事双方协议确定的，一般只受到投保人本身支付保费的能力和被保险人健康状况的限制。

（2）严格遵循保险利益原则。从价值量来看，当保险标的由投保人（被保险人）全部拥有时，投保人（被保险人）对该保险标的的保险利益与保险价值是相等的。如果保险标的为投保人（被保险人）部分所有，他对该保险标的就仅有部分的保险利益。总之，无论保险金额有多大，都要求投保人（被保险人）对保险标的享有保险利益。

（五）保险费及支付方法

保险费是投保人为请求保险人对保险标的及保险利益承担保险风险而支付的与保险责任大小相适应的金额。保险费可一次交付，也可分次交付，其方式在合同中明确。

（六）保险期限

保险期限，即保险合同的有效期限，也就是保险合同从开始生效到终止这一期间。保险期限既是计算保费的依据，也是保险人履行其赔偿或给付义务的根据。保险合同是承担风险的合同，风险的不确定性决定了保险合同明确规定期限的特殊性。只有在保险期限内发生保险事故，保险人才承担赔偿或给付的责任。计算保险期限通常有两种方法：

（1）按日历年、月计算。如财产保险通常为1年，期满后可以续订新合同；人身保险的存续期间较长，有5年、10年、15年、20年甚至终身等。

（2）以一项事件的始末为存续期间。例如，货物运输险、运输工程险等以一个航程为有效期；又如，建筑、安装工程保险的保险期限，通常是从工程施工日起，到预约验收日为止。

（七）违约责任和争议处理

（八）当事人签章和日期

五、保险合同的形式

保险合同依照其订立的程序，大致可以分为四种书面形式：

（一）投保书

投保书又称投保单，是投保人向保险人申请订立保险合同的书面要约。投保书由保险人准备，通常有统一的格式。投保人依照保险人所列项目逐一填写。投保书的填写，不论是出于投保人的主动，还是保险人（代理人或经纪人）的邀请，均不改变其要约性质。在投保书中，投保人要向保险人如实告知投保风险的程度或状态等有关事项（"声明"事项）。"声明"事项通常是保险人核实情况、决定承保与否的依据。例如，在财产保险中，投保人需要如实填写被保险财产的所在地、内外部环境、营业性质、消防设备等情况；在人身保险中，投保人要如实填写被保险人的健康、职业、经济状况，被保险人与受益人的关系等情况。上述信息对保险人估计风险、决定是否接受投保，都是非常重要的。

在保险实践中，保险人为简化手续、方便投保人投保，对有些险种也不要求投保人填具投保单，而只是以口头形式提出要约，投保人提供有关单据和凭证，保险人即当即签发保单或保险凭证。

投保书本身并非正式合同的文本，但投保人在投保书中所填写的内容会影响到合同的效力。投保书上如有记载，保险单上即使有遗漏，其效力也是与记载在保险单上一样的；如果投保人在投保书中告知不实，在保险单上又没有修正，保险人即可以投保人未遵循合同的诚信原则为由，而在规定的期限内宣布合同无效。

（二）暂保单

暂保单又称临时保单，是正式保单发出前的临时合同，有时在保险代理人收到第一期保费后，即发给投保人作为具有暂保单效力的收据。订立暂保单不是订立保险合同的必经程序。一般来说，使用暂保单有下列三种情况：

（1）保险代理人在争取到业务但尚未向保险人办妥保险单时对被保险人临时开出的证明。

（2）保险公司的分支机构在接受投保时，需要请示总公司审批或者还有一些条件尚未全部谈妥，在这种情况下，保险公司的分支机构会开出暂保单。

（3）正式保单需由微机统一处理，而投保人又急需保险凭证。在这种情况下，保险人在保单做成交付前先签发暂保单，作为保险合同的凭证。

暂保单的法律效力与正式保单完全相同，但有效期较短，大多由保险人具体规定。当正式保单交付后，暂保单即自动失效。保险人亦可在正式保单发出前终止暂保单效力，但必须提前通知投保人。暂保单的形式既可以是书面的，也可以是口头的。但为了避免由于"空口无凭"而产生的纠纷，人们大多还是使用书面形式。

在保险实践中，财产保险的暂保单常常为保险双方所滥用。就被保险人而言，由于保费有时在出立正式保单时才支付，而暂保单又具有与正式保单相同的法律效力，这就等于享受了免费保险；而保险代理人为争取客户，有时亦不注意选择信用良好的投保人，而依赖于暂保单的自动失效，这往往容易产生纠纷。因此，对暂保单的使用必须十分慎重。

（三）保险单

保险单，简称保单，是投保人与保险人之间保险合同行为的正式书面形式。保险单必须明确、完整地记载有关保险双方的权利和义务，它所记载的内容是双方履约的依据。

（四）保险凭证

保险凭证也称"小保单"，是由保险人签发给投保人以证明保险合同已成立生效的文件。它在国内货物运输保险、机动车辆第三者责任保险和少儿险中普遍使用。

六、投保人与保险人的义务

（一）投保人的义务

1.缴纳保险费的义务

缴纳保险费是投保人最重要的义务。投保人必须按照约定的时间、地点和方法缴纳保险费。根据险种的不同，投保人可以采取不同的方式来缴纳保险费。保险费通常以现金缴纳为原则，但经保险人同意，也可以票据或其他形式缴纳。

2.通知义务

投保人的通知义务主要有两个：一是保险事故危险增加的通知义务；二是保险事故发生的通知义务。

3.避免损失扩大的义务

在保险事故发生后，投保人不仅应及时通知保险人，还应当采取各种必要的措施，进行积极的施救，以避免损失的扩大。投保人因此而支出的费用，保险人应负赔偿责任。

（二）保险人的义务

保险合同成立后，一旦保险事故发生，保险人即要按照保险合同的规定给付或赔偿保险金。这是保险人的义务。在履行这一义务之前，保险人需要首先确定损失赔偿责任。

七、保险赔偿

保险赔偿是保险人对被保险人因保险事故发生造成的损失给予经济补偿或因保险事故的出现对被保险人或受益人给付保险金的行为。它有一定的计算赔偿金额的方式，在财产保险中，主要有以下几种：

（一）比例赔偿方式

比例赔偿是按保险金额与出险时财产实际价值的比例来计算赔偿金额的方法。这种方法一般是投保人或被保险人和保险人双方事先不确定保险标的的价值，只在合同中载明保险金额作为财产损失的最高赔偿金额，当发生保险事故造成损失时，确定保险标的的实际价值，再按实际价值计算赔偿金额的一种方法。这种方法一般适用于企业投保的保险。其计算公式为：

赔偿金额=损失金额×（保险金额÷实际价值）

（二）第一损失赔偿方式

第一损失赔偿方式是指在保险金额限度内，按照实际损失赔偿，而不考虑保险金额与财产实际价值之间的比例。这种赔偿方式之所以叫"第一损失赔偿"，是因为将保险财产的实际价值分为两部分：第一部分是等于保险金额的部分，也就是第一损失部分，如果损失金额不超过保险金额，那就视同已经足额投保，可以按照损失金额全部赔偿；第二部分是超过保险金额的部分，应当作为被保险人自己负责的部分，保险人对此超过部分不负赔偿责任。这种方式也叫作第一危险赔偿方式，一般用于家庭财产保险。其计算公式为：

赔偿金额=损失金额（损失金额不得超过保险金额）

（三）限额责任赔偿方式

限额责任赔偿是指财产保险合同当事人双方在合同中事先约定一个固定数额，保险人只在保险财产损失超过约定数额时才负赔偿责任的赔偿方式。这种赔偿方式多用于农业保险、工程保险和责任保险等。

（四）定值赔偿方式

定值赔偿是由投保人或被保险人和保险人双方事先约定一个固定的保险标的价值作为保险金额并载明于保险单中的一种确定保险金额的方式。在发生保险事故并产生损失时，可按保险单中载明的保险金额计算赔偿额。如果是部分损失，只需要确定损失程度的比例，然后按损失比例赔偿。这种方式一般适用于货物运输保险、船舶保险等运输工具的保险。其计算公式为：

赔偿金额=保险金额×损失比例

损失比例=保险标的损失额÷财产受损当时当地完好市价×100%

第三节　保险险种

一、国内保险业务

（一）企业财产保险

企业财产保险是以各类企业为主要的投保人，以它们拥有或代为管理的各类财产为保险标的的保险。国家机关、事业单位、各类团体也可以其财产投保企业财产保险。现行保险条款规定，保险人对因火灾、爆炸、雷击、暴风、龙卷风、暴雨、洪水、雹灾、泥石流、空中运行物体坠落等自然灾害和意外事故造成的保险财产损失，以及因抢救保险财产、防止灾害蔓延而造成的保险财产损失和支出的合理施救、整理费用，都负赔偿责任。企业财产保险的对象众多，保险责任广泛，是我国国内财产保险中最重要的险种之一。

（二）家庭财产保险

家庭财产保险是以广大城乡居民的房屋及其附属设备、家具、家用电器、衣服等生活资料以及农村家庭的农具、已收获的农副产品等为保险标的的保险。

（三）国内货物运输保险

国内货物运输保险是以我国内河（包括沿海）、陆上、空中运输过程中的物资为保险标的的保险。我国的水路、铁路货物运输条款规定，保险责任分基本险、综合险两种。

（四）运输工具保险

1.机动车辆保险

机动车辆保险是以汽车、摩托车及各种特别车辆（如起重机、工程车、救护车等）为保险标的的保险（拖拉机保险另有专门条款）。保险责任分车辆损失险和第三者责任险两大部分。

2.国内船舶保险

国内船舶保险是以行驶于国内江河湖泊和沿海水域的各种机动、非机动船舶为保险标的的保险。保险人负责赔偿由于火灾、爆炸、搁浅、触礁、沉没、失踪6个月以上、碰撞等灾害事故造成的损失；对由碰撞引起的第三者责任，以及依照国家规定或惯例应当由被保险船舶摊负的共同海损牺牲和费用，也负赔偿责任。

此外，国内运输工具保险还有飞机保险、铁路机车车辆保险等。

（五）农业保险

1.农作物保险

农作物保险是以生长过程中的粮食作物、经济作物、饲料及绿肥作物、园艺作物等为保险标的的保险。保险人对农作物在生长过程中遭受人力无法控制的自然灾害（如水灾、风灾、雹灾、霜冻等）造成的收获量价值或生产费用（成本）的损失，负赔偿责任。

2.经济林保险

经济林保险以各种林木、经济林、园林苗圃为保险标的。保险责任涉及火灾及风灾、洪水、雪冻等自然灾害。目前开办的险种有：森林保险，苹果、香梨、葡萄、柑橘等果树保险，花卉保险等。

3.养殖业保险

养殖业保险以养殖过程中的各种饲养动物，如大牲畜、家畜家禽、水产品等为保险标的，保险责任除各种自然灾害事故外，还包括触电、淹溺、中毒、摔跌、互斗、疫病、胎产、阉割等造成的死亡或伤残。

（六）人身保险

1.人寿保险

20世纪90年代以来，我国人寿保险有了显著发展，主要险种包括生存保险、死亡保险、两全保险。生存保险是被保险人生存到保单指定日期后，由保险人给付保险金的保险。其目的是维持老人到一定年龄后的生活费用，如果被保险人在保险期内死亡，保险人不负责任，保单失效。死亡保险有定期死亡保险和终身死亡保险两种。前者约定一定时期为保险期，期内死亡，保险人给付保险金；如逾期仍然生存，合同即行终止。后者未约定期限，不论被保险人何时死亡，都给付保险金。两全保险是被保险人在保险期满时无论生存还是死亡，保险人都给付保险金的保险。这种保险带有储蓄性，必须返还。

2.简易人身保险

简易人身保险是一种带有储蓄性质的生死两全保险。凡年龄在16～65周岁、身体健康、能正常劳动或工作的人均可投保。保险期限分为5年、10年、15年、20年、30年5种，保险期满时的年龄最高以70岁为限。

3.团体意外伤害人身保险

团体意外伤害人身保险是一种以团体保险方式办理的死亡和残疾定期保险，保险期限为1年。保险金额为1 000～5 000元，由投保人任意选择。被保险人在保险期内因疾病或意外事故死亡或残疾，保险人给付全部或部分保险金。

4.意外伤害保险

意外伤害保险是在保险期内，因意外事故而致被保险人死亡或残疾，由保险人承担给付保险金的保险。意外伤害一般是指外来的、剧烈的、明显的、突然的伤害。目前开办的主要险种有团体人身意外伤害保险、旅客意外伤害保险、驾驶员人身意外伤害保险、学生团体平安保险、幼儿团体平安保险、旅游人身意外保险和母婴安康保险等。

5.集体企业职工医疗保险

参加医疗保险的职工，按月缴纳一定的保险费，生病时可在指定的医疗机构就诊。医疗费报销范围参照公费医疗费用报销办法，由保险人负责一部分，个人负责一部分。

6.养老金保险

养老金保险是一种以解决集体企业职工或个人退休养老生活费用为目的的保险。保险费以约定标准按月（年）交纳，也可以一次性交纳，被保险人达到退休或约定年龄时，由保险人按月给付养老金直至身故为止。

此外，还有子女教育、婚嫁金保险等。

二、涉外保险业务

（1）进出口货物运输保险。其承保货物在运输途中因遭受自然灾害或意外事故所致的损失，以及应由货主承担的共同海损、救助费用等，分为海上货物运输保险、陆上货物运输保险、航空货物运输保险和邮包保险等。

（2）海洋船舶保险。其承保航行在国际航线上的远洋船舶，保险责任分全损险和综合险。

（3）飞机保险。其承保飞行在国际航线上的客机和运输机，保险责任包括机身险、第三者责任险和旅客法定责任险等。

（4）汽车保险。其承保各国驻华使馆、代表处、外资企业和中外合资企业所拥有的汽车，保险责任分为车辆损失险和第三者责任险。

（5）涉外财产保险。其承保外国驻华机构、外资企业、中外合资企业和来料加工、补偿贸易的各种财产，保险责任分普通险和一切险，以及来料装配加工一揽子保险，还包括灾后利润损失险。

（6）工程保险。其承保建筑和安装工程中的厂房、机器、设备等，保险责任分财产损失险、第三者责任险和一切险。

（7）机器损坏保险。其承保涉外企业、矿山的机器及其附属设备由于设计、制造、安装等缺陷和操作、使用不当等过失，以及由其他技术原因造成的意外损坏的损失，保险人可以选择现金、重置和修理赔偿方式。

（8）各种责任保险。其包括为了适应外资企业、中外合资企业和出口商品的需要而开办的雇主责任保险、公众责任保险和产品责任保险。

（9）履约保证保险。其承保合同中被保证的一方不履行合同致使另一方遭受的经济损失。

（10）雇员忠诚保险。其承保外国投资者因其雇员的欺骗和不诚实行为而遭受的经济损失。

（11）投资保险。其又称政治风险保险，承保外国投资者在我国的投资因战争、暴动、政府征用或没收和汇兑限制等原因而遭受的经济损失。

（12）出口信用保险。其承保出口商在货物运出后，因国外购货人由于商业或政治上的原因（如进口商破产、进口许可证被取消、进口国发生动乱等）不付货款而遭受的损失。

（13）船舶建造保险。其承保船舶在船厂建造、试航和交船过程中因自然灾害或意外事故，以及机件缺陷等造成的损失，对共同海损牺牲和分摊、救助费用及第三者的人身伤亡等也负赔偿责任。

（14）海上石油开发保险。它是一种承保财产损失、费用支出和各种责任等的综合保险，包括钻井船、钻井平台、钻井机、井喷控制费用，渗漏污染、重新钻井费用，第三者综合责任、油管海上工程建造等数十种保险项目。

（15）核电站保险。其承保核电站在建造安装及运转过程中的各种危险。核电站保险是随着我国核电站的建造而开办的一种高技术、高风险的保险项目。

（16）卫星发射保险。其承保卫星在发射前（包括生产、运输、存放、安装准备阶段）、发射时（包括测试、点火至进入预定轨迹）及运行过程中的各种风险，是一种复杂的综合保险。保险项目分财产、责任、保证、收入损失四大类。

（17）人身意外伤害保险。其承保被保险人在保险期内意外伤残或死亡的赔付责任，根据不同伤害程度，按规定的赔偿金额表赔付。人身意外伤害保险还可附加医药费保险。

红色故事17-1　　　　　　　竹篙寨：红军物资的"保险柜"

1928年8月，于北特区革命军事委员会在竹篙寨建立了于北区后方保管处，用于存放开展游击战争所需的战备物资。1930年7月，毛泽东、朱德率领红四军从福建长汀出发去兴国途中，特地视察竹篙寨溶洞，认为竹篙寨溶洞宽大有水，能住（驻）一个团的兵力，周围山上又产煤，作为根据地保管处是个好地方。朱德还对加固、扩建竹篙寨溶洞防御工事作了具体布署，在溶洞两侧和后山腰增设了碉堡。从此，竹篙寨溶洞改为中央后方保管处。

1931年5月，第二次反"围剿"期间，国民党十九路军的一个旅从宁都败退下来，路经这里，曾企图毁掉中央后方保管处，于北区几十名赤卫队员为保卫竹篙寨，凭借得天独厚的地形与其奋战了7个多小时，取得了"竹篙寨保卫战"的胜利，捍卫了中央苏区的物资后盾。

在银坑镇年丰村采访时，革命烈士谢应辉的儿子谢运太老人给记者讲述了这样一个故事：父亲在世时告诉他，朱德有一次路过于都银坑，想来竹篙寨看看。当时守卫竹篙寨的赤卫队员谢世宗不认识朱德，便向朱德要路条。朱德因来得匆忙没有带路条，便说，小鬼，你不认识我？谢世宗回应道，不管你是谁，没有路条就是不让进。朱德只好与驻扎在此的红军干部联系才得以进入。朱德对此不但没有生气，还夸谢世宗纪律严明，拦得好。

资料来源 李志廷，竹篙寨：红军物资的"保险柜"［N］．宁夏日报，2019-06-13．

案例讨论

案例一 1元意外险讨回2 000元 一乘客索赔成功

乘客在购票时往往会花1元钱购买一份人身意外伤害险，这1元钱的保险究竟能起多大作用？

湖北消费者彭某就因为这1元钱的保险与保险公司较起了真儿。21日，经法院判决和消费者协会调解，彭某胜诉并得到了2 000元的赔偿。

2020年9月20日，彭某乘坐从荣成始发的客车出差，途中车辆倾翻，彭某等6名乘客受伤。经交警部门认定，事故原因是司机违规驾驶，司机应负全部责任。彭某在海阳住院10余天，花费3 000元，运输公司为他承担了全部医药费。

回到湖北后，彭某想起自己在买车票时曾买了一份"乘客人身意外伤害保险"，遂找到投保的保险公司要求其赔偿。该公司负责人认为，保险公司只有在车主无力承担医药费的情况下，才能履行职责，由于车主已经全额承担了医药费，这1元钱的保险就不发生效力。

无奈之下，彭某于2021年3月来到威海市消费者协会投诉。经过调查，消费者协会的工作人员认为运输公司承担医药费依据的是侵权法律关系，客车所属的运输公司理应承担彭某的医药费；而保险公司赔偿依据的是合同法律关系，二者并不矛盾。消费者受到意外伤害后，不论运输公司是否承担医药费，保险公司都应该按合同约定给予消费者赔偿。

5月21日，威海市消费者协会收到转来的法院判决，一审判决彭某胜诉。参照该判决，经消费者协会调解，保险公司最终同意给予彭某2 000元医疗保险费赔偿。

讨论：（1）你在购票时会花1元钱买一份人身意外伤害险吗？

（2）你买过人身意外伤害险吗？

案例二 保险销售人员礼仪

保险销售人员的仪容要求包括：①女士应化淡妆，穿职业套装；②男士应穿衬衫，打领带（注意领扣是否扣好，袖口不得卷起），穿深色西裤、皮鞋，配深色袜子；③指甲应清洁，不得留长或涂指甲油；④皮鞋应擦亮，保持干净；⑤佩戴胸卡。

点头微笑是倾听的基本功，要领是：①赞许、鼓励、专注的眼神；②颔首、点头；③两个嘴角往上翘，心里默念"C"；④稍稍露出牙齿。

握手动作注意事项：①先伸手；②不要戴手套；③有手汗（或手脏）先用纸巾擦干净；④注意时间、力度及摇动的幅度；⑤态度谦虚有礼、诚恳。

讨论：（1）你愿意从事保险销售吗？为什么？

（2）有没有保险销售人员向你进行过陌生拜访？如果有，他们的行为符合以上礼仪要求吗？

阅读材料

[1] 池小萍,刘宁.保险学[M].3版.北京:高等教育出版社,2022.

[2] 韩胜男,靳光盈.保险学原理与实务[M].3版.北京:化学工业出版社,2021.

[3] 孙蓉,兰虹.保险学原理[M].5版.成都:西南财经大学出版社,2021.

综合训练

一、单项选择题

随堂测17

1.对保险标的具有保险利益,向保险公司申请,与保险人订立保险合同并按约定向保险公司支付保险费的当事人是（　　）。

A.投保人　　　　　　B.保险人

C.被保险人　　　　　D.受益人

2.保险经纪人是基于（　　）的利益而从事经纪活动的。

A.投保人　　　　B.保险人　　　　C.被保险人　　　　D.受益人

3.在人身保险中,投保人可以对自己的（　　）进行投保。

A.健康　　　　　B.刑事处分　　　　C.精神创伤　　　　D.政治迫害

4.下列当事人可以作为投保人的是（　　）。

A.非法人的合法组织　　　　　B.未成年人

C.残疾人　　　　　　　　　　D.未经同意以他人人身投保的人

5.下列属于人身保险的保险利益的是（　　）。

A.财产上的现有利益　　　　　B.由现有利益所产生的预期利益

C.责任利益　　　　　　　　　D.债权人对债务人有保险利益

6.下列属于财产保险保险利益的是（　　）。

A.本人对为本人管理财产或具有其他利益关系的人具有保险利益

B.有血缘关系的亲属

C.债权人对债务人有保险利益

D.由现有利益所产生的预期利益

7.保险金额是由保险合同的当事人确定,并在保单上载明的保险标的的金额,是保险事故发生时（　　）最高赔偿金额。

A.投保人　　　　B.保险人　　　　C.被保险人　　　　D.受益人

8.在下列保险合同的书面形式中,正式的保险合同是（　　）。

A.投保书　　　　B.暂保单　　　　C.保险单　　　　D.保险凭证

9.在保险事故发生后,投保人不仅应及时通知保险人,还应当采取各种必要的措施,进行积极的施救,以避免损失的扩大。投保人因此而支出的费用,应由（　　）承担。

A.投保人　　　　B.保险人　　　　C.被保险人　　　　D.受益人

10.保险标的的实际价值为50 000元,保险金额为40 000元,损失金额为30 000元,按比例赔偿方式计算，赔偿金额应是（　　　）。

  A.50 000元   B.40 000元   C.30 000元   D.24 000元

11.财产价值为12 000元，保险金额为10 000元，损失金额为8 000元，按第一损失赔偿方式计算，赔偿金额是（　　　）。

  A.12 000元   B.10 000元   C.8 000元   D.9 600元

12.投保人对承包的果园投保，约定收获50 000千克，实际收获30 000千克，按限额责任赔偿方式计算，保险公司应赔（　　　）。

  A.50 000千克   B.30 000千克   C.20 000千克   D.10 000千克

二、多项选择题

1.保险合同的当事人包括（　　　）。

  A.投保人   B.保险人   C.被保险人

  D.受益人   E.保险代理人

2.投保人可以是（　　　）。

  A.公民   B.法人   C.其他合法组织

  D.公益事业单位   E.国家机关

3.在我国，保险中介人包括（　　　）。

  A.投保人   B.保险经纪人   C.被保险人

  D.受益人   E.保险代理人

4.保险代理人自己承担责任的情况有（　　　）。

  A.授权内代理   B.无权代理   C.越权代理

  D.代理权终止后的代理   E.代理权被追认的代理

5.下列选项中可以作为保险标的的有（　　　）。

  A.具有经济价值的事物体   B.医疗责任

  C.信用行为   D.被保险人的生命

  E.被保险人的健康劳动力

6.在人身保险中，投保人可以对自己的（　　　）进行投保。

  A.健康   B.生存   C.精神创伤

  D.刑事处分   E.政治迫害

7.下列属于财产保险的保险利益的有（　　　）。

  A.财产上的现有利益   B.由现有利益所产生的预期利益

  C.责任利益   D.或然利益

  E.债权人对债务人有保险利益

8.下列属于人身保险的保险利益的有（　　　）。

  A.本人   B.有血缘关系的亲属

  C.债权人对债务人有保险利益   D.由现有利益所产生的预期利益

  E.本人对为本人管理财产或具有其他利益关系的人具有保险利益

9.下列选项中，属于投保人义务的有（　　　）。

A.赔偿损失   B.缴纳保险费   C.通知

D.避免损失扩大   E.支付保险金额

三、判断题

1.保险通过对平均损失成本的计算来减少人们所面临的风险损失。（　　）

2.严格来说，保险并不能防止风险的发生，只是可以减轻被保险人对不确定性的担忧和经济负担。（　　）

3.没有保险代理人，保险合同就不能成立。（　　）

4.不论保险合同是为自己的利益还是为他人的利益而订立的，投保人均需承担缴纳保费的义务。（　　）

5.投保人对保险标的不具有保险利益，也可以申请订立保险合同。（　　）

6.在我国，保险代理人和保险经纪人的报酬都由保险公司支付。（　　）

7.保险标的涉及的范围很广，它既可以是有形的物或人，也可以是无形的利益、责任、信用等。（　　）

8.人身保险的保险利益既反映在经济损失上，也反映在非经济损失上。（　　）

9.进口商已签订购货合同，在收到货物之前，进口商不能将该货物作为标的与保险人签订保险合同。（　　）

10.正在正常营业的商店对预期的营业收入可以投保。（　　）

11.在合伙关系中，每一合伙人对其他任一合伙人的生命都具有保险利益。（　　）

12.雇主对雇员不具有保险利益。（　　）

13.如果投保人或被保险人对保险标的不具有保险利益，保险合同无效。（　　）

14.投保人用窃来的赃物投保家庭财产险，可以认为投保人对该财产具有保险利益。（　　）

15.投保人以违禁品投保海洋货物运输险的，该保险合同无效。（　　）

16.人身保险的利害关系只有反映在经济上才能称为保险利益。（　　）

四、简答题

1.如何理解保险的基本含义？

2.保险有哪些基本特征？

3.如何理解保险的融资性？

4.投保人必须具备的条件有哪些？

5.保险利益的成立必须具备哪些条件？

6.简述保险合同的基本条款。

五、案例分析题

1.2021年5月31日，某市地下大口径水管第三次在250米长的路段内爆裂，造成大面积水灾，损失巨大，受灾单位和居民向太平洋财产保险公司提出索赔。在前两次水管爆裂酿成水灾时，太平洋财产保险公司对受灾的企业和家庭已做了通融赔付；对于第三次水管爆裂，太平洋财产保险公司认为如再通融，不仅不利于保险公司，而且不能解决问题，难以增强有关方面维护水管安全的工作责任心，因此决定拒赔。一时间，舆论哗然，一些报刊发表文章参与了讨论，焦点是第三次水管爆裂应不应该赔偿？应由谁赔偿？

水管爆裂索赔案的发生，社会上的观点概括起来有以下3种：

（1）应由太平洋财产保险公司赔偿，理由是水管爆裂酿成水灾类似洪水灾害，洪水灾害属保险责任范围，且前两次太平洋财产保险公司都赔了，这次也应通融赔付。

（2）太平洋财产保险公司要先赔后追，理由是水管爆裂对被保险人而言是意外事故，虽然这种意外事故是由有关方面的过错造成的，但太平洋财产保险公司还是应该赔付被保险人的损失，然后再向有关责任方追偿。

（3）受灾者自认倒霉，因为水管爆裂既不属保险责任范围，又无法向有关方面索赔。

请问：你的观点是什么？为什么？

2. 2020年7月5日，某市居民陈某家失窃，盗窃分子盗走了其40寸海尔牌彩电一台，价值6 000余元。案发后3个月，陈某得到了太平洋财产保险公司的全额赔款。2021年4月8日，在该市公安局举办的被盗财物认领会上，陈某意外地发现了自己失窃的彩色电视机，经邻居及所在地区派出所出具证明，他又领回了这台彩电，但发现损坏了一个机件，经修理后恢复正常，修理费花去85元。彩电被盗复得后，陈某并未通知太平洋财产保险公司，当地群众向太平洋财产保险公司反映了这一情况，于是太平洋财产保险公司的工作人员来到陈家，决定收回彩电或让陈某退回赔款，但被陈某拒绝。

对本案的不同观点：

（1）彩色电视机是在保险有效期内被盗的，符合家庭财产保险附加盗窃险中的有关规定，陈某获得太平洋财产保险公司的赔款是正当的权益，不应该退回；现在陈某抱回的彩电是公安局破案后领回的失物，与保险赔款"风马牛不相及"。因此，陈某可以不退回赔款，也不必交出彩电。

（2）太平洋财产保险公司在支付赔款时并未办理权益转让的手续，况且事隔9个多月，已不在保险有效期内，再追回赔款或收回彩电均是不恰当的。

（3）无论办理权益转让与否，也无论是否在保险有效期内，太平洋财产保险公司均有权追回赔款或者收回被盗复得的彩电。

请问：你认为上述三种观点中哪种观点基本正确？为什么？

参 考 书 目

［1］蒙丽珍，古炳玮．财政学［M］．6版．大连：东北财经大学出版社，2018.

［2］财政部．中国财政情况（2014—2015）［M］．北京：经济科学出版社，2013.

［3］蒋先玲．货币金融学［M］．3版．北京：机械工业出版社，2021.

［4］李军燕．国际金融实务［M］．3版．大连：东北财经大学出版社，2021.

［5］杜金富．国际收支统计［M］．北京：中国金融出版社，2011.

［6］张伟．微型金融理论研究［M］．北京：中国金融出版社，2011.

［7］安秀梅．财政学［M］．北京：中国人民大学出版社，2011.

［8］复旦大学中国金融史研究中心．当代中国金融转型的回顾与反思［M］．上海：复旦大学出版社，2010.

［9］上海市金融学会．后危机时代金融热点问题研究［M］．上海：学林出版社，2010.

［10］财政部财政科学研究所．中国财经前沿问题讲稿［M］．北京：经济科学出版社，2010.

［11］黄达．金融学［M］．3版．北京：中国人民大学出版社，2014.

［12］中华人民共和国财政部．公共财政与百姓生活［M］．北京：中国财政经济出版社，2007.

［13］刘铭达．巧做"少米之炊"——地方政府理财的思与行［M］．北京：中国财政经济出版社，2007.

［14］中共广西壮族自治区高等学校工作委员会，广西壮族自治区教育厅．形势与政策教育读本［M］．桂林：广西师范大学出版社，2007.

［15］萧剑．听经济学家讲故事［M］．北京：当代世界出版社，2007.

［16］邓文勇．财政学案例［M］．南宁：广西人民出版社，2007.

［17］金人庆．中国：科学发展与财政政策［M］．北京：中国财政经济出版社，2006.

［18］李萍．中国政府间财政关系图解［M］．北京：中国财政经济出版社，2006.

［19］葛文芳，等．财政与税收［M］．北京：清华大学出版社，2006.

［20］王军．中国转型期公共财政［M］．北京：人民出版社，2006.

［21］王东京．经济学笔谈［M］．北京：中共中央党校出版社，2005.

［22］王雪云，董云展．财政学概论［M］．大连：东北财经大学出版社，2021.

［23］朱耀明，宗刚．财政与金融［M］．4版．北京：高等教育出版社，2006.

［24］刘纪鹏．资本金融学［M］．北京：东方出版社，2017.

［25］星野优．金融学［M］．范丹，译．北京：北京时代华文书局，2017.

［26］贝克，诺夫辛格．行为金融学：投资者、企业和市场［M］．贺京同，等，译．北京：中国人民大学出版社，2017.

［27］欧阳红兵．结构金融学［M］．武汉：华中科技大学出版社，2021.

［28］沈悦．金融市场学［M］．4版．北京：科学出版社，2021.

［29］王常柏．金融学概论［M］．3版．北京：中国市场出版社，2012.

［30］马永仁．图解金融学［M］．北京：机械工业出版社，2019.

［31］李扬．金融学大辞典［M］．北京：中国金融出版社，2014.